BECK'SCHE SONDERAUSGABEN

HERMANN BENGTSON

Marcus Antonius

Triumvir und Herrscher
des Orients

VERLAG C.H.BECK MÜNCHEN

Mit 11 Abbildungen auf Tafeln
und 3 Kartenskizzen im Text

CIP-Kurztitelaufnahme der Deutschen Bibliothek

Bengtson, Hermann
Marcus Antonius: Triumvir u. Herrscher d. Orients. – 1. Aufl. – München: Beck, 1977.
(Beck'sche Sonderausgaben)
ISBN 3 406 06600 3

ISBN 3 406 06600 3

Satz und Druck: C. H. Beck'sche Buchdruckerei, Nördlingen
Printed in Germany

Inhaltsverzeichnis

Abbildungsverzeichnis

Kartenskizzen

Tafelabbildungen

Vorwort

Der Triumvir Marcus Antonius ist wiederholt Gegenstand historischer Darstellungen gewesen. Im Altertum hat Plutarch ihm eine Biographie gewidmet. Er hat den Römer in Parallele zu dem hellenistischen Herrscher Demetrios Poliorketes (337–283 v. Chr.) gestellt, dessen wechselvolles Leben nach großen äußeren Erfolgen und ebenso großen Mißerfolgen in der Gefangenschaft geendet hat. Plutarch kam es darauf an, den Charakter des Antonius zu schildern und damit der Welt einen Menschen vorzustellen, in dessen Leben die Leidenschaften eine bedeutende Rolle gespielt haben. Die Frage, ob Antonius gute oder schlechte Politik gemacht hat, interessierte Plutarch nur wenig. Aus diesem Grund wird die Biographie den heutigen Leser nicht mehr befriedigen.

Von neueren Werken mögen hier die Lebensbeschreibungen von Arthur Weigall[1] und Jack Lindsay[2] angeführt werden. Sie stehen unter dem Eindruck der Antonius-feindlichen Überlieferung des Altertums, die vor allem auf Cicero zurückzuführen ist. Aber bei Cicero steht keineswegs die *ganze* Wahrheit, er schreibt vom Parteistandpunkt aus, seine Briefe und Reden sind Bruchstücke des politischen Tageskampfes, sie müssen kritisch gelesen werden.

Wer Antonius zutreffend beurteilen will, darf nicht übersehen, daß er im Entscheidungskampf dem Octavian unterlegen ist. Diese Tatsache hat in der antiken Überlieferung ganz unauslöschliche Spuren hinterlassen, und es findet sich in den antiken Quellen keine einzige Stimme, die den Versuch unternimmt, dem Unterlegenen gerecht zu werden. Ein bekannter Historiker, Ronald Syme, hat einmal gesagt: „Das Andenken des Antonius liegt unter den Reden Ciceros, unter Schwindel und Erdichtungen und unter der Katastrophe von Actium begraben.“ Dieses Urteil ist leider nur zu wahr, und weil dies so ist, muß der Historiker versuchen, die Nebelwand der Antonius-feindlichen Überlieferung zu durchstoßen, um die Gestalt des Mannes so zu sehen, wie sie wirklich gewesen ist. Nicht immer wird dies möglich sein, denn niemand, soweit wir wissen, hat sich in der Zeit des julisch-claudischen Prinzipats und der auf sie folgenden Epoche bemüht, dem großen Gegner des Octavian Gerechtigkeit widerfahren zu lassen. Eine objektive historische Forschung lag der Zeit ganz fern, einen Thukydides oder Polybios hat dieses Zeitalter nicht hervorgebracht. Antonius war eine gescheiterte Existenz – wer hätte ein Interesse daran haben sollen, ihn vor dem Richterstuhl der Geschichte zu rechtfertigen?

Als Antonius auf dem Gipfel seines Ruhmes stand, da hatte er viele Freunde und gefällige Lobredner; als sich aber die Mißerfolge häuften, da kehrte ihm so mancher den Rücken und schlug sich auf die Seite Octavians. Der Sturz des Antonius in der Schlacht bei Actium ist von den antiken und modernen Historikern in seinem früheren Leben vorprogrammiert; niemand hat sich die Mühe genommen, sich in seine jeweilige Lage zu versetzen, um seine Entschlüsse zu verstehen.

Natürlich wäre es verfehlt, die negativen Dinge im Leben des Antonius zu beschönigen, um ihn auf diese Weise zu einem vorbildlichen Herrscher und Menschen emporzustilisieren. Dies widerspräche einfach dem gesunden Menschenverstand. Aber Antonius verfügte neben unbestreitbaren Schwächen auch über Qualitäten, vor allem war er ein hervorragender Soldat und ein glänzender Feldherr, und als solcher hat er seine Zeitgenossen weit in den Schatten gestellt. Seine Leistung in der Schlacht bei Philippi ist über alles Lob erhaben, und gerade in den schwierigsten Lagen, vor Mutina und auf dem Partherfeldzug, hat er sich in hervorragender Weise bewährt. Wenn er schließlich bei Actium unterlegen ist, so erklärt sich dies aus der historischen Situation: Antonius mußte auf Kleopatra Rücksicht nehmen, und diese erzwang den Kampf zur See. Aber die Rechnung des Antonius ging nicht auf, die Seeschlacht endete mit einer Niederlage, die ihren Schatten auch auf das frühere Leben des Antonius geworfen und seine Leistungen verdunkelt hat. Dies aber mußte gesagt werden, um eine zutreffende Einstellung zu Antonius zu finden.

Es wäre nicht richtig, wollte man die antike Überlieferung ignorieren und in Antonius einen Menschen sehen, den die Mitwelt verkannt und in seinen Zielen mißverstanden hätte. Hier geht es vielmehr um die Frage der historischen Gerechtigkeit. Der Historiker muß sich fragen, was Antonius geleistet und was er versäumt hat, ferner wie es ihm gelungen ist, sich zur Spitze des römischen Staatswesens emporzuschwingen und welche Faktoren seinen Niedergang und Untergang bedingt haben. Zu beantworten sind diese Fragen nur, wenn es gelingt, sich jene längst versunkene Zeit auf Grund der antiken Quellen noch einmal zu vergegenwärtigen.

Vorstudien zu diesem Buch stellen einige Arbeiten dar, in denen ich Einzelprobleme der Zeit des Antonius behandelt habe. Es sind dies die in den Sitzungsberichten der Philosophisch-Historischen Klasse der Bayerischen Akademie der Wissenschaften veröffentlichten Untersuchungen mit dem Titel „Zur Geschichte des Brutus" (Jahrgang 1970, Heft 1), „Zu den Proskriptionen der Triumvirn" (Jahrgang 1972, Heft 3) und „Zum Partherfeldzug des Antonius" (Jahrgang 1974, Heft 1). Dazu kommt noch der Aufsatz „Untersuchungen zum Mutinensischen Krieg", der in meinen „Kleinen Schriften zur Alten Geschichte", München 1974, C. H. Beck, S. 479 bis 531, gedruckt ist.

Die Gestalt des Antonius hat mich mehrere Jahre begleitet, und je länger ich mich mit dem Leben des Antonius beschäftigt habe, um so tiefer habe ich die Faszination empfunden, die von seiner Person ausgeht und die im Altertum so viele Zeitgenossen in den Bann geschlagen hat. Das Persönliche läßt sich vom Politischen nicht trennen, beides zusammen ergibt erst ein wirkliches Bild eines Mannes, der zu den Großen seiner Zeit gehört hat, wenn er auch einem noch Größeren, dem Octavian, unterlegen ist.

Ich freue mich, hier meinen Schülern den Dank für ihre Hilfe aussprechen zu können: Hans Josef Wäsche hat die Kartenskizzen gezeichnet, Karl Strobel die Stammtafel der Antonier entworfen, Dr. Wolfgang Orth das Register bearbeitet. Für die Anfertigung der Reinschrift danke ich Frau Adelheid Bodig, für die Drucklegung dem Verlag C. H. Beck, Herrn Dr. Ernst-Peter Wieckenberg und Frau Dr. Ursula Pietsch.

München, im Herbst 1976 *Hermann Bengtson*

Erstes Kapitel

Antonius, seine Vorfahren und seine Familie

Das Leben des Antonius ist die Geschichte eines Römers, der auf Grund seiner Herkunft und seiner militärischen Begabung bis an die Spitze des römischen Staatswesens emporgestiegen ist. Sein Streben galt einem hohen Ziel: er wollte Nachfolger Caesars, seines großen Vorbildes, werden. Aber dies hat ihm das Schicksal versagt, denn nicht Antonius, sondern Octavian, der Junge Caesar, oder wie er später genannt wird, Augustus, ist an Caesars Stelle getreten. Antonius ist im Kampf um die Macht unterlegen, obwohl er der bedeutendere Feldherr gewesen ist. Mit Antonius und seinem Schicksal untrennbar verbunden ist die Gestalt der ägyptischen Königin Kleopatra, die er zu seiner Frau gemacht hat. Die Welt hielt den Atem an, als auf den Gewässern des Ionischen Meeres in der Bucht von Actium die Entscheidung fiel, der Junge Caesar blieb Sieger, Antonius entwich zu Schiff mit Kleopatra nach Ägypten. Ein Jahr lang war ihnen noch vergönnt zu leben, dann aber starben beide, Antonius und Kleopatra, durch eigene Hand. Das Imperium Romanum aber lag dem Sieger, dem Jungen Caesar, zu Füßen.

Der Krieg zwischen dem Jungen Caesar und Antonius, war er ein Kampf zwischen Orient und Okzident? Man hat dies gelegentlich so dargestellt, dabei jedoch übersehen, daß die Dinge in Wirklichkeit nicht so einfach waren. Denn auch Antonius war ein echter Römer, in seinem Heer standen römische Soldaten in nicht geringer Zahl, die sich ihm auf Leben und Tod verbunden fühlten. Und warum hat Antonius den Krieg verloren? Auf diese und auf so manche anderen Fragen versucht die Darstellung dieses Buches eine Antwort zu geben.

Beginnen wir mit der Jugend des Antonius! Es gibt über sie nur wenig zu berichten. Dies ist Schuld der Überlieferung, die wie bei den meisten bekannten Römern erst mit dem Auftreten des Antonius in der Öffentlichkeit einsetzt. Allein schon die Ermittlung des Geburtsjahres macht Schwierigkeiten. Bei Plutarch steht zu lesen, Antonius sei bei seinem Tod im Jahre 30 (am 1. August) sechsundfünfzig Jahre alt gewesen, nach einer anderen von Plutarch nicht näher bezeichneten Tradition dagegen erst dreiundfünfzig (Leb. d. Ant. 87). Da der Geburtstag des Antonius bekannt ist – es war der 14. Januar nach den Fasten von Verulae –, kommen wir in den Beginn des Jahres 86 oder 83 v. Chr., nicht aber ins Jahr 82, obwohl dieses Jahr immer noch Anhänger findet. Ausgehend von den dreiundfünfzig Lebensjahren Plutarchs scheint das Jahr 83 das richtige. Nun findet sich bei Appian (BC V 8,33) der Hinweis, Antonius sei vierzig Jahre alt gewesen, als er zum ersten Mal mit Kleopatra in Tarsos im Herbst des Jahres 41 v. Chr. zusammengetroffen ist. Aber diese Angabe ist doch wohl nur als eine ganz ungefähre zu betrachten, in Wirklichkeit war Antonius damals bereits 42 Jahre alt. Ob man die Silbermünzen, geprägt in Lugdunum (Lyon), sog. Quinare, mit den Ziffern 40 und 41 für die Bestimmung des Geburtsjahres mitheranziehen darf, ist eine andere Frage. Lugdunum ist im Jahre 43 gegründet worden; wenn man in den Ziffern 40 und 41, wie dies von namhaften Numismatikern und sogar von Mommsen vorgeschlagen wird[1], die Angabe der Lebensjahre des Antonius sehen darf, so käme man mit dem Geburtsjahr wieder ins Jahr 83 v. Chr. Und dieses Jahr ist in der Tat das wahrscheinlichste.

Abschließend wäre noch zu sagen, daß wir über die Altersangaben von so manchen prominenten Persönlichkeiten aus dem Altertum nur unzureichend unterrichtet sind. Man hat sich in der Antike um diese Dinge wenig gekümmert, ungefähre Angaben mußten hier, wie so oft, präzise Daten ersetzen.

Die ersten Jahre des Antonius fallen in die Zeit der Auseinandersetzung zwischen den Marianern und Sullanern, die nicht nur Italien, sondern darüberhinaus weite Teile der Mittelmeerwelt in Mitleidenschaft gezogen haben. Denn der Bürgerkrieg in Italien verquickte sich mit dem Bundesgenossenkrieg und mit dem Krieg gegen den König Mithradates VI. Eupator von Pontos. Die Jahre 91 bis 82 v. Chr. sind ausgefüllt durch den Bundesgenossenkrieg (91–89), durch den 1. Mithradatischen Krieg (89–85), durch den wieder aufflammenden Bürgerkrieg (83–82), endend mit dem Sieg Sullas am Collinischen Tor vor Rom am 1. November 82 v. Chr.

In den Bürgerkriegen haben viele Tausende von Römern und Italikern ihr Leben verloren, es war dies eine Zeit der größten Ungewißheit; den Gipfel des Unheils bildeten die Proskriptionen Sullas, die dieser am Ende des Jahres 82 v. Chr. erlassen hat. Wer mit den Marianern paktiert hatte, war seines Lebens nicht mehr sicher, die Zahl der Opfer der sullanischen ‚Säuberungen' ging in die Tausende, und vor allem die beiden ersten Stände, die Senatoren und Ritter, haben einen hohen Blutzoll entrichten müssen. Es war dies eine Zeit allgemeiner Unsicherheit, niemand wußte, ob er am Leben bleiben würde, denn es grassierten die Denunziationen, die sich auch gegen ganz Unschuldige richteten, weil diese zu den Besitzenden gehörten.

In diese schreckliche Zeit, die sich erst mit der Abdankung des Diktators Sulla im Jahre 79 wieder aufhellt, fällt die frühe Jugend des Marcus Antonius.

Sein Vater hieß M. Antonius Creticus. Dieser Mann hatte die Schrekkenszeit des Marius und Sulla zwar unbehelligt überstanden, in der Politik der siebziger Jahre, die einen ausgesprochenen Restaurationscharakter trägt, hat er jedoch keine sehr glückliche Rolle gespielt. Die Mutter des M. Antonius war Julia, eine Tochter des L. Julius Caesar und der Fulvia. Der Großvater mütterlicherseits war ein entfernter Verwandter des späteren Diktators C. Julius Caesar, er war aber schon im Jahre 87 den Verfolgungen der Marianer zum Opfer gefallen. Er wird wohl ein konservativer Mann und ein Gegner des Marius und des Cinna gewesen sein. Daß die Großmutter der *gens Fulvia* angehörte, ist insofern bemerkenswert, weil ja die zweite Frau des Triumvirn gleichfalls eine Fulvia gewesen ist.

Die *gens Antonia* gehörte keineswegs zu den großen und ruhmvollen Familien des römischen Amtsadels, der Nobilität. Der erste Antonier, der zu hohen Ehren gekommen war, ist M. Antonius, *magister equitum* im Jahre 334, gewesen. Aber das lag nun schon lange zurück, und man weiß es nicht genau, ob sich von diesem Vorfahren eine deutliche Erinnerung im Hause der Antonier erhalten hatte. Man verehrte ihn, aber man wußte im Grunde nicht mehr viel von ihm. Mit dem Ruhm der großen Familien vom Rang der Fabier oder der Cornelier konnten sich die Antonier nicht im entferntesten messen, auch mit materiellen Gütern waren sie nicht gesegnet. Sie waren auch keine Patrizier, sondern Plebejer, jedoch hatten sie auch unter dem plebejischen Adel keine herausragende Stellung inne. Antonius, der Triumvir, war sich dieser Tatsache nur zu sehr bewußt; darum hat er sich bemüht, hierin einen Wandel herbeizuführen, indem er, wie es in der Zeit der ausgehenden Republik nicht selten war, den Stammbaum seines Hauses auf einen Heros, auf *Anton,* den Sohn des Herakles, zurückführte. Dies war zwar ein Mythos, aber die Verbindung mit einem mythischen Ahnherrn entsprach ganz dem Geist der Menschen jenes Zeitalters, die sich darum bemühten, die Götter in ihre irdischen Familien hineinzuziehen, um den Ruhm der Vorfahren um so heller erstrahlen zu lassen. Dies aber ist eine spätere Entwicklung; die Vorfahren des M. Antonius hatten hiervon noch nichts gewußt, sie dürften vielmehr oft genug Grund gehabt haben, sich über den Hochmut und die Arroganz der altadligen Familien zu beklagen, und dies um so mehr, als die Antonier erst verhältnismäßig spät zum Consulat gelangt sind. Dies ist erst dem Großvater des Triumvirn, dem als Prozeßredner zu Ruhm und Ansehen gekommenen M. Antonius, im Jahr 99 v. Chr. gelungen. Er fand sein Ende, ebenso wie L. Julius Caesar, in den Proskriptionen des Marius. Vergeblich soll er seine beträchtliche Beredsamkeit aufgeboten haben, um der Hinrichtung durch die Soldaten zu entgehen, denen sein Versteck durch die Unvorsichtigkeit eines Sklaven verraten worden war. Es half ihm alles nichts – er war als Gegner des Marius und des womöglich noch schlimmeren Cinna bekannt, man schlug ihm das Haupt ab und stellte es auf dem Forum Romanum an der Rednertribüne zur Schau. Für seine Qualitäten als Redner spricht die Tatsache, daß ihm Cicero, der es ja wissen mußte, in seinen rhetorischen Schriften, vor allem im ‚Brutus', ein literarisches Denkmal gesetzt hat.

Als die Seeräuber immer frecher wurden und das Volk von Rom zu murren begann, weil die Getreideschiffe ausblieben, hatte man M. Antonius, dem Vater des Triumvirn, im Jahre 74 v. Chr. als Praetor ein außerordentliches Kommando *(imperium infinitum)* übertragen, damit er die Seeräuber zur Räson bringen sollte. Sämtliche Küsten des Imperiums wurden ihm unterstellt, in dieser Hinsicht ist sein Kommando ein Vorläufer des Imperiums, das sieben Jahre später dem Pompejus durch die Lex Gabinia zuteil geworden ist. Aber M. Antonius war kein Pompejus, er vermochte gegen die Piraten nichts auszurichten und erlitt schließlich im Kampf mit den Kretern eine für die Römer wenig ruhmvolle Niederlage, die ihn um alles Ansehen bei seinen Mitbürgern gebracht hat. In den antiken Quellen, vor allem bei dem Rhetor Florus, aber auch schon bei dem Griechen Diodor von Agyrion, sind die Ereignisse zu seinen Ungunsten übertrieben. Man erzählte, die Kreter hätten die römischen Gefangenen an den Rahen ihrer eigenen Schiffe aufgehängt. Diodor berichtet, Antonius habe sogar einen regelrechten Vertrag mit den Seeräubern geschlossen. Sollte dies wirklich der Wahrheit entsprechen, so hätte M. Antonius, der Praetor, seinen Auftrag in der gröblichsten Weise verkannt und dadurch das Ansehen des römischen Volkes *(maiestas populi Romani)* in einer nicht wieder gutzumachenden Weise herabgesetzt, so wie einst Mancinus vor Numantia. In Rom gab man ihm den Beinamen Creticus. Das ist kein Ehrenname, sondern ein Spottname, und unter diesem ist er in die römische Geschichte eingegangen.

Über seinen Charakter urteilen die Quellen ganz verschieden, Sallust bezeichnet den M. Antonius Creticus als einen Verschwender, während

Plutarch das genaue Gegenteil von ihm behauptet, Antonius sei nicht nur ein vortrefflicher Mensch, sondern auch ein wahrer Freund seiner Freunde, und dabei außerordentlich generös, gewesen. Die Wahrheit mag, wie so oft, ungefähr in der Mitte liegen; bemerkenswert ist immerhin, daß sich der Charakterzug der Freigebigkeit, und zwar in noch gesteigertem Maße, auch bei seinem ältesten Sohn, dem Triumvirn, findet. Politisch aber war Antonius Creticus, der Vater, eine gescheiterte Existenz. Der traurige Ausgang seines Lebens – er verstarb im Jahre 72/1 v.Chr. auf Kreta – entsprach weder den Erwartungen seiner Familie noch den eigenen Hoffnungen. Aber es ist schwer zu sagen, ob alles seine eigene Schuld gewesen ist: Rom hatte in jenen Tagen noch keine ausreichende Seemacht, sie ist vielmehr erst von Pompejus geschaffen worden, der mit ihr die größten Erfolge errungen hat.

Julia muß noch in sehr jugendlichem Alter gestanden haben, als M. Antonius, der Vater, sie zur Frau nahm. Die Hochzeit mag in das Jahr 87 oder, wenn man, wie oben dargelegt, das niedrigere Datum für die Geburt des ältesten Sohnes annimmt, in das Jahr 84 fallen. Die Ehe dürfte etwa 12 oder 13 Jahre gedauert haben. Dem Erstgeborenen, dem späteren Triumvirn M. Antonius, folgten noch zwei Brüder nach, Gaius und Lucius. Auch sie haben in der Politik der nachcaesarischen Zeit eine Rolle gespielt. Nicht sicher ist es, ob auch die Schwester Antonia der gleichen Ehe entsprungen ist oder ob sie vielleicht einer früheren Ehe des Vaters angehört. Die Tochter Antonia machte eine hochpolitische Heirat, sie verband sich mit P. Vatinius, dem bekannten Volkstribunen. Die Mutter Julia mag beim Tod ihres Gatten M. Antonius, des Vaters, erst etwa 25 oder höchstens 26 Jahre gezählt haben. Sie war jung genug, um eine zweite Ehe zu schließen. Der zweite Gatte war P. Lentulus Sura. Das war eine politisch geradezu verhängnisvolle Verbindung, denn Lentulus Sura wurde als Mitverschworener der Catilinarischen Konspiration auf Betreiben Ciceros hingerichtet, ein Faktum, das Antonius dem Cicero niemals vergessen und verziehen hat. Niemand wird es dem Antonius verdenken, wenn er dem ‚Vater des Vaterlandes' grollte, zumal die Tat Ciceros vor dem Gesetz sehr umstritten war. Wir werden darauf noch zurückkommen. Julia, die Mutter des Triumvirn, aber war eine Frau von Verstand und Herz, sie bewies großen Mut, vor allem in den Proskriptionen des Jahres 43, in denen sie unter Gefährdung des eigenen Lebens ihren Bruder vom Tode errettete – eine singuläre Tat, die mit Recht in die Geschichte eingegangen ist. Auch sonst hat sich Julia gelegentlich in die hohe Politik eingeschaltet. Man erzählte, daß sie sich immer wieder für ihren ältesten Sohn eingesetzt hat, als die Stimmung in Rom gegen ihn auf dem Siedepunkt war, und sogar bei dem berühmten Pakt von Brundisium im Jahre 40 hat sie ihre Hand mit im Spiel gehabt. Das Kennzeichen ihres Charakters ist Mut und Tatkraft, und hiermit hat sie ihrer Familie große Ehre gemacht. Kein Wunder, wenn die Söhne mit großer Liebe an der Mutter hingen; auch die schwierige und herrschsüchtige Schwiegertochter Fulvia, die Gattin des ältesten Sohnes, wußte sie für sich zu gewinnen, indem sie ihren heilsamen Einfluß auf deren vulkanisches Temperament zur Geltung brachte. Im Ganzen gewinnt man den Eindruck, daß es die Mutter gewesen ist, die den ältesten Sohn Marcus in entscheidender Weise charakterlich geformt hat.

Die beiden Brüder des Triumvirn, Gaius und Lucius Antonius, waren in der Politik nicht gerade vom Glück begünstigt. Gaius hat es immerhin bis zum Statthalter der wichtigen Provinz Macedonia gebracht; Brutus, der Caesarmörder, hat ihn jedoch gegen jedes Völkerrecht in Gewahrsam nehmen und später umbringen lassen – eine Tat, die als Racheakt für die Proskriptionen der Triumvirn zu bezeichnen ist. Gaius starb im Jahre 42 v. Chr., zu einer Zeit, in der sein älterer Bruder mit der Vorbereitung des Krieges gegen die Caesarmörder beschäftigt war. Zwischen Marcus Antonius und Brutus bestanden längst keine Beziehungen mehr, so daß dem Gaius nicht geholfen werden konnte. Er fiel, wie so viele andere, als ein Opfer der erbarmungslosen Politik der Bürgerkriege.

L. Antonius stand im Perusinischen Krieg seiner ehrgeizigen Schwägerin Fulvia, der Gattin seines ältesten Bruders, hilfreich zur Seite. Er hat wenig Dank dafür geerntet, durch die politisch motivierte Nachsicht des Octavian kam er ungeschoren davon; er soll wenig später, im Jahre 40, in Spanien umgekommen sein. Beide Brüder waren übrigens nicht über das Mittelmaß hinaus politisch und militärisch begabt, Fortuna war beiden in ihren Unternehmungen nicht sonderlich gewogen, und von Gaius kann man sagen, daß er in Makedonien auf einem sehr exponierten Posten stand, dem Brutus und seiner Propaganda war er nicht gewachsen, und so kommt sein Untergang nicht überraschend. Beide Brüder, Lucius und Gaius, sind Randfiguren einer Zeit, in der sich nur die Stärksten durchzusetzen vermochten, und auch diese nur, wenn sie über eine entsprechende Rücksichtslosigkeit gegenüber den anderen verfügten.

Es ist die Familienpolitik gewesen, die Marcus Antonius, den späteren Triumvirn, mit seiner Cousine Antonia, der Tochter des C. Antonius Hybrida, zusammengeführt hat. Der Beiname Hybrida ist nicht gerade vornehm. Er bezeichnet allen Ernstes ein Schwein, das aus einer Verbindung eines zahmen und eines wilden Borstentieres hervorgegangen ist. Wir kennen den Grund nicht, weswegen man dem Oheim des Antonius diesen anzüglichen Namen beigelegt hat, aber das eine ist sicher: er besaß in Rom keinen besonders guten Ruf, er hatte zu den Nutznießern der Proskriptionen des sullanischen Zeitalters gehört, wie so viele andere. Im übrigen scheint er ein sehr wohlhabender Mann gewesen zu sein; außerdem hatte er circensische Neigungen, denn es heißt, er sei beim Triumph Sullas im Jahre 83 als Wagenlenker aufgetreten, was ihm seine Standesgenossen sehr verdacht haben.

Cicero, der für die Antonier nichts übrig hatte, gibt ihm den wenig ehrenvollen Beinamen *Quadrigarius,* d.h. Lenker eines Viergespannes. Aber dies war noch nicht einmal das Schlimmste. Im Jahre 70 v.Chr. wurde C. Antonius Hybrida aus dem Senat ausgestoßen. Das war normalerweise die Vernichtung der politischen Existenz, aber er hatte offenbar gute Freunde und weitreichende Verbindungen, sonst wäre er nicht im Jahre 63, zusammen mit Cicero, zum Consulat gelangt. Dies aber war der Gipfel seiner Karriere; wenige Jahre später zog er es – aus unbekannten Gründen – vor, sich freiwillig in die Verbannung, und zwar nach der Insel Kephallenia, zu begeben. Er muß in Rom politische Gegner gehabt haben, die ihm das Leben in der Hauptstadt sauer machten. Übrigens ist er noch einmal nach Rom zurückgekehrt, sein Tod fällt in das Jahr 42 v. Chr. (oder wenig später). Es ist immerhin sehr bemerkenswert, daß er es in diesem Jahr sogar zum Censor gebracht hatte. Aber damals galt in Rom der Wille der Triumvirn, und es war klar, daß diese ihn zu rehabilitieren versuchten. Antonius Hybrida ist eine schillernde Persönlichkeit, er ist ein echtes Kind dieser an Streben nach dem Mammon so reichen, an Idealen aber armen Zeit. Was er in der Catilinarischen Verschwörung und bei seiner Verwaltung der Provinz Makedonien geleistet hat, ist nicht geeignet, für ihn Sympathien zu erwecken. Aber der Diktator Caesar hat sich dadurch nicht abschrecken lassen, ihn zu fördern; in der Auswahl seiner Freunde war Caesar alles andere als kleinlich. Fehlgriffe waren nicht selten – aber was sollte der Diktator tun, wenn sich ihm die reaktionäre Senatsaristokratie versagte? Mit Antonius Hybrida war wenig Staat zu machen, er war ein typischer Geschäftemacher, der dort seinen Vorteil suchte, wo er für ihn zu finden war. Das Erstaunliche ist die fehlende Staatsgesinnung, die Nobiles glaubten sich alles erlauben zu können, ihr Verhalten entsprach in keiner Weise den Reden, mit denen sie Senat und Volk hinters Licht führten.

Aus der Ehe des Marcus Antonius mit seiner Cousine Antonia ist eine Tochter, gleichfalls Antonia genannt, hervorgegangen. Der Vater verlobte sie mit dem Sohn des Aemilius Lepidus, zu einer Eheschließung ist es aber nicht gekommen. Ob Antonia die gleiche ist, die später einem schwerreichen Griechen namens Pythodoros aus Tralleis (in Karien) zur Frau gegeben worden ist, scheint zweifelhaft. Es könnte sich hier auch um eine andere Antonia handeln, die nicht der Familie des Triumvirn angehörte. Die Mutter wurde von Antonius verstoßen, weil sie sich mit P. Cornelius Dolabella eingelassen haben soll, einem nichtswürdigen Lebemann, der als Schwiegersohn Ciceros eine wenig überzeugende Rolle gespielt hat.

Wenn man Cicero Glauben schenken darf, so hätte Antonius vor seiner ersten Ehe ein Liebesverhältnis mit einem Mädchen namens Fadia gehabt, der Tochter eines Freigelassenen. Aus dieser Verbindung seien mehrere Kinder hervorgegangen. Ob Cicero die Wahrheit berichtet, läßt sich nicht nachprüfen; da die Behauptung an verschiedenen Stellen der Philippischen Reden nachzulesen ist, scheint Zurückhaltung geboten. Cicero hat dem Antonius im politischen Tageskampf die unglaublichsten Dinge vorgeworfen, für die er nie und nimmer den Wahrheitsbeweis hätte antreten können – aber immerhin wäre ein Liebesverhältnis eines jungen Mannes aus plebejischem Adel mit einer Freigelassenen nichts Ungewöhnliches. Bemerkenswert ist jedoch die Tatsache, daß die Kinder des Antonius von der Fadia – gesetzt, daß sie wirklich existiert haben – im Leben des Triumvirn nicht die geringste Rolle gespielt haben. Existierten sie nur in der Phantasie Ciceros?

Die zweite legitime Gattin des Antonius (nach seiner Trennung von der Antonia) aber war Fulvia, die Tochter des M. Fulvius Bambalio. Dieser Schwiegervater des Antonius stammte wie der Schwiegersohn aus plebejischem Adel, er war aber wenig angesehen und wurde wegen seiner stotternden Sprechweise als Stotterer *(bambalio)* verhöhnt. (Die Römer waren, ebenso wie die Alexandriner, in dieser Hinsicht ganz erbarmungslos.) Von dem Schwiegervater ist nichts Positives zu berichten, wohl aber von seiner Tochter Fulvia, die Geschichte gemacht hat – für eine Frau in jener Zeit etwas ganz Ungewöhnliches. Man kann sogar sagen, daß sie die Welt in Italien in Bewegung gesetzt hat. Sie war nicht weniger als dreimal verheiratet[2], zuerst mit P. Clodius Pulcher, der als Volkstribun und rücksichtsloser Gegner Ciceros in die Geschichte eingegangen ist, dann, nach seinem Tode, im Jahre 52, wurde sie die Gattin des C. Scribonius Curio. Diese zweite Ehe dauerte aber nur kurze Zeit, denn Curio ist bereits im Jahre 49 in Africa als Parteigänger Caesars zugrunde gegangen. In ihrer dritten Ehe, derjenigen mit Antonius, erreichte Fulvia endlich das, was sie erstrebt hatte: sie fand sich im Mittelpunkt der römischen Gesellschaft wieder, ihr Haus, das Haus des Antonius, war das Zentrum der römischen Politik, alle bedeutenden Männer von Autorität und Ansehen gingen bei ihr ein und aus. Im übrigen hatten Antonius und Fulvia viele Eigenschaften gemeinsam: beide waren exzentrisch, habgierig und, wenn es sein mußte, auch vollkommen skrupellos, beide hatten sich der Politik verschrieben, und es ist nicht selten vorgekommen, daß sich Antonius dem Willen seiner Gattin beugen mußte. In den Proskriptionen soll Fulvia eine führende Rolle gespielt haben, zusammen mit ihrem Schwager L. Antonius hat sie in Abwesenheit ihres Gemahls den Perusinischen Krieg in Italien vom Zaun gebrochen, mit dem sie ihrem ehemaligen Schwiegersohn, dem Jungen Caesar, wie er sich nannte (er hatte Clodia, ihre Tochter aus der ersten Ehe mit P. Clodius Pulcher, geheiratet), die größten Schwierigkeiten bereitet hat. Aber sie hatte trotz der Niederlage Glück im Unglück: Octavian ließ sie nach der Einnahme Perusias ausreisen, in Athen traf sie sich mit ihrem Gatten Antonius – aber dieser hatte sich längst nach einem anderen Gestirn orientiert, sie war ihm lästig, und er ließ sie dies auch deutlich spüren. Wegen ihrer eigenmächtigen Politik in Italien soll er ihr Vorwürfe gemacht haben (in diesem Punkt hatte er sicherlich recht). Fulvia starb in Sikyon, von niemandem betrauert, am allerwenigsten von Antonius, der sich bereits auf den Weg nach Italien gemacht hatte, ohne sich um die Schwerkranke zu kümmern. Auf jeden Fall aber starb ihm Fulvia sehr gelegen, es gab schon seit Jahren zwischen ihnen keine Gemeinsamkeit mehr. Was hätte sie ihm auch noch nützen können? Und dieser Standpunkt war für Antonius entscheidend.

Aus der Ehe des Antonius mit der Fulvia waren zwei Söhne hervorgegangen. Auf beide wartete ein sehr trauriges Schicksal: der ältere, ebenso wie der Vater Marcus Antonius genannt (der Volksmund nannte ihn Antyllus), mußte auf Befehl Octavians nach der Eroberung Ägyptens im Jahre 30 v. Chr. sterben, der andere mit Namen Jullus Antonius war in den Sturz der Julia, der Erbtochter des Octavian, verwickelt, was zu seinem Untergang in Rom geführt hat. Sein Sohn Lucius starb im Jahre 25 n. Chr. in Massilia (Marseille) in der Verbannung. Damit war die Familie des Antonius im Mannesstamm ausgestorben.

Bemerkenswert ist noch die Tatsache, daß Fulvia auf der Höhe ihrer Macht in Italien Münzen mit ihrem Bild hat prägen lassen. Das hatte vor ihr noch keine einzige Römerin gewagt, die Münzen zeigen, daß die Monarchie im Kommen war und daß an ihr auch die Frauen einen Anteil nehmen wollten. Aber die Sterne standen für Fulvia nicht günstig, so ist sie letzten Endes als potentielle Gegnerin der Kleopatra zugrunde gegangen.

Eine Verbindung von eminent politischer Bedeutung war die Vermählung des Antonius mit Octavia, der Schwester Octavians. Sie war das Unterpfand des Paktes von Brundisium (40 v. Chr.), der vor allem auch durch die Vermittlung des Asinius Pollio und des Maecenas zwischen Antonius und Octavian geschlossen worden war. Octavia befand sich seit kurzer Zeit im Witwenstand, ihr Gatte, C. Claudius Marcellus, dem sie drei Kinder geboren hatte, war nicht mehr am Leben. Die junge Witwe zählte kaum 20 Jahre. Dem Antonius schenkte sie zwei Töchter, die ältere, Antonia Maior, geboren im Jahr 39, die andere, Antonia Minor, geboren im Jahr 36. Sie haben den Vater und die Mutter um viele Jahre überlebt. Das Todesjahr der Älteren ist nicht bekannt, die Jüngere wurde von Caligula zum Selbstmord gezwungen.

Auf einem ganz anderen Blatt steht die Verbindung des Antonius mit der Königin von Ägypten Kleopatra. Hier verbinden sich persönliche Neigung und hohe Politik, und letzten Endes ist Kleopatra dem Triumvirn zum Verhängnis geworden. Kleopatra hat dem Antonius drei Kinder geboren, die Zwillinge Alexander Helios und Kleopatra Selene im Jahr 40, Ptolemaios Philadelphos im Jahre 36. Kleopatra Selene fand nach dem Tode der Eltern Aufnahme im Haus der Octavia, sie heiratete im Jahre 20 v. Chr. den König Juba II. von Mauretanien, einen typischen Gelehrten, der mehrere Werke kompilatorischen Charakters verfaßt hat. Zwei Kinder sind aus dieser Ehe bekannt, Ptolemaios und Drusilla. Sie sind die letzten Sprosse der Familie der Ptolemäer. Jubas und Kleopatras Sohn Ptolemaios kam im Jahre 40 n. Chr. durch die Tücke Caligulas ums Leben, da er ihm als Herrscher von Mauretanien im Wege stand.

Die Nachkommen des Triumvirn Antonius standen zu hoch, als daß sie ihr Leben in beschaulicher Ruhe hätten zu Ende führen können. Wer auf der Menschheit Höhen wandelt, darf sich nicht darüber beklagen, wenn auf ihn das Fatum wartet. So ist der engeren Familie des Antonius auf die Dauer kein Glück beschieden gewesen. Antonius, der Triumvir, hatte in seinem Leben nicht nur viel Unrecht getan und geduldet, er hatte auch ganz bewußt gegen das Recht gehandelt, es war kein Wunder, wenn sich gegen ihn und seine Nachkommen die Nemesis erhob, die vor keinem Sterblichen Halt macht. Aber immerhin ist Antonia Maior durch ihre Ehe mit L. Domitius Ahenobarbus zur Großmutter des Kaisers Nero geworden, und die Verbindung der Antonia Minor mit Nero Claudius Drusus machte die Tochter des Antonius zur Großmutter des Kaisers Caligula. So sind die Schicksale des Hauses des Antonius auf seltsame Weise mit denen der Familie des Augustus verflochten.

Zweites Kapitel

Antonius in seiner Jugend (bis 55 v. Chr.)

Im Leben des Marcus Antonius bildet das Jahr 63 v. Chr. einen entscheidenden Einschnitt. Es ist dies das Jahr der Catilinarischen Verschwörung. Antonius war damals noch ein junger Mann. Wenn er, wie wir annehmen (s. o. S 12), im Jahre 83 geboren wurde, so hatte er gerade das zweite Jahrzehnt seines Lebens vollendet. Doch kommt es hier auf das genaue Lebensalter nicht an, sondern vielmehr darauf, welche Eindrücke der junge Antonius von der Catilinarischen Verschwörung und ihren Begleitumständen erfahren hat. Diese Eindrücke waren nämlich so tief, daß er sich sein ganzes Leben lang nicht mehr von ihnen zu lösen vermochte. Bekanntlich ist es dem Consul Cicero mit leichter Mühe gelungen, die Verschwörung zu unterdrücken. Sie nähme in der Geschichte der ausgehenden römischen Republik kaum einen so bedeutenden Raum ein, hätte nicht Cicero das Ereignis dazu benutzt, immer wieder seine eigenen Verdienste in Reden und Schriften hervorzuheben. Im übrigen aber hatte die Catilinarische Verschwörung eine innere Fäulnis in der Gesellschaft der führenden Römer an den Tag gebracht, die niemand vorher für möglich gehalten hätte. Dazu kam dann noch, daß Antonius selbst, so jung er war, von diesem Ereignis schmerzlich betroffen worden ist. Doch davon wird später die Rede sein.

Blickt man auf die Jahre von 87 bis 63 v. Chr. zurück, so stellen sie sich als eine ausgesprochene Krisenzeit für Rom und das römische Imperium dar. Was hat sich in diesem Vierteljahrhundert nicht alles ereignet! Am Anfang standen die Kämpfe zwischen Marius und Sulla; diese aber waren nicht mehr und nicht weniger als ein regelrechter Bürgerkrieg, der sich dazu noch mit dem Aufstand der Italiker gegen Rom verquickte. Und außerhalb Italiens standen römische Heere im Kampf mit Mithradates VI. Eupator, dem König von Pontos. Das Jahr 88 hatte die ephesische Vesper gesehen, sie hatte den Tod vieler Tausende von Römern und Italikern in der römischen Provinz Asia gebracht, ein Ereignis, das sich unauslöschlich in das Gedächtnis der Mitwelt und der Nachwelt eingeprägt hatte. Aus dem Streit um das Kommando gegen den pontischen König war schließlich

Sulla als Sieger hervorgegangen; nach großen militärischen Erfolgen in Griechenland hatte er im Jahre 85 den Frieden von Dardanos (in der Troas) mit Mithradates geschlossen. Zum ersten Mal in der Geschichte Roms war hierbei der Grundsatz ignoriert worden, daß die Römer nur mit niedergeworfenen Gegnern Verträge abgeschlossen hatten. Mithradates aber war keineswegs niedergeworfen, Sulla zog es jedoch mit Macht zurück nach Italien, das er zwei Jahre zuvor verlassen hatte, um den Krieg gegen den König Mithradates zu führen, der ihm Ruhm und Beute versprach in einem Umfang, wie sie bisher von keinem römischen Feldherrn eingebracht worden war. *Italien und Rom standen während seiner Abwesenheit unter der Herrschaft des Cinna,* eines undurchsichtigen Demokraten, sein Wüten hat unter den Optimaten zahlreiche Opfer gefordert. Marius hatte am 1. Januar 86 sein siebentes Consulat angetreten, war aber schon wenige Tage später, am 13. Januar, gestorben. Er hatte in seinem Leben große militärische Erfolge errungen: er war der Sieger über Jugurtha und die Numider in Africa, dazu über die Teutonen und Kimbern, die den Schrekken vor den nordischen Völkern bis nach Oberitalien getragen hatten. Unzweifelhaft gehört Marius zu den großen Figuren der römischen Republik, wenn er auch auf dem Felde der inneren Politik wenig glücklich gewesen ist. Aber er hatte das römische Heer auf neuer Grundlage organisiert, und in der reformierten Form hatte es sich allen äußeren Gegnern überlegen erwiesen. In Rom und Italien aber herrschte seit Sullas Weggang nach Griechenland (im Jahre 87) der nackte Terror. Wer Cinna nicht genehm war, mußte damit rechnen, in die Verbannung getrieben oder sogar hingerichtet zu werden. Noch mehr als Cinna hatte der aus Africa zurückgekehrte Marius gewütet, aber seine Tage waren gezählt, und vieles von dem, was er noch ausführen wollte, wurde durch seinen Tod verhindert. In Rom traten Zustände ein, die man bisher nicht für möglich gehalten hatte. Nach dem Tode des großen Marius war Cinna eine Zeitlang alleiniger Consul, schließlich nahm er sich L. Valerius Flaccus als Amtsgenossen, für eine Diktatur war die Zeit noch nicht gekommen. Die Ereignisse zeigen die Labilität des römischen Staatswesens, niemand wußte, wie es weitergehen sollte. Und ganz unzweifelhaft trugen die Männer um Marius und Cinna hierfür die Hauptverantwortung. Und die Lage wurde noch undurchsichtiger, als Cinna bei einer Meuterei der Soldaten in Ancona ums Leben kam (Frühjahr 84). Seine Gestalt erscheint in der Überlieferung in einem Zwielicht: was Cinna geschaffen hat, ist durch Sulla nach seiner Rückkehr nach Italien wieder beseitigt worden, aber Cinnas Gewaltherrschaft hat sich dem Gedächtnis der Zeitgenossen tief eingeprägt. Zum ersten Mal – seit den gracchischen Unruhen – waren wieder einmal Anarchie und Willkür an der Tagesordnung, anstatt des Gesetzes regierte die Gewalt, und wer sich ihr widersetzte, lief Gefahr, aus dem Weg geräumt zu werden.

Wo die Familie des Antonius stand, wird aus den Schicksalen der beiden Großväter des Triumvirn deutlich. Beide, sowohl L. Julius Caesar, der Großvater mütterlicherseits, wie auch der Redner M. Antonius, der Großvater väterlicherseits, sind unter der Herrschaft der Marianer in Rom ums Leben gekommen (s.o.S. 13f.). Dies aber kann schwerlich ein Zufall sein, beide waren Stützen der Optimaten, mit der Gewaltherrschaft des Marius und seiner Anhänger hatten sie nichts gemein. In der Familie des Antonius blieb der Untergang der beiden Männer unvergessen, sie waren die Opfer einer Gewaltherrschaft, für die jene Gruppe die Verantwortung trug, die dann durch Sulla ausgelöscht worden ist. Kann man davon sprechen, daß die Familie des Antonius sich für Sulla eingesetzt hat? Die Quellen berichten nichts davon, aber wenn die Mitglieder der *gens Antonia* die Zeit der sullanischen Diktatur überstanden haben, so mögen ihre Mitglieder dem Diktator Zugeständnisse gemacht haben; sie hatten allen Grund, in ihm einen Mann zu sehen, der mit der Gewaltherrschaft der Marianer aufgeräumt hatte. Aber zu dem engeren Freundeskreis Sullas haben sie nicht gehört, anders als der junge Cn. Pompejus und L. Sergius Catilina, der in sullanischer Zeit den Grundstein zu seinem Vermögen gelegt hat. Und der junge Cn. Pompejus hatte den Imperator Sulla bei seiner Landung in Brundisium im Frühjahr 83 begrüßt und ihm aus Picenum ein selbstgeworbenes Heer zugeführt. Er war dafür von dem großen Sulla mit „*imperator*“ angeredet worden, und nicht viel später war ihm die Ehre eines Triumphes zuteil geworden. Die Früchte des sullanischen Sieges haben die Freunde Sullas mit dem Diktator geteilt, ein Antonius war nicht unter ihnen. Die Zahl der Opfer der sullanischen Proskriptionen war groß, und die Proskriptionen selbst haben sich ganz unauslöschlich in das Gedächtnis der Römer eingegraben. Von einer *res publica libera* konnte unter Sulla nicht die Rede sein, alles geschah nach dem Willen des Diktators, und vieles in völliger Willkür. Vor allem hatte der Diktator nicht den geringsten Respekt vor dem Menschenleben, manche Römer sind zu Tode gekommen, weil Sulla sich nur über sie geärgert hatte. Man muß sich diese Dinge vergegenwärtigen, um zu ermessen, wie sehr diese Rechtsunsicherheit auf allen römischen Bürgern lastete, auch auf jenen, die sich vor der Verfolgung durch die Schergen Sullas relativ sicher fühlten. Es ist ganz unmöglich, daß eine derartige Rechtsunsicherheit, die man bisher in Rom und in

Italien nicht gekannt hatte, nicht zu einer grundlegenden Veränderung der Mentalität gerade der führenden Familien beigetragen hat.

Man hat die Zeit von 78 bis 60 v. Chr. als das Zeitalter des Pompejus bezeichnet. Daran ist soviel richtig, daß dieser geborene Feldherr eine Reihe von militärischen Erfolgen errungen hat, die ihn weit über alle anderen Römer emporgehoben haben: er vernichtete die Herrschaft des Sertorius, der sich fernab von Rom, in Spanien, ein eigenes Imperium errichtet hatte – die Kämpfe hatten etwa fünf Jahre, von 77/6 bis 72, gedauert. Und das Eingreifen des Pompejus in den Seeräuberkrieg (67 v. Chr.) und in den Mithradatischen Krieg (66 v. Chr.) brachte auch im Mittelmeerraum und im Osten eine entscheidende Wende. Mithradates, der größte Gegner, den Rom im Osten gefunden hatte, wurde in mehreren Feldschlachten geschlagen, er flüchtete in das Gebiet jenseits des Schwarzen Meeres und gab sich schließlich selbst den Tod, als er keinen anderen Ausweg mehr finden konnte (63 v. Chr.). In das gleiche Jahr fällt die Catilinarische Verschwörung; sie ist nur zu verstehen auf dem Hintergrund der großen sozialen Spannungen, die sich in dem Jahrzehnt zwischen 70 und 60 in Rom und in Italien gebildet hatten.

Die Antonier sind in dem Zeitalter zwischen Sullas Tod (78) und dem Consulat Ciceros (63 v. Chr.) wenig hervorgetreten. Über die im ganzen recht unglückliche Expedition des Antonius Creticus im Jahre 74 ist das Notwendige gesagt worden (o. S. 14). M. Antonius, sein Sohn, war damals noch viel zu jung, um aktiv am Staatsleben teilnehmen zu können. Aber die Ereignisse im Zusammenhang mit der Catilinarischen Verschwörung haben auch ihn und seine Familie sehr empfindlich berührt. Seine Mutter war nach dem Tode des Antonius Creticus eine zweite Ehe mit P. Lentulus Sura eingegangen, einem interessanten Mann der späteren römischen Republik, der im Jahr 81 die erste Sprosse zur Ämterlaufbahn, die Quästur, erklommen hatte. Er war unzweifelhaft ein Anhänger Sullas, sonst hätte ihn der allmächtige Gewaltmensch niemals zur Quästur zugelassen. Aber so ganz ohne Reibungen waren seine Beziehungen zu Sulla auch wieder nicht. Plutarch (Leb. d. Cicero 17,2) berichtet von einer aufschlußreichen Szene im römischen Senat: Lentulus habe sich im Senat trotz Drängens des Sulla geweigert, über die öffentlichen Gelder Rechenschaft abzulegen, er habe vielmehr seine Wade zur Schau gestellt, so wie es die Kinder zu tun pflegen, wenn sie beim Ballspiel einen Fehlwurf tun. Und die Römer nennen die Wade (griech. *knema*) in ihrer Sprache *sura*. Plutarch weiß dann noch zu erzählen, daß Lentulus im ganzen zweimal vor Gericht gestellt und beide Male freigesprochen worden sei, das zweite Mal aber nur mit einer Mehrheit von zwei Stimmen! Dazu habe Lentulus zynisch bemerkt, er habe sich in zu große Unkosten gestürzt, es hätte auch genügt, wenn er nur mit einer einzigen Stimme durchgekommen wäre. Im Jahr 75 erreichte er die Prätur und übernahm die Funktionen des Vorsitzenden des Repetundengerichts (für einen Teil der Prätoren war die Betätigung als Gerichtsvorsitzende in der sullanischen Verfassung vorgesehen). Auch die Proprätur ist ihm zuteil geworden, und zwar in Sizilien, wo er anscheinend unmittelbarer Amtsvorgänger des berüchtigten C. Verres gewesen ist. Im Jahr 71 gelangte er sogar noch zum Consulat, womit er den Gipfel seiner Ämterlaufbahn erreicht hatte. Aber schon im folgenden Jahr ereilte ihn das Unglück zum ersten Mal: es gab eine große Säuberung im Senat, und dieser Säuberung fiel mit zahlreichen anderen Senatoren auch Lentulus Sura zum Opfer. In normalen Zeiten hätte die schimpfliche Entfernung aus dem Senat das Ende der Laufbahn, ja sogar den bürgerlichen Tod bedeutet; in jenen Zeiten aber, in denen die Willkür regierte, war dies noch keineswegs das Ende. Lentulus wurde zum zweiten Mal Prätor, und zwar in dem Consulatsjahr Ciceros, das zugleich das Jahr der Catilinarischen Verschwörung ist. Und eben in der Verbindung mit Catilina sah Lentulus eine große Chance. Der Stiefvater des Antonius sympathisierte nicht nur mit Catilina – dies haben auch noch ganz andere prominente Römer getan, unter ihnen vor allem auch Caesar –, er nahm an der Verschwörung ganz offenen Anteil.

Für das Vorhaben Catilinas war dies von großer Bedeutung; denn Lentulus, gewesener Consul *(vir consularis)* und amtierender Prätor, war nicht nur einer der ranghöchsten, sondern auch der an Autorität führende Mann der ganzen Konspiration. Von sich selbst und seinen Fähigkeiten hatte Lentulus eine übertrieben hohe Meinung, er betrachtete sich nämlich als den dritten großen Mann aus dem Geschlecht der Cornelier (die beiden anderen waren nach seiner Meinung Sulla und Cinna). Dies aber ging auf einen Spruch der Sibyllinischen Bücher zurück, den er für sich in Anspruch nahm. Aber die Dinge entwickelten sich ganz anders, als Lentulus geahnt und gehofft hatte. Sein Genosse Catilina sah sich gezwungen, Rom zu verlassen. Lentulus aber korrespondierte mit ihm; aus den Briefen ging hervor, daß sich Lentulus als das eigentliche Haupt der Verschwörung betrachtete. Lentulus ist es auch gewesen, der in Unterhandlungen mit den Gesandten der Allobroger aus Südgallien eintrat, diese aber unterrichteten den Consul Cicero von den Plänen des Lentulus, Cicero aber griff zu und ließ die Verschwörer verhaften. An der Beteiligung und an der hervorragenden Rolle des Lentulus bei der Konspiration kann es schwerlich irgendeinen Zweifel geben, Lentulus fühlte sich sogar dem Catilina überlegen, und wenn es den Verschwörern gelungen wäre, in der römischen Res publica das Oberste nach unten zu kehren, so wäre Lentulus sicherlich als der große Erneuerer des Staates gefeiert worden. Doch hat es wenig Sinn, sich darüber den Kopf zu zerbrechen. Aber soviel ist sicher: wer wie Lentulus sich Männern wie Sulla und Cinna an die Seite zu stellen wagte, der wäre vor der Errichtung einer Diktatur in Rom nicht zurückgeschreckt. Aber so weit war man im November 63 noch nicht, Lentulus hatte bei seinen Verhandlungen mit den Allobrogern die Vorsicht und Diskretion außer acht gelassen, die Angelegenheit kam dem hellhörigen Consul Cicero zu Ohren; so wurde Lentulus verhaftet. Cicero hatte zweifellos das Recht auf seiner Seite. Am 5. Dezember, nur wenige Tage später, wurde an Lentulus im Tullianum, dem Staatsgefängnis, das Todesurteil vollzogen, ein schlimmes Ende für den Stiefvater des Antonius, der bis zu den höchsten Sprossen der römischen Ämterlaufbahn emporgestiegen war. Das Ende des Lentulus und seiner Genossen in Rom ist insofern von hochpolitischer Bedeutung, als Cicero bei der Hinrichtung dieser Männer ein Grundrecht der Römer, die Berufung an das Volk *(provocatio ad populum)*, hatte unter den Tisch fallen lassen. Auf Grund der Ausrufung des Staatsnotstandes hätte Cicero als Consul ohne weiteres das Recht gehabt, die Todesurteile vollziehen zu lassen. Aber er hatte sich dadurch eine Rückendeckung zu verschaffen versucht, daß er die Angelegenheit dem Senat unterbreitete, der sich um das Berufungsrecht nicht gekümmert hat. Das aber war ein schwerer Verstoß gegen die ungeschriebene Verfassung, und mit Recht sind Cicero, dem ‚Vater des Vaterlandes', sehr bald massive Vorwürfe in der Öffentlichkeit gemacht worden. Er hatte eben übereilt gehandelt, wobei man ihm zugute halten muß, daß er die von den Catilinariern ausgehende Gefahr beträchtlich überschätzt hat. Aber was geschehen war, war geschehen, Lentulus war tot; sein Genosse Catilina soll geradezu von des Lentulus Sorglosigkeit *(socordia)*, ja sogar von seiner Feigheit *(ignavia)* gesprochen haben, Dinge, die den Catilinariern eine schwere Niederlage bereitet hätten. In der Tat wird niemand verkennen, daß das Verhalten des Lentulus wenig konsequent gewesen ist. Hatte er sich entschlossen, im Bunde mit Catilina zu handeln, so war Diskretion höchstes Gebot. Lentulus aber tat das Gegenteil, womit er sich als politischer Analphabet erwies. Dem Catilina wird man dagegen immerhin zugute halten müssen, daß er in offenem Kampf gegen die Truppen des römischen Senats bei Pistoria gefallen ist, zu Beginn des Jahres 62; er hat also den Tod seines Genossen nur um wenige Wochen überlebt. Die Hinrichtung des Lentulus hat einen unauslöschlichen Eindruck auf der Seele des Antonius hinterlassen. Nicht daß dieser den Stiefvater besonders geschätzt oder verehrt hätte – davon berichten die Quellen nichts –, aber sein Tod war eine Katastrophe für die ganze Familie, zumal Lentulus mit dem Odium des Staatsfeindes belastet worden war. Antonius hat später behauptet, Cicero habe nicht einmal erlaubt, den Leichnam des Hingerichteten den Hinterbliebenen herauszugeben. Dies aber entspricht nicht den Tatsachen, es scheint üble Nachrede zu sein. Aber wie dem auch sein mag – der Grund zu einer erbitterten Feindschaft zwischen Cicero und Antonius war damit gelegt, sie sollte dem römischen Staatswesen noch so manche schwere Verwicklung bringen, denn Antonius fühlte sich nach römischem Herkommen verpflichtet, seinen Stiefvater zu rächen; zwanzig Jahre später war es so weit, und man wird den Haß, mit welchem Antonius seinen Gegner Cicero verfolgt hat, verstehen, wenn man über die Vorgeschichte unterrichtet ist. Im Jahre 63 war Antonius noch ein junger Mann, gerade erst 20 Jahre alt, aber immerhin schon so alt, daß er die Vorgänge der Catilinarischen Verschwörung mit ihren Folgen für seine Familie zutreffend beurteilen konnte. Aber um sich an Cicero zu rächen, hatte er fürs erste keine Gelegenheit. Er hat auch nicht den Versuch unternommen, das Andenken des Lentulus zu rehabilitieren; man hatte damals in Rom andere Sorgen, da die Rückkehr des Pompejus gegen Ende des Jahres 62 alles andere in den Schatten stellte. Mit dem Eintreffen des großen Feldherrn in Italien hatte sich die politische Bühne völlig verwandelt: niemand konnte mehr ohne Pompejus regieren, und für alle, die in der Politik eine Rolle spielen wollten, wurde es Zeit, sich nach dem neuen Gestirn aus dem Osten zu orientieren.

In der 2. Philippischen Rede Ciceros, gehalten im September 44, finden sich gravierende Vorwürfe gegen den Charakter des jungen Antonius. Vor allem wirft ihm Cicero seine Verschwendung vor, wofür Cicero den vulgären Ausdruck des „Abkochens“ verwendet *(decoquere)*. Insbesondere behauptet Cicero, dem Antonius sei von Jugend auf eine gewisse Unverfrorenheit zu eigen gewesen, er habe sich nicht um die Bestimmungen der Lex Roscia gekümmert (Or. Phil. II 18,44ff.), die vorschrieb, daß die Verschwender bei den öffentlichen Spielen auf eigenen Bänken Platz zu nehmen hatten. (Sie sollten also vor der Öffentlichkeit gewissermaßen an den Pranger gestellt werden.) Antonius aber nahm auf einem der Plätze seinen Sitz ein, die für die Ritter bestimmt waren, es waren dies die ersten 14 Bankreihen. Antonius habe die Schuld für die Verschwendung seinem Vater zugeschoben. Dies aber quittiert Cicero mit Ironie: das sei wahrlich eine pietätvolle Entschuldigung: *etenim est pietatis plena defensio.* Aber hier hat Cicero wohl recht, Antonius muß dergleichen in der Öffentlichkeit gesagt haben, denn es ist kaum anzunehmen, daß Ciceros Angabe auf reiner Phantasie beruht. Vielleicht aber hat Antonius sogar die Wahrheit gesagt – oder wenigstens die halbe Wahrheit, denn er selbst war auch ein großer Schuldenmacher. Dies mag ihn in die Hände Curios getrieben haben, der ihm finanziell unter die Arme gegriffen hat. Cicero hat die Beziehungen der beiden zueinander freilich in einem anderen Sinne gedeutet, aber mit diesen Dingen war man im Altertum schnell bei der Hand. Zwischen Freundschaften und Liebesverhältnissen wurde kaum ein Unterschied gemacht. Niemand kann sagen, wieviel Wahres an der Behauptung Ciceros ist, sicher ist nur so viel, daß Curio die Bürgschaft für Schulden des Antonius übernommen hat. Plutarch behauptet (Leb. d. Ant. 2,3), die Schuld habe die enorme Summe von 250 Talenten betragen (im übrigen erweist sich Plutarch an dieser Stelle deutlich von Cicero abhängig, er war eben kein kritischer Historiker). Cicero habe auf Curios Bitte hin bei dessen Vater, Curio dem Älteren, interveniert. Ähnliches aber kam in jenen Zeiten alle Tage vor, niemand hat hiervon Aufhebens gemacht – außer Cicero, dem diese Angelegenheit sehr erwünscht war, um Antonius in der Öffentlichkeit zu diskreditieren. Zwischen der Rede Ciceros und den angeblichen Verfehlungen des Antonius lagen nahezu zwanzig Jahre, wer hätte sich dieser vergangenen Dinge noch erinnert, wenn Cicero sie nicht für den politischen Tageskampf im Jahr 44 in die Öffentlichkeit gezerrt hätte?

Der Jüngere Curio scheint nur wenig älter als Antonius gewesen zu sein, er war in vielen Dingen dem etwas jüngeren Freund ein Vorbild, man muß dem jungen Antonius zugestehen, daß er in der Wahl seines Freundes sehr glücklich gewesen ist. Curio war ein vorzüglicher Redner, er stammte aus einem reichen Hause, selbst seine Feinde haben ihm die Achtung nicht versagen können. Mommsen hat sogar gemeint, daß ein Funken vom Geist Caesars in Curio lebendig gewesen sei, und sein heroischer Untergang im Kampf gegen die Pompejaner in Africa (49 v. Chr.) ist hierfür eine Bestätigung. Die Freundschaft zwischen Antonius und Curio wird man in den Ausgang der sechziger Jahre des 1. Jh. v. Chr. setzen müssen. Und, noch einmal sei es gesagt, die Freundschaft ist unbedingt auf der positiven Seite für Antonius zu verbuchen, die hämischen Bemerkungen Ciceros richten sich selbst.

Sehr kurz ist Cicero über die Verbindung zwischen Antonius und P. Clodius, damals Volkstribun. Obwohl Cicero hier den Mund recht voll nimmt – er nennt Antonius *eius* (d.i. *Clodii*) *omnium incendiorum fax*, d.h. die ‚Fackel aller Brandstiftungen des Clodius', so weiß er doch nichts Hieb- und Stichfestes gegen ihn vorzubringen. Er begnügt sich vielmehr mit den änigmatischen Worten: „Was ich hiermit meine, weiß er selbst am besten": *Quid dicam, ipse optime intelligit* (Phil. II 19,48). Clodius aber war bekanntlich der Erzfeind Ciceros, ihm verdankte der „Vater des Vaterlandes" seine Verbannung, sein Zorn darüber war niemals erloschen. Der Leser fragt sich natürlich, warum Cicero hier nicht deutlicher und konkreter geworden ist. Clodius war zu dem Zeitpunkt, als Cicero die 2. Philippica hielt, schon seit acht Jahren tot, der Redner hatte von ihm nichts mehr zu befürchten. Der Grund kann nur darin bestehen, daß dem Redner jedwede Handhabe fehlte, um gegen Antonius wegen seiner Verbindung mit Clodius deutlich zu werden, es lag nichts Kriminelles vor, und wenn man das Einschlägige bei Plutarch nachliest, so steht hier, Antonius habe sich *nur kurze Zeit* mit dem Demagogen verbündet (Plut. Leb. d. Ant. 2,4), angeblich habe er von dessen Wahnwitz (griech. *mania*) bald genug bekommen, dazu habe er sich auch vor den Gegnern des Clodius gefürchtet, deswegen habe er es vorgezogen, ins Ausland zu gehen, und zwar nach Griechenland. Hier habe sich Antonius geistigen und körperlichen Übungen gewidmet, insbesondere ließ er sich in der Rhetorik ausbilden, und zwar in dem asianischen Stil, der damals auf dem Höhepunkt war. In Rom war der berühmteste Vertreter dieser Richtung der Redner Q. Hortensius, der Antipode Ciceros. Wenn Plutarch, ein Anhänger des attizistischen Stils, der Ansicht ist, der asianische Stil habe sehr viel Verwandtschaft mit der Lebensführung des Antonius gehabt, so ist darauf nicht viel zu geben; es handelt sich eben um ein ganz billiges Pauschalurteil, das die künftigen Dinge vorausnimmt. Entkleidet man den Bericht Plutarchs von seiner dem Antonius feindlichen Tendenz, so wird man in dem Aufenthalt des Antonius in Griechenland die Bildungsreise des jungen Mannes sehen dürfen, auf die niemand verzichten konnte, der im öffentlichen Leben Roms eine Rolle spielen wollte. Hat aber der Aufenthalt in Hellas den Erwartungen des Antonius entsprochen? Durch den Kontakt mit dem griechischen Wesen hat er manche neuen Züge in sein Wesen aufgenommen, und wenn Antonius imstande war, sich ohne weiteres auf Griechisch zu unterhalten, so hat er sich diese Fähigkeit in Hellas erworben. Auch für seine Ausbildung als Redner hat er hier viel gelernt, obwohl die forensische Rede nicht der Mittelpunkt seiner Tätigkeit gewesen ist. Aber er vermochte die Massen zu begeistern und mitzureißen, und ganz besonders stand ihm das Wort vor seinen Soldaten zu

Gebote. Plutarch sagt, Antonius habe sich in Griechenland auch den militärischen Übungen gewidmet, dies natürlich im Hinblick auf seine militärische Laufbahn, die er einzuschlagen gedachte. Die Übungen bestanden vor allem aus Fechten, Reiten und Bogenschießen, vielleicht auch aus den üblichen gymnastischen Disziplinen, an denen die Griechen ihre Freude hatten. Bei all diesen Dingen hat Antonius jedoch nicht vergessen, daß er ein Römer war, ihm waren die Übungen im Freien und in der Palästra nur Mittel zum Zweck. Antonius war noch nicht dreißig Jahre alt. Natürlich hatte er in seiner Jugend in Rom längst die Anfänge der körperlichen und militärischen Übungen hinter sich gebracht, dies gehörte zu der Erziehung eines jeden vornehmen Römers, der Wert darauf legte, im öffentlichen Leben vorwärtszukommen. In Griechenland hat er die Übungen fortgesetzt, um nicht einzurosten.

In der Tat brachte das Jahr 55 v. Chr. ein Ereignis, das ihm Gelegenheit bot, zum ersten Mal als militärischer Führer in Erscheinung zu treten. Es war dies die Expedition des Gabinius, des Freundes des großen Pompejus, von Syrien nach Ägypten. Wie ist es zu dieser Expedition gekommen?

Ptolemaios XII. Neos Dionysos, der König von Ägypten, den das Volk den Flötenspieler nannte (der Begriff Auletes wäre besser mit „Oboenspieler" zu übersetzen, denn der König hatte Freude daran, die Chöre auf diesem Instrument zu begleiten), hatte im Jahre 58 sein angestammtes Königreich verlassen müssen. In der Bevölkerung von Alexandrien hatte es eine Erhebung gegeben, die ihn aus dem Lande getrieben hat. Nach einem Abstecher nach Rhodos hatte sich der König, wahrscheinlich in Begleitung seiner Tochter Kleopatra, über Athen nach Rom geflüchtet. Rom aber war die große Schutzmacht der Ptolemäer, und wenn der 12. Ptolemäer gehofft hat, wieder in den Besitz des Königreiches zu kommen, so konnte dies nur mit Hilfe und Zustimmung Roms geschehen. Aber er mußte in Rom lange warten. Man hatte hier zunächst ganz andere Sorgen, in der Innenpolitik ging alles drunter und drüber, und außerdem stritten sich die herrschenden Gruppen um die Beute, keiner gönnte sie dem anderen.

Interesse an Ägypten zeigten vor allem Pompejus und Crassus (Caesar, der dritte im Triumvirat, hatte in Gallien vollauf zu tun). Mit Pompejus stand A. Gabinius in Verbindung. Er war im Jahr 58 v. Chr. Statthalter *(proconsul)* von Syrien geworden. Noch vor Ablauf seines Consulatsjahres hatte Gabinius Rom verlassen, um sich in seine syrische Provinz zu begeben. Mit Notwendigkeit mußte ihn der Weg über Griechenland führen, und dabei hat sich Antonius ihm angeschlossen. Er befand sich in einem Alter, in dem die Römer der führenden Schicht die militärische Elementarausbildung durchlaufen hatten und auf ein Kommando im Heere warteten, und zwar im Gefolge eines Imperiumsträgers. Plutarch erzählt, Gabinius sei an den sehr viel jüngeren Antonius herangetreten, um ihn zur Teilnahme an der Expedition zu bewegen. Antonius aber soll sich geweigert haben, als Privatmann mitzuziehen, er forderte von dem Consul ein Kommando und erhielt es: er wurde angeblich zum Befehlshaber der Reiterei *(praefectus equitum)* befördert. Schon damals muß Antonius als ein hervorragender Reiter bekannt gewesen sein, sonst hätte man ihm dieses Kommando schwerlich anvertraut.

Gabinius hatte sich in den letztvergangenen Jahren als ein Gegner Ciceros erwiesen. Zu seinen letzten Amtshandlungen in der Hauptstadt hatte seine Obstruktion gegen die Rückkehr Ciceros aus der Verbannung gehört. Sein Genosse war der Volkstribun Clodius, der geschworene Feind Ciceros. Clodius war es gewesen, der die Lex beantragt hatte, durch die dem Gabinius seine Provinz – Kilikien, das später mit dem sehr viel bedeutenderen Syrien vertauscht wurde – zugewiesen worden war. Doch hatten sich die Beziehungen des Gabinius zu dem Volkstribunen allmählich gelöst, als sich Pompejus einschaltete, der dem ungesetzlichen Treiben des Clodius einen Riegel vorschieben wollte. Gabinius war mit wehenden Fahnen in das Lager des Stärkeren, des Pompejus, übergegangen, als Vertrauensmann des Pompejus trat er die Reise in den Orient an, es bedarf keiner großen Phantasie, um zu vermuten, daß hierbei auch finanzielle Abmachungen eine Rolle gespielt haben. Die Rückendeckung durch Pompejus war um so wichtiger, als der ‚Reichsfeldherr' im Orient, vor allem auch in Syrien, über eine große Klientel verfügte, deren Machtmittel nun dem Gabinius zur Verfügung standen.

Clodius war über den Stellungswechsel des Gabinius so erzürnt, daß er die Rache der Götter auf das Haupt und das Eigentum des Gabinius herabrief. Überhaupt war die politische Lage in der Hauptstadt gekennzeichnet durch einen schnellen Wechsel und überraschende Umschwünge: aus Freunden wurden über Nacht bittere Feinde, und die politischen Gruppierungen wechselten schneller als die Jahreszeiten. Seit der Abwesenheit Caesars in Gallien (58 v. Chr.) war Pompejus eindeutig der führende Mann in Rom, die Nobiles beeilten sich, ihm ihre Reverenz zu erweisen, doch im Senat bereiteten sie ihm so manche Schwierigkeiten. Der einzige, der es von fern mit Pompejus aufnehmen konnte, war der schwerreiche M. Licinius Crassus. Er hatte seine Pläne darauf gerichtet, es den beiden Genossen im Triumvirat, Pompejus und Caesar, gleichzutun, wobei er von spektakulären militärischen Erfolgen im Osten träumte. Vorerst wirkte

Crassus jedoch in Rom, um hier den richtigen Zeitpunkt abzuwarten. Auch für Ägypten hatte er sich lebhaft interessiert, doch war es ihm nicht gelungen, einen Senatsbeschluß zu erwirken, der es ihm gestattete, Ägypten ohne weiteres einzuziehen.

So standen die Dinge in Rom, als Gabinius und in seinem Gefolge Antonius sich nach Syrien begaben. Gabinius übernahm hier die Administration von seinem Amtsvorgänger, dem Proprätor Lentulus Marcellinus; man befand sich in den ersten Monaten des Jahres 57. Bei den nun folgenden Ereignissen ist nicht zu übersehen, daß Syrien zwar im Jahre 64/3 von Pompejus als römische Provinz organisiert worden war, daß aber immer noch zahlreiche Probleme ungelöst geblieben waren. Die Römer hatten keine Zeit gehabt, sich mit dem Neuaufbau des Landes zu beschäftigen, es lag ganz am Rande der römischen Welt, und seine eigentliche Bedeutung bestand darin, daß man von Syrien aus den Parthern Halt gebieten konnte. Spannungen im Lande gab es vor allem bei den *Juden.* Bei ihnen hatte Pompejus seinerzeit Hyrkanos, den Sohn des Alexander Jannaios, zum Hohenpriester eingesetzt. Dagegen aber hatte sein Bruder Aristobul (es ist dies der zweite, der diesen Namen trägt) Widerstand geleistet, er war aber den Waffen des Pompejus unterlegen und nach Rom in die Gefangenschaft abgeführt worden. Aristobul hatten den Triumphzug des Pompejus in der Hauptstadt zieren müssen, danach war er jedoch wieder nach Palästina entkommen (56 v. Chr.). Hier aber herrschte große Unruhe, denn schon vor seiner Rückkehr hatte sein Sohn Alexander das Land in Aufruhr versetzt, er hatte seinen Oheim Hyrkanos, den Freund der Römer, aus Jerusalem vertrieben. Rom konnte diesem Treiben auf die Dauer nicht tatenlos zusehen; niemand braucht sich darüber zu wundern, wenn es Gabinius als seine wichtigste Aufgabe betrachtet hat, die Ruhe in Palästina wiederherzustellen. Bei dieser Aktion sind dem Antonius wichtige Aufgaben übertragen worden, militärische Aufträge, die er zur vollen Zufriedenheit seines Vorgesetzten und Gönners Gabinius ausgeführt hat. Über die Ereignisse in Palästina hat sowohl Plutarch (Leb. d. Ant. 3) wie auch der jüdische Historiker Flavius Josephus in seiner ‚Jüdischen Urgeschichte' (*Antiquitates Judaeorum* XIV 82ff.), dieser ausführlich, berichtet. Ein kurzer Abriß findet sich auch im *Bellum Judaicum* des Josephus (I 160ff.). Obwohl gegen den Historiker Josephus Vorbehalte zu machen sind, so besteht in diesem Fall keine Veranlassung, seiner Darstellung zu mißtrauen. Nach Josephus habe Alexander, der Sohn des Aristobul, nach der Vertreibung des Hyrkanos aus Jerusalem die Orte Alexandreion und Machairos befestigt, um von hier aus seinem Gegner Widerstand zu leisten. Dies aber wollte sich Gabinius nicht bieten lassen, er entsandte Antonius mit einer Vorausabteilung gegen Alexander, wobei sich die Römer durch ein jüdisches Kontingent verstärkten (so berichtet wenigstens Josephus, und dies mag auf Wahrheit beruhen). Das erste Treffen in der Nähe von Jerusalem endete mit einem Erfolg der Römer, bei den folgenden Kämpfen soll sich vor allem Antonius ausgezeichnet haben, der den flüchtigen Alexander in Jerusalem belagerte. Dies sind die ersten Kriegstaten des Antonius, aber es werden keine Einzelheiten mitgeteilt, so daß man nicht sagen kann, in welcher Weise sich in ihnen die militärische Begabung des Mannes entfaltet hat. Woher aber hatte er seine militärischen Fähigkeiten? Wir wissen es nicht, und auch die Angaben über seine militärischen Übungen in Hellas dürften zur Erklärung schwerlich genügen. Wie es scheint, war Antonius eine militärische Naturbegabung, alles, was er in die Hand nahm, gelang ihm aufs beste, und seine Leistungen kamen um so mehr zur Geltung, als ihm von Anfang an das Glück zur Seite gestanden hat. Hier zeigt sich eine ganz unverkennbare Ähnlichkeit mit Caesar, dessen Glück ja geradezu sprichwörtlich geworden ist.

Im übrigen waren die Juden unter der Führung Alexanders – und dann unter derjenigen des Aristobul – ein unverächtlicher Gegner, sie kämpften mit hervorragender Tapferkeit, ja sogar mit ausgesprochenem Fanatismus, der sie selbst in ganz hoffnungslosen Situationen nicht verlassen hat. Für sie ging es hier um die Freiheit ihres Volkes, und sie hätten sicherlich noch viel mehr erreicht, wenn sie einig gewesen wären. Aber viele Juden hielten es ganz offen mit den Römern, sie sahen in ihnen die Herren der Welt, mit denen man auf gutem Fuße leben mußte. Es mag sein, daß der für Gabinius glückliche Ausgang der Kämpfe mit den Juden den Proconsul zu weiteren Taten ermutigt hat. Auf jeden Fall fühlte er sich so stark, daß er den Plan faßte, dem parthischen Prinzen Mithradates zu Hilfe zu kommen, wobei er bis zum Euphrat vorrückte. Aber der römische Senat wollte keine Verwicklungen mit den Parthern, möglicherweise war die Absicht des Gabinius auch dem Licinius Crassus unbequem, der schon damals Pläne eines Partherfeldzugs hegte; genug, Gabinius mußte sein Unternehmen abbrechen und den Rückzug antreten. Für einen Krieg gegen die Parther wäre er auch kaum genügend gerüstet gewesen. Wie dem auch sein mag – es kann kaum ein Zweifel darüber bestehen, daß auch bei dem aufgegebenen Partherunternehmen die Gewinnsucht des Gabinius das entscheidende Motiv gewesen ist. Auch bei Caesars Eroberung Galliens, die sich in den gleichen Jahren vollzogen hat, war der materielle Gewinn eine der mächtigsten Triebfedern für den römischen Proconsul gewesen.

In Syrien trat jetzt eine andere Persönlichkeit auf den Plan, es war der im Exil lebende König von Ägypten, Ptolemaios XII. Neos Dionysos, den der Volksmund Auletes nannte. Der König hatte sich nach Syrien begeben, um von hier seine Restituierung zu betreiben. Dabei kam ihm die Unterstützung durch Pompejus zugute, nach Cassius Dio (Hist. Rom. XXXIX 56,3) soll er sogar einen Brief des Pompejus dem Gabinius überbracht haben. Niemand kennt den Inhalt des Schreibens – aber es fällt nicht schwer, zu erraten, daß es sich hier um die Frage der Rückführung des 12. Ptolemäers gehandelt haben dürfte. Gabinius aber war immer noch schwankend; einerseits lockte ihn die reiche Beute, dazu die hohe Belohnung, die ihm der König in Aussicht stellte – es soll sich um 10000 Talente gehandelt haben, eine für jene Zeit geradezu unvorstellbare Summe –, anderseits fürchtete er sich vor den Schwierigkeiten, die ihn und sein Heer bei der Expedition ins Nilland erwarteten. Und nicht zuletzt konnte er sich unschwer vorstellen, was ihn in Rom erwartete, wenn das Unternehmen mit einem Fehlschlag endete. Da soll Antonius den immer noch schwankenden Gabinius mit sich fortgerissen haben. Er mag dem Oberfeldherrn vorgestellt haben, daß er ja im Besitz eines *imperium infinitum* sei, auf Grund dessen er einen Rechtstitel auch für das Eingreifen in Ägypten in der Hand habe, und dazu war der Ptolemäer römischer Bundesgenosse – hatte nicht Caesar ein paar Jahre zuvor seinen Einfall in das freie Gallien mit dem Vorwand begründet, er müsse hier römische Bundesgenossen in Schutz nehmen? Dazu kam noch, daß die römischen Kapitalisten begannen, sich Sorge um das Geld zu machen, das sie dem Ptolemaios XII. vorgestreckt hatten. Unter ihnen war auch Rabirius Postumus, der sich damals in Syrien befand und an dem Zug des Gabinius teilgenommen hat. Überhaupt ist die Verbindung zwischen Politik und Kapital in der Geschichte der späteren römischen Republik selten so deutlich zutage getreten wie bei der Restituierung des 12. Ptolemäers. Es sprach also vieles dafür, dem König zu Willen zu sein: militärische, finanzielle und politische Gründe wirkten hier zusammen, dazu kam dann noch das Prestige des römischen Volkes *(maiestas populi Romani)*. Dennoch war das Unternehmen ein großes Wagnis. Wäre es nicht gelungen, so hätte vor allem Gabinius dafür büßen müssen, seine Hintermänner hätten sich leicht der Verantwortung entziehen können, auch Pompejus, der genau wußte, was hier auf dem Spiel stand.

Plutarch weiß zu berichten, daß der Weg nach der ägyptischen Grenzfeste Pelusion sehr gefährlich war, denn er führte durch tiefen Wüstensand und durch wasserloses Land, vorbei an dem Ekrhegma und an den Sirbonischen Sümpfen, die von den Ägyptern als die Ausdünstungen des Gottes Seth-Typhon bezeichnet wurden. Aber es kam ganz anders, als viele befürchtet hatten. Gabinius hatte seinen Reiterführer Antonius vorausgeschickt; dieser wußte sich nicht nur in den Besitz des Passes am Sirbonissee zu setzen, er nahm auch im Handstreich die Stadt und Festung Pelusion, womit dem Heer des Gabinius der Weg nach Ägypten geöffnet wurde. Zu Ende aber waren die Kämpfe noch nicht, Plutarch nennt zwar keine Einzelheiten, aber er spricht von zahlreichen Gefechten, in welchen Antonius Beweise seines Wagemuts, seiner Umsicht und Voraussicht als militärischer Führer abgelegt habe. Vor allem habe er es verstanden, seine Reiterei immer wieder gegen die rückwärtigen Verbindungen des Gegners einzusetzen, womit er den frontal angreifenden Kameraden die Straße zum Sieg geöffnet habe. Für seine Verdienste seien ihm die gebührenden Siegespreise und Ehrungen zuteil geworden. Dies aber sind die Anfänge seines Feldherrnruhms, den er in Ägypten gewonnen und 25 Jahre später in dem gleichen Land wieder verloren hat. Die Überlieferung (Plutarch) berichtet noch, daß Antonius dem Ptolemäerkönig in die Arme gefallen sei, als er seine Rache an den Gegnern im Lande kühlen wollte. Ptolemaios war in der Tat sehr nachtragend, auch sein eigenes Blut hat er mit seiner Rache nicht verschont. Seine Tochter Berenike, die in seiner Abwesenheit den Thron in Ägypten bestiegen hatte, ist auf seinen Befehl sogar hingerichtet worden, er konnte es ihr nicht verzeihen, daß sie über seine angestammten Rechte hinweggeschritten war. In diesem Punkt waren die Römer sehr viel menschlicher, und dem Archelaos, dem Prinzgemahl der Berenike, der im Kampf gegen die Römer gefallen war, hat Antonius ein ehrenvolles Begräbnis bereitet, wie es sonst nur Könige zu erhalten pflegten. Die Alexandriner sollen dies dem Antonius hoch angerechnet haben (sie standen keineswegs eindeutig auf der Seite des 12. Ptolemäers), überhaupt ist Plutarch über das Auftreten des Antonius in Ägypten des Lobes voll; was dieser auch getan oder unterlassen hat – alles wird ihm zum Ruhm gerechnet, und man wundert sich nicht, wenn Plutarch bei dieser Gelegenheit den Versuch unternimmt (Leb. d. Ant. 4), die Gestalt des jungen römischen Reiterführers dem Leser auch menschlich näherzubringen. Plutarch äußert sich sehr anerkennend über die noble Erscheinung des Antonius, er trug einen gepflegten Bart, und die gebogene Nase gab seinem Gesicht ein besonders interessantes Aussehen. Als männliche Erscheinung habe Antonius eine gewisse Ähnlichkeit mit den Statuen des Herakles aufgewiesen. Dies habe zu dem Gerücht beigetragen, daß die Antonier Herakliden seien, Abkömmlinge des Anton, eines Sohnes des Herakles. Dieses

Gerücht sei dem Antonius sehr zustatten gekommen, er habe sich bemüht, durch seine Kleidung und sein Auftreten in der Öffentlichkeit dies noch zu unterstreichen.

Plutarch – oder wer sonst für diese Darstellung verantwortlich gewesen sein mag – hat hier jedoch offensichtlich den Ereignissen vorgegriffen, denn es ist sicher nicht zutreffend, daß der junge Reiterführer schon damals im Mittelpunkt des öffentlichen Interesses gestanden hat. In dem Heer des Gabinius gab es eine ganze Anzahl von militärischen Führern, die sich gleichfalls Verdienste bei der Rückführung des 12. Ptolemäers erworben hatten. Die Überlieferung nennt ihre Namen nicht, weil sie in der späteren Entwicklung keine maßgebende Rolle gespielt haben. Alles Licht fällt hier, entsprechend der Tendenz der plutarchischen Biographie, auf den Helden der Erzählung, wie dies auch sonst in den Lebensbeschreibungen des Griechen zu beobachten ist. Die Erfolge des Antonius in Ägypten berechtigten diesen noch nicht zu dem Glauben, daß er aus einer Familie stammte, die ihren Stammbaum angeblich von einem Herakliden ableitete. Plutarch hat hier, wie auch sonst gelegentlich, den Ereignissen vorgegriffen – wer aber will dies einem Biographen verdenken?

Anknüpfend an den Aufenthalt des Antonius in Ägypten im Jahre 55 v. Chr. berichtet Plutarch einige Einzelheiten über das Verhalten des Römers in seinen persönlichen Angelegenheiten. Sie zeigen, wie sehr es dem Antonius darauf angekommen ist, in der Öffentlichkeit einen vorteilhaften Eindruck zu machen. Dies beweist auch seine Kleidung: er pflegte einen bis zum Schenkel reichenden langen Chiton zu tragen, an einem Gurt hing ein mächtiges Schwert, als Überwurf diente ihm ein dicker Mantel aus Wollstoff. Ganz besonders aber kümmerte er sich um seine Soldaten, die ihm größte Sympathien entgegenbrachten, weil er alle Gefahren mit ihnen teilte. Zum Mahl setzte er sich gern in ihre Mitte, dabei führte er mit ihnen Gespräche, in denen Scherz und Prahlerei abwechselten, wie es unter Kriegskameraden zu allen Zeiten üblich ist. Die Soldaten fanden ihrerseits großen Gefallen an Antonius, vor allem auch deshalb, weil er aus seinen Liebesaffären kein Hehl machte; den Soldaten gestand er hierin die gleichen Freiheiten zu wie sich selber, und wenn er wegen seiner Liebesgeschichten zur Zielscheibe ihres Spottes wurde, so machte er sich nicht das Geringste daraus. Überhaupt war ihm jede Geheimniskrämerei verhaßt, er war eben ein ganz natürlicher Mensch, in seinem Verhalten eher einem Griechen als einem Römer ähnlich. Es war kein Wunder, wenn ihn seine Freimütigkeit bei allen beliebt machte, überall hatte er Freunde, und in ihrer Bewirtung war er äußerst großzügig, selbst dann, wenn er Schulden machen mußte. In Ägypten war dies freilich kaum notwendig, Ptolemaios XII. hielt sein Versprechen, wenn er auch nicht alles auf einmal zahlen konnte, und Gabinius hat seinen Offizieren und Soldaten ihren Anteil an der Summe ausgezahlt, wie er es ihnen versprochen hatte. Daß Antonius hierbei eine große Geldsumme einstreichen konnte, versteht sich von selbst, wenn sie auch nicht sehr lange in seinem Besitz geblieben ist. Für ihn hatte Geld eben nur den Zweck, möglichst bald unter die Leute gebracht zu werden, und in der Wahl seiner Freunde hatte er nicht immer eine glückliche Hand. Plutarch weiß zu erzählen (Leb. d. Ant. 4,4), Antonius habe einmal Order gegeben, einem seiner Freunde 250000 Drachmen auszuzahlen, eine Summe, welche die Römer *decies* nennen (zehnmal 100000 Sesterzen). Sein Vermögensverwalter zeigte ihm die Summe in gemünztem Geld, um ihm vor Augen zu führen, wie groß sie sei. Antonius aber habe sich in keiner Weise von der Geldsumme beeindrucken lassen, sondern nur gesagt, er möge noch einmal die gleiche Summe hinzulegen. Plutarch bemerkt hierzu, daß es sich bei dieser Angelegenheit um ein Ereignis gehandelt habe, das sich erst in späterer Zeit abgespielt habe. Das mag richtig sein, denn erst nach Caesars Tod, wie zu vermuten ist, verfügte Antonius über Geld im Überfluß, er hat es mit vollen Händen hinausgeworfen, nicht ohne Grazie, aber doch vielfach in höchst willkürlicher Weise, so daß in seinen Kassen immer wieder Ebbe herrschte!

Als Antonius in Ägypten weilte, war er 28 Jahre alt. Er stand an der Schwelle zu einer glänzenden Laufbahn, aber es kam nun alles darauf an, daß er in den innenpolitischen Parteikämpfen sich auf die richtige Seite schlug. Pompejus oder Caesar, das war die Frage – oder vielleicht sogar Crassus? Aber zu diesem zog ihn nichts, Crassus war zudem mit Plänen zu einem Partherfeldzug beschäftigt, den er im Jahr 54 ins Werk gesetzt hat. Es wäre für Antonius nicht richtig gewesen, in einem entscheidenden Augenblick das Pferd zu wechseln, und niemand konnte damals wissen, wie der Partherfeldzug ausgehen würde. Und Pompejus? Dieser hatte zwar im Osten Großes geleistet, aber auf dem politischen Parkett in Rom hatte er versagt, und seine Verbindung mit Caesar, die durch die Heirat der Julia, Caesars Tochter, noch enger geknüpft worden war, begann sich allmählich zu lockern, als diese im Kindbett gestorben war. Pompejus konnte nicht einmal die Ordnung in Rom aufrechterhalten, die Banden des Clodius und Milo beherrschten die Straße, niemand wußte, wie es weitergehen sollte.

Antonius mußte nun allmählich Farbe bekennen, er hatte durchaus keine Lust, in Ägypten bei den Truppen des Gabinius zu bleiben, davon versprach er sich nichts, zu Crassus fehlten ihm die notwendigen Beziehungen. Die maßgebenden Kommandostellen in dessen Heer waren vergeben, und in untergeordneter Funktion zu dienen, entsprach nicht den Ambitionen des Antonius. Sich in die inneren Auseinandersetzungen in der Hauptstadt einzuschalten, dazu hatte Antonius nicht die geringste Neigung, seine Begabung als Truppenführer wies ihn in eine andere Richtung. In Rom hätte er mit Clodius und den anderen Demagogen in Wettbewerb treten müssen, und dies war keine verlockende Aussicht für einen Mann, der das freie Leben auf den Feldzügen in Syrien und Ägypten kennengelernt hatte. Wer blieb übrig? Der einzige, der ihm Ruhm und Ehre geben konnte, war Caesar, der bereits viele Stämme Galliens seiner Herrschaft unterworfen hatte. Zu ihm hat sich Antonius im folgenden Jahr (54) begeben, er wird von Alexandrien zu Schiff nach Massilia (Marseille) gereist sein, um von hier aus mit dem Reisewagen die Rhône aufwärts das Hauptquartier Caesars zu erreichen.

Drittes Kapitel

Antonius, der Freund Caesars

In Gallien sah sich Caesar am Ende des Jahres 54 großen Schwierigkeiten gegenüber. Caesar hatte zwar die Eroberung des Landes mehr oder weniger beendet, auch die über den Rhein nach Gallien hineinströmenden Germanenstämme der Usipeter und Tenkterer, deren Häuptlinge Caesar durch Hinterlist in seine Gewalt gebracht hatte, waren im Jahr 55 in einem Treffen (in der Nähe von Koblenz) den römischen Legionen unterlegen. Daraufhin hatte Caesar, um die Kraft der römischen Waffen im freien Germanien zu demonstrieren, den Rhein überschritten; er hatte vor allem die Sugambrer bestrafen wollen, welche die Reste der geschlagenen germanischen Stämme in ihre Mitte aufgenommen hatten. Vor den Germanen war man in Gallien vorerst sicher. Caesars Übergang nach Britannien, ebenfalls noch im Jahre 55, hatte lediglich der Erkundung gedient, er war eine vorbereitende Aktion für das Unternehmen des Jahres 54. In diesem Jahr setzte Caesar mit einer mächtigen Flotte, auf der sich nicht weniger als fünf Legionen befanden, über den Ärmelkanal, erst nördlich der Themse kam der römische Vormarsch zum Stehen. Hier nämlich stieß Caesar auf den britannischen König Cassiovellaunus, der den römischen Legionen ein entschlossenes Halt zurief. Aber das Schlimmste stand Caesar noch am Ende des Jahres 54 bevor: Die Treverer an der Mosel empörten sich gegen die römische Herrschaft, und von ihnen griff der Aufstand auf das zentrale Gallien über. Die Bewegung der Gallier war umso gefährlicher, weil die römischen Legionen sich bereits, auf weite Räume verteilt, in den Winterquartieren befanden. Besonders bei den Belgern gerieten die Römer in große Not. Im Gebiet der Eburonen (nördlich von Lüttich) fanden nicht weniger als 15 Kohorten den Untergang, ein Verlust, der außerordentlich schwer wog, denn ein ähnliches Mißgeschick hatten die Römer noch niemals in Gallien erleiden müssen. Und nicht viel besser war die Lage für die Römer in dem Raum zwischen Sambre und Schelde. Hier führte Q. Tullius Cicero, der Bruder des großen Redners, als Legat Caesars den Befehl, er wäre verloren gewesen, wenn ihm nicht, gerade noch zur rechten Zeit, Caesar zu Hilfe gekommen wäre. Kurz, die Gallier befanden sich im

Aufruhr, und es erhob sich die Frage, ob es Caesar gelingen würde, Herr der Lage zu bleiben.

Im Verlauf dieser Ereignisse, die für die Römer wenig ruhmvoll gewesen waren, erschien Antonius im Hauptquartier Caesars. Ohne Zweifel hatte er sich einen Empfehlungsbrief des Gabinius mit auf den Weg geben lassen. Aber nicht nur der Brief, auch die gewinnende Persönlichkeit des Antonius wird ihren Eindruck auf Caesar nicht verfehlt haben. Und dazu konnte er viel von Ägypten erzählen, von Pelusion, Alexandrien, vom Nil und von den Pyramiden. Da die Seefahrt bis Ende März zu ruhen pflegte, wird Antonius kaum vor dem April 54 aus Alexandrien aufgebrochen sein, im Sommer dürfte er in Caesars Hauptquartier eingetroffen sein. Dieses befand sich damals wahrscheinlich in Samarobriva (Amiens in Nordfrankreich). Caesar wird den Gast mit offenen Armen aufgenommen haben, für die Reorganisation seines Heeres war er sehr wertvoll, und Freunde des Gabinius und Pompejus waren ihm jederzeit willkommen. Caesar war dabei, sein Heer in Gallien um drei Legionen zu verstärken, zwei davon waren in der Narbonensis ausgehoben worden; hier gab es zahlreiche römische Bürger in den römischen Kolonien. Überhaupt diente diese Provinz Caesar als Rückhalt, er wußte, was er an ihr und ihren Hilfsquellen besaß. Die dritte Legion hatte Pompejus seinem Schwiegervater zur Verfügung gestellt, er brauchte sie im Augenblick nicht, aber natürlich verließ er sich darauf, daß sie ihm im Bedarfsfall zurückgegeben wurde. Im übrigen dürfte Antonius durch die zwischen Gabinius und Pompejus hin- und herlaufenden Verbindungen über die Ereignisse in Rom und in Gallien einigermaßen im Bild gewesen sein, wenn auch die Winterpause der Schiffahrt hier einen gewissen Einschnitt mit sich gebracht hatte. Vielleicht war ihm sogar bekannt gewesen, daß Caesar sich mit einer Bitte um Truppen an Pompejus gewandt hatte, doch muß dies eine Vermutung bleiben. Der wichtigste Grund des Antonius, sich von Alexandrien nach Gallien zu begeben, war natürlich der Kriegsruhm Caesars, der alles bisher Dagewesene weit in den Schatten stellte. Antonius war nun in ein Alter gekommen, in dem er versuchen mußte, spektakuläre kriegerische Erfolge zu erringen, die ihn in der Öffentlichkeit bekannt machten. In Ägypten war Ruhe eingetreten, größere kriegerische Auseinandersetzungen waren hier nicht mehr zu erwarten.

Schlägt man die Schrift Caesars vom Gallischen Krieg auf, die *Commentarii rerum gestarum Galliae,* wie ihr ursprünglicher Titel wohl gelautet haben mag, so ist man zunächst enttäuscht darüber, wie wenig in diesen Büchern von Antonius die Rede ist. Das meiste davon steht überdies im

VIII. Buch, das bekanntlich von Caesars Freund A. Hirtius geschrieben worden ist, natürlich auch dies nach den Aufzeichnungen der Kriegstagebücher in Caesars Hauptquartier, die dem Hirtius uneingeschränkt zur Verfügung standen. Aber wer diese Art von Aufzeichnungen kennt, der weiß genau, daß sie nicht den Sinn hatten, Einzeltaten der Unterfeldherrn in aller Ausführlichkeit zu schildern. Es sind knappe Regesten, aus denen vor allem der Gesamtverlauf der kriegerischen Ereignisse hervorzugehen hat. Nur wenn die Unterführer eigene Aktionen durchzuführen hatten, werden diese Unternehmen berücksichtigt und in aller Kürze geschildert. Überdies hatte es Caesar in den von ihm selber bearbeiteten Büchern des Gallischen Krieges so gehalten, daß alles Licht auf seine eigene Person und nur gelegentlich einige Sonnenstrahlen auch auf seine Mitkämpfer gefallen sind. Im allgemeinen hatte der große Proconsul keinen Grund, seine Unterfeldherrn besonders zu rühmen, es sei denn, daß hierfür ganz besondere Gründe vorlagen.

So braucht man sich nicht zu wundern, daß der Name des Antonius im VII. Buch nur ein einziges Mal erscheint: hier handelt es sich um die Darstellung einer allerdings sehr kritischen Situation vor dem belagerten Alesia, als die Gallier von innen und außen die Belagerungslinien Caesars um die Bergfeste angriffen, ohne diese jedoch sprengen zu können. In dieser Lage, als über die Ebene bei Les Laumes die Massen der Gallier gegen die Verschanzungen heranstürmten, da erkannten die beiden Legaten C. Trebonius und M. Antonius die drohende Gefahr und griffen von sich aus in den Kampf ein, wodurch sie die stark bedrängten Kameraden in wirksamer Weise unterstützten. Doch der Ruhm des Tages gebührte wieder dem Trebonius, der sich auch sonst im Gallischen Krieg aufs höchste ausgezeichnet hatte. Dieser galt als der tüchtigste unter den Legaten, nur von Labienus, dem Kommandeur der berühmten X. Legion, wurde er noch übertroffen. Aber für Antonius war in Gallien noch nicht aller Tage Abend. Das VIII. Buch zeigt ihn in einigen wichtigen Kommandostellen, ein Zeichen dafür, daß er das Vertrauen Caesars gewonnen hatte. Er war inzwischen in Rom zum Quästor gewählt worden (s. S. 45 f.), in Gallien erscheint er als Befehlshaber des Winterlagers in der Nähe von Bibracte, das auf dem Berg Mont Beuvray, unweit von Autun, zu suchen ist. Später finden wir Antonius als Kommandeur der XII. Legion, und schließlich erfährt man, daß er mit 15 Kohorten im Gebiet der Bellovaker (Beauvais) zurückgelassen wurde (B.G.VIII 38). Im Jahre 51 hatte er es mit dem Gallier Commius zu tun. Die Römer hatten diesen auf ganz hinterlistige Weise fangen wollen (wofür Antonius aber nicht verantwortlich war), bei diesem Unternehmen war der *praefectus equitum* C. Volusius Quadratus schwer verwundet worden, es war nicht gelungen, Commius gefangenzunehmen. Dieser Mann, ein Atrebate, hatte den Römern in Nordfrankreich und Belgien schwer zu schaffen gemacht. Zuerst hatte er sich als willfähriger Bundesgenosse Caesars erwiesen, zweimal hatte er für ihn wichtige Missionen in Britannien übernommen, das erste Mal war er sogar in die Gefangenschaft der Britannier geraten, die ihn dann aber wieder zu den Römern entlassen hatten. Als sich im Jahr 52 in ganz Gallien der Geist des Widerstands gegen die Römer zu rühren begann, da trat auch Commius auf die Seite seiner Landsleute, vergeblich hatte er versucht, den in Alesia eingeschlossenen Vercingetorix zu befreien. Die Römer hatten die Gefährlichkeit des Mannes erkannt, und T. Labienus, der während der Abwesenheit Caesars in Gallien den Oberbefehl führte, hatte versucht, ihn festnehmen zu lassen, ein Unterfangen, das für die Römer einen ebenso unglücklichen Ausgang nahm wie für Commius, der zwar den Römern entkam, aber nur auf Kosten einer schweren Verwundung. Als alle anderen Gallier den Widerstand bereits eingestellt hatten, wütete Commius immer noch gegen die Römer, und der oben erwähnte Versuch des Antonius, ihn durch Volusius festzunehmen, hatte für die Römer keinen Erfolg, denn Volusius trug hierbei eine zum Tode führende Verwundung davon. Man mußte wohl oder übel mit dem hartnäckigen Gegner anders zu Rande kommen, und man gelangte zu der Übereinkunft, daß sich Commius verpflichtete, an einem von den Römern zu bestimmenden Ort seinen Wohnsitz zu nehmen, er wollte aber nie wieder einem Römer unter die Augen treten. Dies wurde ihm von Antonius zugestanden, die Römer hatten allen Grund, darüber Genugtuung zu empfinden, daß dieser Mann nun unschädlich gemacht worden war. Aber die Geschichte des Commius ist damit noch nicht zu Ende: er verfügte über vorzügliche Verbindungen zu Britannien, so setzte er mit einem Teil seines Volkes der Atrebaten nach England über, wo er sich ein eigenes Reich gründete. Sein Name ist auf den in Britannien geprägten Münzen seines Sohnes Verica zu finden.

Diese Ereignisse sind charakteristisch für den Widerstand des Teils der Gallier, der sich mit der römischen Eroberung nicht abfinden wollte. Wieweit Antonius hierbei eine glückliche oder unglückliche Hand bewiesen hat, wird sich schwer entscheiden lassen, Tatsache ist nur, daß er für den Vertragsabschluß auf römischer Seite tätig gewesen ist. Antonius mag empfunden haben, daß Commius ein Mann war, in dessen Brust ein unbändiges Freiheitsgefühl lebte. Sein Selbstgefühl und sein Nationalstolz haben ihn niemals im Stich gelassen, unbezwungen hat er Gallien verlassen. Hier konnte Antonius einen Mann kennenlernen, der sich keineswegs vor den Römern in den Staub warf, wie es die führenden Politiker in Alexandrien beim Einzug des Gabinius getan hatten. In Gallien wehte eine viel schärfere Luft als in Ägypten, und es war sehr viel schwerer, in Gallien zu durchschlagenden militärischen Erfolgen zu gelangen. Umso bedeutender waren die Taten des C. Iulius Caesar, an denen Antonius neben anderen Legaten immerhin seinen Anteil gehabt hat. Aber der Leser muß doch aus dem *Bellum Gallicum* den Eindruck gewinnen, daß die Feldzüge auch ohne Antonius gewonnen worden wären, er war eben nur ein kleines Rad in dem großen Räderwerk, das die Armee und die Organisation Caesars in Gallien gewesen sind. Von irgendwelchen Auszeichnungen des Antonius ist nirgends die Rede. Ist er für die Aufgaben, die in Gallien an ihn herantraten, noch zu jung gewesen? Oder fehlte es ihm noch an entsprechender Erfahrung auf strategischem Gebiet? Oder steht in Caesars und Hirtius' Büchern über den Gallischen Krieg nicht die ganze Wahrheit? Wir wissen es nicht, aber soviel ist ganz sicher: zu den führenden Paladinen Caesars hat Antonius nicht gehört, aber natürlich hat ihm jener den gebührenden Anteil an der anfallenden Beute gegeben. Sie war so reich, daß es auf ein paar hunderttausend Sesterzen mehr oder weniger nicht ankam. Den Löwenanteil hat natürlich Caesar für sich in Anspruch genommen, er konnte das Geld für seine politischen Pläne und für seine Bauten in Rom nur zu gut gebrauchen.

Für Antonius wurde es hohe Zeit, sich um die Ämterlaufbahn in Rom zu kümmern. Wenn man in Rom ein Amt bekleiden wollte, so mußte man sich persönlich darum bewerben. Das bedeutete einen großen Aufwand an Zeit und Geld, um die Wähler in entsprechender Weise zu beeinflussen. Selbstverständlich konnte auch Antonius damit rechnen, daß ihm der nötige Urlaub aus dem Feldquartier von Caesar gewährt wurde, und zwar zur Winterszeit, wenn die Operationen zum Stillstand gekommen waren und die Legionen in den Winterlagern ihre Übungen durchführten. Wenn Antonius den Gedanken erwägen konnte, sich um die Quästur in Rom zu bewerben, so muß er über gewisse Geldmittel verfügt haben. Aber im Verhältnis zum Consulat und zur Prätur war die Bewerbung um die Quästur noch verhältnismäßig billig, und wenn Antonius mit seinen eigenen Mitteln nicht zurecht kam, so wird ihm Caesar noch einiges vorgestreckt haben, natürlich nicht *à fond perdu,* sondern zur späteren Rückzahlung. Aber von diesen Dingen steht natürlich nichts in den Quellen, denn derartige Geschäfte wurden unter vier Augen abgewickelt. Daraus erklärt sich auch ein Teil der folgenden Ereignisse: Caesar hat in Rom seine

Gefolgschaft mobilisieren lassen, sie sollte den Wahlkampf unterstützen. Antonius befand sich nun in der Klientel Caesars. Er gehörte zu den Gefolgsleuten Caesars, und dies ist er auch bis zum Tode des Diktators geblieben, wenn die Beziehungen auch gelegentlich getrübt worden sind.

Mit der Bewerbung um die Quästur geriet Antonius, zum ersten Mal in seinem Leben, in das Getriebe der völlig verfahrenen römischen Innenpolitik. In ihr hatten vor allem die verfeindeten Gruppen um Clodius und Milo jahrelang eine entscheidende Rolle gespielt. Clodius war inzwischen eines gewaltsamen Todes gestorben, Milo lebte in der Verbannung. Wie war es dazu gekommen? Die Auseinandersetzungen hatten sich in Straßenkämpfen entladen, und bei einer Schlägerei auf der Via Appia, die durch reinen Zufall entstanden war, hatte Clodius, vor dem die Mächtigen in Rom gezittert hatten, den Tod von fremder Hand gefunden. Die Szene, die ein äußerst düsteres Licht auf die inneren Zustände in Rom während Caesars Abwesenheit wirft, ist von dem gelehrten Asconius (in neronischer Zeit) wahrheitsgemäß dargestellt worden. Am 20. Januar 52 waren sich Clodius und Milo zufällig auf der Via Appia begegnet. Aber sie waren nicht allein, sondern in Begleitung ihrer Banden, die, wie gewöhnlich, bewaffnet waren. Es begann alles ganz harmlos. Clodius und Milo, dieser auf dem Weg nach Bovillae, wo er ein städtisches Amt bekleidete, waren aneinander auf der sehr engen Landstraße vorübergezogen, natürlich ohne Gruß und mit finsteren Gesichtern. Da ereignete sich das Unheil: die Sklaven Milos, eine regelrechte Schlägertruppe, begannen Streit mit der Truppe des Clodius. Der Streit artete in eine blutige Auseinandersetzung aus, Clodius wurde dabei von einem Gladiator Milos an der Schulter verwundet, seine eigenen Leute aber zogen ihn aus dem Getümmel und brachten ihn in eine unmittelbar an der Via Appia gelegene Weinschenke. Milo aber ließ den Verwundeten aus dem Haus heraustragen und umbringen. Cicero hat diese Vorgänge in seiner Verteidigungsrede für Milo etwas anders dargestellt, aber es besteht nicht der geringste Grund, hier dem Asconius den Glauben zu versagen, der, anders als Cicero, in dem Streit keine Partei genommen hat. Die Ermordung des Demagogen Clodius war eine ganz ungesetzliche Handlung, eine Gewalttat, wie sie bisher in Rom nur selten vorgekommen war. Aber die Zeiten waren vorbei, in denen bürgerliches Wohlverhalten zu den Grundprinzipien des römischen Staates gehört hatte. Jeder tat, was ihm beliebte, und wer über die Straße verfügte, der konnte sich alles erlauben. Clodius' Leiche wurde in Rom verbrannt; dabei gingen die Curie und einige in ihrer Nähe liegenden Gebäude in Flammen auf, ein schlimmes Feuerzeichen für Rom, wo derartige Gewalttaten ungestraft vollbracht werden konnten. Wie konnte es dazu kommen? In Rom war Pompejus im Jahre 52 zunächst *consul sine collega,* eine staatsrechtliche Anomalität, die Bände spricht. De facto war der große Heerführer Diktator, aber er war nicht der Mann, die Macht, die er in Händen hielt, auch wirklich zu gebrauchen. Er wollte es mit niemandem verderben, und seine Ratgeber bestärkten ihn noch in seiner unentschlossenen Haltung. Kein Wunder, wenn gerade unter diesem Consul der Terror in Rom Formen annahm, die früher niemand auch nur für möglich gehalten hätte: immer noch terrorisierten die Anhänger des toten Clodius die Stadt, niemand war vor ihnen sicher. Letzten Endes hingen die Zustände mit der Tatsache zusammen, daß in Rom kein Militär vorhanden war. Die zivilen Sicherheitsorgane waren zu wenig zahlreich, ihr Einsatz war nicht effektiv genug, nur eine Aktion des Militärs hätte hier einen grundlegenden Wandel schaffen können, aber zu diesem Verzweiflungsausweg wollte Pompejus, der peinlich darauf bedacht war, gesetzmäßig zu verfahren, nicht seine Zuflucht nehmen. Aber mit der Sitte der Vorfahren *(mos maiorum)* konnte man in Rom nicht mehr regieren, man brauchte eine starke Hand, die für Ruhe und Ordnung Sorge trug.

Antonius hat diese Ereignisse in Rom miterlebt. Er war, wahrscheinlich gegen Ende des Jahres 53, nach Rom gekommen, um seine Wahl zum Quästor vorzubereiten. Aber die Clodiusaffäre machte ihm einen Strich durch die Rechnung, niemand konnte ihm helfen, weder Pompejus noch Caesar, der im Winter 53/2, wie jedes Jahr, von Oberitalien aus die Ereignisse in der Hauptstadt beobachtete. Für das Jahr 52 zu kandidieren hatte keinen Zweck mehr, der Wahltermin war längst verstrichen. Daher beschloß er, seine Quästur für das darauffolgende Jahr 51 in Aussicht zu nehmen. Das bedeutete zwar, daß er in der Ämterlaufbahn mit einem Jahr in Rückstand geriet, aber da er mächtige Freunde besaß, bestand die sichere Aussicht, daß er das verlorene Jahr später wieder aufholen konnte. Die Wahl fand im Sommer 52 statt, Antonius aber beeilte sich, alsbald wieder nach Gallien aufzubrechen. Die erste Stufe der Ämterlaufbahn war nun erreicht, und im *Bellum Gallicum* (VIII 2,1) erscheint Antonius seit dem Ende des Jahres 52 als Quästor. In den Schlußkapiteln des *Bellum Gallicum* berichtet Hirtius, der Fortsetzer Caesars, von den Bemühungen des Proconsuls, seinem Freund Antonius das Augurat zu verschaffen (Bell. Gall. VIII 50). Caesar, so heißt es hier, habe sogar die Absicht gehabt, in den Munizipien und Kolonien persönlich für die Wahl des Antonius einzutreten. Für die Bewerbung war Antonius rechtzeitig von Caesar beurlaubt worden. Hirtius zufolge ging es hier um eine ganz hochpolitische Angelegenheit: in Rom habe sich eine Gruppe gebildet, die beabsichtigte, Caesar durch die Zurückweisung des Antonius Schwierigkeiten zu bereiten. Aber es spielte sich alles viel schneller ab, als Caesar erwartet hatte. Als Caesar sich auf der Reise nach Italien befand, war Antonius bereits gewählt, Caesar konnte sich damit begnügen, den einzelnen Gemeinden den Dank für ihre Hilfe abzustatten. (Es handelt sich hier ohne Zweifel um die Munizipien und Kolonien der Gallia Narbonensis und der Gallia Cisalpina). Im übrigen aber glich die Rückkehr Caesars einem Triumphzug: alle Stadttore, Straßen und öffentlichen Plätze prangten in reichem Schmuck, beim Eintritt in die Städte wurde Caesar von riesigen Menschenmengen begrüßt, sie alle wollten den Eroberer des freien Gallien sehen, in den Tempeln und auf den Marktplätzen wurden öffentliche Speisungen abgehalten. Die Bevölkerung, die seit vielen Jahren Ähnliches nicht erlebt hatte, war über die Maßen begeistert, alles war in Bewegung, und die öffentlichen Freudenkundgebungen wollten nicht abreißen.

Hirtius' Bericht über die triumphale Rückkehr Caesars nach Oberitalien im Jahre 50 läßt klar erkennen, wohin der Weg nun führte. Zu den eifrigsten Mitarbeitern und Parteigängern Caesars gehörte in Rom vor allem der Jüngere Scribonius Curio, Volkstribun des Jahres 50, und neben ihm Marcus Antonius. Dieser war für das Jahr 49 (die Amtszeit begann mit dem 10. Dezember 50) zum Volkstribun gewählt worden, und zwar sicherlich noch vor seiner Wahl in das Augurenkollegium (diese letztere wird allein von Hirtius erwähnt, weil sich Caesar selbst für sie in außerordentlicher Weise engagiert hatte). Als Volkstribun hatte Antonius eine sehr wichtige, aber auch verantwortungsvolle Stellung in Rom inne, er stand gewissermaßen auf vorgeschobenem Posten und mußte versuchen, den Quertreibereien der Gegner Caesars die Spitze abzubrechen. Das war außerordentlich schwierig, denn Caesar hatte in Rom viele Feinde, zu denen nicht nur der Jüngere Cato zählte, ein Doktrinär, der ganz unbeugsam an seinen Grundsätzen festhielt, auch dann noch, als die von ihm vertretene Sache längst verloren war. Auch Pompejus war in das Lager der Caesargegner übergewechselt, die Beziehungen zu Caesar waren auf dem Tiefpunkt angelangt. Wie zu allen Zeiten, wollte das Volk keinen Streit und keinen Bürgerkrieg, aber hierüber entschieden die maßgebenden Persönlichkeiten in Rom, Pompejus war auf ihre Hilfe angewiesen, er ließ sich von den Ultras leiten, obwohl er wissen mußte, daß der Weg in den Abgrund führte. Der Senat aber konnte sich der Friedensstimmung nicht entziehen, und als Curio darüber abstimmen ließ, daß beide Proconsuln, Pompejus ebenso wie Caesar, zurücktreten und ihre Heere entlassen sollten, da stimmte der Senat mit überwältigender Mehrheit von 370 zu 22 Stimmen dem Antrag zu, ein Ergebnis, das von allen Vernünftigen mit großem Beifall begrüßt wurde. Die Abstimmung hatte am 1. Dezember 50 stattgefunden, bald aber machten sich Kräfte bemerkbar, die das Ergebnis annullieren wollten; es war dies eine politische Gruppe, zu der M. Porcius Cato, C. Claudius Marcellus (Consul des Jahres 50), Metellus Scipio, der neue Schwiegervater des Pompejus, und andere gehörten. Sie wollten Caesar demütigen und schreckten dabei vor einem Bürgerkrieg nicht zurück – und sie verstanden es, Pompejus für diese Absicht zu gewinnen. Denn nur wenige Tage nach der Abstimmung überreichte der Consul Metellus Scipio dem Pompejus ein Schwert, damit er das Vaterland beschütze. Dies aber war eine ganz ungesetzliche Handlung, Caesar hat sie später mit Recht als den Beginn des Bürgerkrieges *(initium tumultus)* bezeichnet. In der Sitzung vom 7. Januar 49 beschloß der Senat, Caesar in aller Form abzuberufen, in L. Domitius Ahenobarbus wurde ihm einige Tage danach ein Nachfolger im Jenseitigen Gallien bestellt. Nun blieb nur noch die tribunizische Interzession übrig, sie wurde von Antonius und Q. Cassius ausgesprochen – aber dies nützte nichts mehr, denn der Senat faßte das *senatus consultum ultimum,* was mit der Erklärung des Staatsnotstandes gleichbedeutend war. Die Volkstribunen Antonius und Cassius verließen am Abend dieses Tages die Stadt, angeblich weil ihre Sicherheit nicht mehr gewährleistet war. Mit den beiden flüchteten auch noch andere Parteigänger Caesars aus Rom, unter ihnen Caelius Rufus und der Jüngere Curio. Angesichts des Staatsnotstandes hatten die Volkstribunen, die zuletzt am 5. Januar an einer Senatssitzung teilgenommen hatten, in Rom nichts mehr zu suchen.

Es verlohnt sich nun, die Schachzüge des Antonius zu betrachten, die dieser im Dezember 50 und in den ersten Tagen des Januar 49 angewandt hatte. Antonius hatte sein Amt dazu benutzt, um der Senatspartei beträchtliche Schwierigkeiten zu machen. Er hatte versucht, die Absichten des Consuls Marcellus dadurch zu durchkreuzen, daß er den Antrag gestellt hatte, die in Italien stehenden Legionen nach Syrien zu schaffen, wo sie unter den Befehl des M. Bibulus gestellt werden sollten. (Wäre dieser Antrag durchgegangen, so hätte Caesar nach seinem Einmarsch in Italien wahrlich ein leichtes Spiel gehabt!) Auch die in Italien neu auszuhebenden Truppen sollten nach dem Antrag des Antonius nicht unter den Oberbefehl des Pompejus gestellt werden – was sich gleichfalls nur zugunsten Caesars hätte auswirken können, natürlich unter der Voraussetzung, daß der Senat dem Antrag stattgegeben hätte. Bemerkenswerte Zivilcourage legte Antonius an den Tag, als er Briefe Caesars, deren Annahme und Bekanntmachung die Senatsmehrheit verhindert hatte, kraft seines Tribunenamts im Senat zur Verlesung brachte. Plutarch meint, dies sei insofern ein großer Erfolg des Antonius gewesen, weil manche Senatoren unter dem Eindruck der billigen und vernünftigen Forderungen Caesars ihre Meinung daraufhin revidiert hätten. Danach war der Tribun seinerseits zum Angriff übergegangen: am 21. Dezember 50 wandte er sich in einer großangelegten Senatsrede gegen Pompejus und behauptete, dieser unterdrükke die bürgerliche Freiheit. Cicero berichtet in einem Brief an Atticus (vom 25. oder 26. Dezember) davon, er habe Pompejus in Lavernium (?) getroffen. Beide hätten die Rede des Antonius in der Hand gehabt. Nach dem Urteil Ciceros muß Antonius kräftig in die Saiten gegriffen haben, er habe sich über die ‚Verurteilten' beschwert und über den Terror der Waffen. (Wer diese ‚Verurteilten' waren, darüber steht nichts im Cicerobrief.) Pompejus aber habe sich auf die Bemerkung beschränkt, man könne nun sehen, was man von Caesar zu erwarten habe, sobald er sich in den Besitz des Staates gesetzt habe, wenn schon Antonius als ein ganz unbedeutender Mann, als kleiner Quästorier, derartige Dinge im Senat zu sagen wage (Cicero, Ad Att. VII 8,5). Für Cicero war die Entwicklung deswegen besonders fatal, weil er mit einer hohen Summe bei Caesar in der Kreide stand – vielleicht hatte Caesar gehofft, den großen Redner mit Geld zu gewinnen, so wie er eine Anzahl anderer Politiker gewonnen hatte. Der Brief Ciceros ist insofern von Bedeutung, als er den Leser einen Blick tun läßt in die Stimmung und die Motive der Mächtigen unmittelbar vor dem Sturm, dem Beginn des von vielen gefürchteten und doch nicht mehr abzuwendenden Bürgerkrieges. Pompejus hatte die Brücken zu Caesar abgebrochen. Cicero war, wie immer, ängstlich, er hätte am liebsten gesehen, wenn alles beim alten geblieben wäre, natürlich unter voller Wahrung seiner Dignität, auf die es ihm vor allem ankam. Zu gewinnen hatte er in einem Bürgerkrieg nichts, und die Erinnerung an die Verbannung, in die ihn vor einigen Jahren Clodius getrieben hatte, machte ihn noch ängstlicher.

Noch einmal hatte Antonius versucht, das Blatt zu wenden. Plutarch berichtet, der Consul Lentulus habe die Vorschläge Caesars in Bausch und Bogen ignoriert und über den Antrag des Metellus Scipio abstimmen lassen, wonach Caesar sein Heer entlassen solle. Antonius aber fand mit seinem Gegenantrag, daß man dies auch von Pompejus verlangen möge, im Senat einmütige Zustimmung. Dieser Gegenantrag konnte aber nicht zum Beschluß erhoben werden, da die Consuln dies verhinderten. Schließlich

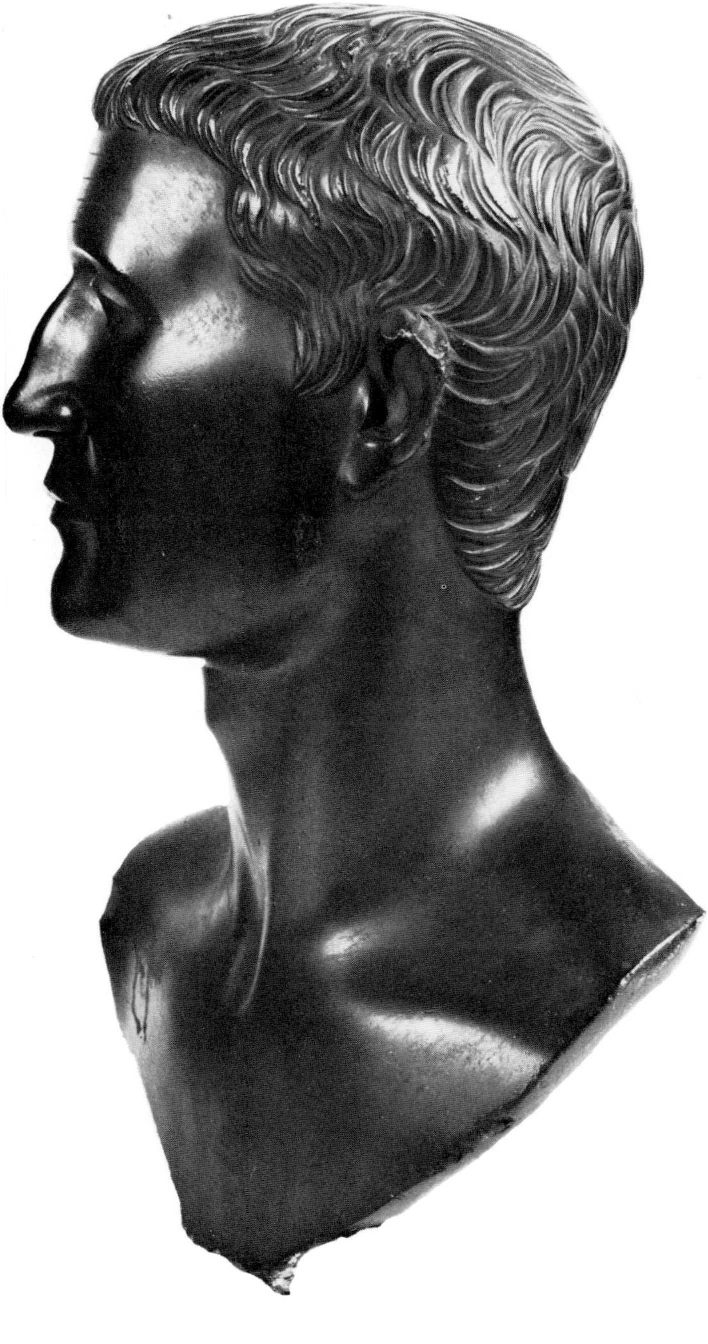

1. Marcus Antonius

2. Julius Caesar

habe Lentulus mit den Widersachern kurzen Prozeß gemacht, indem er sie aus dem Senat vertrieben habe. Diese Darstellung Plutarchs ist allerdings stark vereinfacht und vergröbert, sie läßt nämlich außer Acht, daß die Volkstribunen Antonius und Q. Cassius die Hauptstadt verlassen haben, weil ihrer Interzession das *senatus consultum ultimum* gefolgt war: der Senat hatte dadurch den Oberbeamten, den Consuln und Prätoren, aber auch den Volkstribunen und den Proconsuln, die Vollmacht erteilt, für den Schutz des Staates zu sorgen. An diesem Beschluß *de re publica defendenda* war an sich nichts Ungesetzliches, und wenn Antonius mit seinem Genossen Q. Cassius Rom verlassen hat, so wollte er damit den Senat und die in ihm maßgebende Gruppen vor aller Welt ins Unrecht setzen. Antonius soll sogar die Insignien seines Amts abgelegt und die Tracht eines Sklaven angelegt haben. Als sie mit Caesar zusammentrafen (in Ariminum, am 11. Januar 49) beschwerten sie sich über die Zustände in Rom, wo es keine Gerechtigkeit mehr gebe und Volkstribunen sich in Lebensgefahr befänden. Natürlich war dies alles weit übertrieben, aber Übertreibungen dieser Art sind zu allen Zeiten von großer propagandistischer Wirksamkeit.

Und Antonius? Hatte er mit seinem Eintreten für Caesar die rechte Wahl getroffen? Die Anhängerschaft Caesars rekrutierte sich aus Kreisen, die nicht gerade zu den angesehensten Mitgliedern der römischen Führungsschicht gehörten. Unter ihnen waren zahlreiche Glücksritter, Bankrotteure, Schuldenmacher und Karrieristen, die wenig zur Reputation Caesars beitrugen. Die Unterwelt Roms und Italiens war mit zahlreichen Figuren vertreten, das „Totenreich", wie es der Bankier Atticus genannt hat. Aber die soziologische Zusammensetzung der Gefolgschaft Caesars wird Antonius wenig gekümmert haben. Er hatte in Gallien Gelegenheit gehabt, sich als militärischer Führer auszuzeichnen, und auch für die Anfänge seiner Laufbahn in Rom war er vor allem Caesar verpflichtet. Aber das Entscheidende war doch das Heer Caesars, mit ihm war – das hatte der Verlauf des Gallischen Krieges gezeigt – alles zu erreichen, und die Verbindung zwischen Caesar und seinen Soldaten hatte allen Belastungen standgehalten. Niemand konnte freilich wissen, wie sich dies in einem künftigen Bürgerkrieg gestalten würde, der sich um die Jahreswende 50/49 bereits deutlich am Horizont abzeichnete. Bei dem Heer Caesars mußte die Entscheidung liegen, das Heer war der ausschlaggebende Faktor, auch in einem künftigen Bürgerkrieg. In Gallien hatte Caesar Großes erreicht, er stand aber noch längst nicht am Ende, und es wäre eine große Torheit gewesen, das Heer zu entlassen, wie es seine Gegner in Rom wiederholt gefordert hatten. Was dann geschehen würde, wird Caesar nicht verborgen geblieben sein: seine politischen Gegner würden ihn in kurzer Frist erledigen; schon mehrfach hatten ihm seine Feinde gedroht, sie würden nicht davor zurückschrecken, ihn in Rom vor ein Gericht zu stellen, wie dies ganz offen der Jüngere Cato vor aller Welt verkündet hatte. Caesars Laufbahn hätte ein jähes Ende genommen, und mit ihr auch die des Antonius. Denn es war nicht zu erwarten, daß die von Antonius schwer gereizten Gegner ihn nach der Erledigung Caesars in Gnaden in ihre Reihen aufnehmen würden. Die elementaren persönlichen Interessen wiesen ihn an Caesar, er mußte den Weg mit ihm bis ans Ende gehen, die Ereignisse in Rom, deren Zeuge und Mitakteur Antonius gewesen war, ließen ihm nun keine andere Wahl mehr. Bekanntlich ist noch vor Mitte Januar 49, wahrscheinlich unmittelbar nach dem Beginn des Bürgerkrieges, T. Labienus, der Legat Caesars und Kommandeur der ruhmvollen X. Legion, auf die Seite der Senatspartei übergegangen, für Caesar ein schwerer Schlag, er hat lange gebraucht, um ihn zu verwinden – aber Antonius hätte diesen Schritt niemals tun können, zu sehr hatte er sich auch in der Politik eingesetzt. In einem wie immer tendenziösen Bericht hat Cicero in seiner 2. Philippika (II 22,55) vor aller Welt behauptet, daß, ebenso wie Helena die Ursache des Trojanischen Krieges, Antonius die Ursache des Bürgerkrieges gewesen sei. Niemand wird verkennen, daß der helle Zorn den Redner hier weit über das Ziel hinausgeführt hat. Er war ja auch kein Historiker, er war ein Politiker, dem es darauf ankam, seinen Gegner von der Rednerbühne herab zu erledigen. Je stärker Cicero die Farben auftrug, um so tiefer war der Eindruck bei seinen Hörern. Man wird also dieses verwegene Dictum nicht auf die Goldwaage legen dürfen, es ist Cicero entschlüpft, als er nach starken Argumenten suchte, welche die Stimmung anheizen sollten. Natürlich war die – angebliche – Vertreibung der beiden Volkstribunen aus Rom für Caesar ein wichtiges Element seiner Propaganda, mit dem Ausbruch des Bürgerkrieges hatte dies aber nur mittelbar etwas zu tun. Die Flucht der Volkstribunen war eine typische Randerscheinung in der großen Politik, wenn sie auch mit beträchtlicher Lautstärke von Caesar und seinen Parteigängern zur Diskreditierung der Gegner benutzt worden ist.

In der Nacht vom 10. zum 11. Januar[1] überschritt Caesar den Rubico, den Grenzfluß zwischen der Provinz Gallia Cisalpina und dem freien Italien, dem Land der römischen Bürger. Der Bürgerkrieg, den alle Welt fürchtete, hatte begonnen. Es war ein waghalsiges Unternehmen, in das sich Caesar eingelassen hatte. Die öffentliche Meinung stand geschlossen gegen ihn, auch das formale Recht war auf seiten seiner Gegner, Caesar galt als Rechtsbrecher, an diesem Makel sollte er schwer zu tragen haben. Was aber – so fragt man – hätte Caesar denn anderes tun sollen? Wenn er nicht schnell handelte, so war er ein verlorener Mann, seine Gegner in Rom hätten ihn in Kürze politisch und moralisch erledigt. In Italien war er militärisch überlegen, wenn er auch zunächst nur eine einzige Legion zu seiner Verfügung hatte. Aber zwei weitere Legionen befanden sich auf dem Marsch von Gallien nach Italien, drei weitere hatte Caesar in die Narbonensis dirigiert (sie sind gleichfalls in Italien eingesetzt worden und haben später bei der Belagerung Massilias und in dem spanischen Feldzug des Jahres 49 gute Dienste geleistet). Pompejus verfügte dagegen nur über zwei Legionen in Italien, die anderen Truppen waren weit vom Schuß, sie hätten nicht mehr rechtzeitig zur Stelle sein können. Man hatte sich in Italien auf den Ernstfall gar nicht vorbereitet, möglicherweise hatte Pompejus sich schon seit mehreren Monaten mit dem Gedanken befreundet, Italien zu räumen, zumal seine eigenen Truppen nicht als zuverlässig galten.

So fand Caesar bei seinem Vormarsch nur ganz geringen Widerstand, Pompejus dagegen kam alles darauf an, seine Legionen möglichst intakt zu halten und mit ihnen den Krieg jenseits der Adria fortzusetzen. Die taktische und strategische Überlegenheit Caesars zeigt der Verlauf der Operationen, der ihn in der kurzen Frist von knapp zwei Monaten von Ariminum bis vor die Tore Brundisiums geführt hat. Da Pompejus aber einen gewissen Vorsprung hatte und da Caesar insbesondere vor Corfinium aufgehalten wurde, gelang es nicht, die Masse der Pompejaner zu fangen und abzuschneiden. Als Caesar am 9. März 49, nunmehr mit insgesamt sechs Legionen, vor Brundisium stand (inzwischen waren auch die drei Legionen aus der Narbonensis zur Stelle), bereitete sich Pompejus im Hafen der Stadt zur Überfahrt nach Epirus vor. Am 17. März räumte er die Stadt und begab sich mit dem letzten Transport seines Heeres auf die Fahrt ins Ungewisse. Er sollte Italien niemals wiedersehen. Und Caesar? Er hatte sein Ziel, die Vernichtung des Pompejus und seiner beiden Legionen, nicht erreicht, und die Flucht des größten Teils des Senats, der sich nach Thessalonike begab, beraubte ihn der Mitarbeit der hohen Körperschaft, eine Tatsache, die sich als sehr nachteilig erweisen sollte.

Caesar hatte in Ariminum Antonius zu seinem Legaten ernannt und ihm die Erledigung einiger Sonderaufgaben übertragen, er hatte ihn von Ariminum nach Arretium (Arezzo) in Etrurien gesandt und schließlich nach Sulmo. Die Stadt wurde von zwei überzeugten Republikanern, dem Senator Q. Lucretius und dem Paeligner Attius, gehalten. Aber die Bürger der

Stadt schlugen sich sofort auf die Seite Caesars, indem sie dem Antonius die Stadttore öffneten und ihm im Triumphzug entgegengingen. Lucretius und Attius sprangen angeblich von der Stadtmauer herab, aber nur Lucretius konnte entkommen, Attius wurde festgenommen und zu Caesar ins Hauptquartier geschickt, dieser aber entließ ihn wieder in die Freiheit, um ein Beispiel seiner Milde gegen politische Widersacher zu geben (Caesar, Bell. civ. I 18). Bleibt noch hinzuzufügen, daß Caesars Darstellung von den Ereignissen in Sulmo im *Bellum civile* von Cicero in einem Brief an seinen Freund Atticus (VIII 4,3) in wesentlichen Zügen korrigiert wird. Aber das gehört in den Rahmen des Problems, inwieweit Caesars Bericht in dieser Schrift als korrekt oder als tendenziös zu beurteilen ist. Die neuere Forschung ist geneigt, Caesar wieder mehr Glauben zu schenken, während frühere Arbeiten wie die von Karl Barwick (Caesars Bellum civile, 1951, S. 52) die Wahrheit noch in der anderen Richtung gesucht haben.

In Sulmo gab es für Antonius keine Lorbeeren mehr zu ernten, aber er hatte den Erwartungen Caesars durchaus entsprochen, und dieser hat es ihm damit gelohnt, daß er ihm den Oberbefehl in Italien übertrug, als er sich nach Spanien begab, um hier den Widerstand der pompejanischen Hochburg zu brechen. Caesar hatte dem Antonius den Rang eines Proprätors verliehen. Dies aber war eine Beförderung außer der Reihe, denn bisher war Antonius, wenn auch ohne seine eigene Schuld, nicht über die Quästur hinausgelangt, das Amt des Aedilen hat er nie bekleidet. Die Beförderung war an und für sich nichts Außergewöhnliches, Ähnliches war auch sonst in Kriegs- und Notzeiten vorgekommen, und es wird Caesar opportun erschienen sein, in Italien einen Proprätor (und nicht einen Proquästor) als seinen Vertreter zurückzulassen, Antonius besaß dadurch gegenüber anderen Magistraten einen höheren Rang, was ihm in mancher Hinsicht zustatten gekommen ist.

Antonius hat dieses Kommando im April des Jahres 49 angetreten. Aus seiner Amtszeit ist ein in mancher Hinsicht interessanter Brief an Cicero erhalten, der zeigt, einen wie großen Wert die Caesarianer auf die Wohlgesinnung des großen Redners gelegt haben. Da schwerlich anzunehmen ist, daß Antonius diesen Brief (erhalten bei Cicero, Ad Att. X 8 A, als Beilage) von sich aus geschrieben hat, so wird man kaum fehlgehen in der Annahme, daß ihn sein Herr und Meister hierzu aufgefordert haben dürfte. Es ist in der Tat eine hochpolitische Angelegenheit, die in dem Brief zur Sprache kommt. Es hatte sich nämlich das Gerücht verbreitet, Cicero wolle Italien verlassen. Antonius schreibt nun, er könne diesem Gerücht einfach nicht glauben, da Cicero doch wissen müsse, daß er nicht nur von ihm, Antonius, sondern auch von Caesar hochgeschätzt werde. Wer den Brief ganz unbefangen liest, muß unbedingt zu dem Schluß kommen, daß zwischen Antonius und Cicero ein enges Freundschafts- und Vertrauensverhältnis besteht und daß Antonius seinen älteren Freund in allerbester Absicht davor warnen möchte, keinen unbedachten Schritt zu unternehmen. Wer so urteilt, sieht jedoch nur die Oberfläche, unterschwellig schwingt bei Antonius das Gefühl mit, daß zwischen ihm und Cicero nicht alle Steine aus dem Weg geräumt seien, denn was mögen sonst die etwas rätselhaften Worte bedeuten: *quod iudicabam duriores partis mihi impositas esse ab offensione nostra, quae magis a ζηλοτυπίᾳ mea quam ab iniuria tua nata est:* „Weil ich der Meinung war, daß die schwierige Aufgabe mir aufgebürdet sei wegen des Mißverständnisses, das eher meiner Eifersucht als der Kränkung durch dich zuzuschreiben ist". Jeder Leser wird empfinden, daß hier dem griechischen Wort *zelotypia* eine Sache oder ein Ereignis zugrundeliegen muß, bei dem Antonius Anlaß gehabt hat, auf Cicero eifersüchtig zu sein. Was kann das gewesen sein? Die Erklärer denken im allgemeinen – seit Wieland – daran, daß Cicero dem Antonius ein paar Jahre zuvor (53 v. Chr.?) bei der Wahl zum Augurat den Rang abgelaufen hat, das habe ihm Antonius nicht vergessen können. Aber über diese Dinge sind wir nicht hinreichend informiert, und Antonius mag auch noch andere Gründe zu seiner Eifersucht gehabt haben. Wie dem nun auch sein mag – in der Tat mußte Caesar besorgt sein, daß eine Emigration Ciceros zu diesem Zeitpunkt nur den Gegnern, den Pompejanern, zugute kommen würde. Und das wollte er auf jeden Fall verhindern. Übrigens hat sich auch Caesar selbst in das Werben um Cicero eingeschaltet. Auf seinen Brief an Cicero, der gleichfalls erhalten ist (Cicero, Ad Att. X 8, B), brauchen wir hier nicht einzugehen, aber es muß doch gesagt werden, daß Antonius ein ganz bemerkenswertes *sacrificium intellectus* erbracht hat: er hatte *dem* Mann eine persönliche Bitte unterbreiten müssen, der sich vierzehn Jahre zuvor nicht gescheut hatte, bei der Catilinarischen Verschwörung seinen Stiefvater Cornelius Lentulus dem Henker zu überliefern. Aber, wie immer, Not kennt kein Gebot, und wenn Caesar in seinem Brief bemerkt, daß es einem guten Bürger wohl anstehe, sich aus dem Bürgerkrieg herauszuhalten, so war das natürlich ein frommer Wunsch, denn Cicero war eine geistige Großmacht in Rom, und es war keineswegs gleichgültig für die politische Entwicklung, wenn sich Cicero zu Emigration und damit zum Anschluß an die Partei des Pompejus entschloß. Im übrigen hat es Antonius an weiteren Mahnungen nicht fehlen lassen. Am 3. Mai 49 hielt Cicero wieder einen Brief von Antonius in den Händen, in dem zu lesen stand, daß

Caesar es niemanden gestatte, Italien zu verlassen (Cicero, Ad Att. X 10,2). Cicero möge sich in seiner Angelegenheit an Caesar selbst wenden, er, Antonius, zweifle nicht daran, daß Caesar ihm seinen Wunsch erfüllen würde. Dies letztere war allerdings eine Phrase, und Cicero wird wohl selber gewußt haben, daß in dieser Sache bei Caesar schwerlich etwas zu erreichen sei.

Bei diesen Verhandlungen hat Antonius ohne Zweifel nur die Anweisungen und Befehle Caesars ausgeführt, er selbst hatte ja nicht den geringsten Grund, an Cicero zu schreiben, und der Brief wird ihm, wie gesagt, auch nicht leicht gefallen sein. Wenn ein moderner Historiker und Cicerokenner vom Range eines Matthias Gelzer meint, der erste Brief des Antonius habe von heuchlerischer Freundschaft geradezu getrieft, so ist dieses Urteil sehr ungerecht, es paßt nicht zur historischen Situation, und wenn man schon ein derartig dezidiertes Urteil fällt, so sollte man doch versuchen, beiden Teilen gerecht zu werden. Im übrigen hätte Caesar ja leicht Zwang anwenden können, und es wäre ihm beispielsweise ein Leichtes gewesen, Cicero an einem sicheren Ort in Italien zu internieren und ihn dort bewachen zu lassen. Aber gerade dies lag *nicht* im Interesse Caesars, er hoffte auf die Einsicht Ciceros, und dies wird er auch gegenüber Antonius klar zum Ausdruck gebracht haben.

Erreicht haben jedoch beide nichts, Cicero reiste am 7. Juni 49 zu Schiff von Formiae ab, einer ungewissen Zukunft entgegen. Wäre er in Italien geblieben, so hätte er sich so manches ersparen können, aber im Zwiespalt seines Herzens zog es ihn schließlich doch zu den Republikanern, mit seinen lorbeerbekränzten Fasces erschien er in Thessalonike, um hier die Reihen derer zu verstärken, die dem großen Pompejus in alles hineinredeten, ohne selbst auch nur die geringste Verantwortung für ihre Ratschläge zu übernehmen.

Niemand wird in dieser Sache das Verhalten des Antonius tadeln können. Ebenso wie Caesar war er sich der Bedeutung Ciceros wohl bewußt; wenn er diesem riet, doch in Italien zu bleiben, so war sein Rat vernünftig und auch für Cicero annehmbar, aber Cicero war kein Mann, der die strategische Lage richtig zu beurteilen wußte. In ihm siegte auch dieses Mal der Ideologe über den Realpolitiker.

Plutarch gibt kein günstiges Bild von der Tätigkeit des Antonius als Stellvertreter Caesars in Italien. Bei ihm kann man nachlesen (Leb. d. Ant. 6), daß Antonius sich allein den Soldaten gefällig erwies, er nahm an ihren militärischen Übungen teil und hielt sich die meiste Zeit bei ihnen im Lager auf, mit der Austeilung von Geschenken war er, wie immer, nicht kleinlich. Alle anderen aber, sagt Plutarch, seien gar nicht mit Antonius zufrieden gewesen. Wenn jemandem ein Unrecht geschah, so kümmerte sich Antonius nicht darum. Wer sich an ihn um Hilfe wandte, dem hörte er nur mit Mißmut zu, denn sein Herz gehörte anderen Passionen, vor allem frönte er seiner Leidenschaft für Frauen, und Cicero behauptet in einem Brief vom 14. Mai 49 an seinen Freund Atticus, daß Antonius in seiner Sänfte eine Schauspielerin mit sich führe. Im Grunde war dies eine ganz harmlose Sache, aber man redete darüber in der römischen Gesellschaft, wenn Antonius so indiskret war, sich mit leichten Frauen in der Öffentlichkeit zu zeigen. Vielleicht hätte man ihm diese Dinge sogar nachgesehen, wenn er nicht auch Verhältnisse mit Frauen von Stand angeknüpft hätte. Dies aber verstieß gegen die private und öffentliche Moral, es galt als verwerflich, und wer sich hierüber hinwegsetzte, der brauchte sich nicht zu wundern, wenn er bei den Leuten ins Gerede kam. Unbekümmert und frivol, wie Antonius war, erregte er gerade bei den Besten Anstoß, und auch Caesar, der in diesen Dingen großzügig war, wird über die Eskapaden seines Trabanten in Rom nicht sehr erfreut gewesen sein. Plutarch meint sogar, Antonius habe durch sein Verhalten wesentlich dazu beigetragen, daß Caesars Herrschaft in den Geruch der Tyrannis gekommen sei. Wenn sich sein Repräsentant in Italien derartig schwere Verstöße gegen die Moral zuschulden kommen ließ, was sollte man dann von Caesar erwarten, der diese Dinge stillschweigend duldete? Vielleicht wäre es besser gewesen, wenn Caesar mit seinem Freund Antonius hierüber ein offenes Wort gesprochen hätte – aber der Diktator hatte ganz andere Sorgen, und außerdem mußten die Leute in der Hauptstadt Rom ja etwas zu reden haben.

In Spanien gingen die Dinge für Caesar gut; als er aus dem Feldzug nach Italien zurückkehrte, da reiste ihm auch Antonius entgegen. Dies erforderte die Höflichkeit, vielleicht hat Antonius mit der Reise die Absicht verbunden, bei einer Zusammenkunft mit seinem Gebieter den Gerüchten, die in Rom und Italien die Runde machten, die Spitze abzubrechen. Er hätte dazu sicherlich Gelegenheit gehabt, denn Caesar zeigte sich ihm gegenüber wohlgeneigt, die Beschwerden, die ihm über Antonius vorgetragen wurden, ignorierte er vollständig; er brauchte ihn, und er hatte vorläufig keinen Besseren. Bemerkenswert ist die Tatsache, daß die Quellen von einer Bewillkommnung Caesars durch seinen Statthalter in Italien kein Wort berichten, aber dies mag auf Zufall beruhen, die Tatsache als solche ist schwerlich zu leugnen, denn sie entspricht dem Verhalten der Römer bei ähnlichen Gelegenheiten. Hier aber muß die Phantasie dem Historiker zu Hilfe kommen.

Nach dem Sieg über die Pompejaner in Spanien befand sich der Westen des Imperium Romanum in Caesars Hand, es fehlte aber noch der Osten, Griechenland und der Orient, in welchem Pompejus seine Macht aufgerichtet hatte. Caesar setzte nach Epirus über, wieder war der Hafen von Brundisium der Sammelplatz einer großen Transportflotte. In der Nähe der Stadt warteten die Legionen auf ihren Abtransport. Man befand sich in den letzten Monaten des Jahres 49 (nach dem revidierten Kalender). Am 5. Januar 48 (im November 49 nach julianischem Stil) landete Caesar mit insgesamt sieben Legionen im Raum südlich von Valona (im heutigen Albanien). Antonius war in Brundisium zurückgeblieben; ihm war, zusammen mit Gabinius, die Sorge für den Nachschub anvertraut worden. Einfach war die Lage für Antonius nicht, denn Scribonius Libo, der Befehlshaber der überlegenen Flotte des Pompejus, hatte sich vor dem Hafen von Brundisium vor Anker gelegt und beunruhigte darüberhinaus durch Anlandungen die Caesarianer. Dabei gelang es ihm, den Nachschub der Gegner empfindlich zu stören. Er hatte sogar die dem Hafen vorgelagerte Insel besetzt, so daß die Gefahr bestand, die Pompejaner könnten mit Teilen ihrer Streitmacht wieder auf italischem Boden Fuß fassen. In dieser gefährlichen Lage bewährte sich das militärische Genie des Antonius. In einem sehr anschaulichen Kapitel des *Bellum civile* (III 24) hat Caesar seinem Mitkämpfer volle Anerkennung für seine militärischen Maßnahmen zuteil werden lassen. In der Tat, was Antonius hier geleistet hat, geht weit über das hinaus, was von einem Truppenführer erwartet werden kann. Antonius ließ die Beiboote der Kriegsschiffe durch Flechtwerk und Schutzwände miteinander verbinden, im ganzen nicht weniger als sechzig, bemannte sie mit seinen Soldaten und verteilte sie am Ufer des Hafens; zwei Dreidecker, die in Brundisium gebaut worden waren, ließ er bis zur Hafeneinfahrt vorrücken, worauf Libo seinerseits mit fünf Vierdeckern zur Stelle war. Die Leute des Antonius zogen sich daraufhin befehlsgemäß zurück, Libo aber folgte mit seinen Schiffen, diese aber sahen sich plötzlich von allen Seiten durch die Soldaten des Antonius in ihren kleinen Booten angegriffen. Dabei ging dem Libo ein Vierdecker verloren, ein anderer mußte sich eilends zurückziehen. Antonius hatte auch die Reiterei eingesetzt, sie überwachte den Meeresstrand in der Nähe von Brundisium und verhinderte, daß der Gegner auf dem Lande Wasser einnahm. Libo blieb schließlich nichts anderes übrig, als sich wieder über die Adria zurückzuziehen.

Das Hindernis für den Nachschub der Caesarianer war damit beseitigt, die Verbindungen zwischen Caesar und Antonius konnten wieder aufgenommen werden. Antonius selbst fuhr mit einer Flotte von Transportschiffen über die Adria, aber ein widriger Wind trieb ihn zuerst nach dem Norden, er sah sich an ein felsiges Ufer geworfen und wäre hier mitsamt seinen Schiffen zugrunde gegangen, wäre nicht der Wind plötzlich umgesprungen: anstatt des *Auster* erhob sich der *Africus,* der erstere ist der Südwind, der zweite ein von WSW wehender Wind. Antonius konnte gerade noch den Hafen erreichen, während die ihn verfolgenden Schiffe gegen ONO an die Küste geworfen und dort zertrümmert wurden. Als er danach an der Küste mit Kurs nach Süden vorüberfuhr, seien überall die Wracks der gegnerischen Schiffe zu sehen gewesen. Sie waren an der Steilküste nördlich von Lissos (Alessio) zugrundegegangen. Auf diese Weise gelangte Antonius nach Lissos, das er in schnellem Zugriff in seine Gewalt brachte. Von hier aus nahm er Verbindung mit Caesar auf, der natürlich über das Eintreffen der längst erwarteten Verstärkungen hoch erfreut war. Es waren insgesamt drei Legionen altgedienter Soldaten, dazu noch eine Rekrutenlegion, alles in allem etwa 20000 Mann, ferner noch 800 Reiter, die auf diesem Kriegsschauplatz für Caesar besonders wichtig waren. Aber es blieb noch übrig, die Vereinigung der Streitkräfte durchzuführen. Und Pompejus hatte alle Anstalten getroffen, um dies zu verhindern. Aber er kam mit seinem Heer zu spät, vor seinen Augen konnten sich Caesar und Antonius vereinigen. Pompejus brach die Aktion ab und zog sich in ein Lager nach Asparagium (in der Nähe von Dyrrhachium/Durazzo) zurück.

Die Operationen der beiden großen Feldherrn, des Caesar und des Pompejus, haben von jeher die kriegsgeschichtliche Forschung beschäftigt. Das maßgebende Werk ist die Studie des k. u. k. Oberstleutnants Georg Veith mit dem Titel ‚Der Feldzug von Dyrrhachium zwischen Caesar und Pompejus‘ (Wien 1920). Veith konnte sich bei der Untersuchung der Operationen auf seine eigene Ortskenntnis stützen, war er doch in dieser Gegend als Artillerieoffizier im 1. Weltkrieg tätig gewesen. Nach den Untersuchungen Veiths wäre Antonius bei Nymphaion[2] (unweit nördlich von Lissos) gelandet und hätte nach einem Landmarsch von mehr als 100 Kilometern sich im Kessel von Elbasan (südlich des heutigen Skumbiflusses) mit Caesar vereinigt (3. April 48). Die Leistung des Antonius ist über alles Lob erhaben, er hatte sich von Pompejus nicht abfangen lassen, sondern sich zur rechten Zeit – nach einer entsprechenden Aufklärung – im Lager gehalten, wo er nicht angegriffen werden konnte – bis Caesar eintraf. Die Verstärkung der caesarischen Streitkräfte war eine ganz wesentliche Veränderung der Lage bei Dyrrhachium, doch ist nicht zu übersehen, daß Pompejus zahlenmäßig immer noch beträchtlich überlegen war.

Nach der Vereinigung des caesarischen Heeres begannen die Stellungskämpfe im Raum von Dyrrhachium, sie dauerten vom April bis zum Juli des Jahres 48. Für Caesar ergaben sich immer wieder höchst kritische Situationen, bei denen sich Antonius mehrfach ausgezeichnet hat. So behauptet Plutarch, Antonius habe zweimal die weichenden Soldaten durch sein Beispiel zum Stehen gebracht und dadurch zum Sieg beigetragen. Insbesondere die von Antonius geführte IX. Legion hatte Gelegenheit, sich durch ein Einzelunternehmen gegen die Südflanke der Pompejaner – nach einem weiten Umgehungsmarsch – auszuzeichnen. Nach Veith ist der Kampfplatz südlich von Dyrrhachium in der Nähe von Paljemoh zu suchen. Es ging hier um die Besetzung von strategisch wichtigen Hügelkuppen, die für beide Seiten von bedeutendem Wert waren. Daß die Caesarianer die Höhe schließlich wieder aufgeben mußten, wird von Caesar in seinem *Bellum civile* mit keinem Wort erwähnt. Dies aber kann nicht anders als eine Verschleierung bezeichnet werden, Caesar wollte seinen Mißerfolg nicht eingestehen.

Um die Leistungen der beiden Heere, des Pompejus und seines Gegners, zutreffend zu beurteilen, muß man sich in ihre Lage versetzen. Sie befanden sich im Raum von Dyrrhachium in einem Land, das von zahllosen Fluß- und Bachläufen durchzogen wurde, die im Winter weit über die Ufer traten und beträchtliche Teile des Gebiets unter Wasser setzten, ein Zustand, an dem sich auch im Frühjahr noch nichts zu ändern pflegte. Jeder Verkehr wurde dadurch aufs äußerste behindert, zumal es an geeigneten Brücken und Übergängen fehlte. Die Verpflegung größerer Truppenmengen hatte mit unerhört schwierigen Problemen zu ringen, für beide Heere kam es darauf an, sich nicht von ihrer Basis am Meere abdrängen zu lassen, um den Nachschub zu übernehmen, der zur See aus Illyrien, Griechenland und (für Caesar) aus Italien herangeschafft werden mußte. Dazu lauerte in den Wasserläufen und Tümpeln die Malaria, der man im Altertum völlig hilflos gegenüberstand. Jeder Marsch wurde in dieser Gegend zu einem schwierigen Unternehmen, zumal die Via Egnatia für Truppenverschiebungen kaum in Betracht kam, denn die Kämpfe spielten sich ja nicht im Binnenland, sondern vorwiegend an der Küste ab. Auch in den Kriegen der Neuzeit hat das Land noch jedem Heer beträchtliche Schwierigkeiten bereitet.

Es ist bekannt, daß Caesar, nachdem er eine eindeutige Niederlage von Pompejus hatte hinnehmen müssen, die Einschließung des Gegners, der ihm übrigens zahlenmäßig beträchtlich überlegen war, aufgab und mit seinem gesamten Heer nach Thessalien abzog. Pompejus folgte ihm (was Caesar sicherlich in seine Pläne einbezogen hatte) und stellte sich in der weiten Ebene von Pharsalus am 9. August 48, an einem heißen Sommertag, zur Entscheidungsschlacht.

Hier bei Pharsalus hat Caesar das Kommando über seinen linken Flügel dem Antonius anvertraut, der rechte Flügel wurde von P. Sulla geführt, in der Mitte kommandierte Cn. Domitius. Man wird in diesen drei Offizieren die maßgebenden Unterführer Caesars zu sehen haben. In dem an und für sich sehr ausführlichen Bericht, den Caesar in seinem *Bellum civile* (III 89ff.) über die Schlacht gegeben hat, findet sich erstaunlicherweise kein Wort mehr über Antonius. Dagegen werden die Taten des in der Schlacht gefallenen Primipilus der X. Legion Crastinus ganz besonders hervorgehoben, sein Heldentod findet bei Caesar an hervorragender Stelle eine sehr ehrenvolle Erwähnung (B.C.III 99). Warum dies? War Caesar vielleicht, als er das *Bellum civile* verfaßte, auf Antonius nicht gut zu sprechen? Oder gab es dieses Mal von der IX. Legion, die übrigens durch die Stellungskämpfe vor Dyrrhachium stark mitgenommen war, nichts Rühmenswertes zu berichten? Nach Karl Barwick, dem die Wissenschaft eine sehr scharfsinnige Studie über die caesarische Schrift verdankt, sei das Werk vor dem Jahre 47 geschrieben worden, wahrscheinlich (nach Barwick S. 121) im letzten Viertel des Jahres 48. Gewiß hat es Spannungen zwischen Caesar und Antonius gegeben, aber diese fallen wohl erst in eine etwas spätere Zeit, denn im Jahre 47 bekleidete Antonius das Amt des *magister equitum*, er war damals der zweite Mann nach Caesar. Und wenn ihn dieser hoch emporsteigen ließ, so war das Motiv ganz zweifellos das Verhalten des Antonius in den vorangegangenen Feldzügen, dem von Italien im Jahre 49 und dem von Albanien und Griechenland im folgenden Jahr 48 v. Chr. Warum also die Zurückhaltung Caesars? Es gibt wohl keine andere Erklärung als die, daß Caesar die Figuren seiner Unterführer nicht zu sehr hervortreten lassen wollte. Der Ruhm der gewonnenen Schlacht bei Pharsalus gebührte ihm allein, seine Unterführer waren seine Werkzeuge, sie mußten hinter dem leitenden und allein verantwortlichen Feldherrn zurücktreten, ein Verhalten Caesars, das man auch im *Bellum Gallicum* beobachten kann.

Der Sieg bei Pharsalus brachte Caesar in Rom die Ernennung zum Diktator. Für Antonius war es eine hohe Auszeichnung, daß ihn der Consul Servilius auf ausdrücklichen Befehl Caesars zum *magister equitum* ernannte. Es gab zwar Widerstand bei den Auguren, sie erklärten, niemand könne für einen Zeitraum von mehr als sechs Monaten zum *magister equitum* ernannt werden. Aber da Caesars Diktatur für ein Jahr gelten sollte, konnte man den Einwand der Auguren nur als eine Haarspalterei betrachten, die sich würdig ähnlichen Ereignissen in der Zeit der ausgehenden Republik an die Seite stellte. Antonius war übrigens noch nicht einmal Prätor gewesen, Caesar hatte ihm allerdings den Rang eines Proprätors verliehen, und stieg doch zum zweithöchsten Amt auf, das die Republik in Notzeiten zu vergeben hatte, einem Amt, das nur den Zweck hatte, den abwesenden Diktator zu substituieren. Übrigens hatte Antonius nach dem Willen Caesars den größten Teil des Heeres aus Griechenland nach Italien zurückgeführt, darunter auch zahlreiche Soldaten, die früher im Dienst des Pompejus gestanden hatten. Während sich Caesar in Alexandrien aufhielt, wo die Flammen des Alexandrinischen Krieges emporloderten, hatte Antonius mit vielen Widrigkeiten in Rom und Italien zu kämpfen. Von Caesar wußte man hier zunächst nur wenig, und die Tatsache, daß er in Alexandrien einen Krieg führte, der die Interessen Roms höchstens am Rande berührte, machte die Stimmung in Italien nicht freundlicher.

Italien wurde im Jahr 48 durch Unruhen erschüttert, die von M. Caelius Rufus ausgingen. Er hatte sich mit Milo in Verbindung gesetzt, der ein ausgesprochener Terrorist war. Ihm als einzigem hatte Caesar die Rückkehr aus der Verbannung untersagt. Milo aber kümmerte sich nicht darum, er kehrte trotzdem wieder zurück, Caelius Rufus machte mit ihm gemeinsame Sache, aber beide gingen bei ihren Aufständen zugrunde, der eine in Apulien, der andere in Bruttium. Die Unruhen sind ein Zeichen für die innere Gärung, die weite Teile des Volkes ergriffen hatte. Insbesondere erscholl der Ruf nach Schuldenerlaß, den man sich von Caesar erhoffte. Aber dieser hatte fernab von Rom im Jahre 48 ganz andere Sorgen, und sein Repräsentant in Rom, der Consul Servilius, hatte große Mühe, der Unruhen im Land Herr zu werden.

Auch Antonius bemühte sich, kraft seines Amtes als *magister equitum* für Ruhe und Ordnung zu sorgen. Er zeigte sich in Rom in einer goldgeschmückten Toga, sechs Liktoren schritten ihm voran; er berief auch einige Senatssitzungen ein, um zum mindesten den Schein zu wahren, als ob die Republik noch bestünde. Aber das Militärische kam in seiner äußeren Erscheinung nicht zu kurz: er trug um die Toga einen Gurt, an dem ein mächtiges Schwert hing, ein Schwarm von Soldaten war seine ständige Begleitung. Cassius Dio (Hist. Rom. XLII 27,3) behauptet, es habe eine ganze Reihe von Reibereien, Verstößen gegen die Gesetze, ja sogar Morde gegeben, alles Dinge, gegen die die Behörden einfach machtlos gewesen seien. Außerdem gab es noch den Streit zwischen den Volkstribunen L.Trebellius und P. Cornelius Dolabella. Der letztere hatte die Sache der Verschuldeten zu seiner eigenen gemacht, der erstere stand mehr auf der Seite der Optimaten. Es entstanden Aufläufe, welche die ganze Stadt Rom in Aufruhr versetzten, und dies, obwohl der Senat beschlossen hatte, es sollten keine Änderungen in den Besitzverhältnissen vorgenommen werden, bevor Caesar nach Rom zurückgekehrt sei. Antonius erließ dazu ein Edikt, wonach das Waffentragen in Rom verboten sei, aber dies hatte nur die Folge, daß die streitenden Parteien sich noch mehr in die Haare gerieten. Da ließ sich Antonius vom Senat die Erlaubnis geben, Soldaten in die Stadt aufzunehmen (es handelte sich hier offensichtlich um ganze Truppenkörper). Mit ihrer Hilfe versuchte er, die Ordnung wiederherzustellen. Dabei fand er Unterstützung bei den übrigen Volkstribunen. Trebellius und Dolabella ließen sich aber nicht im geringsten einschüchtern, die Zustände schienen den Charakter eines regelrechten Bürgerkrieges anzunehmen. Im ganzen hatte Antonius bei diesen Unruhen keine sehr glückliche Hand, zumal er anfangs nicht wußte, wen er begünstigen sollte. So stand er zunächst auf der Seite des Dolabella, dann aber wechselte er zu Trebellius über, kurz, er war ziemlich ratlos, wohl zum ersten Mal in seinem Leben. Mit Soldaten war nichts gegen die Schäden und Versäumnisse der Volkswirtschaft der römischen Republik auszurichten, sie hatten ihre Ursache im Mangel an barem Kapital, die Zinsen erreichten schwindelnde Höhen, so daß weite Teile der Plebs, aber auch so manche Patrizier tief in Schulden gerieten, die sie aus eigener Kraft nicht mehr begleichen konnten. Hier vermochten nur noch ganz radikale Maßnahmen Abhilfe zu schaffen, Antonius als *magister equitum* war hierfür sicher nicht der rechte Mann. Aber er mußte in Rom ausbaden, was die allgemeine Unkenntnis der Volkswirtschaft in seinen Tagen angerichtet hatte. Wie aber sollte es besser werden, wenn alle oder doch die meisten ohne Bedenken Schulden machten, die sie nach menschlicher Voraussicht nicht mehr bezahlen konnten? Auch Cicero hatte beträchtliche Schulden, aber dieser hatte einen Freund, den reichen Atticus, und außerdem weilte er bis zum Oktober 48 in Griechenland, seinen Besitz in Italien hat niemand angetastet.

Sehr mißlich war es, daß Antonius sich nicht mit voller Kraft der Ordnung der Verhältnisse in Rom widmen konnte. Die aus Griechenland nach Italien überführten Legionen begannen Schwierigkeiten zu machen, sie waren gewohnt, die starke Hand Caesars, ihres Herrn und Meisters, zu spüren. Der aber lag in den Banden der Kleopatra, und nur selten drangen Gerüchte von den Ufern des Nils zum Tiber, und was sie zu berichten wußten, war in der Regel phantastisch und widerspruchsvoll. Schließlich wußte sich Antonius nicht anders zu helfen, als daß er L. Caesar, einen älteren Mann senatorischen Ranges, zum Stadtpräfekten *(praefectus urbi)* ernannte – ob Antonius dazu berechtigt war, erscheint zweifelhaft, auf jeden Fall gab es für eine derartige Ernennung durch einen *magister equitum* kein Vorbild. Antonius verließ Rom, und die Kämpfe der streitenden Volkstribunen nahmen ihren Fortgang, sie rechneten gar nicht mehr mit Caesars Rückkehr, so kann man es bei Cassius Dio (XLII 30, 2-3, wohl nach Livius) nachlesen. In Rom ging allmählich alles drunter und drüber, man errichtete Barrikaden und führte befestigte Türme auf, es brachen Brände aus, so daß sich die Vestalinnen gezwungen sahen, ihre heiligen Geräte aus dem Tempel der Vesta fortzuschaffen. Schließlich wußte sich Antonius nicht mehr anders zu helfen, als daß er, vom Capitol mit bewaffneter Macht herabsteigend, die Tafeln mit den demagogischen Gesetzesanträgen Dolabellas in tausend Stücke schlagen ließ, dazu wurden einige der schlimmsten Unruhestifter vom tarpejischen Felsen herabgestürzt. Aber auch dies war umsonst, denn vor Antonius hatte man keinen Respekt, die Unruhen waren erst beendet, als Caesar in eigener Person in Rom erschien (Oktober 47). Caesar ignorierte die vorangegangenen Ereignisse in Rom, zu einer grundlegenden sozialen Neuordnung hatte er keine Zeit, ihn beschäftigten andere Sorgen und Pläne. Gegenüber Dolabella erwies er sich ganz besonders großmütig, er nahm ihn sogar als Consul in Aussicht, obwohl er noch nicht Prätor gewesen war.

Für Antonius war die unerwartete Rückkehr Caesars ein harter Schlag. Denn der Diktator hätte zu keinem für Antonius ungünstigeren Zeitpunkt kommen können. Die Zustände in Rom spotteten jeder Beschreibung, und die Verantwortung trug niemand anders als der von Caesar mit seiner Vertretung betraute *magister equitum* Antonius. Es war kein Zweifel: in der Politik hatte er auf der ganzen Linie versagt, und wenn in Rom bei den Parteikämpfen nicht weniger als 800 römische Bürger ihr Leben verloren hatten, so spricht dies Bände, aber nicht zugunsten des Antonius, der diesen Ereignissen hilflos gegenübergestanden hatte. Die *chronique scandaleuse* in Rom wußte freilich zu berichten, daß der Gegensatz zwischen Antonius und Dolabella auf persönlichen Dingen beruhte. Plutarch sagt (Leb. d. Ant. 9), Dolabella habe die Frau des Antonius verführt, so daß dieser sich gezwungen sah, sich von ihr zu trennen (es handelt sich um seine Cousine Antonia, die Tochter des C. Antonius, des Consuls des Jahres 63). Aber mag dies nun der Wahrheit entsprechen oder nicht – die Gegensätze zwischen Antonius und Dolabella lagen tiefer. Beide wollten in Rom die erste Rolle spielen, und fürs erste erwies sich Dolabella als der skrupellosere. Dazu kam, daß das Auftreten des Antonius in der Öffentlichkeit seinem Ansehen wenig dienlich war. Er war von einer unerhörten Formlosigkeit, und wenn sich in dem Bericht Ciceros in der 2. Philippica auch so manche handfeste Übertreibungen finden, so muß das Auftreten des Antonius Anlaß zu manchem Gerede in der Stadt gewesen sein. Man warf ihm nicht nur seine Passionen für Bacchus und Venus vor, man behauptete auch, daß er die Nacht zum Tage mache, in der Öffentlichkeit sei er mit schwerem Kopf und besudelter Toga umhergeirrt, in den Nächten sei er bei den Festivitäten und Hochzeiten der Schauspieler und Spaßmacher zu finden. So kann man etwa bei Plutarch nachlesen, Antonius sei am frühen Morgen auf dem Forum erschienen, nachdem er die ganze Nacht über an der Hochzeit des Schauspielers Hippias teilgenommen und dabei beträchtlich über den Durst getrunken habe. Er war immer noch nicht ganz nüchtern, sondern habe sich geradezu widerwärtig aufgeführt, indem er sich erbrach und in die ihm von seinen Freunden vorgehaltene Toga spuckte. Zu seinen besonderen Freunden gehörten der Schauspieler Sergius und die Actrice Cytheris von der gleichen Truppe. Antonius soll sie in seiner Sänfte mitgenommen haben, wenn er Städte außerhalb Roms besuchte. Sehr wichtig war ihm bei seinem Auftreten in der Öffentlichkeit die Prachtentfaltung, er ließ sich wie bei einer Prozession wertvolle goldene Gefäße nachtragen, auch ließ er sich Prachtzelte errichten, und wenn er zu speisen beliebte, so wurden an lieblichen Wasserläufen und in schattigen Hainen kostbare Speisetafeln aufgestellt, so daß die Zuschauer aus dem Staunen nicht herauskamen und manche unter ihnen vor Neid erblaßten. Und an seinen Wagen pflegte er gelegentlich sogar Löwen zu spannen, um das Ungewöhnliche seiner Erscheinung noch zu erhöhen. Besonders wurde es ihm verdacht, daß er die Häuser ehrbarer Frauen als Freudenhäuser benutzte und sie zu Unterkünften für das leichte Volk der Schauspielerinnen machte. In weiten Kreisen Roms herrschte geradezu Entrüstung, vor allem wenn sich die Römer daran erinnerten, daß zur gleichen Zeit Caesar im Orient weilte und unter großen Mühen und persönlichen Entbehrungen die Flammen des Bürgerkriegs auszulöschen versuchte.

Wer die einschlägigen Kapitel des Griechen Plutarch liest, wird nicht verkennen, daß es sich hier um ein Stück antiker Propaganda handelt, die dazu dient, Antonius in den Augen seiner Mitbürger herabzusetzen und als ungeeignet für sein hohes Amt zu bezeichnen. Wer jedoch tiefer blickt, erkennt hier die Reaktion der römischen Öffentlichkeit auf das ungewöhnliche Verhalten des Antonius, das in der Tat zu aller römischen Tradition in

Widerspruch stand. Daraus erklärt sich auch die feindselige Stimmung, die in den meisten antiken Berichten zu spüren ist. Aber das Wesentliche ist damit nicht gesagt. Antonius gehört vielmehr zu dem Typus der Darbietungsmenschen, die nicht existieren können, ohne der Öffentlichkeit ein Schauspiel aufzuführen. Sein Auftreten in der Öffentlichkeit war ihm zur zweiten Natur geworden, es war so eng mit seinem Wesen und Charakter verbunden, daß er seine Neigungen nicht zu unterdrücken vermochte, ohne auf ganz wesentliche Charakterzüge zu verzichten. Wenn man nach Beispielen in der antiken Geschichte sucht, so kommt einem unwillkürlich Demetrios Poliorketes in den Sinn, der Sohn des Antigonos Monophthalmos (337-283), den Plutarch in seinen Parallelbiographien mit Antonius zusammengestellt hat. Auch dieser Herrscher war ein typischer Darbietungsmensch, er hat sich in der Öffentlichkeit ganz ähnlich aufgeführt wie Antonius, dazu kam bei dem Makedonen allerdings noch die Idee des Gottkönigtums, die er ganz ohne Scheu propagiert hat.

Der altrömischen *gravitas* entsprach das Verhalten des Antonius keineswegs, eher dem Gegenteil, und dies ist ihm natürlich von Cicero sehr verdacht worden. Antonius aber war glücklich, wenn er sich in der Gesellschaft von Schauspielern und leichten Frauen befand, auf seine Würde legte er wenig Wert. Mit dieser Einstellung kam er immer wieder in Konflikt mit der römischen Gesellschaft, die ihm mit offener Abneigung begegnete. Antonius aber nahm auf die Würde seines Amtes nicht die geringste Rücksicht, er lebte so, wie es ihm beliebte, um die Zukunft machte er sich offensichtlich keine Sorge. Darf man in dem ungewöhnlichen Verhalten des Antonius teilweise eine Reaktion auf die harte Zeit der Feldzüge sehen, an denen er teilgenommen hatte? Die Kämpfe bei Brundisium und Dyrrhachium hatte er glücklich überstanden, aber die Strapazen, vor allem in Albanien, waren ungewöhnlich gewesen. Wer will es dem Antonius verdenken, wenn er nun seinem Temperament die Zügel schießen ließ? Freilich, die Zeit war dazu wenig angetan, und es wäre wohl besser gewesen, wenn sich Antonius um die Beilegung der sozialen Unruhen in Rom und Italien gekümmert hätte. Aber hiervon verstand er, ebenso wie seine Zeitgenossen, nicht das Geringste, und dies kann man ihm schwerlich zum Vorwurf machen, wenn man weiß, daß auch der große Caesar mit diesen Problemen nicht fertig geworden ist.

Mit der Tätigkeit des Antonius scheint Caesar dieses Mal wenig zufrieden gewesen zu sein. Er ließ ihn seine Ungnade spüren und stellte ihn eine Zeitlang kalt, während Dolabella überraschenderweise volle Verzeihung erhielt. Und als Caesar zum dritten Mal zum Consul gewählt wurde (für das Jahr 46), bestimmte er nicht Antonius, der eigentlich hierzu heranstand, sondern M. Aemilius Lepidus zu seinem Kollegen. Lepidus war ein etwas farbloser Truppenführer, der sich stets als ein treuer und gehorsamer Gefolgsmann Caesars erwiesen hatte, ohne jedoch viel eigene Initiative zu entwickeln, er war aber gerade deswegen sehr nützlich. Mit seiner Einstellung war Lepidus gut gefahren; wer ihn brauchte, konnte sich auf ihn verlassen, zu höheren Aufgaben war er jedoch nicht berufen, und von Genialität war bei ihm nichts zu finden. Antonius hatte inzwischen das Haus des Pompejus in Rom erworben, jedoch zu einem Preis, der ihm zu hoch erschien, aber es mußte der Schein gewahrt werden, daß hier nichts verschleudert wurde, auch nicht an die Freunde des neuen Machthabers. An dem Feldzug Caesars gegen die Pompejaner in Afrika (Schlacht bei Thapsus, 6. April 46) hat Antonius nicht teilgenommen, in Rom hatte er keine Aufgabe, Caesar hatte damit gezeigt, daß er Antonius nicht benötigte. Man wird sich unschwer in die Seele des Antonius versetzen können, der in Rom die Siegesmeldungen lesen mußte, ohne selbst an dem Feldzug, der ihm Ruhm, Ehre und Auszeichnungen gebracht hätte, teilnehmen zu können. Und als Caesar im September 46 nach seiner Rückkehr aus Africa nicht weniger als vier glanzvolle Triumphe feierte – über Gallien, Ägypten, den König Pharnakes von Pontos und Juba von Mauretanien –, da war ganz Rom in Aufregung, und auch Antonius wird sich den Festlichkeiten nicht entzogen haben, aber zu den Hauptakteuren gehörte er nicht, inzwischen hatten andere Männer den Weg zum Herzen Caesars gefunden.

Die Pause hatte Antonius anscheinend dazu benutzt, um seine persönlichen Angelegenheiten ins Reine zu bringen. Plutarch meint sogar (Leb. d. Ant. 10,2), Antonius sei jetzt endlich in sich gegangen und habe sich anderen Dingen als den von ihm geliebten Passionen zugewandt. Dieses Urteil scheint jedoch nicht ganz in die Tiefe zu gehen, denn wenn von einer Veränderung des Wesens die Rede sein kann, so hat diese jedenfalls nicht lange vorgehalten. Der frauenlose Haushalt mag dem Antonius wenig zugesagt haben, deswegen schloß er eine neue Ehe. Die Auserwählte war Fulvia, die Witwe des Demagogen Clodius. Sie war alles andere als eine römische Matrone, denn sie war von jeher an Regieren und Befehlen gewöhnt. Sie mag über ein bedeutendes Vermögen verfügt haben, sonst würde es ein ewiges Rätsel bleiben, warum sich Antonius gerade diese Frau als Lebensgefährtin erwählt hat, die doch ihrem Charakter nach keine glückliche Ergänzung seiner eigenen Natur bildete. Plutarch meint, sie habe Antonius gezähmt und ihn daran gewöhnt, sich dem Willen einer Frau unterzuordnen. Kleopatra habe ihr hierfür Dank geschuldet, da

Fulvia Antonius gewissermaßen an die Kette gelegt habe. Aber dies scheint alles nicht entscheidend, richtig ist vielmehr, daß Antonius, vielleicht zum ersten Mal in seinem Leben, in eine Frau, nämlich Fulvia, regelrecht verliebt war und daß er seine Zuneigung sie auch verspüren ließ. Antonius befand sich damals an der Grenze der Vierzig, in einem Alter, in dem sich die Männer im allgemeinen über den Wert einer Frau im klaren zu sein pflegen. Fulvia verfügte nicht nur über eine große Willensstärke, sie hatte auch eine ausgesprochene Vorliebe für die Politik, wie dies in jener Zeit bei Frauen von Stand in Rom selten war. Ob nun gerade dieser Charakterzug der Fulvia ihren Gatten besonders angezogen hat, ist allerdings zweifelhaft. Aber er war ihr von Herzen zugetan, und wenn Plutarch meint, er habe versucht, die Gattin durch Scherze und kindisches Betragen froh zu stimmen, so darf man dieser Bemerkung getrost entnehmen, daß Antonius verliebt war und dies auch in seinem Verhalten zum Ausdruck brachte (Plutarch hatte freilich kein Verständnis dafür, denn es war weder in Hellas noch in Rom üblich, die Zuneigung zur Gattin in der Öffentlichkeit zu zeigen). So soll Antonius, als er sich auf der Reise nach Spanien befand, ohne irgendeinen plausiblen Grund nach Rom zurückgekehrt sein. Es hatte sich nämlich das Gerücht verbreitet, Caesar sei tot und die Feinde rückten gegen Italien heran. Diese Dinge gehören übrigens mit großer Wahrscheinlichkeit in den Zusammenhang mit dem letzten spanischen Feldzug des Diktators, der mit dem Sieg bei Munda (45) endete. Antonius habe die Kleidung eines Sklaven angelegt. Als er des Nachts vor seinem Haus in Rom angelangt war, verlangte er Fulvia zu sprechen, er sei der Überbringer einer Nachricht von ihrem Gatten Antonius. Fulvia ließ ihn vor, erkannte ihn aber in seiner Verkleidung nicht, zumal er sich das Antlitz verhüllt hatte. Die Frau war in großer Sorge um ihren Gatten Antonius und fragte den Boten, ob dieser am Leben sei. Er aber überreichte ihr wortlos den Brief. Als sie ihn öffnete und damit begann, ihn zu lesen, da schlug er die Arme um die Gattin und küßte sie. Diese Geschichte, von Plutarch in allen Einzelheiten berichtet, entspricht in vollkommener Weise dem Charakter und dem sonstigen Verhalten des Antonius gegenüber seiner neuen Gattin, so daß sie ohne weiteres als historisch angesehen werden kann. Antonius war trotz seiner Passionen für die Damen der Halbwelt durchaus einer echten Liebe fähig, er vermochte seine tiefe Sympathie auch in einer Weise zum Ausdruck zu bringen, daß dies die Verwunderung des etwas steifleinenen antiken Biographen hervorgerufen hat. Überhaupt bedurfte seine Natur der Ergänzung durch Frauenliebe, und man wird annehmen dürfen, daß er nicht nur Fulvia, sondern auch

Kleopatra und Octavia von ganzem Herzen zugetan gewesen ist. Aber in seinem Herzen war Raum für viele, von der Monogamie hielt er nichts, und in dieser Hinsicht mag hier noch einmal an das Verhalten des Demetrios Poliorketes erinnert werden. Wenn Antonius fernab von seinem Hause in Rom leben mußte, so vergaß er seine Schwüre und wandte sich neuen Gestirnen zu.

Es war ein Akt der Höflichkeit, wenn Antonius dem aus Spanien zurückkehrenden Caesar entgegenfuhr, um ihn wegen seines Sieges bei Munda zu beglückwünschen. Er traf ihn – nachdem er das erste Mal umgekehrt war – in Narbo Martius (Narbonne) in der Provence und wurde von dem Sieger mit größter Zuvorkommenheit empfangen. Damals soll Trebonius, ein anderer Gefolgsmann Caesars, dem Antonius Andeutungen darüber gemacht haben, daß man dem Leben des Diktators ein Ende setzen wolle. Antonius aber soll hierüber zu niemandem auch nur eine Silbe verraten haben, auch zu Caesar nicht, der ihn in seinen Reisewagen aufnahm, wobei Antonius ihm zur Seite sitzen durfte, während für C. Octavius, den Großneffen Caesars, und für Decimus Brutus ein zweiter Wagen bereitgestellt wurde. Diese Episode von dem Gespräch des Trebonius mit Antonius erscheint deswegen nicht völlig unmöglich, weil es dem Trebonius natürlich bekannt gewesen sein muß, daß die Zurücksetzung einen gewissen Stachel in der Seele des Antonius zurückgelassen hatte. Vielleicht hat Antonius den Plan einer Verschwörung auch gar nicht ernst genommen, oder aber er hat so getan, als ob er die Andeutungen des Trebonius nicht richtig verstanden hätte. Genug, Genaueres ist hierüber nicht bekannt. Natürlich wird sich Antonius der Konsequenzen bewußt gewesen sein; wenn er Caesar eine Andeutung von dem Gespräch mit Trebonius gemacht hätte, wären sie möglicherweise unabsehbar gewesen und hätten alles in Unruhe versetzt. Antonius selbst sah sich offenbar nicht gefährdet, auch Caesars Person schien ihm nach den großen Erfolgen in Spanien so gesichert, daß er den Gedanken einer Verschwörung wahrscheinlich ins Reich der Utopie verwiesen hat. Oder aber die Geschichte ist frei erfunden, wenn sie auch in der 2. Philippica Ciceros (II 34) zu lesen steht (von diesem ist sie dann in die Biographie des Antonius bei Plutarch weitergewandert). Über Vermutungen wird der Historiker in diesem Fall schwerlich hinauskommen, denn bei Cicero mag immerhin das Motiv mitbestimmend gewesen sein, Antonius vor aller Welt zu diskreditieren, und zwar gerade als Gefolgsmann des toten Caesar.

Im Jahre 45 ging es mit Antonius wieder aufwärts. Der Kontakt mit Caesar auf der Rückreise von der Narbonensis nach Rom hatte seine

Früchte getragen. Caesar nahm Antonius zum Kollegen in seinem 5. Consulat, das am 1. Januar 44 begann. Endlich hatte damit Antonius die höchste Sprosse der Ämterlaufbahn erreicht, er stand im 38. Lebensjahr und war durch die Gunst Caesars früher zum Zug gekommen, als dies nach dem sullanischen Ämtergesetz üblich war. Kein Wunder, wenn er sich jetzt dem Diktator dankbar erweisen wollte. Im übrigen fühlte er sich als der einzige Erbe Caesars, denn diesem waren aus seiner Ehe mit Calpurnia Kinder versagt geblieben, und Kaisarion, der Sohn Caesars von Kleopatra, kam als Erbe nicht in Betracht, ganz davon abgesehen, daß der Sohn der Königin noch nicht einmal zwei Jahre zählte. Auf das Erbe Caesars aber hatten sich auch andere Hoffnungen gemacht, möglicherweise auch M. Brutus, dem Caesar die Statthalterschaft der Gallia Cisalpina anvertraut hatte, obwohl dieser innerlich immer ein Republikaner geblieben und erst nach der Schlacht bei Pharsalus zu Caesar übergegangen war. Ein guter Menschenkenner war Caesar nicht, sonst hätte er Figuren wie M. Brutus, Decimus Brutus, Trebonius und andere in den engeren Kreis seiner Freunde nicht aufgenommen. Denn sie alle standen ihm innerlich ganz fremd gegenüber, ganz anders als M. Antonius, der ein neuer Mensch geworden war, seitdem ihm wieder die Gnadensonne des Allmächtigen leuchtete. Sein schärfster Konkurrent war, so eigenartig dies auch sein mag, Cornelius Dolabella, für den Caesar eine ganz unerklärliche Vorliebe an den Tag gelegt hat. Ihm hatte Caesar nach seiner Abdizierung im Jahre 44 ein Suffektkonsulat zugedacht. Doch wird berichtet, Antonius habe gegen diese Absicht des Diktators insgeheim und öffentlich Widerstand geleistet, so daß Caesar schließlich von seinem Vorhaben abgekommen sei. Im übrigen war dieser Dolabella, der als Schwiegersohn dem großen Cicero viel Kummer gemacht hat, ein ganz charakterloser Mensch, der immer nur den eigenen Vorteil suchte, ohne auch nur das Geringste für die Allgemeinheit, den Staat und seine Bürger, zu leisten. Aber auf ganz unerklärliche Weise kam er immer wieder an die Oberfläche, auch nach seinen Quertreibereien in Rom, die vielen Bürgern, die sich ihm anvertraut hatten, zum Verhängnis geworden waren. Gegenüber Dolabella bewies Antonius einen vorzüglichen Instinkt, er mochte ihn nicht, und dazu mag auch der persönliche Zwist der beiden wegen Antonia beigetragen haben.

Man fragt sich, ob Caesar denn wirklich keine besseren Anhänger besessen hat als Dolabella und seine Spießgesellen. Und war Caesar denn so blind, daß er nicht erkannte, daß Antonius und Dolabella in keiner Weise miteinander harmonierten? Wie sollte sich dieses Verhältnis in einem künftigen Consulat, wie dies für das Jahr 44 vorgesehen war, gestalten? Aber Caesar scheint hier wieder einmal das Opfer seiner eigenen Unbekümmertheit geworden zu sein, wie dies mehrfach in seinem Leben zu beobachten ist. Jedenfalls hat Antonius, von seinem Standpunkt aus mit Recht, einen Beschluß des Senats über das künftige Consulat des Dolabella verhindert, indem er als Augur unheilbringende Vorzeichen verkündete, die Caesar veranlaßten, von seinem Plan Abstand zu nehmen (Plut. Leb. d. Ant. 11). An dieser Stelle findet sich bei Plutarch auch die berühmte Anekdote, die Shakespeare zu einem weltberühmten Zitat gemacht hat: Als ein Denunziant beide, Antonius und Dolabella, beim Diktator zu verleumden suchte, soll Caesar gesagt haben, er habe keine Angst vor Dicken und Langmähnigen, sondern vor Blassen und Dünnen (von den Kahlköpfigen steht hier *expressis verbis* nichts), womit er auf Brutus und Cassius anspielte, die ja in der Tat die Häupter der Verschwörung gewesen sind.

Am 15. Februar 44 feierte man in Rom das Fest der Lupercalien, das Fest der „Wolfsabwehrer". Der Umlauf der Luperci war ein uralter kultischer Brauch, der in die Frühzeit Roms zurückreichte, denn Wölfe hatte man zu Caesars Zeit in der Stadt und in ihrer Umgebung längst nicht mehr zu fürchten, sie waren dagegen im Apenningebirge zu finden, wo sie sich übrigens bis in die neueste Zeit gehalten haben. Caesar wohnte der Zeremonie, angetan mit dem Triumphalgewand und mit einem goldenen Kranz auf dem Haupt, bei, er saß auf dem Forum auf einer Tribüne oberhalb der Rostra, der Schiffsschnäbel, die von Roms großer Vergangenheit zur See und von den Siegen über die Karthager kündeten. Die Luperci, Angehörige der vornehmen Jugend, aber auch Inhaber hoher Magistrate, trieben, wie üblich, ihre Späße mit der schaulustigen Menge. Gesalbt mit Öl, notdürftig bekleidet mit zottigen Ziegenfellen, ausgestattet mit Peitschen, hieben sie auf die Zuschauer ein, die ihr Treiben mit einem Gemisch von ehrfürchtigem Schauer und vorwitzigem Spott beobachteten. Das Forum war, wie immer bei diesem Umlauf, von einer riesigen Menschenmenge gefüllt, sie hatte ihren Spaß an dem rüden Treiben der Luperci, als deren Magister niemand anders als Antonius fungierte. Aber von der eigentlichen Aufgabe der „Wolfsabwehrer" hielt er offenbar nicht viel (wie alle aufgeklärten Römer), er hatte sich etwas Besonderes ausgedacht, und dies wollte er bei dem Fest ausführen. Dabei rechnete er mit dem Beifall der Tausende, die sich auf dem Forum Romanum versammelt hatten.

Antonius hatte sich ein Diadem beschafft, das Zeichen der hellenistischen Herrscherwürde. Mit diesem erschien er vor Caesar an den Rostra. Das Diadem hatte er mit einem Lorbeerzweig umwunden. Die Luperci hoben Antonius empor, so daß er die Herrscherbinde dem Caesar um das Haupt legen konnte. Das Diadem aber – das wußte in Rom jedermann – war das Zeichen der Königswürde, und wenn der Diktator es aus der Hand des Antonius entgegennahm, so zeigte er vor aller Welt, daß er ein hellenistisches Königtum in Rom begründen wollte. Der Diktator, der praktisch eine monarchische Gewalt besaß, wäre dann auch äußerlich zum König *(rex)* geworden. Caesar reagierte, wie man es von einem gebildeten und wohlerzogenen Römer nicht anders erwarten konnte, er wies mit der gebotenen Bescheidenheit das Diadem zurück; darauf erhob sich, was niemand, am wenigsten Antonius, erwartet hatte, großer Beifall im Volk, das dieser Szene erwartungsvoll zugesehen hatte. War das Spiel des Antonius schon verloren? Nein, Antonius versuchte es noch einmal, und wieder wies Caesar das Diadem zurück – nach dem ablehnenden Verhalten des Volkes blieb ihm gar nichts anderes übrig. Die Menge hatte eben seine Geste der Bescheidenheit mißverstanden. Auch die weiteren Versuche des Antonius scheiterten am Widerstand Caesars, aber dieser verlor jetzt seine Haltung: er erhob sich von seinem Ehrensitz, entblößte seinen Hals und schrie laut, wer wolle, könne ihn jetzt umbringen. Daß einige Volkstribunen von einer Statue Caesars den Kranz herabnahmen, eine Szene, die gleichfalls von der Menge mit Beifall begrüßt wurde, war nur noch ein Epilog, und wenn Caesar die Volkstribunen aus ihren Ämtern entfernen ließ, so zeigte er sich jetzt als kein guter Verlierer.

Die historische Szene, die sich auf dem Forum mit der Schnelligkeit eines Augenblicks vor Tausenden von Zuschauern abgespielt hatte, ist seit eh und je Gegenstand historischer Untersuchungen gewesen. In der Tat ist weder das Verhalten des Antonius noch die Reaktion Caesars ohne weiteres zu durchschauen; auch die Frage, ob Caesar von der Absicht des Antonius etwas gewußt hat, ist verschieden beantwortet worden. Handelt es sich hier um eine ganz spontane Reaktion des Diktators? Oder war er in das Vorhaben seines Freundes eingeweiht gewesen? Oder hatte hier nur die Regie versagt, indem man es versäumt hatte, das Volk entsprechend auf das Ereignis vorzubereiten? Aber diese letzte Frage ist ohne weiteres zu beantworten: man hatte es an *jeder* Vorbereitung des Volkes fehlen lassen, und dies sollte sich als eine ganz folgenschwere Unterlassung herausstellen. Im übrigen ist auch dies ein bemerkenswertes Zeugnis für die psychologische Mißachtung der Masse, ein Vorgang, der übrigens im Altertum nicht vereinzelt ist. Schließlich ergibt sich aus den antiken Quellen mit großer Sicherheit, daß Caesar wirklich von dem Vorhaben des Antonius überrascht worden ist. Es war aber auch durchaus keine Affekthandlung des Antonius, er hatte die Aktion vorbereitet, denn sonst hätte er ja das Diadem nicht zur Hand gehabt. Der Widerstand der Menge machte ihm jedoch einen Strich durch seine Rechnung. Daß Antonius das Verhalten des Volkes auf dem Forum vorausgesehen und daß er den Mißerfolg von vornherein in seine Kalkulation eingesetzt habe, und daß er Caesar in eine schwierige Lage bringen wollte – davon kann gar keine Rede sein. Antonius hat allen Ernstes Caesar zum Monarchen krönen wollen, das war seine Absicht und hiermit ist er wider Erwarten gescheitert. Wäre sein Vorhaben gelungen, so wäre ein helles Licht auch auf Antonius gefallen, er hätte sich vor aller Welt als der Königsmacher bezeichnen können. Aber die Götter hatten es anders gewollt, man kann es aber auch so ausdrücken: fehlende psychologische Vorbereitung hatte das Vorhaben scheitern lassen. Und was tat Caesar? Er sagte, König der Römer sei Juppiter Optimus Maximus allein, und gab den Befehl, das Diadem im Tempel des Juppiter O.M. aufzuhängen – eine elegante Lösung, die der Intelligenz Caesars alle Ehre macht. Wenn man Cicero Glauben schenken darf, so habe Caesar zum 15. Februar 44 in die Fasten, den Staatskalender, eintragen lassen, Caesar habe das ihm vom Consul Antonius auf Befehl des Volkes (!) angetragene *regnum*, d.i. die Königswürde, zurückgewiesen. Antonius aber – das mag er selbst empfunden haben – hatte einen schweren Fehler begangen, und die Feinde Caesars wußten jetzt, wohin der Weg führte. Und vier Wochen später kamen die Iden des März[3].

Viertes Kapitel

Die Iden des März 44 v. Chr.

Die Ermordung Caesars am 15. März 44 v. Chr. ist ein Ereignis von ungeheurer Tragweite in der römischen Geschichte. Durch einen feigen Meuchelmord wurde hier ein Mann hinweggerafft, der es nach jahrelangen Kämpfen unternommen hatte, die römische *res publica* auf neue Grundlagen zu stellen. Als Caesar den Dolchen der Verschwörer zum Opfer fiel, da stand er unmittelbar vor seinem Aufbruch zum Partherkrieg, für den er die Pläne seit langem konzipiert hatte. Die Niederlage des Crassus bei Carrhae (53 v. Chr.) war noch nicht verschmerzt, Caesar aber wollte im Osten reinen Tisch schaffen – durch seinen jähen Tod ist er hierzu nicht mehr gekommen. Aber auch zahlreiche andere Probleme, insbesondere der römischen Innenpolitik, blieben ungelöst, und die Erneuerung des Römertums, die sich Caesar zum Ziel gesetzt hatte, mußte aufgeschoben werden, sie ist dann von seinem Erben Octavius, den wir Augustus nennen, in Angriff genommen und teilweise auch durchgeführt worden.

Fragt man nach den Gründen der Ermordung Caesars, so muß gesagt werden, daß der allmächtige Diktator es nicht verstanden hatte, die Masse der Nobiles für sich zu gewinnen. Zu stark und zu schroff war der Bruch mit der Tradition gewesen, und zwar gerade für die konservativen Schichten der Nobilität; sie sahen das Ideal der *res publica libera* durch Caesar nicht nur gefährdet, sondern sogar beseitigt. Was übrig geblieben war, war nicht mehr der Staat der Nobiles, sondern eine regelrechte Diktatur, die Caesar schließlich auf Lebenszeit übertragen worden war. Sehr schlimm aber war es, daß der Diktator gegenüber den altehrwürdigen Traditionen des römischen Freistaates eine geradezu souveräne Mißachtung an den Tag gelegt hatte. So hatte er Kleopatra, die ägyptische Königin und seine Geliebte, nach Rom kommen lassen, und in Rom machten Gerüchte die Runde, Caesar wolle die Hauptstadt von den Ufern des Tiber an den Nil nach Alexandrien verlegen. Das aber wäre eine Veränderung gewesen, die aller römischen Tradition ins Gesicht geschlagen hätte. Auch der römischen Plebs wäre eine derartige Entwicklung ganz unerwünscht gewesen, da sie dann um ihre Privilegien fürchten mußte.

Zu den Verschwörern gehörte eine Anzahl von Freunden Caesars, vor allem der von ihm stark geförderte M. Iunius Brutus (er nannte sich nach der Adoption durch einen Servilier offiziell Q. Caepio Brutus[1]), dazu Decimus Brutus Albinus, C. Cassius, C. Trebonius und viele andere. Manche hatten Wohltaten von Caesar empfangen, der Diktator hatte sie in den Kreis seiner engsten Freunde aufgenommen, obwohl einige von ihnen zunächst auf der Seite des Pompejus im Bürgerkrieg gestanden hatten wie Q. Caepio Brutus. In diesem Punkt hatte die Menschenkenntnis Caesars versagt; er hatte es auch abgelehnt, sich mit einer Leibwache zu umgeben. Eine Abteilung spanischer Soldaten, die hierzu bestimmt war, hatte er wieder nach Hause geschickt. Längst ließ die Gesundheit des Diktators zu wünschen übrig. Er wurde von zahlreichen Krankheitssymptomen heimgesucht, von denen Kopfschmerz, Krämpfe und epileptische Erscheinungen die wichtigsten waren. Caesar hatte mit seiner Gesundheit vielfach Raubbau getrieben, die Anstrengungen der Feldzüge hatten ihn vor der Zeit alt werden lassen, er war nicht nur dem Lebensalter, sondern auch der Konstitution nach ein Greis *(senex)*. Aber um seine Gesundheit hatte sich Caesar immer nur wenig gekümmert, er hatte keine Zeit, müde und krank zu sein, insbesondere der Feldzug gegen die Parther – für den Aufbruch war der 18. März vorgesehen – warf seine Schatten voraus. Es blieb also für die Verschwörer nicht viel Zeit mehr, denn in der Mitte seiner Soldaten wäre Caesar für ihre Dolche unerreichbar gewesen.

Der 15. März, die Iden[2] des März, war der Tag der *Feriae Annae Perennae*. Die Göttin Anna Perenna ist, jedenfalls nach der wahrscheinlichsten Erklärung, die Göttin des Jahresanfangs und des Jahresschlusses, was sich daraus erklärt, daß in früherer Zeit (bis 154 v. Chr.) der 1. März (und nicht der 1. Januar) der erste Tag des Neuen Jahres gewesen war. Die Iden des März des Jahres 44 begannen mit schlechten Vorzeichen. Calpurnia, die Gattin des Diktators, bat Caesar, nicht in den Senat zu gehen, obwohl für den Vormittag eine Sitzung anberaumt worden war. Angeblich hatte Caesar wieder einen seiner Ohnmachtsanfälle erlitten, der zu Besorgnis Anlaß bot. Caesar aber verließ trotzdem sein Haus, begab sich aber erst zu Cn. Domitius Calvinus, dem Pontifex. Hier traf er den Haruspex Spurinna, der ihn einen Monat zuvor vor den Iden des März gewarnt hatte. Caesar war gut gelaunt und machte sich über Spurinna lustig, doch dieser erwiderte, die Iden seien noch nicht vorüber. Als die Opfer ungünstig ausfielen, wollte Caesar nun doch auf den Besuch im Senat verzichten, aber Decimus Brutus vermochte ihn zu überreden, dennoch in den bereits vollzählig versammelten Senat zu gehen.

Caesar aber gibt dem Drängen des Decimus Butus nach, besteigt eine Sänfte und kommt um die fünfte Stunde (zwischen 10 und 11 Uhr) in den in der Curia versammelten Senat. In Caesars Begleitung befindet sich auch M. Antonius. Während Caesar die Curia betritt, wird Antonius von C. Trebonius und einigen anderen Verschworenen vor dem Eingang in ein Gespräch verwickelt, so daß es ihm nicht möglich ist, dem Diktator weiter zu folgen. Im Innern der Curia vollendet sich Caesars Geschick, er fällt unter den Dolchstößen der Verschworenen.(Nach der Aussage seines Leibarztes Antistius habe Caesar 23 Wunden empfangen, von denen jedoch nur eine einzige, ein Stich ins Herz, tödlich gewesen sei.) Die Senatoren fliehen aus Angst um ihr eigenes Leben in alle Richtungen auseinander, sie werden von Panik erfaßt, niemand ist auf den Gedanken gekommen, sich den Mördern in den Weg zu stellen. Auch in der Stadt verbreiten sich Angst und Schrecken, niemand weiß, wie alles weitergehen soll. Dies alles ereignet sich kurz vor dem Mittag des 15. März 44, wahrscheinlich gegen 11 Uhr.

Und Antonius? Als er innewurde, was in der Curia geschehen war, ergriff er gleichfalls die Flucht, er legte seine Amtstracht als Consul ab und suchte zunächst in einem fremden Hause Zuflucht. Als er aber bemerkte, daß niemand sich ihm in den Weg stellte, schlich er sich in Sklavenkleidung in sein eigenes Haus und blieb vorerst für jedermann unerreichbar. Sein Haus ließ er vorsorglich verbarrikadieren. An den Ereignissen des 15. März hatte er keinen Anteil. Er bemerkte nicht, daß die Mörder mit ihren blutigen Dolchen auf das Forum zogen und von dort, vor allem aus Furcht vor den vielen nach Rom zusammengeströmten Veteranen Caesars, auf das Capitol, wo sie sich vorerst sicher fühlten. Von dem Beifall des Volkes war keine Spur zu bemerken, auch dann noch nicht, als Brutus und Cassius auf dem Forum ihre Tat in Reden zu rechtfertigen versuchten. Ganz besonders charakterlos benahm sich P. Cornelius Dolabella. Er tat so, als ob er ein Mitwisser des Mordes gewesen sei. Außerdem soll er vor dem Volk beantragt haben, diesen Tag zum Geburtstag der Stadt Rom (der sonst am 21. April gefeiert wurde) zu erheben. Im übrigen kann man sich die Verwirrung und Unsicherheit in Rom gar nicht groß genug vorstellen. Die Senatoren hatten sich versteckt, die Magistrate waren geflohen, die Caesarmörder wußten nicht, was sie tun sollten, und die Menge war zunächst ganz teilnahmslos. Aber die Veteranen waren aufgebracht; niemand wußte, was sie unternehmen würden.

Caesar, der Diktator, war tot, Antonius, der Consul, war zunächst nicht auffindbar. Einige der Verschwörer hatten ihn zugleich mit seinem Herrn in die Unterwelt schicken wollen, aber Brutus hatte sich widersetzt, es ging ihm nur um die Beseitigung des ‚Tyrannen', er wollte diese Tat nicht mit dem Blut anderer beflecken, ein Standpunkt, für den jeder Respekt haben wird, wenn er sich auch bald als ein schwerer Fehler erweisen sollte. Aber davon wird später noch die Rede sein. Hier nur noch die Bemerkung, daß aus dieser Unterlassung letzten Endes die Bürgerkriege entstanden sind.

Schon wenige Stunden nach dem Mord versuchte Brutus, mit Antonius und Lepidus Verbindung aufzunehmen. Der letztere war deswegen besonders wichtig, weil er als einziger über Militär verfügte, das er in Rom hatte einrücken lassen. Und Antonius schickte Boten in die Veteranenkolonien, vor allem nach Campanien, um hier für sich Stimmung zu machen. Dies geschah bereits in der Nacht vom 15. zum 16. März, und man kann daraus ersehen, daß Antonius den Schrecken rasch überwunden und seine alte Tatkraft wiedergefunden hatte. Wenn er am Leben bleiben wollte, so mußte er sich entsprechend sichern, und hierfür kamen nach Lage der Dinge nur die Veteranen in Betracht. Die Republikaner haben ihm dies später sehr verdacht – aber was blieb dem Antonius denn anders übrig, wenn er sich nicht den Verschwörern ans Messer liefern wollte? Und außerdem wußte niemand, was die nächsten Tage bringen würden, die Zukunft lag ganz im Ungewissen, das Consulat hätte Antonius ebensowenig geschützt wie Caesar die Diktatur.

Aber schon der 16. März zeigte ein verändertes Gesicht; der Tag gehörte im großen und ganzen nicht den Caesarmördern, sondern den Caesarianern. Sie hatten sich unter der Führung des Antonius und Lepidus wieder zusammengefunden, ihre Furcht vor den Verschwörern war geschwunden, nachdem sie gesehen hatten, daß diese im Volk über keinen Anhang und Rückhalt verfügten. Die Caesarianer vertrauten den Soldaten des Lepidus und den Veteranen Caesars, die seit dem Morgen des 16. März von Süden her auf der Via Appia in die Stadt einströmten. Sie alle waren in großer Unruhe und Aufregung wegen ihres persönlichen Schicksals, das bisher mit dem Leben des Diktators aufs engste verbunden gewesen war. Wer sollte sich nun um sie kümmern? Wer würde nun ihren Anspruch auf Versorgung erfüllen? Wer konnte ihnen jetzt noch helfen außer Antonius und Lepidus?

Seit dem frühen Morgen des 16. März hatte sich im Hause des Antonius eine Versammlung der maßgebenden Caesarianer zusammengefunden. Prominenteste Teilnehmer waren – neben Antonius – der Freund des toten Diktators Aulus Hirtius, aber auch Lepidus, von allen umworben, war anwesend. Er war der eigentliche Wortführer, denn er allein verfügte über

Militär, das man notfalls einsetzen konnte, wenn sich die Verhandlungen mit der anderen Seite zerschlagen sollten.

Wie lange diese Sitzung im Haus des Antonius gedauert hat, geht aus den Quellen nicht hervor, anscheinend war sie aber am Abend immer noch nicht beendet. Antonius war als Consul der einzige, der sich im Besitz der Exekutive befand. Man beauftragte ihn, den Senat einzuberufen und über eine friedliche Regelung des Konflikts zu verhandeln. Blutvergießen wolle man nicht, und es habe auch keinen Zweck, wegen der Ermordung Caesars Rache zu üben, da dies zu ganz unabsehbaren Folgen führen könnte – ein weiser Entschluß, der den Caesarianern alle Ehre macht. Antonius, der mit den Consularinsignien seine innere Sicherheit zurückgewonnen hat, erbietet sich, die Beschlüsse der Caesarianer den Mördern auf dem Capitol zur Kenntnis zu bringen. Auf dem Capitol macht sich daraufhin große Erleichterung bemerkbar, vor allem auch über die Haltung des Antonius. Dieser aber hat sein Selbstbewußtsein wiedererlangt, er zeigt sich als Consul in der Öffentlichkeit. In der folgenden Nacht, der vom 16. auf den 17. März, hat Antonius alle Schwäche überwunden, er nimmt die Zügel der Regierung wieder in die Hand, läßt Wachen in der nächtlichen Stadt aufziehen und Feuerbrände entzünden, damit unter dem Schutz der Dunkelheit keine Verbrechen in Rom verübt werden können. Ohne den Senat aber ist nichts zu erreichen; so beruft Antonius schriftlich die Senatoren auf den folgenden Morgen, den 17. März, in den Tempel der Tellus zu einer Sitzung ein. Der Tellus-Tempel lag unweit vom Privathaus des Antonius. Inzwischen ist dem Antonius ein entscheidender Schlag gelungen: er hat sich mit Zustimmung Calpurnias, der Witwe Caesars, in den Besitz der Papiere und des Geldes gesetzt, das Caesar hinterlassen hatte. Vergeblich hat die Forschung nach den Gründen gefragt, die Calpurnia dazu bewogen haben könnten, diese Dinge herauszugeben. Niemand weiß bis heute den eigentlichen Grund hierfür, doch wird man wohl annehmen müssen, daß Antonius ihr irgendwelche Zusicherungen gegeben hat, welche die Witwe zufrieden gestellt haben. Vielleicht hat sich Antonius erboten, für ihre Zukunft zu sorgen – aber wer vermag in der Seele einer Frau zu lesen, die durch den jähen Tod ihres Gatten zutiefst aufgewühlt worden war? Und Antonius gehörte nicht nur zu den engsten Freunden Caesars, er war auch Consul, und zwar der einzige nach Caesars Tod. Ihm konnte Calpurnia die Herausgabe der Hinterlassenschaft nicht gut verweigern. Und Antonius hatte damit einen ganz beträchtlichen Vorsprung vor allen anderen Caesarianern gewonnen, er schien nun der wahre Erbe Caesars zu sein. Die Senatssitzung vom 17. März an dem Tage der Liberalien, dem Fest zu

Ehren von Ceres, Liber und Libera, war im ganzen ein großer Erfolg für den Consul Antonius. Er hatte die Dinge fest in der Hand, niemand konnte ihn jetzt noch überspielen, immerhin eine bemerkenswerte Tatsache, wenn man dagegen seine Position zwei Tage zuvor ins Auge faßt. Aber Antonius hat in dieser Senatssitzung auch Zugeständnisse machen müssen. Und von diesen war wohl das schwerste die Anerkennung des P. Cornelius Dolabella als Amtskollegen im Consulat. Dolabella rückte als *consul suffectus* auf den Platz des vor zwei Tagen ermordeten Caesar. Das war zweifellos ein harter Schlag für Antonius, doch mag er empfunden haben, daß alles noch schlimmer hätte kommen können. Antonius aber wird sich damit getröstet haben, daß er sich mit diesem charakterlosen Menschen wahrscheinlich irgendwie arrangieren könnte, vor allem dann, wenn er ihm eine besonders reiche Provinz für sein Proconsulat in Aussicht stellte. Aber am 17. März hatte Antonius ganz andere Sorgen, es mußte ein *modus vivendi* mit den Caesarmördern gefunden werden. Und hier bestand nun die Taktik des Antonius darin – sie hat letzten Endes zu einem vollen Erfolg geführt –, den Mördern zunächst möglichst weit entgegenzukommen, ohne sich jedoch von ihnen die Leitung der Staatsangelegenheiten aus der Hand nehmen zu lassen. Daher erklärte sich Antonius ohne weiteres bereit, diese an der Senatssitzung teilnehmen zu lassen – das Zugeständnis kostete Antonius nichts, denn die Caesarmörder erschienen nicht, weil sie immer noch Angst hatten (ihr Nichterscheinen mag Antonius von vornherein einkalkuliert haben). In dem ersten Teil der Senatssitzung vermißt man die leitende Hand des Antonius – aber dies mag auf eine ganz bewußte Taktik des Consuls zurückzuführen sein. Er ließ es zu, daß von den verschiedensten Seiten alle möglichen *sententiae* geäußert wurden; unter anderem stellte Ti. Claudius Nero (der Vater des späteren Kaisers Tiberius) den Antrag, der Senat möge die Tyrannenmörder ausdrücklich belobigen. Antonius hörte dem Redefluß der Senatoren mit unbewegter Miene zu, dann aber spielte er seinen ersten Trumpf aus: er sagte, wenn man Caesar zum Tyrannen erkläre, d.h. zum Inhaber einer gesetzlosen Gewalt, so hätte dies zur Folge, daß all' seine Anordnungen und ebenso alle von ihm in Rom und im Imperium Romanum eingesetzten Magistrate ungesetzlich seien. Damit hatte Antonius in der Tat ins Schwarze getroffen, Dolabella bekam einen Wutanfall und hielt eine von Zorn funkelnde Rede gegen die (abwesenden) Caesarmörder. Antonius konnte sich kaum das Lachen verbeißen, denn er wußte genau, daß er damit Dolabella an einer verwundbaren Stelle getroffen hatte! Aber die Sitzung, die aus den Fugen zu geraten drohte, hat Antonius doch wieder in ruhige Bahnen lenken können. Cicero stellte den Antrag, man möge das, was nun einmal geschehen sei, vergessen und eine allgemeine Amnestie der Caesarmörder beschließen, anderseits sollten aber auch alle Anordnungen Caesars gültig sein. Dieser Vorschlag fand die Billigung der Senatsmehrheit. Außerdem ließ der Senat sich herbei, die Veteranen im Besitz ihrer Äcker zu bestätigen. Niemand sollte durch den Tod Caesars geschädigt werden. Damit war ein sehr wesentlicher Streitpunkt aus der Welt geschafft, und man muß dem Senat bescheinigen, daß er sich der Stunde gewachsen gezeigt hatte. Antonius aber hatte sich als ein Meister der Diplomatie erwiesen, ohne dabei auf seinen eigenen Vorteil zu verzichten. Unter den Senatoren war niemand, der Antonius persönlich angegriffen hätte, im Gegenteil, alle waren mit seinem Vorgehen vollauf zufrieden. Der Consul selbst konnte mit hoher Befriedigung auf die Ereignisse des 17. März zurückblicken. Es blieb nur noch übrig, der Entwicklung der Dinge einen versöhnlichen Abschluß zu geben. Er rief die immer noch ängstlichen Caesarmörder vom Capitol herab in die Stadt und gab ihnen zur Sicherheit seinen eigenen Sohn als Geisel. Der Schlußpunkt war eine gegenseitige Bewirtung: in seinem eigenen Haus empfing Antonius den Cassius, Lepidus hatte den Brutus zu Gast. Es ließ sich jedoch nicht übersehen, daß Lepidus von seinem Rivalen Antonius in jeder Weise überspielt worden war, er mußte sich mit einer Nebenrolle begnügen, obwohl er als einziger über Truppen in Rom verfügte. Diese aber fielen schwer ins Gewicht.

Ein weiterer Höhepunkt im Leben des Antonius war die Senatssitzung des folgenden Tages, des 18. März 44. Antonius konnte eine öffentliche Belobigung im Senat entgegennehmen, weil er den drohenden Bürgerkrieg abgewendet habe. Danach ging man daran, die von Caesar getroffenen Anordnungen über die Verteilung der Provinzen für das Jahr 44 zu bestätigen. Unter den Statthaltern befanden sich folgende Persönlichkeiten: Decimus Brutus Albinus für das diesseitige Gallien (Gallia Cisalpina), Q. Hortensius für die besonders wichtige Provinz Makedonien, L. Munatius Plancus für das jenseitige Gallien (Gallia Togata), C. Trebonius für die Provinz Asia (Kleinasien), M. Aemilius Lepidus für das diesseitige Spanien (Hispania Citerior) und für die Gallia Narbonensis. Antonius selbst befand sich nicht unter ihnen, da er im Jahre 44 das Consulat bekleidete, das gleiche galt für Dolabella. Beide mußten zusehen, wie die andern sich die besten Stücke aus dem Imperium sicherten. Aber Ordnung mußte sein, und der Senatsbeschluß vom 18. März über die Provinzen war immer noch besser als gar keiner, denn nun wußte jeder, woran er war. Daß man nicht alle Wünsche zu erfüllen vermochte, versteht sich von selbst. Vielleicht hätte der vom Senat angeordnete Zustand sogar von Bestand (wenn auch nicht von längerer Dauer) sein können, wenn sich nicht die führenden Männer einer definitiven Regelung in den Weg gestellt hätten. Doch davon wird später noch die Rede sein.

Es blieben aber immer noch dringende Angelegenheiten zu regeln: die Eröffnung des caesarischen Testaments und die Bestattung des toten Diktators. Für eine öffentliche Bekanntgabe des letzten Willens und für ein feierliches Leichenbegängnis sprach sich Antonius aus; andere, wie Cicero, wollten davon, von ihrem Standpunkt aus mit Recht, nichts wissen. Aber die Meinung des Antonius setzte sich wieder einmal durch, er hatte sich durch sein entschlossenes Auftreten im Senat eine Gefolgschaft erworben, die sich seiner Führung anvertraute. So beschloß der Senat die Veröffentlichung des Testaments und sogar eine Bestattung Caesars auf Staatskosten. Antonius wurde dazu bestimmt, die Leichenrede auf den ermordeten Diktator zu halten. Ob dieser Beschluß weise war, sollten die künftigen Ereignisse lehren, man hätte aber von vornherein wissen müssen, daß eine öffentliche Bestattung Caesars viele alte Wunden wieder aufreißen würde, denn es konnte schwerlich erwartet werden, daß die Plebs ihre Emotionen unterdrückte.

Cicero hat in seiner 3. Philippica (§ 30) dem Antonius vorgeworfen, er habe sich zahlreiche Kunstwerke aus den Gärten Caesars angeeignet. Dies aber ist wahrscheinlich eine Verleumdung. Erstens hatte Antonius in diesen bewegten Tagen anderes und Besseres zu tun, als sich um die Statuen in den Gärten zu kümmern, und zweitens hätte er durch einen derartigen vor aller Öffentlichkeit begangenen Kunstraub sein gesamtes eben erst erworbenes Ansehen wieder aufs Spiel gesetzt. Die Behauptung Ciceros gehört, wie so viele andere in seinen Philippischen Reden, niedriger gehängt.

Die Testamentseröffnung am 19. März 44 im Hause des Antonius brachte eine große Überraschung: Haupterbe zu drei Vierteln war der Großneffe des toten Diktators C. Octavius (der spätere Kaiser Augustus[3]), das restliche Viertel fiel an L. Pinarius und Q. Pedius, die Söhne der älteren Schwester Caesars. Die Enttäuschung des Antonius war riesengroß, denn er figurierte nur unter den *heredes secundi,* den ‚Nacherben', die nur dann in Funktion traten, wenn die an erster Stelle genannten Erben die Erbschaft nicht antreten konnten oder wollten. So wie die Dinge aber lagen, bedeutete dies, daß Antonius praktisch leer ausgegangen war, ebenso wie übrigens auch Decimus Brutus, der gleichfalls zu den Zweiterben gehörte. Denn es war ja nicht anzunehmen, daß die Erst-Erben, insbesondere aber Octavius, verzichten würden. Antonius aber, der sich bereits als der Nachfolger Caesars gesehen hatte, war wie vom Blitz getroffen. Hatte er sich in der Freundschaft des Diktators geirrt? Und was hatte es zu bedeuten, daß hier ein Achtzehnjähriger nicht nur zum Haupterben Caesars erklärt wurde, er war auch noch im Testament von dem Diktator adoptiert worden! Dieses Ereignis hätte niemand voraussehen können, Caesar hatte sich nie darüber ausgesprochen, und von einer besonderen Zuneigung zu Octavius, dem Sohn seiner Nichte Atia und des C. Octavius, war nicht das Geringste zu bemerken gewesen. Der junge Mann weilte übrigens gar nicht in Rom und in Italien, er hielt sich in Apollonia in Illyrien auf, und bis ihn die Nachricht vom Tode des Großoheims und von dessen Testament erreichte, mußten Tage vergehen, vielleicht sogar mehr als eine Woche, denn die Seefahrt war im März noch nicht wieder voll im Gange. In der Tat ist Octavius (später Octavian oder der junge Caesar genannt) erst zwischen dem 24. und 27. März von Apollonia aufgebrochen.

Vielleicht sollte hier noch erwähnt werden, daß nach Appian (B. C. II 143, 597) auch Decimus Brutus von Caesar im Testament adoptiert worden wäre, aber diese Nachricht ist sicher verkehrt; sie kann nur so erklärt werden, daß Appian oder seine Quelle das ganze Ausmaß der Undankbarkeit des Caesarmörders Decimus Brutus drastisch zum Ausdruck bringen wollte. Man kann also diese Nachricht auf sich beruhen lassen. Sie ist sicher nicht historisch, sie gehört vielmehr in den Bereich des historischen Romans.

Für Antonius war es ein schwacher Trost, daß er neben Decimus Brutus und einigen anderen Caesarmördern im Testament zum Vormund von Caesars Sohn eingesetzt worden war, falls Caesar noch ein Sohn geboren werden würde. Dies aber war eine sehr merkwürdige Bestimmung, denn auf einen Sohn von seiner angetrauten Gattin Calpurnia hatte der Diktator schwerlich noch rechnen können, nachdem die Ehe viele Jahre kinderlos geblieben war. Man wundert sich daher nicht, wenn diese Bestimmung über die Vormundschaft bereits im Altertum, z. B. von dem Historiker Cassius Dio (Hist. Rom. XLIV 53,2), auf Octavian bezogen worden ist – aber dieser brauchte keinen Vormund mehr, er war bereits mündig. Es bleibt nichts anderes übrig als die Annahme, daß sich Caesar auf jeden Fall hatte sichern wollen, auch im Hinblick auf eine mögliche neue Ehe, die ihm den bisher versagten Kindersegen hätte bringen können – die Römer waren bekanntlich äußerst vorsichtige Juristen und faßten, nicht nur bei ihren Testamenten, alle irgendwie denkbaren Möglichkeiten ins Auge, mochten diese auch noch so fern liegen.

Die weiteren Bestimmungen des Testaments betrafen vor allem das Leichenbegängnis, das Caesars Nichte Atia ausrichten sollte. Die Wirkung des Testaments aber war geradezu ungeheuer: Antonius verstand die Welt nicht mehr, das Volk war empört, als es feststellen mußte, daß Caesar von Leuten getötet worden war, denen er in seinem Leben nichts als Wohltaten erwiesen hatte. Sogar in seinem persönlichen Testament waren sie genannt worden! So lag ein ganz gefährlicher Sprengstoff in der Luft, die Stimmung der Öffentlichkeit war ganz eindeutig gegen die Caesarmörder, die „Befreier". Diese aber verkannten ihre Lage keineswegs; sie entfernten sich aus Rom, nachdem sie ihre Häuser aus Furcht vor Plünderungen in den Verteidigungszustand gesetzt hatten. Sie wollten in Antium (Anzio) die weitere Entwicklung abwarten, in Rom schien ihnen das Pflaster zu heiß, und man konnte ja auch nicht wissen, wie sich Antonius verhalten würde.

Den Höhepunkt erreichte die Erregung in Rom am 20. März. Dies war der Tag, an dem das Leichenbegängnis Caesars stattgefunden hat. Die Vorgänge dieses Tages sind von einer unerhörten dramatischen Wucht, sie stellen alles in den Schatten, was man in vergangenen Jahrzehnten in Rom erlebt hatte. Noch nie waren die Leidenschaften des Volkes und der Veteranen so tief aufgewühlt worden wie an diesem Tage, an dem man von dem toten Caesar Abschied nehmen mußte. Die Menge war in höchster Erregung, als die Bahre mit dem Leichnam Caesars (der im übrigen unsichtbar blieb) und mit einer Nachbildung seines Körpers aus Wachs auf das Forum getragen und bei den Rostra niedergesetzt wurde. An der Spitze des feierlichen Zuges schritt Antonius, der damit dokumentierte, daß er der beste Freund des Ermordeten gewesen war. Außerdem gebührte ihm natürlich als Consul dieser Ehrenplatz. Die Quellen stimmen darin überein, daß Antonius eine ungemein geschickte Regie geführt hat. Darin war er ein Meister, er hatte Gefallen an Massenszenen, und er hat dies auch später immer wieder bewiesen. Die Stimmung der Menge hat Antonius mit allen Mitteln angeheizt, insbesondere mit seiner Leichenrede, über die vor allem bei Appian berichtet wird, aber auch mit anderen sehr drastischen Mitteln. So hat Antonius sich nicht gescheut, in dem Wachsbild des Ermordeten die Wunden nachbilden zu lassen und diese dem Volk zu zeigen. Dazu wurden Klagelieder gesungen. Dies war bei römischen Leichenbegängnissen üblich, aber Antonius hatte für beziehungsreiche Texte gesorgt: Unter den Klageliedern befand sich die berühmte Stelle aus der Tragödie „*Armorum iudicium*" des Pacuvius, die da lautet: „*men servasse, ut essent qui me perderent:* „Wahrlich, habe ich sie gerettet, damit es Leute gäbe, die mich vernichteten?"[4] Zu diesem Tenor paßte die Leichenrede, die in sehr wirkungsvoller Weise vorgetragen wurde. Antonius ließ durch einen Herold den Text des Senatsbeschlusses verlesen, der Caesar alle Gewalt und die höchsten Ehren übertragen hatte. Auch der Eid wurde bekannt gegeben mit der anschließenden Selbstverfluchung.

Was nun die Rede des Antonius selbst betrifft, so ist die Überlieferung hierüber nicht einheitlich. Wenn man Sueton Glauben schenken darf, so habe Antonius nur ganz kurz geredet, er habe sich danach auf eine Verlesung der Ehrenbeschlüsse und auf ihre Kommentierung beschränkt. Appian dagegen bringt einen ausführlichen Bericht über die Rede (App. B. C. II 144, 600ff.); es erhebt sich aber die Frage, ob die von ihm in direkter Rede wiedergegebenen Worte als historisch gelten können. Wenn man jedoch davon ausgeht, daß Antonius seine Rede veröffentlicht hat, so könnte man sich gut vorstellen, daß dem Appian hierfür authentisches Material vorgelegen hätte. Aber dies ist, wie gesagt, nicht sicher, da sich in der späteren Überlieferung kein Anzeichen hiervon findet. Doch mag man immerhin zugunsten einer Veröffentlichung anführen, daß diese Sitte, die Veröffentlichung von *laudationes funebres,* in Rom üblich war. Warum sollte also Antonius hiervon keinen Gebrauch gemacht haben? Wenn dies aber so ist, so wird man annehmen dürfen, daß Appians Rede sich auf die Veröffentlichung der Leichenrede des Antonius gründet. Auf jeden Fall scheint es – *rebus sic stantibus* – lohnend, einige Gedanken aus der Rede im Geschichtswerk Appians hier wiederzugeben.

Eingangs weist Antonius darauf hin, daß die Leichenrede nicht von einem einzelnen, sondern von Rechts wegen vom ganzen Volk gehalten werden müßte, denn Senat und Volk hätten seinerzeit die Ehren für Caesar beschlossen. Bei seinen Worten habe Antonius wiederholt seinen Blick und seine Hand dem Leichnam Caesars zugewandt, dazu habe er die beziehungsreichen Worte durch entsprechende rhetorische Gesten unterstrichen. Nachdem er den Eid verlesen hatte, fügte er hinzu, er für seine Person sei bereit, für Caesar einzutreten, wie er es geschworen habe. Daraufhin sei großer Lärm unter der Menge entstanden, und Antonius habe gemerkt, daß er zu weit gegangen sei; er habe seine Äußerung teilweise widerrufen, indem er hinzufügte, daß das, was geschehen sei, eher das Werk von bösen Dämonen als von Menschen gewesen sei, und man möge nun mehr auf die Gegenwart als auf die Vergangenheit schauen, „damit wir nicht in die früheren Bürgerkriege zurückfallen". Und dann fuhr er fort: „Laßt uns nun diesen geweihten Menschen zu den Seligen geleiten, indem wir den Hymnus und den Trauergesang anstimmen!" Das, was nun folgt, ist würdig eines großen Schauspielers: Antonius habe wie ein Verzückter seine Kleider aufgeschürzt und sei um die Bahre wie auf einer Bühne herumgegangen, er habe sich gegen die Bahre verneigt und den Toten als einen himmlischen Gott in einer Hymne angesprochen, und zum Zeichen dafür, daß dieser wirklich ein Gott geworden sei, habe Antonius die Hände gen Himmel emporgereckt. Dabei habe er die Kriege, Schlachten und Siege aufgezählt und die Völker, die der Tote dem Vaterland hinzugefügt habe, und auch die Beute, die er nach Rom gesandt habe. Dazu habe er mit lauter Stimme gesagt: „Dieser Mann ist allein unbesiegt aus allen Kämpfen hervorgegangen, dieser Mann hat als einziger das Vaterland verteidigt und beschützt, indem er die wilden Völker, die seit dreihundert Jahren an ihm gefrevelt haben, dadurch daß sie in Italien einfielen und Rom durch Brand zerstörten, in die Knie gezwungen hat.“ Und mit leiser Stimme habe er sich selbst angeklagt, daß er als treuer Freund des Toten das Unrecht zugelassen habe. Ja, er verstieg sich sogar zu der Behauptung, er sei gern bereit, sein eigenes Leben für das Leben Caesars hinzugeben. Bei diesen Worten habe er den Körper des Toten entblößt und das Gewand Caesars auf einer Lanze dem Volk zur Schau gestellt, wie es von den Dolchstichen durchbohrt und von Blut gefärbt war. Das versammelte Volk habe ihm hierbei wie der Chor in der Tragödie assistiert, aus dem tiefen Mitgefühl sei es wieder in hellen Zorn geraten. Appian berichtet dann (B. C. II 146, 611) von dem in Wachs nachgebildeten Leichnam mit den 23 Dolchstichen. Das Volk habe daraufhin in größter Erregung die Curia angesteckt, in rasendem Zorn suchte man nach den Caesarmördern. Dabei sei der Volkstribun C. Helvius Cinna dem Wüten des Volkes zum Opfer gefallen, er war mit dem Prätor L. Cornelius Cinna, dem Caesarmörder, verwechselt worden.

In der Erzählung Appians tritt die Gestalt des Antonius in scharfer Profilierung hervor. Natürlich läßt sich nicht sagen, ob nun alles so, wie es bei Appian steht, der Wahrheit entspricht. Doch im ganzen gewinnt jeder Leser den Eindruck, daß in der Leichenrede die verschiedenen Phasen in sehr wirkungsvoller Weise aufeinander folgen und daß Antonius eine vorzügliche Regie geführt hat. Seine Qualitäten als Redner hat Antonius übrigens auch bei anderen Gelegenheiten bewiesen. Er hatte die Rhetorik in Griechenland gelernt, und wie man mit dem Volk umspringen mußte, um es in der gewünschten Weise zu beeindrucken, hierfür besaß Antonius einen hervorragenden Spürsinn.

Für die Echtheit der Rede des Antonius bei Appian spricht, daß sie ganz zu seinem Wesen zu passen scheint. Er war ein Freund von dramatischen Massenszenen, er vermochte sie wie ein Regisseur in sehr wirkungsvoller

Weise zu gestalten. Dies entsprach seinem Wesen, das sich immer wieder in dem Typus des Darbietungsmenschen offenbart.[5] Anhangsweise sei schließlich noch bemerkt, daß die Darstellung in der Vita des Antonius von Plutarch im großen und ganzen mit Appian zu vereinen ist. Doch finden sich auch einige Unterschiede, die wohl darauf zurückgehen, daß Appian die Vita Plutarchs zwar gelesen hat, ihr aber nicht immer gefolgt ist. Nach Plutarch habe sich Antonius von dem Beifall der Menge hinreißen lassen, er habe nach der *laudatio* auf den Ermordeten seine Trauer und seinen Unwillen über die Tat zum Ausdruck gebracht, und am Schluß seiner Rede habe er der Menge die blutigen, von den Dolchstichen zerfetzten Gewänder Caesars gezeigt und diejenigen, die dies getan hätten, Schurken und Mörder geheißen. Daraufhin sei das Volk in rasenden Zorn geraten und habe alles nur irgendwie brennbare Material auf dem Forum zusammengetragen und den Leichnam Caesars verbrannt. Mit brennenden Holzscheiten in den Händen seien die aufs höchste erregten Bürger zu den Häusern der Caesarmörder gerannt, um diese anzuzünden. Nicht immer gelang es, die Brandstifter zu verjagen. So soll das Haus des L. Bellinus in Flammen aufgegangen sein.

Hatte sich Antonius bei dem Leichenbegängnis glücklich verhalten? Die Antwort darauf kann nur negativ ausfallen. Wieder einmal hatte er zwar den lauten Beifall der Massen errungen, anderseits war er den Caesarmördern in höchstem Grad verdächtig geworden. Wer so redete wie Antonius auf dem Forum am 20. März, von dem waren schlimme Taten zu erwarten, und es ist nicht verwunderlich, wenn die Caesarmörder ihm sein Verhalten an diesem Tag niemals vergessen haben. Insofern ist die Leichenrede auf dem Forum Romanum der Auftakt zu dem Zwist mit den ‚Befreiern', die sich in ganz ungebührlicher Weise zurückgesetzt und beleidigt sahen. Daß bei der Verbrennung des Leichnams auch die Curia in Flammen aufging, zeigt die Gewalttätigkeit der Massen, für die niemand anders als Antonius verantwortlich gewesen ist. Die Bestattungszeremonien hatten den Zwiespalt zwischen ihm und den Mördern nur noch erweitert; niemand wußte, wie dieser noch überbrückt werden konnte.

In den folgenden Tagen ging es um die nachgelassenen Papiere Caesars. Sie befanden sich bereits im Besitz des Antonius, aber der Senat traute dem Consul nicht, und es kam so weit, daß ein angesehenes Mitglied des Senats, der als Jurist bekannte Servius Sulpicius Rufus, beantragte, es sollten keine Verfügungen Caesars nach den Iden des März fingiert werden. Antonius aber versicherte mit unbewegter Miene, alles sei echt, und wenn man in dieser Weise den Gang der Dinge behindere, so könnten manche nützliche

Verfügungen des Toten nicht durchgeführt werden. Noch ärgerlicher war es, daß der Senat von dem Consul den Nachweis über die Gelder Caesars verlangte (wozu der Senat natürlich durchaus berechtigt war). Dadurch kam Antonius in größte Schwierigkeiten, denn er hatte das gesamte Geld an sich genommen, ohne sich darüber Gedanken zu machen, daß er hierüber Rechnung ablegen müsse. Aber das Glück blieb ihm treu: der Senat kam ihm dadurch entgegen, daß die Rechnungsprüfung auf einen späteren Zeitpunkt verschoben wurde (angeblich auf einen Termin nach dem 1. Juni 44). Damit hatte Antonius vorerst wieder gewonnenes Spiel. Er scheute sich nicht, sich der Dienste des Faberius, des ehemaligen Geheimschreibers des Diktators, zu bedienen. Dieser fälschte eine Anzahl von Aktenstücken, die als echte Urkunden Caesars ausgegeben wurden. Bei Plutarch (Leb. d. Ant. 15) kann man nachlesen, daß Antonius nicht nur zahlreiche Magistrate und Senatoren ernannte, sondern auch Verbannte zurückrief und andere aus dem Gefängnis entließ, so als ob Caesar dies noch selbst angeordnet hätte. Der Spott der Römer bezeichnete die Leute als die Charoniten. Das griechische Wort steht bei Plutarch für die lateinische Form *Orcini,* das sind die „Leute aus dem Totenreich". Der Staatsschatz, den Caesar als seinen eigenen betrachtet hatte, war im Tempel der Ops deponiert, er belief sich auf insgesamt 700 Millionen Sesterzen. Dem Schatz entnahm Antonius, was er brauchte, angeblich 40 Millionen Sesterzen, um damit seine eigenen Schulden, die wieder einmal eine beträchtliche Höhe erreicht hatten, zu bezahlen. Aber auch das andere Geld verwandte er für eigene Zwecke, ein Teil davon ging an seine Freunde, einen anderen Teil benutzte Antonius dazu, um ein Leben in Saus und Braus zu führen, so wie er es seit eh und je gewohnt war. Über die Rechnungslegung machte er sich nur noch wenig Sorgen, sie hat in der Tat niemals stattgefunden. Mit dem fremden Geld erkaufte er sich die Gunst des Dolabella, der genau so wie Antonius bis über den Hals in Schulden steckte, auch in die Taschen des M. Aemilius Lepidus sind sicherlich einige Millionen Sesterzen geflossen. Dieser konnte sie für sein Heer gut gebrauchen. Beide, Dolabella wie Lepidus, sind von nun an Bundesgenossen des Antonius, und dieser wußte, daß er auf sie zählen konnte.

Natürlich war die Handlungsweise des Antonius absolut ungesetzlich, und wenn Cicero ihm dies in seinen späteren Reden vorgehalten hat, so hatte er natürlich vollkommen recht. Wenn man aber die Dinge vom Standpunkt des Antonius betrachtet, so kann man sein Verhalten nur als konsequent betrachten: er brauchte in Rom einflußreiche Freunde, und diese waren nur mit Geld zu gewinnen, außerdem drängte die Zeit: inzwischen war nämlich die Kunde nach Rom gelangt, daß der Haupterbe Caesars, der junge Octavius, von Apollonia kommend bei Lupiae in Calabrien an Land gegangen war und sich auf den Weg in die Hauptstadt gemacht hatte. Obwohl vor allem sein Stiefvater L. Marcius Philippus ihn dringend gewarnt hatte, die Erbschaft anzunehmen, ließ sich Octavius hiervon nicht abhalten. Er war gewillt, das Erbe seines Großoheims anzutreten mit allen Folgerungen, die sich hieraus ergeben mußten.

Dem Antonius kam Octavius sehr ungelegen. Doch sah er in ihm keinen ernsthaften Konkurrenten, in seiner Position als Consul dünkte er sich dem jungen Mann von 18 Jahren weit überlegen. Aber Antonius hatte auch noch andere Sorgen. Er stellte zwei Anträge im Senat. Der eine betraf die Abschaffung der Diktatur auf ewige Zeiten, der andere galt der Bestimmung der Provinzen für die regierenden Consuln, für Antonius selbst und Dolabella. Insbesondere mit dem zweiten Antrag hatte sich Antonius eine vorzügliche Ausgangsposition gesichert: er sollte nach Ablauf des Consulatsjahres die Provinz Makedonien bekommen, während Dolabella Syrien zugesprochen wurde, zugleich mit dem Auftrag, den von Caesar geplanten Krieg gegen die Parther zu führen. Wiederum hatte Antonius die Genugtuung, daß der Senat ihm Dank und Anerkennung aussprach, ein Zeichen dafür, daß er sich immer noch in voller Harmonie mit der Senatsmehrheit befand. Antonius aber war durch seine geschickte Politik zum Gipfel der Macht in Rom emporgestiegen, und zwar innerhalb der kurzen Frist von wenigen Wochen, denn die erwähnten Gesetze sind bereits zu Beginn des Monats April 44 (wahrscheinlich am 3. oder 4. des Monats) beschlossen worden. Aber es standen noch zwei wichtige Probleme im Hintergrund, die den Consul noch sehr beschäftigen sollten. Das eine Problem war die Auseinandersetzung mit den Caesarmördern, das andere war das Erscheinen des Octavius oder, wie er in Rom genannt wurde, des Octavian. Dieser aber betrat am 6. oder 7. Mai die Hauptstadt. Von diesem Zeitpunkt an hatte der tote Caesar zwei Erben, zwischen ihnen mußte letzten Endes die Entscheidung fallen.

Fünftes Kapitel

Der Consul Antonius bis zum Ausbruch des Mutinensischen Krieges

Mit dem Erscheinen Octavians in Rom im Mai 44 hatte sich für Antonius die Lage grundlegend verändert. Hatte der Consul bisher als der einzige Nachfolger Caesars gelten können, so mußte sich jetzt das Lager der Caesarianer in zwei Parteien spalten: während es die einen nach wie vor mit Antonius hielten, wandten sich die anderen allmählich dem aufgehenden Gestirn Octavian zu. Aber es wurde ihm nicht leicht gemacht, sich eine Position in Rom zu schaffen. Zu groß war das Übergewicht des regierenden Consuls Antonius, zu stark waren die Machtmittel, die diesem zur Verfügung standen. Dazu kam noch, daß es dem Antonius durch seine überaus geschickte Politik gelungen war, den Senat ganz in sein Fahrwasser zu lenken. Mehrfach hatte die hohe Körperschaft dem Consul Lob und Anerkennung ausgesprochen, und selbst seine wenig durchsichtigen Maßnahmen, die er auf Grund der hinterlassenen Papiere Caesars getroffen hatte, waren von den Senatoren gebilligt oder wenigstens hingenommen worden, wenn auch nicht immer ohne Widerspruch. Octavian kam dem Antonius in dieser Situation ganz ungelegen, und man wird es verstehen, wenn er sein Mißvergnügen zunächst dadurch zum Ausdruck brachte, daß er den jungen Octavian einfach ignorierte. Aber diese Vogel-Strauß-Politik mußte versagen, wenn es dem Octavian gelang, sich unter den Veteranen Caesars eine Anhängerschaft zu sichern. Hier mußte Antonius auf der Hut sein, denn sonst wären all seine Anstrengungen seit dem Tode des Diktators umsonst gewesen.

Für Antonius kam es mehr denn je darauf an, sich um den Ausbau seiner eigenen Stellung in Rom und in den Provinzen zu bemühen, solange noch Zeit war. Einer längeren Vorbereitung bedurfte es hierzu nicht, denn der Senat stand auf seiner Seite, und das Volk hatte er längst durch sein generöses Auftreten für sich gewonnen. Und Antonius wußte genau, was er wollte: er beabsichtigte, sich nach dem Vorbild Caesars im Westen eine Machtstellung aufzubauen, die weit über Italien hinausreichte und ihn über alle potentiellen Konkurrenten emporhob. Um dies zu erreichen, bediente er sich der Volksversammlung, die er durch seine Vertrauensmänner vollständig in der Hand hatte. Antonius veranlaßte einen Volksbeschluß *(plebiscitum)*. Dieser übertrug ihm anstatt Makedonien, das ihm wenige Monate zuvor (im April 44) zugesprochen worden war, für das Jahr 43 die Provinzen Gallia Cisalpina und Transalpina (auch Gallia Comata genannt), d.h. Norditalien und das gesamte Gallien mit Ausnahme der Narbonensis. Und zwar sollte das Imperium fünf Jahre gelten, d. h. für die Jahre 43 bis 39. Außerdem wurde dem Antonius gestattet, die in Makedonien stehenden Legionen (insgesamt sechs an der Zahl) nach Gallien zu überführen. Der Volksbeschluß ist am 2. Juni 44 gefaßt worden, er ist ein Markstein im Leben des Antonius, denn er bedeutet nicht mehr und nicht weniger, als daß Antonius für seine Person den Plan des caesarischen Partherkrieges aufgegeben und diesen seinem Kollegen im Consulat Dolabella überlassen hatte. Antonius war nämlich zu der Einsicht gekommen, daß es für ihn besser sei, seine Kräfte auf den Westen zu konzentrieren, hier lagen die Wurzeln des Römertums; wer Italien, Gallien und die anderen Länder im Westen zur Verfügung hatte, der war der mächtigste Mann im ganzen Imperium. Sein Vorbild war Caesar, der sich durch die *Lex Vatinia,* ebenfalls ein Plebiszit, im Jahre 59 das diesseitige Gallien hatte übertragen lassen (der Senat hatte dann von sich aus noch das jenseitige Gallien hinzugefügt). Die Frage, ob das Volk berechtigt war, Provinzen durch Plebiszite zu vergeben, war umstritten, aber es war das Vorbild der *Lex Vatinia* vorhanden, wenn diese auch schon 15 Jahre zurücklag. Irgendein Protest gegen den Provinztausch des Antonius ist zunächst weder im Senat noch sonst laut geworden. Antonius hatte sich damit für den Westen des Imperiums entschieden, sein Kollege Dolabella hatte auf Grund des gleichen Volksbeschlusses die Provinz Syria erhalten. Sie sollte als Basis für den Partherkrieg dienen, den Dolabella sich vorgenommen hatte. In diesem Krieg hoffte er, hohen Ruhm und eine unermeßliche Beute zu erringen, die Spuren des Crassus schreckten ihn nicht, er war überzeugt, bei entsprechender Vorbereitung in der Lage zu sein, die Parther zu Boden zu werfen. Damit waren die wichtigsten Positionen im Westen und Osten vergeben, die Consuln hatten sich in den Sattel gesetzt, sie waren dabei, all ihren Konkurrenten den Rang abzulaufen. Diese aber waren nicht gewillt, sich überspielen zu lassen.

Um es noch einmal zu sagen: der Provinztausch des Antonius war eine durchaus legale Angelegenheit. Er ist auf Grund einer *lex rogata,* eines in der Volksversammlung beantragten und beschlossenen Gesetzes, zustande gekommen. Livius nennt das Gesetz, ebenso wie die anderen Historiker, *lex de permutatione provinciarum;* sie ist mit der *lex tribunicia de provinciis consularibus* Ciceros identisch.

Niemand konnte es dem Consul Antonius verargen, wenn er sich für die Zeit seines Proconsulats zu sichern versuchte – das Gleiche hatte auch Caesar im Jahre 59 getan. Und wenn sein Kollege Dolabella sich in das Wagnis eines Partherkrieges stürzen wollte, so hatte Antonius nichts dagegen einzuwenden. Es mußte sich zeigen, ob Dolabella imstande sein würde, die Schwierigkeiten des Unternehmens zu meistern. Antonius hatte wenig Sympathien für seinen Amtskollegen, und wenn diesem ein voller Erfolg versagt blieb, so konnte es ihm nur recht sein.

Am 2. Juni 44 wurde auch die *lex de actis Caesaris confirmandis* angenommen. Damit war Antonius aus allen Verlegenheiten heraus, die sich aus der Ausführung der von Caesar hinterlassenen Verfügungen ergaben, mochten diese nun authentisch sein oder nicht. Hatte er bisher nach Gutdünken – man kann auch sagen: nach Willkür – gehandelt, so wurden seine Entscheidungen jetzt durch eine *lex* gedeckt. Sie stellte ins Belieben der Consuln, alles zu regeln, was Caesar beschlossen, verfügt und durchgeführt hatte, oder, wie es bei Cicero heißt (Ad Att. XVI 16 C 11): *quae lex earum rerum quas Caesar statuisset, decrevisset, egisset, consulibus cognitionem dedit.* Es mag aber sein, daß dies nur noch eine Formsache war, denn Antonius hatte sich um den Einspruch seiner Gegner überhaupt nicht gekümmert. Immerhin hatte ihm die *lex* die fehlende gesetzliche Grundlage nachgeliefert. Vorher hatte es nicht weniger als drei Senatsbeschlüsse über die gleiche Sache gegeben, am lästigsten für Antonius war der dritte gewesen, der die Entscheidung der Consuln von der Zustimmung eines Consilium abhängig gemacht hatte, das sich aus den angesehensten Senatoren zusammensetzte. Die Vollmachten dienten dem Antonius dazu, um noch einige von Caesar herrührende Gesetze durchzusetzen, am wichtigsten war zweifellos die *lex Iulia Municipalis.* Diese aber stammte sicherlich von Caesar selbst, sie ist für die nachcaesarische Munizipalordnung Italiens wichtig. Ob sie jedoch eine völlige Neuordnung des Städtewesens vorgesehen hat, ist keineswegs sicher. Gegen die Annahme von Hans Rudolph, die *lex* sei gewissermaßen als das Grundgesetz des italischen Städtewesens aufzufassen, hat sich in neuerer Zeit vor allem Wilhelm Simshäuser gewandt, dessen Einwände sehr zu beachten sind[1].

Aber es gab noch ein anderes Problem von großer Wichtigkeit zu regeln: Was sollte mit den Führern der Caesarmörder, mit M. Brutus und C. Cassius, geschehen? Sie hatten Rom verlassen und hielten sich in der kleinen Landstadt Lanuvium auf, denn sie hatten Angst und fühlten sich in

Rom nicht mehr sicher. Es kann kein Zweifel darüber bestehen, daß dem Antonius die Abwesenheit der ‚Heroen', wie man sie spöttisch in Rom nannte, nicht unangenehm gewesen ist. Sie hatten ihm hier nur im Weg gestanden, vor allem Brutus, der das Amt des *praetor urbanus* bekleidete. Hierzu bediente sich Antonius des Senats. Dieser erließ ein Senatusconsultum, das über die nächste Zukunft der beiden verfügte: sie sollten sich um den Ankauf von Getreide kümmern, Brutus in der Provinz Asien, Cassius auf Sizilien, das Getreide sollte nach Rom gesandt werden. Man kann sich die Mienen der beiden Caesarmörder vorstellen, als man sie von dem Auftrag des Senats in Kenntnis setzte! Für Brutus und Cassius war der Auftrag, eine sog. *provincia legatoria,* barer Hohn, es war, wie Ronald Syme gesagt hat, nicht mehr und nicht weniger als ein ehrenhafter Vorwand für ein Exil. Antonius erwirkte gleichzeitig vom Senat, daß M. Brutus als Stadtprätor von der Anwesenheitspflicht in Rom entbunden wurde. Der *praetor urbanus* durfte nämlich nicht länger als zehn Tage von der Stadt fern sein, er wurde vor allem für die Rechtsgeschäfte ständig gebraucht.

Mit Hilfe des willfährigen Senats hatte Antonius die Entfernung seiner Gegner aus Rom erreicht, sie konnten ihm nun nicht mehr gefährlich werden, denn er hatte sie aus Rom und aus Italien verdrängt. Mochten sie sehen, wie sie mit ihrem Getreideauftrag fertig wurden! Es ist im übrigen bezeichnend für Antonius und seine Freunde, daß mit einem direkten Ungehorsam des Brutus und Cassius gar nicht gerechnet wurde. Zu sehr hatte man sich in Rom daran gewöhnt, daß die Autorität des Senats über allen Tagesstreitigkeiten stand, und so zweifelte auch niemand, daß die Caesarmörder sich mit dem Auftrag irgendwie abfinden würden.

Etwa um die gleiche Zeit, wahrscheinlich zu Beginn des Juni 44, hatte Antonius noch einen anderen Erfolg in Rom zu verzeichnen. Noch vor dem 10. Juni war es dem Antonius im Verein mit seinem Amtskollegen Dolabella gelungen, ein Ackergesetz durchzubringen, das einen ganz bedeutenden Fortschritt darstellte. Die Agrargesetzgebung lag in Rom seit den Gracchen sehr im Argen, alle Maßnahmen hatten sich als unzureichend erwiesen. Dieses Mal gingen die beiden Consuln aufs Ganze: der gesamte in Italien verfügbare *ager publicus* sollte an die Veteranen und Bürger verteilt werden. Wer sich über die Bedeutung des Agrarproblems in der republikanischen Zeit im klaren ist, weiß, was dies zu bedeuten hatte: Zehntausende von Bürgern, Veteranen und anderen erhielten in den schönsten Landschaften Italiens Grundbesitz und damit eine neue Existenzgrundlage, und wer Lust und Liebe zur Landwirtschaft mitbrachte –

dies galt vor allem für jene, die vom Lande und aus den kleinen Ackerbaustädten stammten –, der durfte nun hoffen, für sich und seine Familie eine neue Heimat und Hofstatt zu finden. Dies aber war ein ganz beträchtlicher Fortschritt gegenüber den früheren Zeiten, in denen die entlassenen Veteranen teilweise ein in Italien fluktuierendes Proletariat gewesen waren. Natürlich sahen alle, die in den Besitz des neuen Siedlungslandes gekommen waren, in Antonius ihren Patronus und Beschützer. Sie fühlten sich ihm persönlich auf Gedeih und Verderb verbunden, seine Gefolgschaft erhielt durch diese Menschen neuen Zulauf, und die Zahl seiner Anhänger zog immer weitere Kreise. Um das Gesetz durchzuführen, bildete man eine Kommission von sieben Männern, außer den beiden regierenden Consuln gehörte ihr auch der Volkstribun L. Antonius, der Bruder des Marcus Antonius, an. Das Gesetz ist unter dem Namen der *Lex Antonia Cornelia agraria* in die Geschichte eingegangen[2]. Gegen das Gesetz erhob sich bei den Besitzenden starker Widerstand, alle fürchteten, um ihren Besitz gebracht zu werden, auch Cicero hielt mit Äußerungen der Furcht nicht zurück. Im übrigen hat aber Antonius mit diesem Gesetz bei weitem nicht das erreicht, was er erhofft hatte, vor allem auch deshalb nicht, weil das Gesetz schon nach dem Ablauf eines halben Jahres (zu Beginn des Januar 43) durch ein Senatusconsultum wieder aufgehoben worden ist, alle inzwischen erfolgten Landanweisungen sind als ungültig erklärt worden – man kann sich das Durcheinander auf dem Lande lebhaft vorstellen: die einen zogen aus, die andern zogen ein, man stritt um jeden Acker, und die Veteranen, die den letzten Pfennig in Saatgetreide angelegt hatten, mußten nun zusehen, wie ihre Äcker in andere Hände übergingen. Sie waren die Opfer der mangelnden Kontinuität der römischen Staatsführung geworden.

Aber dies alles konnte Antonius im Juni des Jahres 44 noch nicht wissen, er hatte ganz andere Sorgen, sie hingen mit dem Auftreten Octavians in Rom zusammen. Dieser junge Mann, damals noch nicht 19 Jahre alt, hatte nach seiner Ankunft in Rom (am 6./7. Mai 44) damit begonnen, mit Hilfe des Vermögens seiner Freunde die *ludi Victoriae Caesaris* vorzubereiten; in den letzten Tagen des Juni wurden sie gefeiert, und zwar mit einer geradezu großartigen Prachtentfaltung, wie sie Rom vorher noch nie gesehen hatte. Bei dieser Gelegenheit hatte Octavian versucht, den goldenen Ehrensessel Caesars mit dem Diadem aufzustellen, Antonius aber trat ihm entgegen und konnte die Aufstellung verhindern. Diese ungewöhnliche Ehrung hatte der Senat noch zu Lebzeiten des Diktators beschlossen, sie ist aber aus erklärlichen Gründen unterblieben, wie die Ausführung von so manchen anderen Ehrenbeschlüssen. Nach Caesars Ermordung hatte niemand mehr ein Interesse daran, das Andenken an den toten Diktator in dieser Weise zur Schau zu stellen. Auch Antonius nicht, zumal er sich immer noch in Übereinstimmung mit der Senatsmehrheit befand. Das Volk aber dachte ganz anders: Als Octavian das Theater betrat, empfing man ihn mit Beifallsstürmen, und Appian weiß sogar zu berichten, daß Antonius sich den Haß der Menge zugezogen habe, weil er die Ehrung Caesars hatte verhindern wollen. Ein sehr wesentlicher Grund für den Umschwung im Volk war wohl auch der, daß Octavian ein paar Wochen zuvor damit begonnen hatte, die Vermächtnisse Caesars an die römischen Bürger auszuzahlen. Als nun auch noch während der Spiele ein Komet mit mächtigem Schweif am Himmel erschien – es ist das berühmte *sidus Iulium* –, da verbreitete sich in Rom die Kunde, daß der tote Diktator in den Himmel aufgenommen worden sei, er sei nun zu einem Gott geworden. Dies aber sind die ersten Anfänge einer Caesarapotheose, nur etwa drei Monate nach seiner Ermordung! Auch Antonius hielt es nun für notwendig, sich mit Octavian, wenigstens nach außen hin, zu versöhnen. Auf dem Capitol vollzog sich in aller Öffentlichkeit eine regelrechte Verbrüderungsszene. Herbeigeführt hatten sie die Soldaten, vielleicht war sie von diesen geradezu erzwungen worden. Im Inneren aber nagte an Antonius der Zorn, daß der junge Mann, von dem er gar nichts hielt, ihm einen Teil seiner Soldaten abspenstig gemacht hatte. Diese aber waren im höchsten Grad daran interessiert, daß auf seiten der Caesarianer Einigkeit herrschte, denn noch konnte niemand wissen, wie sich die Gegner, die Caesarmörder und ihr Anhang unter den Senatoren, verhalten würden. Brutus und Cassius hatten ein Edikt erlassen, in dem sie sich bereit erklärten, auf ihr Prätorenamt zu verzichten. Die Hauptsache sei, daß der Staat erhalten bleibe, auf ihre eigene Person komme es nicht an, wenn es die Lage erfordere, so wollten sie gern in ewiger Verbannung leben. In dem Edikt stand ferner zu lesen, daß sie jedenfalls zu einem Bürgerkrieg keinen Stoff *(materia)* bieten würden[3]. Dies war eine sehr gemäßigte Sprache, sie wird auf die Bürger einen vorteilhaften Eindruck gemacht haben. Aber nach der Hauptstadt trauten sich Brutus und Cassius immer noch nicht, sie hielten sich in der Nähe von Neapel auf und ließen sich durch Cicero und andere Freunde in politischen Dingen auf dem laufenden halten. Doch Antonius war nicht bereit, die Herausforderung der Caesarmörder mit Schweigen zu quittieren. Er antwortete mit einem eigenen Edikt, in dem er ihnen die Ermordung Caesars vor Augen hielt. Die Caesarmörder wußten nun, woran sie waren. Aber was sollte man mit ihnen machen? In Rom wollte

Antonius sie nicht wiedersehen, ihre Anwesenheit hätte hier zu unabsehbaren Verwicklungen führen können. Was lag näher, als den Senat in Bewegung zu setzen und mit seiner Hilfe die „Heroen" außer Landes zu schicken? In einem Senatsbeschluß wurden ihnen endlich regelrechte Provinzen zugeteilt, und zwar für das Jahr 43, keine sehr wichtigen, sondern unbedeutende, wie sie sonst für Männer zweiten oder dritten Grades in Betracht kamen. Brutus wurde Kreta, Cassius Kyrene zugesprochen. Beide Provinzen waren früher zusammen verwaltet worden, jetzt aber wurde die Gesamtprovinz geteilt –, dahinter steht zweifellos die Autorität des Antonius, des Consuls, im Senat. Dieser Beschluß ist noch vor dem Beginn des Monats September 44 gefaßt worden. Der frühere Auftrag, Getreide aufzukaufen, war damit erledigt. Die Caesarmörder hatten genügend Zeit, sich auf die Übernahme ihrer Provinzen entsprechend vorzubereiten. Aber was hatten sie wirklich erreicht? Kreta und Kyrene rangierten, nach ihren Machtmitteln beurteilt, am Ende der Provinzen des Imperiums, irgendwelche Truppen von Bedeutung waren in ihnen nicht vorhanden, für die große Politik boten sie keinen Ansatzpunkt. Antonius war es gelungen, Brutus und Cassius auf ein totes Gleis zu schieben. Antonius konnte sich die Hände reiben, er hatte auf elegante Art zwei lästige Konkurrenten an den Rand des Imperiums verwiesen.

Aber nicht alle waren mit der Politik des Consuls einverstanden. Schon am 1. August hatte sich Widerstand im Senat gezeigt, L. Calpurnius Piso, der Schwiegervater Caesars, hatte sich in einer Senatsrede gegen Antonius gewandt, was immerhin ungewöhnlich war. Aber die Rede ist, wie es scheint, ohne Widerhall geblieben, im Gegenteil, Antonius hat ganz unerschüttert seine Politik fortgesetzt. Er begab sich nun auf das juristische Gebiet und ließ zwei Gesetze veröffentlichen, eine *lex de provocatione* und eine *lex iudiciaria.* Wer vor den ordentlichen Gerichten, den *quaestiones,* wegen Gewalttätigkeit oder wegen Verletzung der *maiestas populi Romani* verurteilt worden war, dem sollte jetzt der Weg der Berufung an das Volk offen stehen. Im übrigen aber sprachen die Quaestionen im Namen des Volks Recht, ihre Position wurde nun unterminiert, Antonius wollte durch das neue Gesetz seinen Anhängern entgegenkommen, denn wie eine Berufung an das Volk ausfallen würde, darüber war er sich vollkommen im klaren. Durch die *lex iudiciaria* hat Antonius die dritte Richtercenturie wiederhergestellt, die seinerzeit von Caesar aufgehoben worden war. Aber diese 3. Centurie sollte nun nicht mehr, wie früher, aus den Aerartribunen bestehen, sondern aus Centurionen. Man fragt sich, was von diesen altgedienten Haudegen auf den Geschworenenbänken erwartet werden konnte. Von Rechtskenntnis waren sie jedenfalls unberührt, dies aber ersetzten sie durch unbedingten Gehorsam gegenüber ihrem Kriegsherrn. Den Gerichten konnte diese Militarisierung schwerlich zum Vorteil dienen. Von einer wirklichen Gerichtsreform kann bei diesen beiden Gesetzen des Antonius nicht die Rede sein, im Gegenteil: Antonius versuchte, sich durch einen Trick die Gerichte dienstbar zu machen. Und dies ist ihm auch gelungen.

Inzwischen war aber ein Ereignis eingetreten, das einen dunklen Schatten auf das fernere Leben des Consuls werfen sollte: am 1. September 44 hatte eine Senatssitzung im Tempel der Concordia stattgefunden, Antonius hatte es für richtig gehalten, die hohe Versammlung durch Bewaffnete zu schützen. Er traute nämlich den Senatoren nicht, vielleicht hatte er auch das Gefühl, daß man mit Störungen von außen her rechnen müsse. Bemerkenswerterweise hatte sich Cicero entschuldigen lassen. Er war inzwischen nach Rom zurückgekehrt und fühlte sich angeblich von der Reise noch ermüdet. Aber dies war nicht der wahre Grund: Cicero war damit beschäftigt, eine Rede gegen den Consul aufzusetzen. Er hat sie am folgenden Tag, am 2. September, im Senat vom Stapel gelassen. Bei dieser Sitzung war Antonius nicht anwesend, den Vorsitz führte sein Kollege Dolabella. Hatte Antonius Wind davon bekommen, daß ihn Cicero attackieren wollte? Wir wissen es nicht – aber es ist schwerlich anzunehmen, daß die Absicht Ciceros ganz geheim geblieben ist. Wie dies nun auch sein mag – am 2. September 44 beginnt der Konflikt zwischen den beiden Männern, der einen so verhängnisvollen Verlauf genommen hat.

Die Rede Ciceros ist übrigens in einem noch sehr gemäßigten Ton gehalten. Sie richtet sich vor allem gegen die seit dem 1. Juni 44 beschlossenen und vorgeschlagenen Gesetze, sie seien verfassungswidrig und müßten rückgängig gemacht werden. Außerdem habe Antonius die *acta Caesaris* aus eigensüchtigen Motiven mißbraucht, der Senat solle sich ermannen und das Treiben des Antonius nicht länger dulden. Schließlich richtete der große Redner einen Appell an die Consuln mit der Aufforderung, sie sollten ihr Verhalten ändern und in die Bahnen einer gesetzmäßigen Politik zurückkehren. Diese 1. Philippica Ciceros ist gewissermaßen das Wetterleuchten des Bürgerkrieges, denn Cicero hatte es gewagt, ohne die nötige Rückendeckung im Senat zu besitzen, zum offenen Kampf gegen den mächtigen Consul aufzurufen, wenn auch in seiner Abwesenheit. Zwar hatte Cicero die äußeren Formen noch gewahrt, von einer Aufkündigung der Freundschaft zwischen ihm und Antonius war nicht die Rede, aber wer Ohren hatte zu hören, dem konnte es nicht entgehen, daß hier eine ganz unverkennbare Kampfansage vorlag – alles kam nun darauf an, wie sich Antonius zu dieser Herausforderung stellen würde.

Leider liegt die Erwiderung des Antonius, die in einer Senatssitzung vom 19. September erfolgt ist, nicht im Wortlaut vor. Aber die Grundgedanken lassen sich aus der 2. Philippica Ciceros rekonstruieren. Antonius hat kein Blatt vor den Mund genommen, er hat den ‚Vater des Vaterlandes' mit ganz massiven Vorwürfen zugedeckt, ja er hat ihn geradezu als den Schuldigen an allem Unglück bezeichnet, das in den letztvergangenen 20 Jahren über den römischen Staat gekommen sei. Insbesondere das Verhalten Ciceros in der Catilinarischen Verschwörung kommt hier zur Sprache. Antonius behauptete, der Senat sei am 5. Dezember 63 durch bewaffnete Sklaven gezwungen worden, dem Todesurteil gegen die Catilinarier zuzustimmen. Außerdem sei Cicero der intellektuelle Urheber der Ermordung des P. Clodius. Zwischen Pompejus und Caesar habe Cicero Mißtrauen gesät, er sei daher schuld am Ausbruch des Bürgerkrieges im Jahre 49. Und dann kam noch das Schlimmste: Cicero habe den Mord an Caesar angestiftet. Wer dies liest, der weiß, daß Antonius endlich seinem Zorn und seiner Wut gegen den ‚Vater des Vaterlandes' freien Lauf gelassen hatte.

Die Vorwürfe des Antonius trafen Cicero bis ins Mark. Er, der große Patriot, sollte schuld an allem Unglück sein, das in den beiden letzten Dezennien über den römischen Staat gekommen sei? Er sollte die Gesetze des Staates verletzt haben, als er die Catilinarische Verschwörung aufdeckte und die Schuldigen der verdienten Strafe zuführte? Cicero hat dies alles weit von sich gewiesen, man kann es noch heute in der 2. Philippica (die übrigens niemals gehalten worden ist) nachlesen. Aber an den Beschuldigungen des Antonius war ein Körnchen Wahrheit, Cicero hatte in entscheidenden Situationen seines Lebens nicht immer glücklich taktiert, und bei der Aufdeckung der Catilinarischen Verschwörung hatte Cicero als Consul zweifellos übereilt gehandelt. Und Antonius hatte ihm die Hinrichtung seines Stiefvaters Lentulus Sura niemals vergessen und verziehen. Niemand wird es dem Antonius verdenken können, wenn er inmitten eines aufmerksam zuhörenden Senats seiner Entrüstung Ausdruck gegeben hat. In der Tat war Cicero und niemand anders die Schlüsselfigur des geistigen Widerstandes gegen den Consul, und wenn Antonius seine machtpolitischen Pläne durchführen wollte (man wird davon noch im folgenden hören), so stand ihm vor allem Cicero im Wege, es wurde hohe Zeit, ihm einen Denkzettel zu verabreichen und ihn womöglich für die nächste Zukunft mundtot zu machen. In der Tat hat es Cicero nicht gewagt, seine Erwiderung (die 2. Philippica) zu veröffentlichen, er mußte sie zu seinem großen Leidwesen für sich behalten, nur seinen nächsten Freunden wie dem Atticus hat er sie zugänglich gemacht.

Mit seiner Rede vom 19. September 44 hatte Antonius das Tischtuch zwischen sich und seinem Gegner zerschnitten, was zurückblieb, war eine bittere Feindschaft zwischen den beiden Männern, die das politische Leben Roms bis zum Tode Ciceros vergiftet hat. Hätte Antonius dies nicht voraussehen müssen? Oder hat er es ohne weiteres in Kauf genommen? Im ganzen gewinnt man den Eindruck, daß Antonius seinen Gegner zu leicht genommen hat, als Consul war er ihm zwar an Machtmitteln überlegen, aber der Anhang Ciceros bei den Senatoren war nicht zu unterschätzen. Freilich verhielten sich diese zunächst schweigend, aber es konnte der Zeitpunkt kommen, an dem sie auch in der Öffentlichkeit für Cicero eintreten würden.

Im übrigen hatte sich die Lage für Antonius dadurch kompliziert, daß er nun zu einem Kampf nach zwei Seiten hin gezwungen war. Zu Beginn des Oktobermonats 44 kam es zu einem regelrechten Eklat mit Octavian. Antonius hatte in seinem eigenen Hause Leute seiner Leibwache verhaften lassen, unter der Beschuldigung, sie seien von Octavian zu seiner Ermordung gedungen worden. Niemand weiß bis zum heutigen Tag, ob diese Beschuldigung auf Wahrheit beruht. Bereits die Quellen sind hier verschiedener Meinung. Soweit sie dem Octavian gewogen sind, lehnen sie das Komplott ab. Andere wie Seneca und Sueton sind gegenteiliger Ansicht, Appian (oder seine Quelle) läßt die Sache in der Schwebe. Im übrigen spricht manches dafür, daß es sich hier wirklich um eine Erfindung des Antonius handelt. Was aber feststeht, ist die Tatsache, daß diese Affäre die Beziehungen zwischen den beiden Rivalen vergiftet hat, keiner traute dem anderen, und der Konflikt der Caesarerben war damit gewissermaßen vorprogrammiert. Beide, Antonius ebenso wie Octavian, verließen zu Beginn des Monats Oktober 44 die Stadt Rom, Antonius begab sich nach Brundisium, um hier die makedonischen Legionen zu begrüßen, die er nach Italien in Marsch gesetzt hatte. Es waren dies zunächst insgesamt vier. Octavian reiste nach Campanien, um unter den Veteranen seines Adoptivvaters Werbungen vorzunehmen. Überall herrschte politische Hochspannung, niemand wußte, wie das Wettrüsten der beiden enden würde. Selbst dem Mann auf der Straße war es klar geworden, daß die Interessen der beiden Caesarnachfolger weit auseinandergingen und daß die caesarische Partei sich gespalten hatte. Antonius brauchte seine Truppen, um seine Herrschaft, solange es Zeit war, in Gallien zu etablieren, Octavian dagegen

3

4

5

6

3. Silberdenar mit dem Bildnis des Brutus
4. Rückseite des gleichen Denars mit den Dolchen der Verschwörer
5. Münze mit dem Bildnis des Marcus Antonius
6. Münze mit dem Bildnis der Kleopatra

7. Die „Maison Carrée" in Nîmes

nahm Zuflucht zu ganz ungesetzlichen Werbungen, zu denen er in keiner Weise berechtigt war, da er über keine offizielle Stellung im Staat verfügte. Er verdankte vielmehr alles dem Namen Caesar, dessen Erbe und Verpflichtungen er übernommen hatte.

Inzwischen hatten sich im Raum von Brundisium vier Legionen aus Makedonien versammelt, aber die Soldaten waren mit Antonius unzufrieden. Nicht genug, daß sie ihm den Vorwurf machten, er habe den Tod Caesars ungerächt gelassen, sie nahmen sogar eine drohende Haltung ein, als Antonius inmitten ihres Lagers die Rednertribüne bestieg. Nach seinen Worten herrschte bedrückendes Schweigen, niemand rührte die Hand zum Beifall. Dies aber war der verwöhnte Feldherr nicht gewohnt, am wenigsten von seinen Soldaten, er sparte daher nicht mit groben Worten und schalt sie der Undankbarkeit. Aber er wußte nur zu gut, wo die Soldaten der Stiefel drückte: sie waren sich längst ihrer Unentbehrlichkeit bewußt geworden und verlangten für ihre Dienste den entsprechenden Lohn. Antonius fügte sich und versprach jedem unter ihnen 100 Drachmen (= 400 Sesterzen) zu geben. Dieses Angebot aber war den Soldaten viel zu gering, sie machten sich in ihren Reihen über seine Knauserei geradezu lustig und begannen auseinanderzulaufen. Antonius, aufs höchste aufgebracht, glaubte nun, andere Saiten aufziehen zu müssen. Er forderte von den Militärtribunen die Listen, in denen die unzuverlässigen und unbotmäßigen Soldaten verzeichnet standen (Appian B. C. III 43, 178 berichtet, daß derartige Listen ganz allgemein im römischen Heer geführt worden sind). Noch immer in vollem Zorn befahl Antonius, die Strafe der Dezimierung (jeder zehnte Mann sollte hingerichtet werden) vornehmen zu lassen, besann sich aber bald eines besseren und ließ nur wenige Soldaten zum Tode führen (irgendwelche Zahlen werden nicht angegeben). Aber auch dieses Mittel half nicht viel, die Unzufriedenheit unter den Legionen hielt weiter an, und dies umso mehr, als allmählich die Propaganda Octavians auch im Lager bei Brindisi ihre Wirkung tat. Antonius bemühte sich, die Emissäre des Rivalen festnehmen zu lassen, aber dies gelang ihm nicht, da die Soldaten sie nicht preisgeben wollten. Nun hätte man erwarten können, daß Antonius zu dem angekündigten Geschenk von 100 Drachmen noch etwas hinzuzulegen bereit gewesen wäre – aber er wollte durchaus nicht den Anschein erwecken, als hätte er sich durch die Soldaten dazu zwingen lassen. So ließ er es bei diesem ‚Begrüßungsgeschenk', wie er sich ausdrückte, bewenden. Die Legionen, in denen es immer noch gärte, aber erhielten Marschbefehl nach Ariminum. Das Ziel war nunmehr für jedermann klar: es ging um den Besitz von Gallia Cisalpina. Antonius aber umgab sich mit einer *cohors praetoria,* die er aus den besten und zuverlässigsten Elementen der Legionen in Brundisium gebildet hatte, und machte sich auf den Weg nach Rom, von dort wollte er auf der Via Flaminia nach Ariminum weiterziehen. Mit großer militärischer Prachtentfaltung betrat Antonius dieses Mal die Hauptstadt, die Truppen waren kriegsmäßig ausgerüstet, sein Haus ließ er von militärischen Wachen umgeben, sie erhielten ihre Losungen wie in einem Lager im Krieg. Zweifellos verfolgte Antonius mit diesen Maßnahmen eine gewisse Einschüchterung des Senats. Außerdem wollte er seinen Rivalen übertrumpfen, indem er seine Haustruppe (die Reiterei hatte außerhalb der Stadt ein Lager bezogen) in Rom vor aller Welt paradieren ließ. Dies hatte noch niemand gewagt, es herrschte auch kein Belagerungszustand, aber Antonius wollte manifestieren, daß er nun nicht mehr länger mit sich spaßen ließ. Es fehlten noch ein paar deutliche Worte im Senat, aber dazu kam es zunächst nicht mehr, denn gerade als er die Curia betreten wollte, wurde ihm gemeldet, daß zwei seiner besten Legionen, die vierte und die *legio Martia,* auf die Seite Octavians übergegangen seien.

Zu längeren Beratungen hatte er keine Zeit mehr, er machte es dieses Mal kurz und begab sich unverzüglich mit Begleitung nach Alba Fucens, um die Abtrünnigen wieder umzustimmen. Aber er hatte kein Glück, von den Mauern der Kleinstadt flogen Geschosse, so daß er es vorzog, unverrichteter Dinge wieder abzuziehen. Aber er hatte doch soviel gelernt, daß er gegenüber den anderen Legionen sich sehr großzügig zeigte: für jeden Mann schickte er jetzt 500 Drachmen (= 2 000 Sesterzen), es war hohe Zeit geworden, sie bei guter Laune zu halten, denn sie bildeten vorerst seine einzige militärische Streitmacht von Bedeutung in ganz Italien (wenn man von seiner *cohors praetoria* absieht). Antonius aber begab sich mit seinen Soldaten nach Tibur, sie waren kriegsmäßig ausgerüstet und hatten mobil gemacht. Hier in Tibur spielte sich eine bemerkenswerte Szene ab. In der kleinen Landstadt hatten sich angeblich fast der ganze Senat, die meisten Ritter und zahlreiche Angehörige des Volkes eingefunden. Antonius aber war gerade dabei, die Soldaten, unter ihnen auch zahlreiche altgediente, die wieder unter die Waffen treten wollten, in feierlicher Form zu vereidigen. Die Senatoren und Ritter nahmen freiwillig an der Eidesleistung teil, sie leisteten ihm den Gefolgschaftseid. Appian knüpfte daran die boshafte Bemerkung (sie stammt wohl schon aus seiner Quelle), man wisse nun nicht, wer die Leute gewesen seien, die in einer von Octavian in Rom einberufenen Versammlung den Antonius mit Schmähungen bedacht hätten. Für Antonius wurde es allmählich hohe Zeit, sich in den Besitz der

Provinz Gallia Cisalpina zu setzen, er zog mit seinen Soldaten auf der Via Flaminia eilends nach Ariminum, an Legionen standen ihm vorerst drei aus Makedonien (die dritte war inzwischen in Italien eingetroffen), eine weitere, gebildet aus Evocati (freiwillig weiterdienende Veteranen) und die entsprechenden Hilfstruppen zur Verfügung, die *cohors praetoria* und die Neuausgehobenen nicht mitgerechnet. Der Kampfeswert der Rekruten war jedoch sehr gering, sie mußten erst einexerziert werden, was Monate in Anspruch nahm. Appian fügt hinzu, daß Lepidus mit vier Legionen in Spanien, Asinius Pollio mit zwei Legionen und Munatius Plancus mit drei Legionen im jenseitigen Gallien standen; sie alle schienen die Partei des Antonius ergreifen zu wollen. Dies aber ist eine Bemerkung Appians, die der künftigen Entwicklung vorgreift.

Vor seinem Abmarsch von Rom hatte Antonius noch eine sehr eilige Senatssitzung abgehalten. Sie hatte am 28. November 44 stattgefunden, und das wichtigste Ergebnis war die Tatsache, daß der Senat nun dem Antonius – anstatt Decimus Brutus – die Provinz Gallia Cisalpina übertrug. Dieser Beschluß war nicht ungesetzlich, und daß sich der regierende Consul (Dolabella hatte sich bereits auf die Reise in den Orient begeben) um die Verlosung kümmerte, war völlig in Ordnung. Man konnte die Dinge nicht länger treiben lassen, es wurde höchste Zeit, hier Ordnung zu schaffen, damit jeder wußte, woran er im folgenden Jahr sein würde. Die Verlosung am 28. November 44 hat einige überraschende Ergebnisse gebracht, am meisten verwunderte die Tatsache, daß es dem Consul gelang, – auf welchem Weg und mit welchen Mitteln, bleibt ein Geheimnis – seinem Bruder C. Antonius die Provinz Makedonien in die Hände zu spielen. Es kann kaum ein Zweifel darüber bestehen, daß der Consul beim Losverfahren hier das berühmte *corriger la fortune* angewandt hat. Aber er hat sich dabei nicht ertappen lassen, und dies zeigt, daß er äußerst raffiniert zu Werk gegangen sein muß. Ein eigenartiger Zufall war es auch, daß die Provinz Africa gerade dem C. Calvisius zufiel, denn dieser war zufällig damals der Statthalter der wichtigen Provinz Africa Vetus. Im übrigen ist er nicht dazu gekommen, sich in Africa zu etablieren, weil ihm der inzwischen vom Senat geschickte Q. Cornificius die Provinz nicht herausgeben wollte[4].

Schon in der darauffolgenden Nacht zum 29. November begab sich Antonius nach Norditalien, um Decimus Brutus aus Gallia Cisalpina zu vertreiben. Hätte es nicht auch andere Möglichkeiten gegeben, die beide, Antonius und Decimus Brutus, zufrieden gestellt hätten? Denn jedem Eingeweihten war die Situation völlig klar: man stand in Italien unmittelbar vor einem Bürgerkrieg, denn es war nicht anzunehmen, daß einer der beiden Kontrahenten eine versöhnliche Haltung zeigen würde. Jeder beharrte auf seinem Recht, jeder war bereit, dies auch mit Waffengewalt durchzusetzen. Decimus Brutus wurde dazu von einer Gruppe des Senats, an ihrer Spitze Cicero, geradezu ermutigt, sich ganz unnachgiebig zu zeigen.

Übrigens hatte es auch schon vorher zwischen Antonius und Brutus Reibereien gegeben. Im Oktober 44 hatte ein Sklave namens Myrtilos ein Attentat auf Antonius verübt, dieser hatte in Decimus Brutus den Anstifter gesehen, ob mit Recht, ist zweifelhaft, genug, das Attentat hatte die Beziehungen der beiden, die niemals freundlich gewesen waren, noch mehr getrübt, und Antonius war soweit gegangen, Decimus Brutus in aller Öffentlichkeit als Giftmischer *(venefica)* zu bezeichnen. Man wird dies aus der Rivalität der beiden heraus verstehen müssen.

Sechstes Kapitel

Die Kämpfe um Mutina (Modena)

Der Mutinensische Krieg ist ein tiefer Einschnitt in der Geschichte der ausgehenden römischen Republik, ebenso aber auch im Leben des Antonius. Auch in ihm bedeutet er eine Wendemarke, denn die Zusammenarbeit zwischen Antonius und dem Senat – oder wenigstens mit seiner Mehrheit – ist beendet. Antonius sieht sich zunächst auf sich allein gestellt, ohne Bundesgenossen und ohne Rückhalt an Rom, seine Welt ist das Heer, im Lager ist seine Heimat, und die Treue seiner Soldaten ist sein höchster Besitz. Es war ein gefährliches Unternehmen, auf das sich Antonius eingelassen hatte, aber die Würfel waren in der Senatssitzung vom 28. November 44 gefallen, es gab nun kein Zurück für ihn mehr.

Alles kam nun darauf an, daß der Consul sich möglichst rasch in den Besitz der Provinz Gallia Cisalpina setzen konnte. Aber Decimus Brutus war immer noch nicht zum Einlenken bereit. So sah sich Antonius gezwungen, ihm eine Frist zu setzen, einen Zeitpunkt, zu dem er die Provinz räumen sollte. Auf Decimus Brutus machte die Botschaft des Antonius nicht den geringsten Eindruck. Er forderte sogar den Antonius auf, ihm eine längere Frist zu gewähren, damit er, Antonius, nicht zum Feind des Senats werde. Diese Gegenerklärung war natürlich ironisch gemeint, und Antonius hat den Wink mit dem Zaunpfahl sehr wohl verstanden.

Zur Ausarbeitung irgendwelcher Feldzugspläne hatte Antonius keine Zeit gehabt. Auf diese Tatsache sind gewisse Fehler zurückzuführen, die Antonius im anderen Fall sicherlich vermieden hätte. Er war dem Gegner im Felde beträchtlich überlegen, und es hätte darum nahegelegen, diesen zu stellen und in einer offenen Feldschlacht zu Boden zu werfen. Aber gerade dies hat Antonius nicht getan, er hatte es vielmehr auf die reichen Städte der Provinz abgesehen. Möglicherweise hatte er in ihnen Sympathisanten, mit deren Hilfe er leicht zu Rande zu kommen hoffte. Aber so einfach waren die Dinge nicht, die Besetzung der Städte kostete einige Zeit, obwohl im allgemeinen nur wenig Widerstand geleistet wurde. Für Brutus aber wurde die Lage allmählich kritisch, er war so sehr in Bedrängnis, daß er sich nicht anders zu helfen wußte, als Zuflucht zu einem gefälschten

Brief des Senats zu nehmen, der ihn angeblich nach Italien rief. Die Städte bereiteten ihm bei seinem Abmarsch keine Schwierigkeiten, und als er vor den Mauern Mutinas angelangt war – Brutus war offenbar aus der Nordwest-Ecke seiner Provinz auf der Via Aemilia in südöstlicher Richtung marschiert –, da warf er sich mit seinem Heer in die Stadt, ließ die Tore schließen und gab Befehl, in der Stadt Vorräte anzusammeln. Hier in Mutina erwartete er den Anmarsch des Gegners. Die Streitmacht des Brutus bestand aus drei Legionen, ihr Kern wurde von Gladiatoren gebildet; eine Legion bestand jedoch aus Rekruten, diese, wie immer, von geringem Kampfwert. In Mutina war wenig Gelegenheit, sie für den Kampf im offenen Feld vorzubereiten. Inzwischen war auch Antonius mit seinen Truppen vor den Mauern der Stadt angelangt, er ließ die Stadt einschließen und mit einem Ring von Befestigungswerken umgeben. Natürlich handelt es sich nicht um eine völlige Abschließung Mutinas von der Umwelt, es blieben noch genug Zwischenräume übrig, diese wurden von der Reiterei des Antonius überwacht. Die Ereignisse fallen noch in den Dezember des Jahres 44. Der Bürgerkrieg, den Caesar vorausgesagt hatte, war ausgebrochen.

Antonius hatte seine Pläne mit äußerster Konsequenz verfolgt, er hatte den Provinztausch vornehmen lassen, er hatte die Masse der Legionen aus Makedonien nach Italien dirigiert, er hatte die Besetzung der Provinz Gallia Cisalpina durch diplomatische Noten und Erklärungen vorbereitet. Was Antonius auch getan oder unterlassen hatte – alles galt dem *einen* Ziel, und dieses bestand in der Okkupation der norditalischen Provinz. Sie hatte eine Schlüsselstellung inne, denn von hier aus konnte Antonius die Entwicklung in Rom nicht nur beobachten, sondern auch durch gefügige, von ihm bezahlte Emissäre in seinem Sinn beeinflussen. Auch die Aspirationen auf das jenseitige Gallien hatte er nicht vergessen, sie waren nur zurückgestellt, nicht aufgegeben, und wer Antonius kannte, der wußte, daß er die ihm übertragene Anwartschaft auf das jenseitige Gallien nicht aus der Hand geben würde. Aufgeschoben hieß hier nicht aufgehoben.

Man fragt sich, ob Antonius auf dem rechten Weg gewesen ist. Er hatte, gestützt auf den durch Volksbeschluß angeordneten Provinztausch seine Zuflucht zur Gewalt genommen, weil Decimus Brutus, der eine Rückendeckung im Senat besaß, ihm nicht weichen wollte. Hätte es für Antonius auch andere Möglichkeiten gegeben? Hätte er sich vielleicht mit Makedonien und den makedonischen Legionen begnügen sollen? Die Frage stellen heißt sie verneinen. In Makedonien wäre Antonius auf ein Abstellgleis geschoben gewesen, er wäre aller Möglichkeiten beraubt gewesen, in den

Endkampf um das Erbe Caesars einzutreten, er hätte die erste Stelle in Rom und im Reich kampflos seinem Rivalen Octavian überlassen, und doch ermächtigte diesen nichts zur Herrschaft als die Tatsache, daß er der Adoptivsohn und Erbe Caesars war. Machtpolitisch bedarf das Verhalten des Antonius keiner Rechtfertigung, er hatte den einzigen Weg eingeschlagen, der zum Ziel führte, wenn es ihm gelang, militärisch die Oberhand zu erringen. Und eben dies traute sich Antonius ohne weiteres zu, er wußte, daß er den anderen römischen Feldherrn überlegen war – auch dem Decimus Brutus, obwohl dieser unter Caesar in Gallien ein tüchtiger Unterführer gewesen war. Auch mit den Consuln des neuen Jahres 43, mit A. Hirtius und C. Vibius Pansa, zwei Caesarianern, glaubte er es aufnehmen zu können, falls diese bereit waren, die Befehle der von Cicero geführten Senatsmehrheit auszuführen.

In der Hauptstadt selbst aber standen die Dinge für Antonius wenig günstig. Hier hatten Cicero und seine Freunde die Oberhand, die Freunde des Antonius, insbesondere der Consular L. Calpurnius Piso und der Volkstribun Salvius, hatten einen schweren Stand. Immerhin vermochte der letztere durch sein Veto die *hostis*-Erklärung des Antonius vorerst zu verhindern. Schlimm aber war es, daß sich auch der junge Octavian für die Sache der Senatsmehrheit einspannen ließ. Ihm wurde, zusammen mit den Consuln Hirtius und Pansa, der Krieg gegen Antonius übertragen. Schon vorher (am 20. Dezember 44) hatte der Senat den Beschluß vom 28. November des gleichen Jahres über die Verlosung der Provinzen wieder aufgehoben. Der Senatsbeschluß vom 20. Dezember aber war ein Übergriff und rechtlich unzulässig. Dazu beruhte dieser Beschluß des Senats auf der unzutreffenden Annahme, daß er von den davon Betroffenen ohne weiteres akzeptiert und ausgeführt werden würde. Man stellt hier, wie so oft, bei Cicero und seinen Parteigängern den Glauben an papierene Beschlüsse fest, die immer wieder von der Wirklichkeit korrigiert worden sind. Zudem schuf der Beschluß ein großes Durcheinander: woran sollte man sich in den Provinzen jetzt halten? An den Beschluß des Senats vom 28. November oder an den vom 20. Dezember? Für eine kontinuierliche Provinzialverwaltung war die Gegenorder des Senats vom 20. Dezember sehr hinderlich.

Von den beiden neuen Consuln des Jahres 43 hatte Pansa den Auftrag erhalten, in Italien Aushebungen vorzunehmen. (Ob die Ausgehobenen noch rechtzeitig ausgebildet und in den Kampf gegen Antonius geschickt werden konnten, davon hört man nichts.) Das Oberkommando gegen Antonius erhielt Pansas Kollege A. Hirtius. Doch verfügte er zunächst über kein eigenes Heer, daher unterstellte er sich die Streitmacht Octavians. Ihr Kern bestand aus den beiden seinerzeit von Antonius abgefallenen Legionen. Konnte man von ihnen erwarten, daß sie sich im Kampf gegen ihren alten Führer als zuverlässig erweisen würden? Aber man hatte keine andere Wahl, und die Hilferufe des in Mutina eingeschlossenen Decimus Brutus taten ihr übriges. Ihm mußte unverzüglich geholfen werden, denn wenn es dem Antonius gelang, Brutus zur Kapitulation zu zwingen, dann war Gallia Cisalpina für den Senat verloren.

Hirtius war ein vorsichtiger und methodischer Feldherr, er hatte nichts von der Kühnheit seines großen Meisters Caesar, aber er war verläßlich, und seine Operationen verraten den geschulten Taktiker. Er rückte mit seinen Truppen auf der Via Aemilia, von Ariminum kommend, in nordwestlicher Richtung vor und besetzte zunächst kampflos die Stadt Claterna. Hier wurde der Vormarsch eingestellt, erst am 15. März 43 ging es weiter nach Bononia (Bologna) und Forum Gallorum (Castel Franco). Beide Orte hatten keine Besatzung des Antonius und fielen ohne Kampf in die Hände des Hirtius. Antonius hatte es für richtig gehalten, sie zu räumen. Aber im ganzen war die Lage für Antonius nun schon recht schwierig geworden, denn zu der Belagerung Mutinas war eine zweite Front gegen Hirtius gekommen. Dieser war bis zu dem Fluß Scultenna, etwa 5 km östlich von Mutina, vorgerückt und hatte hier Halt gemacht, nicht aus freien Stücken, sondern weil Antonius die Brücken über den Fluß abgebrochen hatte. Die Aufgabe des Antonius bestand nun darin, die Vereinigung des Hirtius mit dem in der Stadt eingeschlossenen Decimus Brutus zu verhindern. Außerdem mußte Antonius versuchen, die Via Aemilia offen zu halten, denn sonst wäre die Verbindung mit Italien preisgegeben worden. Es war aber die Frage, ob sein Heer zur Erfüllung dieser Aufgaben stark genug sein würde. Allerdings konnte er auf den Zuzug seines Parteigängers Ventidius Bassus rechnen. Dieser war im Augenblick damit beschäftigt, in der Landschaft Picenum eine Streitmacht von drei Legionen zusammenzustellen. Aber die Truppen des Ventidius waren im März 43 noch nicht genügend ausgebildet, es hätte wenig Sinn gehabt, sie in den Kampf mit geübten Soldaten zu werfen. Sie konnten höchstens als eine stille Reserve dienen, da sie von jedem Gegner in Rechnung gestellt werden mußten. Dies hat natürlich auch Hirtius tun müssen, aber es ist unbekannt, welche Gegenmaßnahmen er getroffen hat.

Noch vor dem Beginn der Kampfhandlungen in der Gallia Cisalpina, wahrscheinlich im März 43, hat Antonius einen offenen Brief geschrieben, der im Auszug in der 13. Philippica Ciceros (§§ 22–48) wiedergegeben wird. Eine erfreuliche Lektüre sind die einschlägigen Passagen der Rede jedoch nicht, weil Cicero es nicht lassen konnte, die Worte des Antonius in ganz besonders hämischer und bösartiger Weise zu kommentieren. Die Bemerkungen zeigen, daß dem großen Redner jedes Maß und Ziel in der Polemik verloren gegangen war, er kannte sich vor Zorn nicht mehr aus und nahm kein Blatt mehr vor den Mund. Der Brief des Antonius ist nichts anderes als ein Versuch, Hirtius und Octavian von der Gruppe Ciceros abspenstig zu machen. Antonius hält ihnen vor, sie befänden sich in einem ganz unnatürlichen Bündnis mit den Caesarmördern. Die Argumentation ist sehr eindrucksvoll, er versteht es vorzüglich, seine eigenen Gründe in wirkungsvoller Form vorzubringen, vor allem aber appelliert er an die Einigkeit der caesarischen Gruppe, von der sich die beiden, Hirtius und Octavian, entfernt hätten, ohne zu wissen, wie sehr sie damit sich selbst und der Sache der Caesarianer geschadet hätten. Natürlich hatte Antonius keinen Grund, in dem Sendschreiben Cicero irgendwie zu schonen, Antonius nennt ihn ganz unverblümt *lanista;* das ist der Besitzer einer Gladiatorentruppe. Dies aber war kein sehr ehrbares Gewerbe, wenn es auch viel Geld einbrachte. Dem Hirtius und Octavian stellt Antonius vor Augen, wie ihre jetzigen Verbündeten, die „Pompejaner", mit ihnen umspringen würden, wenn sie einmal die Oberhand gewonnen hätten: der Weg werde in den Untergang führen, denn die „Pompejaner" würden es nicht zulassen, daß die Caesarianer weiterhin eine Rolle spielten. – Der Brief des Antonius ist ein wertvolles Dokument aus der Zeit unmittelbar vor dem Ausbruch der Kämpfe um Mutina. Das Schriftstück umreißt in außerordentlich klarer Form die Lage, wie sie Antonius gesehen hat, es weist aber auch schon in die Zukunft, wenn Antonius an die Einigkeit der Caesarianer appelliert und daran erinnert, daß er sich mit Lepidus und Munatius Plancus verbunden weiß, die in der Tat einige Monate später offen auf seine Seite übergegangen sind. Der Brief beweist, daß Antonius wußte, wohin der Weg führte und daß er die Hoffnung auf ein Zusammenwirken mit den anderen Caesarianern niemals aufgegeben hatte.

Hirtius war inzwischen bis an die Scultenna (Panaro), hart östlich von Mutina, gelangt. Nun rückte auch Pansa, sein Amtskollege, heran. Sein Heer bestand aus vier Legionen, ohne Ausnahme Rekruten, die noch niemals im Gefecht gestanden hatten. Hirtius hielt es daher für angebracht, seinem Kollegen einen Teil seines Heeres auf der Via Aemilia entgegenzuschicken; es waren dies die kriegsgewohnte *legio Martia* und zwei praetorische Kohorten, und zwar seine eigene und die des Octavian, alles Kerntruppen, die es mit jedem Gegner aufnehmen konnten, auch mit den

Legionen des Antonius. Dieser aber scheint von den Bewegungen der Gegner unterrichtet gewesen zu sein, wahrscheinlich durch seinen Nachrichtendienst, denn er verfügte überall über dienstwillige Parteigänger, vor allem in Bononia (Bologna). Es kam für Antonius alles darauf an, die Vereinigung der Heere der beiden Consuln zu verhindern, er mußte versuchen, sie einzeln zu überwältigen. Aus diesem Grund beschloß er, sich zuerst gegen Pansa zu wenden und ihm entgegenzuziehen. Auf äußerst schwierigen Märschen durch Sümpfe und Wälder – die Via Aemilia konnte er nicht benutzen – gelangte er bis in die Nähe von Forum Gallorum (Castel Franco). Hier, etwa fünf römische Meilen (ca. 7 1/2 km) von Forum Gallorum entfernt, hatte sich die von Hirtius detachierte Streitmacht mit den Legionen Pansas vereinigt. Dieser aber hatte schon vorher mit dem Vorrücken auf der Via Aemilia begonnen, zwei Rekrutenlegionen waren zurückgelassen worden, sie sollten das Lager bewachen. Zahlenmäßig war Pansa mit seinem gesamten Heer dem Gegner ganz beträchtlich überlegen, er verfügte über 32 Kohorten, Antonius dagegen nur über 22. Es waren auf seiten des Antonius die Legionen mit den Nummern II und XXXV, dazu die praetorische Kohorte des Antonius und die des Silanus. Dieser hatte sich dem Antonius aus freien Stücken unterstellt, obwohl er zum Heer des Lepidus gehörte und von diesem keine Anweisungen hatte. Antonius hatte die *legio II* südlich der Via Aemilia angesetzt, die *legio XXXV* nördlich davon, auf der Straße selbst zeigten sich vom Heer des Antonius zunächst nur Reiter und Leichtbewaffnete. Für Pansa, der es an einer Aufklärung in der Umgebung der Straße hatte fehlen lassen, ergab sich daher ein trügerisches Bild, er mußte annehmen, daß er mit den kriegsgewohnten Truppen des Hirtius ohne weiteres den Durchbruch auf der Via Aemilia in Richtung Mutina erzielen konnte. So war die Lage am Morgen des 15. April 43, als die Voraustruppen der beiden Heere aufeinander trafen. Auf beiden Seiten standen römische Bürger, sie wurden von römischen Offizieren geführt, sie hatten die gleiche Ausbildung erfahren und gehorchten dem Befehl ihrer Feldherrn, die sie in den Bürgerkrieg schickten, weil Cicero und seine Freunde in Rom es so gewollt hatten.

Antonius hatte sich vorgenommen, den Gegner durch einen Zangenangriff einzuschließen und zu erdrücken. Während er auf der Via Aemilia ein hinhaltendes Gefecht führen ließ, setzten sich die beiden Legionen nördlich und südlich der Straße konzentrisch in Bewegung. Sie traten nacheinander ins Gefecht, zuerst die *legio XXXV* nördlich der Straße, während die *legio II* sich im Süden zunächst noch zurückhielt. Dies hatte zur Folge, daß der Gegner seine Hauptmacht nördlich der Straße einsetzte. Dadurch leistete er dem strategischen Plan des Antonius Vorschub: diesem kam es nämlich darauf an, die Hauptmacht des Gegners auf das Gelände nördlich der Via Aemilia herüberzuziehen und diese dann durch den Stoß der zunächst noch zurückgehaltenen *legio II* zu erledigen. Aus dem Bericht Galbas, der auf seiten Pansas die *legio Martia* führte, geht hervor, daß es dem Antonius mit leichter Mühe gelang, den rechten Flügel seines Gegners mit seiner Reiterei zu umgehen, so daß dieser um seine rückwärtigen Verbindungen fürchten mußte. Galba, der übrigens zu den Caesarmördern gehörte, war ein ganz unerschrockener Mann, er stellte der maurischen Reiterei des Antonius Leichtbewaffnete gegenüber. Diese jedoch vermochten gegen den Ansturm der Kavallerie nur wenig auszurichten. Galba schreibt in einem Brief an Cicero, der wenige Tage nach der Schlacht abgefaßt worden ist (Ad. fam. X 30,3), er habe sich plötzlich mitten unter den Soldaten des Antonius befunden, während Antonius selbst tief in seinem Rücken sein taktisches Ziel vollkommen erreicht hatte: er hatte den Gegner überflügelt und ihn von den rückwärtigen Verbindungen abgeschnitten. Im weiteren Verlauf der Kämpfe fand die *cohors praetoria* Octavians tapfer kämpfend den Untergang, Pansa selbst erhielt eine schwere Verwundung durch einen Wurfspieß, man mußte ihn aus dem Getümmel nach Bononia in Sicherheit bringen. Der Ausfall des Führers aber war das Signal zur allgemeinen Flucht. Die Rekrutenlegionen, längst überfordert, hielten nicht mehr stand, sie flohen unter großem Geschrei in das Lager, bei der Verfolgung fügte ihnen Antonius schwere Verluste zu. Das Lager selbst vermochte er jedoch nicht einzunehmen, weil dieses vor allem durch die kriegsgewohnte *legio Martia* mit Hartnäckigkeit verteidigt wurde. Die Vorsichtsmaßnahmen Pansas bewährten sich, er hatte als Lagerkommandanten den Quaestor Torquatus zurückgelassen. Dieser Offizier hat die schwierige Lage gemeistert. Damit war die erste Phase der Schlacht beendet, Antonius hatte einen großen Erfolg errungen, mit dem Heer Pansas brauchte er vorerst nicht mehr zu rechnen.

Aber da war noch Hirtius. Dieser hatte sich auf die Kunde von der Schlacht mit 20 Kohorten seiner Veteranen in Marsch gesetzt. Mit diesen Truppen, deren Kern die IV. Legion bildete, stieß er auf dem Schlachtfeld auf die abgekämpften Soldaten des Antonius, die sich dazu in Unordnung befanden, weil die Verbände durcheinander geraten waren. Mit leichter Mühe gelang es den frischen Truppen des Hirtius sie zu werfen, sie mußten nach kurzem Kampf dem Hirtius das Schlachtfeld überlassen. Alles, was Antonius bei seiner brillanten Aktion gewonnen hatte, ging wieder verloren, und so sehr er sich auch bemühte, mit Hilfe seiner Reiterei und unter

Aufbietung seiner persönlichen Bravour die Versprengten zu retten, so war er doch zum ersten Mal eindeutig geschlagen worden. Nach dem Bericht Appians, der möglicherweise auf einen höheren Offizier im Heer des Antonius zurückzuführen ist, habe Antonius die Hälfte seines Heeres verloren, Hirtius habe dagegen nur geringe Verluste zu beklagen gehabt.

Die Niederlage des Antonius erklärt sich aus dem überraschenden Erscheinen der Kerntruppen des Hirtius. Auf diese Wendung war niemand im Stab des Antonius gefaßt gewesen, man hatte darauf verzichtet, Sicherungen gegen Hirtius aufzustellen, ein Versäumnis, das sich an Antonius und seinem Heer gerächt hat. Man fragt sich, wie ein derartiges Versäumnis überhaupt möglich gewesen ist. Hier hat dem Antonius offensichtlich sein eigenes Überlegenheitsgefühl im Weg gestanden, und der durchschlagende Sieg über Pansa hatte noch ein übriges getan, um Antonius in Sicherheit zu wiegen.

Auch vor dem belagerten Mutina war es zur gleichen Zeit zu Kämpfen gekommen. L. Antonius, der Bruder des Marcus, hatte einen Angriff auf das Lager des Hirtius unternommen, war aber abgewiesen worden. Bei diesem Kampf soll sich vor allem Octavian ausgezeichnet haben, er wurde von seinen Soldaten zum Imperator ausgerufen.

Die Lage für Antonius war ernst genug. Er mußte nun damit rechnen, von den zusammengefaßten Kräften des Hirtius und des Octavian in die Zange genommmen zu werden. Aus diesem Grunde tat Antonius alles, um einer weiteren Feldschlacht aus dem Weg zu gehen. Das Wichtigste war die Kapitulation Mutinas – aber diese ließ noch immer auf sich warten.

Die Heere des Hirtius und des Antonius waren wieder in ihre Lager vor Mutina zurückgekehrt. Niemand zweifelte, daß es nun bald zur Entscheidungsschlacht kommen würde; denn dem Hirtius war vom Senat die Aufgabe gestellt worden, Decimus Brutus aus der Belagerung zu befreien – daß dies nur nach einer weiteren Niederlage des Antonius möglich war, lag auf der Hand. Daraus ergab sich, daß die Absichten der beiden Gegner völlig konträr waren. Und es fragte sich, wer seinen Willen dem anderen aufzuzwingen in der Lage war. Als Hirtius und Octavian sahen, daß sich Antonius auf keinen Fall auf eine offene Feldschlacht einlassen wollte, da zogen sie auf die andere Seite der belagerten Stadt, d.h. wohl auf die westliche Seite. Hier befanden sich offenbar Lücken im Belagerungssystem des Antonius, es war ihm nicht möglich gewesen, auf allen Seiten eine durchgängige Einschließung herbeizuführen. Die Gegner machten Miene, mit den in der Stadt Belagerten in Verbindung zu treten, von der Reiterei des Antonius, die sie umschwärmte, ließen sie sich nicht beeindrucken, das waren die römischen Legionäre gewohnt. Man überließ die Auseinandersetzung mit ihr den Leichtbewaffneten. Für Antonius kam nun der kritische Punkt: er konnte es nicht zulassen, daß der Ring der Belagerung gesprengt wurde. Daher entschloß er sich, wenn auch unter schweren Bedenken, zum Gefecht. Zuerst ließ er zwei Legionen gegen den Gegner vorrücken, dann aber holte er weitere Truppen aufs Schlachtfeld, aber auch dieses Mal blieb ihm das Kriegsglück versagt, denn Octavian behielt im Feld die Oberhand, während Hirtius sogar in das Lager des Antonius eindringen konnte, er fand aber in der Nähe des Feldherrnzeltes den Soldatentod. Octavian, so heißt es, soll den Leichnam des Hirtius geborgen haben, auch soll er für kurze Zeit im Besitz des Lagers des Antonius gewesen sein, bis er durch einen Gegenstoß des Antonius wieder herausgedrängt wurde. Nach Appian – der übrigens schon von Wilhelm Drumann kritisiert worden ist – habe die Schlacht einen unentschiedenen Ausgang genommen, was den Tatsachen keinesfalls entspricht. Denn sie war eine eindeutige Niederlage des Antonius. Die Schlacht hat am 21. April 43, nur sechs Tage nach der Schlacht bei Forum Gallorum (Castel Franco), stattgefunden. Es ist im übrigen bemerkenswert, daß Decimus Brutus sich an dem Endkampf nicht beteiligt hat; er war offensichtlich zu schwach, um einen Ausfall aus Mutina zu wagen. Cicero aber hat dies nicht gehindert, von dem „ruhmvollen Ausfall“ des Decimus Brutus zu sprechen, davon kann aber keine Rede sein. Dieser „ruhmvolle Ausfall“ existierte nur in der Phantasie des ‚Vaters des Vaterlandes‘.

Unmittelbar nach der verlorenen Schlacht vor den Mauern Mutinas hat sich Antonius in einem Consilium mit seinen Freunden beraten, was nun geschehen solle. Die Freunde sollen angeblich dafür plädiert haben, man möge die Belagerung fortsetzen, Antonius aber habe sich anders entschieden. Er beschloß, sie abzubrechen, weil er seine immer noch intakte Reiterei nicht aufs Spiel setzen wollte. Seine Hoffnungen ruhten nun auf den drei Legionen des Ventidius Bassus sowie auf der Freundschaft des Marcus Lepidus und des Munatius Plancus in Gallien. Diese Erwägungen waren in der Tat vollkommen zutreffend, und daraus ergibt sich, daß Antonius seine Lage durchaus realistisch gesehen hat. Diese Erwägungen stehen bei Appian, und es ist gut möglich, daß sie historisch sind. Und wie war jetzt das Kräfteverhältnis? Asinius Pollio schreibt in einem Brief an Cicero (Ad fam. X 33,4) von Ende Mai oder Anfang Juni 43, Antonius verfüge über 5000 Reiter, über insgesamt vier Legionen und zahlreiche Unbewaffnete, dazu kämen noch die drei Legionen des Ventidius Bassus mit den Nummern VII, VIII und IX. Von Decimus Brutus weiß Asinius

Pollio zu berichten, daß seine Streitmacht aus 17 Kohorten und zwei nicht vollständigen Legionen bestehe, die einst Antonius hatte ausheben lassen. Dazu kommen dann noch die Legionen des vor Mutina gefallenen Hirtius und die des Octavian, insgesamt neun an der Zahl. Allerdings hatten sie in den Kämpfen schwere Verluste erlitten.

Es war ein großes Glück für Antonius, daß seine Gegner nicht sogleich marschbereit waren. So konnte er schon am 22. April, am Tage nach der Schlacht, den sehr beschwerlichen und weiten Weg nach Südgallien antreten. Seine ganze Hoffnung beruhte nun auf Marcus Lepidus und dessen intakter Streitmacht in der Gallia Narbonensis. Die Verfolgung des Antonius übernahm Decimus Brutus, sie begann am 24. April 43. Aber Antonius, der seine Soldaten ganz rücksichtslos vorwärts trieb, hatte schon einen wertvollen Vorsprung gewonnen, den er nicht wieder aus der Hand gab. Es verdient Bewunderung, mit welcher Konsequenz Antonius seine neuen Pläne in Angriff genommen hat. Aber es besteht kein Zweifel: die Niederlage des Antonius vor den Mauern Mutinas und sein Abmarsch nach dem Westen bezeichnen einen vollständigen Umschwung in Oberitalien. Antonius folgte zunächst der Via Aemilia in westlicher Richtung bis Placentia (Piacenza), dann kam der Übergang über das Apenningebirge, endlich erreichte er bei Vada Sabatia (Savo) westlich von Genua das Ligurische Meer. Hier gab es für ihn eine erfreuliche Überraschung: sie hob die Stimmung seiner Soldaten, so daß diese wieder Vertrauen fassen konnten. In Vada Sabatia nämlich vereinigte sich Ventidius Bassus mit seinem Heer mit der Streitmacht des Antonius. Der aus der Oberschicht in Picenum stammende Revolutionsgeneral hatte mit seinem Marsch von seiner Heimatlandschaft bis an das Gestade des Ligurischen Meeres eine taktische Leistung vollbracht, die über alles Lob erhaben ist. Mitten durch die Heere des Senats hatte er seine drei Legionen hindurchgeführt und diese glücklich mit dem Heer des Antonius vereinigt. Am 3. Mai 43 trafen sich Antonius und Ventidius in Vada Sabatia, nur zwölf Tage nach der Niederlage bei Mutina. Es war ein glücklicher Tag für Antonius. Natürlich war dieser über die Marschbewegungen des Ventidius laufend unterrichtet gewesen, das Zusammentreffen der beiden war daher alles andere als ein Zufall, aber die Durchführung der Vereinigung war mit so vielen Unsicherheitsfaktoren belastet gewesen, daß ihr Zustandekommen wie ein Wunder erschien. Von nun an brachen bessere Tage für Antonius an, die Stimmung unter seinen Soldaten hob sich, sie konnten nun wieder den Kopf höher tragen, die unmittelbaren Folgen der Niederlage waren überwunden, alle wurden von neuen Hoffnungen beflügelt.

In der Forschung hat man sich darüber Gedanken gemacht, warum es dem Decimus Brutus nicht gelungen ist, die Absichten des Antonius zu durchkreuzen, und insbesondere auch darüber, warum er den Übergang des Antonius über die Westalpen nicht verhindert hat. Die Antwort liegt nahe: Decimus Brutus, dem der Senat den Oberbefehl in Gallia Cisalpina übergeben hatte, verfügte zwar über eine große Truppenzahl – im Juni 43 war sie auf insgesamt zehn Legionen angewachsen –, aber auf die Truppen war kein Verlaß, sie waren fast ohne Ausnahme neu formiert worden, nur eine einzige Veteranenlegion stand ihm zur Verfügung. Im Hinblick auf die Kampfkraft konnte er sich mit dem allerdings schwer mitgenommenen Heer des Antonius immer noch nicht messen, er wird daher einem möglichen Zusammenstoß aus dem Weg gegangen sein. Noch viel schlimmer aber war es, daß Decimus Brutus nicht wußte, was er eigentlich wollte. Auch sein Nachrichtendienst hat mehrfach vollständig versagt. So ist er auf dem Marsch bis in das Gebiet der Salasser, wo er sich bei Cularo (Grenoble) mit den Truppen des Munatius Plancus vereinigte, ohne die notwendigen Informationen über den Gegner geblieben, immer wieder tappte er im Dunkel und ermüdete seine Truppen durch Märsche, die sich nachher als unnötig erwiesen. Natürlich hat Brutus, als ihm der Erfolg seines Unternehmens allmählich zweifelhaft wurde, andere für den Mißerfolg verantwortlich zu machen versucht. Vor allem richtete er seine Vorwürfe gegen Octavian, der sich geweigert hatte, an der Verfolgung des Antonius teilzunehmen. In Pollentia stellte Brutus schließlich die Verfolgung ein, sie war sinnlos geworden, Antonius war entkommen, für Brutus war er jedenfalls nicht mehr erreichbar. Die Aufgabe, die der schlecht beratene Senat seinem Heerführer gestellt hatte, war ungelöst geblieben. Brutus, dessen militärische Leistungen unter Caesar zu großen Hoffnungen Anlaß gegeben hatten, war vollständig gescheitert, und zwar vor allem an seiner eigenen Unfähigkeit.

Sein Gegner Antonius hatte sich dadurch gerettet, daß er seine Soldaten fest in seiner Hand behalten hatte. Und als der Senat auf Drängen Ciceros ihn am 26. April 43 zum Staatsfeind erklärte, da blieb die Achterklärung ohne jede Wirkung in seinem Heer. Die Soldaten des Antonius wußten, daß sie mit ihm auf Leben und Tod verbunden waren. Der Senat in Rom konnte ihnen nicht helfen, seine Versprechungen wurden von den Kriegern des Antonius nicht mehr ernst genommen.

In Rom war man der Meinung, daß Antonius erledigt sei, seine Niederlage bei Mutina war geradezu mit frenetischem Jubel begrüßt worden. Dann kamen die zunächst immer noch optimistischen Botschaften des

Decimus Brutus, sie hatten das Ihre getan, um die Hochstimmung über den Sieg der Senatstruppen bei Mutina noch zu steigern. Wie sicher man zu sein glaubte, zeigt die Tatsache, daß in Rom eine Zehnmännerkommission gewählt wurde; sie sollte sich mit den Anordnungen beschäftigen, die Antonius während seines Consulats erlassen hatte. Appian (B. C. III 82, 335) bemerkt dazu, Antonius habe von sich aus nichts oder nur ganz unbedeutende Dinge angeordnet. Alles, was er getan habe, sei die Ausführung der Verfügungen gewesen, die Caesar habe durchführen wollen, eine Bemerkung, die zeigt, daß Appian auch an dieser Stelle einer Antonius-freundlichen Tradition gefolgt ist. Die vom Senat in Gang gesetzte Aktion, bei der die Beauftragten vor Einschüchterung der davon Betroffenen nicht zurückschreckten, scheint jedoch nichts Substantielles erbracht zu haben, und bald hört man nichts mehr davon. Die Ereignisse des Sommers 43 brachten dem römischen Senat ganz andere Sorgen, man hatte keine Zeit und Lust mehr, sich mit den rechtlich sehr schwierigen Angelegenheiten zu befassen. Der Versuch des Senats, einen neuen Anfang zu setzen, war gescheitert, und zwar gründlich. Antonius aber, der über diese Dinge sicherlich durch Parteigänger unterrichtet worden ist, wird sich seine eigenen Gedanken darüber gemacht haben. Vor allem wußte er jetzt, welche Männer er als seine Gegner in Rom zu betrachten hatte. Als er am Ende des ereignisreichen Jahres 43 die Macht in den Händen hatte, hat er sie dafür büßen lassen.

Man wird es lebhaft bedauern, daß die antiken Quellen über den spektakulären Marsch des Antonius von Mutina nach Gallia Narbonensis so wenig zu berichten wissen[1], insbesondere sein Übergang über die Westalpen wäre ein Thema für die Historiker gewesen; es heißt aber nur, Antonius sei es gelungen, Q. Terentius Culleo, der von Marcus Lepidus mit der Bewachung der Alpenübergänge beauftragt worden war, zu bestimmen, ihn passieren zu lassen, Antonius wird den leichtesten Weg nach Gallia Narbonensis, die Küstenstraße, gewählt haben. Sie führte von Albintimilium über Cemenelum nach Antipolis (Antibes) und bot keine größeren Schwierigkeiten. Der Übergang vollzog sich in bester Ordnung und in mehreren Staffeln. Schon am 7. Mai war L. Antonius mit der Reiterei und der Vorhut in Forum Iulii (Fréjus) eingetroffen, am 15. Mai folgte ihm sein Bruder Marcus mit dem Rest des Heeres nach. Das verhältnismäßig große Intervall wird man wohl auf Verpflegungsschwierigkeiten zurückführen müssen. Und drei Tage später, am 18. Mai, kamen die Legionen des Ventidius Bassus in der Narbonensis an. Wieder hatte der Stab des Antonius vorzügliche Arbeit geleistet.

Über die Ankunft des Antonius mit seinem Heer in Südgallien war der dortige Statthalter, Marcus Lepidus, nicht gerade glücklich. Er hatte, etwa 30 km von Forum Iulii entfernt, in der Nähe des Ortes Forum Voconii (Vidauban) für alle Fälle ein befestigtes Lager bezogen. Wie es schien, wollte er seine Neutralität auf jeden Fall gewahrt wissen. In diesem Punkt aber sollte er sich ganz gründlich irren, denn er hatte nicht mit dem Elan des Antonius gerechnet. Bald begannen die Soldaten der beiden Heere miteinander zu fraternisieren, sie fühlten sich als Kameraden, und die politischen Streitigkeiten waren ihnen gleichgültig. Antonius hatte die Situation sogleich erfaßt. Er erleichterte den Verkehr zwischen den Soldaten dadurch, daß er in seinem eigenen Lager auf Wall und Graben verzichtete. Schließlich ließ er noch eine Schiffsbrücke errichten, so daß der Fluß zwischen den Lagern seine Funktion als Demarkationslinie einbüßte. Auf seiten des Lepidus waren es vor allem die Soldaten der X. Legion, die einst von Antonius in Dienst gestellt worden waren. Sie entfalteten in ihrem Lager eine lebhafte Propaganda für Antonius, ihren alten Vorgesetzten. Da gab M. Iuventius Laterensis, ein überzeugter Republikaner, dem Lepidus den Rat, er möge seine Truppen auseinanderziehen, damit die Propaganda der Anhänger des Antonius ihre Wirkung verlöre. Lepidus ließ sich überzeugen und teilte sein Heer in drei Teile, aber diese Maßnahme kam bereits zu spät: die Soldaten bemächtigten sich der Lagerbefestigungen und öffneten dem Antonius die Tore. Dieser aber begab sich eiligst – nach Appian sogar im Laufschritt – in das Feldherrnzelt des Lepidus. Das ganze Heer des Lepidus habe ihm hierbei das Geleit gegeben, die Soldaten hätten Lepidus angefleht um Frieden und Mitleid gegen die unglücklichen Bürger, Lepidus aber war völlig überrascht, ungegürtet und unbewaffnet sei er zu ihnen aus seinem Zelt herausgestürzt, dabei versprach er, er wolle ihre Wünsche erfüllen. Erst dann begrüßte er den Antonius, indem er sich mit der Zwangslage entschuldigte. Die Behauptung, er sei dem Antonius zu Füßen gefallen und habe ihn um Gnade angefleht, wird von Appian ausdrücklich zurückgewiesen (III 84, 347). Lepidus habe ja dem Antonius niemals etwas Böses zugefügt. Auf diese Weise, fährt Appian fort, sei Antonius wieder in den Besitz einer großen Streitmacht gekommen, denn nicht weniger als sieben Legionen waren ihm zugefallen. Dazu kam noch eine beträchtliche Menge an Ausrüstungsgegenständen und anderem Gerät, das für die Wiederausstattung des Heeres des Antonius große Bedeutung hatte. Lepidus blieb zwar im Besitz des Kommandos über seine Legionen, aber jedermann wußte, daß Antonius von nun an der wirkliche Führer war. Er hatte unter seinen Feldzeichen wieder ein großes Heer versammelt, es war das kampfkräftigste, das es seit den Tagen des Iulius Caesar gegeben hatte. Mit diesem Heer – es ist im Sommer 43 noch durch den Zuzug des Munatius Plancus aus Gallia Comata und des Asinius Pollio aus Spanien verstärkt worden – verfügte er über eine gewaltige Streitmacht, sie hatte im Imperium Romanum nicht ihresgleichen. Welch eine Wendung seit den Tagen von Mutina! Und wie kurz war doch die Zeit gewesen, in der sich diese Veränderung vollzogen hatte!

In Rom schlug die Nachricht von der Vereinigung des Antonius mit Lepidus wie eine Bombe ein, hatte doch Lepidus noch unmittelbar vorher den Senat seiner ganz unbedingten Treue versichert. Um die Verfügungen des Zehnmänner-Kollegiums kümmerte sich nun niemand mehr, und was viel schlimmer war: auch die Consulwahlen kamen nicht zustande. Der Senat wußte nicht mehr ein noch aus, über allen schwebte die Furcht, daß es zu einer Vereinigung des Antonius mit Octavian kommen könnte. Als letzter Notanker blieben für Cicero die Caesarmörder in Griechenland und im Orient. Man schickte eine Gesandtschaft zu ihnen, sie sollte Brutus und Cassius ersuchen, mit ihren Truppen unverzüglich nach Italien zu kommen. Aber dieser Befehl war unausführbar, ganz abgesehen davon, daß die Heere der Caesarmörder sich noch im Aufbau befanden, man hätte für die Zusammenziehung und Verschiffung Monate gebraucht, in denen sich die Lage in Italien jeden Tag ändern konnte. Aber gerade Cicero klammerte sich an diesen Gedanken, aber dies war eben nur ein Strohhalm, und der ‚Vater des Vaterlandes' zeigte damit nur, daß er von militärischen Dingen zu wenig verstand. Und selbst wenn es gelungen wäre, die Truppen des Brutus aus Griechenland und die des Cassius aus Syrien (!) nach Italien zu überführen, so hätten sie es doch schwerlich mit den Legionen des Antonius und Lepidus aufnehmen können. Auch aus Africa ließ der Senat zwei Legionen herbeiholen. Aber diese waren nur ein Tropfen auf dem heißen Stein. Und außerdem wußte niemand, wie sich diese Truppen in Italien verhalten würden. Kurz, der Senat befand sich im Zustand äußerster Ratlosigkeit, sie spiegelt sich in den Briefen Ciceros an Marcus Brutus nur zu deutlich wider. Im ganzen hatte sich der Senat zu wenig um die militärische Lage gekümmert, und mit schönen Reden waren die sehr schwierigen strategischen Probleme nicht zu bewältigen, und ein Feldherr, der es mit Antonius hätte aufnehmen können, war in den Reihen der Senatoren nicht vorhanden.

Octavian aber hielt seine Stunde für gekommen, er war sich seiner Unentbehrlichkeit für den Senat bewußt geworden und verlangte von diesem für sich das Consulat. Als der Senat sich dazu nicht bereit finden wollte, setzte er seine Legionen auf Rom in Bewegung. Hier aber brach die Senatsherrschaft mit einem Schlag zusammen, und Octavian wurde am 19. August 43, zusammen mit Q. Pedius, seinem Vetter, zum Consul gewählt. In diesen Tagen ist die alte Res publica der Römer untergegangen, 1 Jahr, 5 Monate und 4 Tage nach der Ermordung Caesars an den Iden des März 44. Was nun folgt, ist die Herrschaft der großen Heerführer und ihr Kampf gegeneinander, aus denen nach jahrelangem Ringen schließlich Octavian als Sieger hervorgegangen ist. In diesen Übergangsjahren hat auch Antonius eine führende Rolle gespielt, und er hätte sicher noch mehr erreichen können, wenn er seine Pläne präzisiert und seine Kräfte planvoller zum Einsatz gebracht hätte.

Der Zusammenschluß der Caesarianer war nach der Entmachtung des Senats nur noch eine Frage der Zeit, und am Horizont zog allmählich wie eine Wetterwolke die Auseinandersetzung mit den Heeren der Caesarmörder herauf. Wenn man den Krieg gegen sie gewinnen wollte, so war Einigkeit der Caesarianer das Gebot der Stunde; es galt, die Gegensätze zu vergessen und einen neuen Anfang zu machen. In Rom schätzte man die Heere des Brutus und Cassius auf nicht weniger als zwanzig Legionen, und der Senat faßte den Beschluß (in Abwesenheit Octavians), man wolle dem Antonius und Lepidus die Hand zur Freundschaft entgegenstrecken, dies aber war natürlich nur möglich, wenn die Ächtung (*hostis*-Erklärung) der beiden Heerführer und ihrer Soldaten in aller Form aufgehoben wurde. Auch hierzu erklärte sich der Senat bereit, obwohl jedermann wußte, daß man hiermit nur den Interessen Octavians entgegenkam. Dieser aber schrieb dem Antonius mit Honig statt mit Tinte, er versprach ihm sogar, gegen Decimus Brutus Hilfe leisten zu wollen. Der Senat aber stieß in das gleiche Horn und war voll des Lobes für Antonius – die alten Zeiten ungetrübter Zusammenarbeit zwischen dem Senat und Antonius schienen noch einmal wieder zurückzukehren! Antonius aber gab kühl zur Antwort, er bedürfe der Hilfe des Octavian nicht, denn mit Decimus Brutus hoffe er allein fertig zu werden, ebenso mit Munatius Plancus; erst dann werde er dem Gedanken nähertreten, sich mit Octavian zu vereinigen. Inzwischen hatte sich die Lage im Norden verändert. Im September 43 war Munatius Plancus mit seinen Legionen auf die Seite des Antonius übergetreten, er hatte lange geschwankt, was er tun sollte, und sich zunächst mit Decimus Brutus vereinigt. Als dieser aber durch die *Lex Pedia* als Caesarmörder geächtet worden war, zerschnitt er das Tischtuch zwischen sich und Decimus Brutus und beeilte sich, seinen Frieden mit Antonius und Lepidus zu machen. Seine fünf Legionen waren ein willkommener Zuschuß für das Heer der Waffenbrüder Antonius und Lepidus. Wie man hört, soll Munatius drei seiner Legionen an Antonius, die anderen zwei an Lepidus übergeben haben. Ganz ähnlich wie Lepidus hatte auch Munatius Plancus den römischen Senat durch hoffnungsvolle Briefe und Beteuerungen seiner Loyalität längere Zeit hingehalten. Als Plancus aber merkte, daß ihm niemand helfen konnte, zog er die einzig mögliche Konsequenz und ging zu Antonius über. Schon vor dem Übertritt des Munatius Plancus hatte auch Asinius Pollio den entscheidenden Schritt getan. Er war Statthalter (*proconsul* oder *propraetor*) des jenseitigen Spanien. Zwei von seinen drei Legionen führte er nach Gallien. Dieses Ereignis fällt wahrscheinlich bereits in den August, vielleicht auch erst in die erste Hälfte des September 43. Wie es heißt, soll Asinius Pollio es gewesen sein, der seinen Kollegen Munatius Plancus in Gallien zum Übertritt überredet habe.

Durch diese Ereignisse sah sich Decimus Brutus vollständig allein gelassen. Gegenüber dem Antonius und seiner Streitmacht befand er sich in geradezu hoffnungsloser Unterlegenheit, seine Lage in Gallien war ganz unhaltbar geworden. Was blieb ihm nun noch übrig? Die antiken Quellen (Appian, Cassius Dio) berichten, er habe die Absicht gehabt, sich nach Makedonien zu seinem Vetter M. Brutus durchzuschlagen, und zwar auf einem sehr beschwerlichen Weg nördlich der Alpen, da Gallia Cisalpina für ihn wegen der dort stehenden Truppen des Octavian nicht passierbar war. Dies aber bedeutete einen großen Umweg, der ihn durch Germanien, Raetien und Noricum vermutlich nach Aquileia führen sollte[2]. Aber zur Durchführung des Planes ist es nicht mehr gekommen, denn Decimus Brutus hatte am Rhein (in der Gegend von Basel?) wieder umkehren müssen. Im Jura, im Paß von Jougne, südlich von Pontarlier, ließ ihn ein keltischer Häuptling festnehmen und an Antonius ausliefern. Appian erzählt, Antonius habe es nicht ertragen können, den Decimus Brutus von Angesicht zu Angesicht zu sehen, er habe daher dem keltischen Häuptling Camillus befohlen, dem Brutus den Kopf abzuschlagen und ihm diesen zu übersenden. Auf Befehl des Antonius sei dann der Kopf des Unglücklichen bestattet worden. Das ist das Ende eines der hervorragendsten Repräsentanten der alten Res publica. Er war in Rom auf Grund der *Lex Pedia* verurteilt worden und büßte mit seinem Leben für den Caesarmord. Das Ende des Decimus Brutus fällt wohl noch in den September 43.

Die Bande zwischen Antonius und seinem Heer waren durch die gemeinsamen Erlebnisse noch enger geworden. Die Kämpfe um Mutina, der gefahrvolle und überaus beschwerliche Marsch von Mutina nach der Gallia Narbonensis, die Vereinigung mit den Heeren des Lepidus, des Asinius

Pollio und des Munatius Plancus – dies waren Ereignisse, die sich allen Beteiligten unauslöschlich eingeprägt hatten. Und bei allen Gefahren war Antonius mit leuchtendem Beispiel vorangegangen, er hatte die Freuden und Leiden seiner Soldaten mit ihnen geteilt, er hatte es nicht verschmäht, sich ebenso wie sie von den Früchten der Wälder und Felder zu ernähren, er hatte sie immer wieder ermuntert, wenn ihre Kräfte zu versagen drohten. Und mit Recht bemerkt sein Biograph Plutarch, daß sich die wahre Natur des Antonius vor allem im Unglück geoffenbart habe. Es sei ganz erstaunlich, schreibt Plutarch, daß ein Mann, der sonst ein Leben in Luxus und Verschwendung zu führen pflegte, in der Not seinen Soldaten ein unübertreffliches Vorbild gegeben habe. Er trank faules Wasser, wenn kein anderes zu finden war, seine Nahrung waren wilde Früchte, ja sogar Baumrinde, und als man die Alpen überquerte, da habe man sogar Tiere verzehrt, die man vorher noch nie gesehen, geschweige denn gegessen hatte. Mag sein, daß der Grieche hier übertrieben hat, um dem Charakter seines Helden das rechte Relief zu geben – daß Antonius Strapazen und Hunger zu ertragen verstand, hat er auch noch bei anderen Gelegenheiten gezeigt (s. u. S. 201). Bewundernswert war auch seine Haltung in Gallien gewesen: niemals hatte er die Hoffnung aufgegeben, daß es ihm gelingen würde, Lepidus auf seine Seite zu ziehen. Und wie glänzend hatte er die entgegenstehenden Schwierigkeiten gemeistert! Er hatte sich als hervorragender Psychologe gezeigt, der nicht nur die eigenen, sondern auch die Soldaten des Lepidus nach seinem Willen zu lenken wußte. Auch in seiner äußeren Erscheinung hat er einen tiefen Eindruck auf die Soldaten gemacht: er trug sein Haupthaar ungekämmt, seit Mutina war der Bart nicht mehr unter das Schermesser gekommen, seine Kleidung war ein schwarzes Trauergewand. In dieser Aufmachung hatte er sich den Soldaten des Lepidus gezeigt und sogleich ihr Mitleid gewonnen. Plutarch hat sich außerdem bemüht, das Zusammentreffen zwischen Antonius und Lepidus in einem für den ersteren günstigen Licht erscheinen zu lassen: Antonius habe seinen alten Kriegskameraden freundlich angeredet und ihm sogar den Ehrennamen „*pater*“ gegeben. Doch besteht natürlich gar kein Zweifel daran, daß von einer persönlichen Zuneigung des Antonius zu Lepidus nicht die Rede sein kann. Lepidus aber war eine zaudernde und schwankende Natur, er war vor allem kein Politiker, sein Blick reichte über das militärische Gebiet nicht hinaus. Wenn ihm in der modernen Forschung der Vorwurf gemacht wird, er habe den Senat durch seine verheißungsvollen Botschaften mit Absicht hinters Licht geführt, so wird dabei vor allem die Zwangslage übersehen, in der sich Lepidus befunden hat. Zum anderen wird dabei die Unsicherheit und Unentschlossenheit seines Charakters verkannt, die auch in anderen entscheidenden Augenblicken seines Lebens zutage tritt. Dieser Mann war kein ernsthafter Konkurrent, das hat Antonius genau gewußt, aber er war ein nützlicher Bundesgenosse, und sein großes Heer machte ihn noch wertvoller.

Siebentes Kapitel

Die Beschlüsse von Bononia und die Proskriptionen

Im Oktober 43 begann eine große Umgruppierung der Heere in Gallien und Norditalien. Es hätte wenig Sinn gehabt, die Heeresmassen in Südgallien stehen zu lassen. Die Provinz Gallia Narbonensis wurde von keinen äußeren Feinden bedroht, auch von Sex. Pompeius nicht, der die Küsten Italiens unsicher machte und die Getreidezufuhr nach Rom vor schwierige Probleme stellte. Es genügte, wenn man die Küste gegen ihn sicherte, alle übrigen Truppen waren in Gallien entbehrlich. Sechs Legionen in Südgallien waren genug und übergenug, sie wurden dem Befehl des Varius mit dem Beinamen Cotyla unterstellt, dieser aber war ein treuer Freund des Antonius, er hatte auch in den Trinkgelagen immer seinen Mann gestellt und deswegen den Beinamen erhalten (*Cotyla* = Becher). Der Hauptteil des Heeres, insgesamt 17 Legionen und 10000 Reiter, machte sich unter dem Befehl des Antonius und Lepidus auf den Weg nach Italien. Das Heer marschierte in mehreren Staffeln auf der Küstenstraße, es wurde in den Raum von Mutina dirigiert. In Bononia, weiter östlich, versammelte sich dagegen die Streitmacht Octavians, gleichfalls insgesamt 17 Legionen, doch bleibt es zweifelhaft, ob Octavian sie alle mit nach Norditalien genommen hat. Man hatte offenbar eine Demarkationslinie zwischen den beiden Heeren vereinbart, sie wurde durch den Reno oder (nach Appian) durch den Lavinio bei Bologna markiert. Auf einer kleinen Flußinsel in der Nähe Bolognas trafen sich die drei mächtigsten Militärführer Roms, der etwa vierzigjährige Antonius, der ungefähr sechsundvierzigjährige Lepidus und Octavian, der mit seinen zwanzig Jahren bei weitem der jüngste war. Antonius und Octavian führten jeder fünf Legionen Fußvolk mit sich. Sie stellten sich an der Demarkationslinie einander gegenüber auf. Von ihnen wurden auf jeder Seite 300 Mann gegen die Brücken vorgeschoben. Die Rolle des Vermittlers hatte Lepidus übernommen. Er überschritt die Brücke und betrat als erster die Insel. (Diese ist heute nicht mehr mit Sicherheit festzustellen, da hier starke Veränderungen durch die Gebirgsflüsse stattgefunden haben.) Nachdem er die Insel sorgfältig untersucht hatte – offenbar befürchtete man einen Hinterhalt –, schwenkte er seinen

Kriegsmantel. Er hatte nichts Verdächtiges gefunden. Antonius und Octavian konnten jetzt die Insel ohne Furcht vor einem Überfall betreten. Appian berichtet, die drei hätten nicht weniger als zwei Tage und zwei Nächte miteinander konferiert, erst dann war man sich einig, die Beschlüsse über die Neuverteilung der Provinzen konnten verkündet werden. Über das Wichtigste bewahrten die Machthaber jedoch Stillschweigen: über die *Proskriptionen,* über die man stundenlang, wahrscheinlich sogar tagelang diskutiert und gestritten hatte. Im übrigen war folgendes beschlossen worden: Caesar (d.i. Octavian) sollte das Consulat niederlegen, für den Rest des Jahres sollte an seiner Statt Ventidius Bassus Consul sein. Für die drei Militärführer wurde ein neues Amt geschaffen: sie sollten von nun an *tresviri rei publicae constituendae* sein, d.h. „Dreimänner zur Neuordnung des Staates". Als solche sollten sie allen Magistraten der Res publica vorgesetzt sein, auch den Consuln (wenn Appian auch das Gegenteil berichtet). In Wirklichkeit war es eine Diktatur von drei Männern, die hier geboren wurde. Den Namen hat man freilich aus guten Gründen vermieden, da die Diktatur als solche durch den Antrag des Antonius im März 44 für alle Zeiten abgeschafft worden war.

Das Triumvirat sollte fünf Jahre dauern, d.h. bis zum Ende des Jahres 38 v.Chr. Dann ging es an die Verteilung der wichtigsten Provinzen: Antonius wurde Gallien zugesprochen mit Ausnahme des südlichen Teils, der Narbonensis. Diese fiel an Lepidus, ihm wurde außerdem das gesamte Spanien, Hispania Citerior und Ulterior, überlassen. Der junge Caesar (Octavianus) erhielt Africa, Sardinien und Sizilien. Italien dagegen, das Land der römischen Bürger, wurde neutralisiert, und zwar aus verständlichen Gründen, denn alle drei Triumvirn waren auf die Rekruten aus Italien angewiesen. Über die Gebiete jenseits des Adriatischen Meeres konnte man in Bononia nicht verfügen, hier hatten die Caesarmörder M. Brutus und C. Cassius ihre Herrschaft errichtet. Niemand konnte erwarten, daß diese sich den Triumvirn unterstellen würden, im Gegenteil, sie hielten die Fahne der Freiheit hoch. Um sie niederzuwerfen, mußte ein Krieg gegen sie geführt werden. Den Auftrag, diesen Krieg zu führen, erhielten Antonius und der junge Caesar, sie sollten ihre Heere nach Griechenland in Marsch setzen. Lepidus war dagegen für das Jahr 42 als Consul vorgesehen, er blieb deshalb in Rom, seine Provinzen sollte er durch Legaten verwalten lassen, so wie dies einst der große Pompejus getan hatte. Von seinen Truppen sollte er drei Legionen in Italien behalten, sie bildeten hier die Hauptreserve, außerdem sollten sie bei Unruhen eingreifen. Sieben Legionen mußte er an die beiden anderen Triumvirn abgeben, vier kamen zum Heer des Antonius, drei zu dem des jungen Caesar, so daß jeder der beiden nun über zwanzig Legionen verfügte – eine gewaltige Zahl, die an die Führung und Organisation große Anforderungen stellte, von der Verpflegung und Ausrüstung der Heeresmassen ganz abgesehen. Die Stäbe des Antonius und des Octavian haben die Aufgabe im ganzen hervorragend gemeistert, doch gab es viel böses Blut in Italien, da die Unterbringung der Soldaten schwierige Probleme aufwarf. Vor allem fehlte es an Geld. Man versprach den Soldaten, daß man ihnen achtzehn italische Städte zur Versorgung übergeben werde, und zwar die schönsten und reichsten, über die das Land verfügte, unter ihnen Capua, Rhegium, Venusia, Benevent, Nuceria, Ariminum und Hipponium (Vibo Valentia). Auf die Bürger dieser Städte wartete ein bitteres Los, sie verloren einen großen Teil ihres Landes und ihres Eigentums, das in den Besitz der Soldaten überging.

Aber diese Beschlüsse bedeuteten nur wenig gegenüber den Proskriptionen, die man zunächst noch vor aller Welt geheimgehalten hat. Mit Recht berichtet Appian (B. C. IV 3,13), daß der junge Caesar die Proskriptionen vor seinen Soldaten verschwiegen hat. Die Geheimhaltung war absolut notwendig, denn nichts hätte den Triumvirn weniger erwünscht sein können, als wenn die Proskriptionsbeschlüsse vorzeitig bekannt geworden wären. Das Wort *proscriptio* kommt von dem Zeitwort *proscribere;* dies bedeutet „den Namen auf eine Liste setzen", „ächten". Die Sache als solche war seit den Proskriptionen Sullas jedem Römer bekannt. Mit dem Wort verband sich die Erinnerung an eine furchtbare Zeit, in der viele hundert vornehme Römer den Tod gefunden hatten, weil sie zu den Feinden Sullas zählten. Die Zeit Sullas lag an die vierzig Jahre zurück, aber es lebten noch genügend Menschen, die aus eigener Anschauung wußten, was die Proskriptionen in Wirklichkeit bedeuteten. Und trotzdem sind die Triumvirn nicht davor zurückgeschreckt, die Zeiten Sullas noch einmal zurückkehren zu lassen.

Zweifellos stehen wir hier vor dem dunkelsten Kapitel der Geschichte des Triumvirats. Mit den Proskriptionen wollten die drei Machthaber Rache nehmen an ihren persönlichen Feinden, und dies ist ihnen auch in weitem Umfang gelungen. Die Feinde waren ihnen zudem ganz schutzlos ausgeliefert, denn in Italien gab es niemanden mehr, der die Verfolgten hätte in Schutz nehmen können – abgesehen von dem „Seekönig" Sextus Pompejus, auf dessen Rolle wir noch zurückkommen werden.

Die Proskriptionen der Triumvirn bedeuten einen tiefen Einschnitt in der Geschichte der römischen Republik. Sie haben in der römischen Führungsschicht zahlreiche Opfer gefordert, und nicht alle sind aus politischen Gründen umgebracht worden, in manchen Fällen spielte auch die Begehrlichkeit der Triumvirn eine Rolle. Sie brauchten Geld, und wer es zu großem Reichtum gebracht hatte, der mußte monatelang um sein Leben zittern. Manchen von ihnen mag es gelungen sein, Geld und Wertsachen beiseite zu schaffen, aber vielen wurde der Besitz zum Verhängnis.

Auf der kleinen Flußinsel bei Bononia waren die Triumvirn bei der Anordnung der Proskriptionen ganz methodisch vorgegangen. Zuerst wurden die mächtigsten Feinde in die Listen eingetragen, vor denen sich jeder Triumvir fürchtete, und danach kam die Reihe an die persönlichen Feinde der einzelnen Machthaber. Hier gab es ein großes Feilschen und Handeln, doch bekannte man sich schließlich zu dem Grundsatz, daß die Feindschaft gegen einen der Triumvirn den Vorrang vor der Freundschaft mit den beiden anderen haben sollte – auch hierin hatte sich das Racheprinzip eindeutig durchgesetzt. Im übrigen sollte auch auf die verwandtschaftlichen Bindungen keine Rücksicht genommen werden. Das Ergebnis war vollendete Rücksichtslosigkeit, die in vielen Fällen in Brutalität ausartete. Menschliche Bande wurden mit Füßen getreten, Verwandtschaft und Freundschaft galten nichts mehr, die Erbarmungslosigkeit war zum einzigen Prinzip erhoben worden. Jeder Triumvir sah sich gezwungen, persönliche Freunde der Verfolgung, ja dem Tod preiszugeben. Die Proskriptionen sind ohne Zweifel der Tiefpunkt der römischen Humanität, sie verraten den gleichen Ungeist wie die sullanischen Proskriptionen, sie waren aber noch schlimmer und gehässiger, weil hier die Feinde von nicht weniger als drei Männern geächtet worden sind. Antonius und Octavian hatten eine vom griechischen Geist geprägte Erziehung genossen, von Lepidus, der ein guter Troupier und sonst nichts in seinem Leben gewesen ist, weiß man über seine Jugenderziehung nichts. Aber die Idee der griechischen Philanthropia (Menschenfreundlichkeit), die so oft von den hellenistischen Philosophen herausgestellt worden ist, hat weder Antonius noch Octavian daran gehindert, die Gebote der Menschlichkeit zu mißachten und unter der römischen Führungsschicht ein furchtbares Morden anzuordnen. Nach Appian habe die Zahl der zum Tode Verurteilten, deren Vermögen eingezogen worden ist, bei den Senatoren ungefähr 300, unter den Rittern gegen 2000 betragen. Sicherlich wäre die Zahl der Opfer noch bedeutend größer gewesen, wenn es nicht vielen unter ihnen gelungen wäre, sich den Verfolgungen zu entziehen.

Die Proskriptionen wurden jedoch, wie gesagt, zunächst geheim gehalten. Sie sollten erst verkündet werden, wenn die Triumvirn ihren Einzug in die Hauptstadt gehalten hätten. Die Erzfeinde der Machthaber aber wollte man sofort und auf der Stelle aus dem Wege räumen. Bei diesen handelte es sich um siebzehn (nach einer anderen Überlieferung: zwölf) Männer, gegen sie wurden sofort Jagdkommandos ausgesandt, es konnte den Triumvirn gar nicht schnell genug gehen, sich dieser Gegner zu entledigen. Vier von ihnen wurden beim Mahl überrascht und sofort niedergemacht, auf der Suche nach den übrigen durchstöberte man Tempel und Privathäuser. Überall in Rom erhob sich lautes Wehklagen, es herrschte in den Straßen und Häusern ein großes Durcheinander, der Schrecken wurde durch die Dunkelheit der Nacht und die allgemeine Unsicherheit noch gesteigert. Es gab Leute, die ihre eigenen Häuser und die öffentlichen Gebäude anzünden wollten, ehe sie von den Häschern ergriffen wurden – kurz, die Verwirrung und die Angst waren kaum noch zu überbieten. Der wohlmeinende Consul Pedius, der Vetter Octavians, suchte dem Unheil dadurch zu steuern, daß er sich mit Gefolge auf die Straße begab. Er sprach den Bürgern Mut zu und erklärte, daß sie am Morgen volle Gewißheit erhalten würden. Als der Morgen endlich hereinbrach, da bezeichnete er die Siebzehn als die einzigen, die von den Proskriptionen betroffen seien, die übrigen bräuchten sich keine Sorgen mehr zu machen. Im übrigen versichert Appian, Pedius sei über die wahren Beschlüsse der Triumvirn nicht unterrichtet gewesen, er habe seine Verlautbarungen in gutem Glauben getroffen. Wie dem auch sein mag – der Consul Pedius war durch die Erlebnisse der schrecklichen Stunden vollkommen überfordert, er brach zusammen und starb an den Folgen der nächtlichen Aufregungen. Man kann Pedius, der ein Ehrenmann war, getrost zu den ersten Opfern der Proskriptionen rechnen.

Dies alles aber war nur ein Vorspiel zu den schrecklichen Dingen gewesen, die sich nach dem Einzug der Triumvirn in Rom und an vielen anderen Orten Italiens ereignen sollten. Die Machthaber betraten übrigens einzeln und nacheinander die Stadt Rom, drei Tage lang widerhallte das Pflaster von dem Marschtritt der Legionen, die drei Leibkohorten der Triumvirn und dazu noch drei Legionen nahmen in Rom Quartier, die übrigen Truppen lagerten in riesiger Zahl in der nächsten Umgebung der Hauptstadt, teilweise hatten sie bereits Marschbefehl in den Raum von Brundisium erhalten, denn die Zeit drängte, die kriegerische Auseinandersetzung mit den Heeren der Caesarmörder in Hellas und im Orient warf ihre Schatten voraus. Verfassungsrechtliche Bedenken existierten nicht mehr. In einer Volksversammlung brachte der Volkstribun P. Titius den Antrag ein, der als *Lex Titia* in die Geschichte eingegangen ist: diese Lex ist gewissermaßen das Grundgesetz des Triumvirats, es ist eine Art von

Ermächtigungsgesetz, ähnlich dem Gesetz, das am 24. März 1933 vom Deutschen Reichstag erlassen worden ist. Gemäß der *Lex Titia* sollten die Triumvirn ein Amt zur Neuordnung des Staates bekleiden, es sollte dem Consulat im Range (?) gleichgestellt sein und fünf Jahre dauern. Triumvirn sollten Lepidus, Antonius und der junge Caesar sein. Um die Gesetzmäßigkeit des Beschlusses machte man sich wenig Sorgen, der Antrag des P. Titius erhielt sofort Gesetzeskraft, auch um die Frist zur Promulgation – man hätte damit ein *trinundinum*, d.h. drei Markttage, insgesamt 17 Tage im ganzen, warten müssen – hat man sich natürlich gar nicht gekümmert. Um die Tradition, den *mos maiorum*, hat man sich keine Sorgen gemacht, diese Dinge wogen federleicht, und es war nicht zu erwarten, daß irgendein Widerspruch gegen die Triumvirn wegen Nichtbeachtung juristischer Vorschriften laut wurde. Wer die Macht hatte, der hatte auch das Recht, und die *Lex Titia* diente ganz allein der Befestigung der Machtstellung der drei Männer. Dennoch kann kein Zweifel darüber bestehen, daß die Beschlüsse der Triumvirn und auch die *Lex Titia* rechtsgültig waren. Dies muß im Hinblick auf die schwerwiegenden, weitreichenden Folgen der *Lex Titia* beachtet werden. Schon Mommsen hat festgestellt, daß die Triumvirn kraft ihres Amtes berechtigt waren, die Proskriptionen auszuschreiben und durchzuführen.[1] „Daß all diese Dinge juristisch betrachtet ebenso unanfechtbar sind wie jedes von den Comitien bestätigte und vom Lictor vollzogene Todesurteil" – das ist der juristische Schluß Mommsens, der nicht widerlegt werden kann. Anders steht es natürlich mit der politischen und moralischen Seite der Proskriptionen. Daß die Zeitgenossen in ihrer weitaus überlegenen Mehrheit die Proskriptionen ebenso verurteilt haben wie die Nachwelt, steht auf einem anderen Blatt. Und es kommt nicht von ungefähr, wenn Historiker wie Vellejus Paterculus (ein Freund des Kaisers Tiberius) und Cassius Dio (aus der Zeit des severischen Kaiserhauses) versucht haben, wenigstens Octavian von der Verantwortung reinzuwaschen.

In dem Geschichtswerk Appians (geschrieben um 160 n.Chr.) findet sich ein sehr interessantes Aktenstück (B. C. IV 8,13). Es ist dies das Edikt, durch das die Triumvirn die Proskriptionen angeordnet haben. Die frühere Forschung, dargestellt durch Mommsen und Eduard Schwartz, neigte dazu, das Aktenstück als unecht zu betrachten. Mommsen hat gemeint, die Ausführungen in dem Edikt seien „Darlegungen des Sachverhalts, die der Schriftsteller (gemeint ist Appian) den handelnden Personen in den Mund legte". Man wird gern zugeben, daß gewisse Zweifel an der Echtheit bleiben, vor allem die Namensform Octavius Caesar, die bei Appian erscheint, aber diese Namensform hängt davon ab, ob die *adrogatio* des Octavian in die *gens Iulia* bereits vollzogen war oder nicht. Außerdem ist bekannt, daß sich die antiken Historiker, selbst ein Thukydides, in Formalien größere Freiheiten erlaubten, so daß aus diesen Gründen die Echtheit nicht bestritten zu werden braucht.[2]

Was aber ist der Inhalt des Edikts? Den Beginn macht der Hinweis auf die Ermordung Caesars; er habe seinen späteren Mördern große Wohltaten erwiesen, diese aber hätten es ihm schlecht gelohnt, außerdem hätten sie sich an den Staatsgeldern vergriffen und ein Heer gegen die Triumvirn ins Feld geführt. Diese aber betonen, sie wollten nunmehr ihre Heeresmacht gegen die Caesarmörder jenseits des Meeres (der Adria) führen, nachdem die Angelegenheiten im Westen des Reiches mehr oder weniger geordnet seien, wobei vor allem auf Iberien (die Pyrenäenhalbinsel) und Gallien hingewiesen wird. Man dürfe aber keine Feinde im Rücken zurücklassen, während die Kämpfe im Osten zu führen seien. Es sei am besten, die Feinde alle auf einmal aus dem Wege zu schaffen. Hierzu sei man berechtigt, da jene mit dem Krieg gegen die Triumvirn begonnen und diese nebst ihren Heeren zu Feinden des Vaterlandes erklärt hätten. Im Gegensatz zu Sulla, der in dem Edikt der Triumvirn unter dem Namen „der Glückliche" (Felix) erscheint, wolle man aber nicht *alle* verderben; es sollten nur die Hauptschuldigen zur Rechenschaft gezogen werden. Außerdem sollen die Zahl und die Namen der Proskribierten öffentlich bekannt gegeben werden, damit nicht der Willkür Tür und Tor geöffnet werde. Im übrigen verbietet das Edikt, einen Geächteten aufzunehmen, ihn zu verbergen, fortzuschaffen oder sich bestechen zu lassen.[3] Wer diesem Befehl zuwiderhandelt, wird selbst zu den Proskribierten gerechnet. Auf die Ergreifung eines Geächteten wird eine Kopfprämie ausgesetzt, der Freigelassene solle 25000 Drachmen (= 100000 Sesterzen) erhalten, der Sklave die Freiheit und 10000 Drachmen (= 40000 Sesterzen), dazu noch das Bürgerrecht, das sein Herr besitzt. Die gleichen Belohnungen werden auch den Denunzianten versprochen, ihre Namen sollen aber nicht in die Amtstagebücher *(commentarii magistratuum)* eingetragen werden, ihnen wird vielmehr Verschwiegenheit zugesichert. Nach einer Mitteilung Senecas in seiner Schrift ‚*De clementia*' habe Antonius das Edikt dem jungen Caesar (Octavian) während des Mahls diktiert. Das Edikt war in lateinischer Sprache abgefaßt, Appian – oder schon seine Quelle – hat das Edikt ins Griechische übertragen, und zwar mit vollem Verständnis für die Bedeutung des Aktenstücks.

Niemand wird verkennen, daß das Edikt die Handschrift des Antonius deutlich erkennen läßt, Seneca wird durchaus bestätigt. Von der Pflicht des jungen Caesar, sich an den Mördern seines Vaters zu rächen, findet sich in dem Schriftstück nichts, abgesehen von der allgemeinen Erwähnung der Untaten der Caesarmörder. Allerdings gab es seit einigen Monaten die *Lex Pedia,* welche die gerichtliche Verfolgung der einzelnen Caesarmörder angeordnet hatte. War aber der junge Caesar nicht geradezu verpflichtet, Rache an den Feinden seines Vaters zu nehmen? Dies war in der Tat ein sehr wichtiges Motiv, und Augustus hat es mit Recht in seinen *Res gestae,* dem sog. *Monumentum Ancyranum* (Kap. 2), hervorgehoben. Hier aber, in dem Edikt der Triumvirn, triumphierte der Wille des Antonius, der überhaupt in jenen Tagen als der führende Mann im Staat zu bezeichnen ist. Seine Beziehungen zu dem jungen Caesar hatte er dadurch gefestigt, daß er ihn auf der Zusammenkunft bei Bononia überredet hatte, sich mit Clodia, seiner Stieftochter von Fulvia, zu verloben, eine Verbindung, die von den Soldaten mit großem Jubel begrüßt worden war.

Es ist schwerlich zu leugnen, daß bei den Proskriptionen persönliche Motive und Rachegefühle der Triumvirn eine wesentliche Rolle gespielt haben. Dies aber wird bis zu einem gewissen Grad verständlich, wenn man sich der Feindseligkeit des Senats gegenüber Antonius und Lepidus erinnert. Beide waren vom Senat auf Veranlassung Ciceros geächtet und dadurch aus der Gemeinschaft der Bürger ausgestoßen worden. Hätten sie nicht ihre Heere besessen, so wäre es zweifellos um sie geschehen gewesen. Aber es kam noch ein anderes, nicht weniger wichtiges Motiv hinzu: es gab in Rom einen großen Kreis von Sympathisanten, die es mit den Caesarmördern hielten, sie konnten aber von der *Lex Pedia* nicht erfaßt werden, weil sie sich an der Mordtat nicht aktiv beteiligt hatten. Insbesondere ein Mann wie Cicero hatte immer wieder seiner Befriedigung über den Tod Caesars Ausdruck verliehen. Konnte man einen Cicero frei ausgehen lassen, während die anderen die ganze Schwere des Gesetzes zu spüren bekamen? Und wie stand es mit der Senatsmehrheit? Sie war für die Pläne der Triumvirn nicht zu gebrauchen, sie konnten von diesen Senatoren wirklich nichts Gutes erwarten. Hätte man die Männer der offenen oder stillen Opposition verbannt, so wären sie nach dem Osten gewandert und zu Brutus gestoßen. Eine Internierung in der Nähe Roms wäre aus vielen Gründen schwierig gewesen, sie ist weder von Sulla noch von den Triumvirn jemals erwogen worden. Was sollte also mit ihnen geschehen, damit sie die Kreise der Triumvirn nicht stören konnten?

Diese aber hatten es nun sehr eilig. In der Nacht nach der Annahme der *Lex Titia* erschien bereits eine Liste mit 130 Namen, kurz danach eine andere mit weiteren 150. In Rom – die Stadt war bereits durch die Ermordung von siebzehn (oder zwölf) prominenten Gegnern der Triumvirn in völliger Verwirrung – herrschte Furcht und Schrecken, niemand von den Senatoren und Rittern wußte, ob er sich unter den Proskribierten befand, denn immer noch erschienen neue Listen, und gelegentlich soll es vorgekommen sein, daß Namen hinzugefügt, andere aber gestrichen wurden. An der Spitze der ersten Liste standen L. Aemilius Paullus, der Bruder des Lepidus, L. Iulius Caesar, der Oheim des Antonius, ferner L. Plotius Plancus, L. Quinctius, der Schwiegervater des Asinius Pollio, und C. Toranius, der Vormund Octavians.

Mit den politischen Erwägungen verbanden sich bei den Triumvirn handfeste materielle Interessen. Die Kassen des Staates waren leer, zum Unterhalt der riesigen Truppenmassen brauchte man Geld und wiederum Geld. Woher sollte man es nehmen wenn nicht von jenen, welche sich im politischen Kampf gegen Antonius und Lepidus hervorgetan hatten? Aber das Vermögen dieser Männer reichte bei weitem nicht aus, man hielt nach reichen Männern Ausschau, ihr Geld und Besitz wurde ihnen zum Verhängnis. In den antiken Quellen wird jedoch dieses Motiv teilweise übertrieben; so wird beispielsweise niemand glauben wollen, daß der ehemalige Prätor C. Verres, der gleiche, der seinerzeit von Cicero angeklagt worden war, nur deswegen auf die Proskriptionsliste gekommen ist, weil er eine weithin berühmte Vasensammlung in seinem Besitz hatte. Angeblich soll diese Kostbarkeit die Habgier des Antonius erregt haben. Für die Triumvirn gab es aber auch Mißerfolge: nicht wenige der Proskribierten konnten sich mit Hilfe von treuen Sklaven und Verwandten in Sicherheit bringen. Und außerdem war da noch Sex. Pompeius, der Sohn des Pompeius Magnus, der vielen geholfen hat, indem er sie auf seine Schiffe aufnahm. Ein Jahr zuvor, gegen Ende 44, war Sex. Pompeius zum Befehlshaber der Flotte und der Meeresküste *(praefectus classis et orae maritimae)* bestellt worden, in Massilia erfuhr er nun von seiner Proskription. Sie war völlig grundlos, denn er hatte sich am Kampf gegen Antonius und Lepidus gar nicht beteiligt. Allerdings hatte ihn schon Octavian auf Grund der *Lex Pedia* unter die Caesarmörder eingereiht, aber auch dies war bare Willkür; jedermann in Rom und Italien wußte, daß Sex. Pompeius mit ihnen nichts zu tun hatte – aber den Triumvirn war er längst lästig geworden, weil er mit seiner Flotte weithin die See beherrschte. Außerdem hatte er sich durch einen Handstreich in den Besitz der Insel Sizilien gesetzt, sie war ihm durch die Vermittlung eines reichen Großgrundbesitzers namens C. Lucilius Hirrus in die Hände gespielt worden; dieser hatte nämlich den Statthalter der Insel, Q. Pompeius Bithynicus, dazu überredet, Sizilien dem Sex. Pompeius zu überlassen. So hatten die Triumvirn in Sizilien das Nachsehen, und da die Flotte des Pompeius alle Küsten Italiens unsicher machte, geriet die Getreidezufuhr nach Rom ins Stocken; in Rom erhob sich großes Wehklagen über die steigenden Getreidepreise, auf dieses Grundnahrungsmittel konnte damals niemand verzichten. Dieser Situation gegenüber waren die Triumvirn zunächst machtlos, ihnen fehlte es an einer Flotte, die dem Sex. Pompeius mit Aussicht auf Erfolg die Stirn bieten konnte. Ihre Schiffe brauchten die Triumvirn als Transportmittel für den Feldzug gegen die Caesarmörder, Kriegsschiffe gegen Pompeius zu bauen hatten sie weder Zeit noch Geld. Im übrigen haben sich so manche prominente Römer, die rechtzeitig von ihrer Ächtung erfahren hatten, nach Sizilien in Sicherheit gebracht, hier findet man sie auch im Gefolge des Sex. Pompeius wieder. Dieser aber war ein schwieriger Herr, ein Autokrat reinsten Wassers, er verfügte über einen starken Willen und war für alle Belehrungen ganz unzugänglich. Aber er war in jenen Tagen der einzige, der den Flüchtlingen aus Italien eine Zuflucht bieten konnte, bei ihm fanden sie Sicherheit vor den Verfolgungen durch die Mordkommandos der Triumvirn.

Am 7. Dezember 43 ist auch Cicero den Soldaten des Antonius zum Opfer gefallen. Übrigens hätte sich der große Redner leicht zu Schiff in Sicherheit bringen können, er fiel letzten Endes als das Opfer seiner eigenen Unentschlossenheit. Er wurde den Soldaten des Antonius verraten, und der Centurio C. Popillius Laenas schlug ihm den Kopf ab, als er ihn aus der Sänfte streckte. (Appian behauptet übrigens, Cicero habe einmal für Popillius Laenas einen Prozeß gewonnen – das dürfte aber Legende sein.) Auch die rechte Hand schlug man Cicero ab. Als man dem Antonius das Haupt und die rechte Hand seines ärgsten Feindes überbrachte, soll er außer sich vor Freude gewesen sein. Er habe den Centurio bekränzt, wie nach einem großen Sieg, und ihm 250000 attische Drachmen (= 1 Million Sesterzen) zum Geschenk gemacht. Appian fügt noch hinzu, der Kopf und die rechte Hand Ciceros seien noch lange auf dem Forum Romanum zu sehen gewesen, dort, wo Cicero in früheren Zeiten so oft zum Volk gesprochen habe. Daß Antonius den Kopf vorher auf seinen Tisch gestellt habe, um sich an dem grausigen Anblick zu weiden, ist Legende, ebenso wie die noch schauerlichere Version, daß Fulvia, die Gattin des Antonius, die Zunge Ciceros mit ihren Haarnadeln durchstochen habe. Aber die Ermordung des großen Redners und Patrioten war eine böse Tat, und es spricht immerhin für den Charakter des jungen Caesar, daß er in späteren

Jahren die Untat bereut hat. Antonius aber kannte kein Erbarmen mit seinen Feinden; er hat sie, wo er ihrer habhaft werden konnte, ganz rücksichtslos umbringen lassen. Er hat damit ein schreckliches Beispiel persönlicher und politischer Rache gegeben, das nur in den Proskriptionen Sullas ein vergleichbares Gegenbild findet. Aber auch die Genossen des Antonius im Triumvirat, Lepidus und Octavian, waren keineswegs schuldlos. Sie haben sich dem Machtspruch des Antonius, der sicherlich der intellektuelle Urheber des Mordens gewesen ist, ohne weiteres gebeugt. Sie sind nicht davor zurückgeschreckt, nach dem Vorbild des Antonius unter ihren persönlichen Feinden blutige Rache zu nehmen. Im übrigen würden die wechselvollen Schicksale der Proskribierten Seiten jeder Darstellung füllen, aber es sträubt sich die Feder, die scheußlichen Ereignisse zu beschreiben, die bei der Durchführung der Proskriptionen überall im Lande vorgekommen sind. Wenn man Appian hier Vertrauen schenken darf, so scheint es hierüber eine ganze Literatur gegeben zu haben, sie ist als solche verloren – dies sicherlich kein schwerer Verlust für das antike Schrifttum –, aber die von Appian angeführten Beispiele zeigen zur Genüge, mit welcher oft unvorstellbaren Brutalität die Ächtungen durchgeführt worden sind. Wer sich rechtzeitig in Sicherheit bringen konnte, durfte von Glück sagen – die anderen aber wurden denunziert, von den Jagdkommandos aufgespürt, unter den Händen der rohen Soldaten fanden sie ein trauriges Ende. Anderseits fehlen Beispiele von hingebender Treue in dieser dunklen Zeit nicht ganz. Aus augusteischer Zeit ist eine Inschrift erhalten, die *Laudatio Turiae*. In ihr findet ein ehemaliger Proskribierter bewegte Worte, mit denen er seiner verstorbenen Gattin den Dank ausspricht dafür, daß sie ihn in der Verfolgung gerettet habe. Andererseits hat es auch so manche Gegenbeispiele gegeben, Angst und Schrekken hatten viele Menschen stumpf gemacht gegen die Regungen des Mitleids und der Menschlichkeit, wie zu allen Zeiten, wenn der Terror regiert.

Antonius soll, als er den Kopf und die Hand Ciceros betrachtete, ausgerufen haben: „Nun sollen die Proskriptionen zu Ende sein!"[4] Die Wirklichkeit sah jedoch anders aus. Denn die Verfolgungen waren keineswegs schon im Dezember 43 beendet, sie gingen noch das ganze darauffolgende Jahr 42 weiter, denn noch zur Zeit der Schlacht bei Philippi, im Oktober 42, mußten Geächtete um ihr Leben bangen, und erst der Pakt von Misenum im Jahr 39 hat den endgültigen Schlußstrich unter dieses dunkle Kapitel der römischen Geschichte gezogen. In der Geschichte der Proskriptionen gibt es Dinge, die man nicht glauben würde, wenn sie nicht zuverlässig überliefert wären. So hat beispielsweise Antonius die Ächtung seines Oheims L. Iulius Caesar zugelassen. Dieser Mann wurde nur durch den persönlichen Mut der Mutter des Antonius gerettet, sie trat den Soldaten entgegen und machte ihnen klar, daß der Weg zu ihrem Bruder nur über ihre eigene Leiche führen werde. Und L. Aemilius Paullus, der Bruder des Lepidus, entging gleichfalls einem jähen Tod, man hat ihn absichtlich entkommen lassen. Diese Beispiele, die sich wohl noch vermehren ließen, zeigen, daß die Triumvirn sich scheuten, sich mit einer Blutschuld im Kreise ihrer Familie zu bedecken, die ganz untilgbar geblieben wäre. Das Prinzip wurde auch in diesen Fällen aufrechterhalten, die physische Vernichtung der beiden Männer ist aus guten Gründen unterblieben.

Nicht zu übersehen ist jedoch, daß sich mit den Proskriptionen eine furchtbare Welle des Terrors über Rom und viele andere Orte Italiens ergossen hat. Überall waren Menschen auf der Flucht, überall herrschte der nackte Schrecken, voll Angst wartete man an vielen Orten auf die Veröffentlichung neuer Proskriptionslisten, viele Wohlhabende bangten um ihr Leben, da ihr Besitz die Begehrlichkeit der Triumvirn angefacht hatte. Überall im Lande sah man die Mordkommandos, sie waren schwer bewaffnet und betrieben ihr Handwerk mit äußerster Gewissenhaftigkeit und ebenso großer Brutalität. Überall gab es Denunzianten; sie waren von den Triumvirn durch das Edikt (s.o.S. 124) hierzu herausgefordert worden, und mancher vergaß, was er seinen Mitmenschen schuldig war. Die für die Denunzianten ausgesetzten Belohnungen taten ein übriges, um den Geist der Humanität in vielen Menschen zum Schweigen zu bringen. Um schnöden Geldes willen verrieten Sklaven ihre Herrn, Söhne ihre Väter, Frauen ihre Männer. Von irgendeiner Rechtssicherheit konnte in Italien nicht mehr die Rede sein, und es mußte eine lange Zeit vergehen, bis man die furchtbaren Ereignisse wieder vergessen konnte. Auch in der Moral des Einzelnen hatten die Ächtungen einen nicht wieder gutzumachenden Schaden angerichtet. Die Proskriptionen erfolgten im Namen der legalen Regierung, denn die Triumvirn waren berechtigt, ihre Feinde zu verfolgen. Was aber sollte man tun? Sollte man sich auf den Standpunkt des positiven Rechts stellen, indem man alles anerkannte, was von den Triumvirn befohlen wurde? Oder sollte man den Regungen der Menschlichkeit den unbedingten Vorrang einräumen? Wer ähnliche Zeiten erlebt, der wird wissen, daß es den römischen Bürgern nicht leicht gemacht wurde, die richtigen Entscheidungen zu treffen.

Die Triumvirn hatten mit den Proskriptionen die Hoffnung verbunden, gewaltige Geldsummen einzunehmen. In der Tat sind so manche Besitzungen unter den Hammer gekommen, Häuser und Liegenschaften wurden für Spottgelder verschleudert, und manche Günstlinge der Triumvirn konnten sich im Handumdrehen ein Vermögen erwerben, so wie einst in den Zeiten Sullas. Aber dennoch waren die Proskriptionen finanziell im Ganzen eine Enttäuschung, und zwar vor allem für die Triumvirn selbst. In jenen Tagen war das Bargeld knapp. Wer etwas besaß, hatte es vorsorglich in Sicherheit gebracht, manche hatten ihr Vermögen auch im Ausland angelegt wie der schwerreiche Atticus, der Freund Ciceros. Außerhalb Italiens, vor allem in Sizilien oder in den Provinzen jenseits der Adria, waren die Vermögens- und Sachwerte für die Triumvirn nicht greifbar. So ist der Gewinn aus dem Verkauf der Güter der Geächteten ganz beträchtlich hinter den Erwartungen zurückgeblieben. Dies hatte mehrere Gründe. Nur sehr wenige Bürger hatten die Unverfrorenheit, auf die Besitzungen der Geächteten zu bieten, denn niemand konnte wissen, wie sich die politische Lage in der nächsten Zeit gestalten würde. War es denn ganz sicher, daß die Triumvirn den Sieg über die Caesarmörder davontragen würden? Und wenn die Caesarmörder wiederkommen würden? So hat sich die Hoffnung der Triumvirn, mit den Geldern der Proskribierten den Feldzug jenseits der Adria zu finanzieren, sehr bald als eine Illusion erwiesen. Für die Kriegführung fehlte den Triumvirn schließlich die riesige Summe von 200 Millionen Drachmen, das sind 800 Millionen Sesterzen – wie sollte man diese Summe aufbringen? Da kam man auf den Gedanken, auch die reichen Frauen zu den Kosten mitheranzuziehen. Man stellte eine Liste mit 1400 Namen der wohlhabendsten Frauen auf, sie sollten die Gelder aufbringen, die von den Triumvirn im einzelnen festgesetzt wurden. Dies aber war ein vollkommenes Novum in der römischen Geschichte, und es war kein Wunder, wenn sich die Frauen dagegen zur Wehr setzten. Zuerst bestürmten sie die Frauen der Triumvirn, diese waren nicht abgeneigt, ihnen zu helfen, mit der alleinigen Ausnahme der Fulvia. Diese machte mit den Bittstellerinnen kurzen Prozeß und wies sie unnachsichtlich von ihrer Schwelle. Nun blieb den Frauen nichts anderes mehr übrig als die Flucht in die Öffentlichkeit. Sie zogen auf das Forum Romanum. Hier hielt Hortensia, die Tochter des großen Redners Q. Hortensius, der einst mit Cicero die Klingen gekreuzt hatte, eine flammende Rede. Sie führte darin aus, daß man die Frauen doch nicht für die Politik der Männer verantwortlich machen könne; selbst in den Zeiten der Tyrannis des Marius, Cinna und Sulla habe man dies nicht gewagt. Die Rede verfehlte ihren Eindruck nicht, und die Frauen hatten wenigstens einen Teilerfolg zu verzeichnen: man setzte die Zahl der steuerpflichtigen Frauen von 1400 auf 400 herab. Damit mußten sie sich zufrieden geben. Außerdem wurden alle Männer, Bürger und Nichtbürger, zu einer Vermögenssteuer veranlagt, falls sie über ein Vermögen von mehr als 100000 Drachmen (= 400000 Sesterzen) verfügten. Sie mußten davon 2% als Kriegssteuer entrichten, und zwar sofort, für unsere Begriffe eine verhältnismäßig niedrige Quote, doch ist zu bedenken, daß Bargeld in jenen Tagen außerordentlich knapp war und daß manche Steuerpflichtige Haus und Hof verpfänden mußten, um die geforderte Summe aufzubringen. Doch damit nicht genug: es mußten auch noch alle anderen Abgaben eines Jahres im voraus entrichtet werden. Gerade für die Bewohner Roms und Italiens, die sich seit dem Ende des Perseuskrieges an die Freiheit vom *tributum* gewöhnt hatten, war dies ein harter Schlag, aber man wird auch den Triumvirn Verständnis entgegenbringen, sie haben es immerhin versucht, aus der Finanzklemme mit Hilfe halbwegs legaler Maßnahmen herauszukommen.

Dies alles war schlimm genug – noch schlimmer aber waren die moralischen Wirkungen der Proskriptionen. Wer die Befehle der Triumvirn ausführte, die durch die *Lex Titia* Gesetzeskraft hatten, der machte sich um den Staat verdient, wer sich aber weigerte, aus welchen Gründen auch immer, den sollte die ganze Härte des Gesetzes treffen. Was bisher Gesetz und Herkommen gewesen war, wurde nun in das Gegenteil verkehrt; viele Menschen sind schwach geworden, wobei die von den Triumvirn ausgesetzten Belohnungen ein Übriges getan haben, um die Menschen zu korrumpieren und in ihnen die Stimme des Mitgefühls zu ersticken. Die Veränderung in der Gesinnung der Bewohner Roms und weiter Teile Italiens kann man sich nicht groß genug vorstellen: die Gewalt triumphierte, die Menschlichkeit wurde vielerorts mit Füßen getreten, und dies auf ausdrücklichen Befehl der Triumvirn.

Und was taten die Triumvirn? Am letzten Tag des ereignisreichen Jahres 43 feierte Lepidus seinen Triumph. Er hatte ein Edikt erlassen, das all jene mit der Proskription bedrohte, die sich weigerten, an den öffentlichen Freudenkundgebungen *(laetitia publica)* teilzunehmen. Und was tat der Senat? Es scheint unglaublich, ist aber die Wahrheit, wenn man erfährt, daß die hohe Körperschaft in ihrer Würdelosigkeit soweit gegangen ist, den Triumvirn Bürgerkronen *(coronae civicae)* zu verleihen. Dies aber sind Kränze zu Ehren von Männern, die sich um die Rettung römischer Bürger aus Todesgefahr verdient gemacht haben. Außerdem wurden die Triumvirn als „Wohltäter“ und „Retter“ gefeiert, und dies alles nur deswegen, weil sie nicht eine noch größere Zahl von Bürgern geächtet und dem nahezu sicheren Untergang ausgeliefert hätten!

Es kann kein Zweifel darüber bestehen, daß die Triumvirn mit den Proskriptionen ihr Ziel erreicht haben. In Rom wie in Italien herrschte im Jahr 42 die Ruhe eines Friedhofs, niemand dachte noch an Widerstand, und Lepidus, der daheim geblieben war, während Antonius und Octavian den Krieg gegen die Caesarmörder führten, hatte ein leichtes Spiel, wenn auch nicht mit Sex. Pompeius, der auch weiterhin die italischen Küsten unsicher machte. Doch daran hatte man sich allmählich gewöhnt, ein Umsturz der bestehenden Ordnung war von dieser Seite her nicht zu erwarten. Die geschworenen Gegner der Triumvirn hatten den Tod gefunden oder sie waren außer Landes gegangen, ihr Weg hatte sie entweder zu Brutus und Cassius oder zu Sex. Pompeius geführt, einige von ihnen hatten sich auch nach Africa zu Q. Cornificius geflüchtet.

Antonius hatte, ebenso wie seine Genossen im Triumvirat, den Proskriptionen freien Lauf gelassen. Ihm war der Untergang so vieler persönlicher und politischer Gegner letzten Endes eine Genugtuung. Er mag sein Gewissen damit beruhigt haben, daß er selbst sich unter den Geächteten befunden hätte, wenn die Würfel anders gefallen wären. Im ganzen aber überwogen bei ihm die Gefühle der Rache. Daß sich auch Cicero unter den Getöteten befand, hat Antonius geradezu mit Freuden begrüßt, zu tief war die Feindschaft zwischen ihm und dem großen Redner gewesen. Überhaupt hört man von Antonius kein Wort der Versöhnung, mitten im Blutvergießen und in den Verfolgungen blieb er hart und unerbittlich. Er handelte nach dem Wort: „Auge um Auge, Zahn um Zahn."

Aber es stand nicht alles zum besten in Rom und in Italien. Um so wichtiger war es, die Bürger durch eine gezielte Propaganda zu beeindrukken. Hierzu dienten auch die Münzen, insbesondere die Goldmünzen, die unter der Herrschaft der Triumvirn im Jahr 42 geschlagen worden sind.[5] Sie zeigen auf der Vorderseite jeweils das Porträt eines Triumvirn. Die Rückseite bringt entweder die Abbildung von zwei gekreuzten Händen, das Füllhorn oder allegorische Figuren. Die Wiedergabe des Füllhorns ist bezeichnend, es sollte den Wohlstand symbolisieren – oder doch wenigstens die sichere Hoffnung auf Wohlstand erwecken, wenn er im Augenblick noch nicht vorhanden war. Dies aber war reine Propaganda, die zu der Wirklichkeit in schneidendem Gegensatz stand. Aber die Propaganda hat zu allen Zeiten ein Wunschdenken vorgespiegelt, und wenn die Gegenwart alles andere als ein Goldenes Zeitalter war, so mußte doch die Zukunft alles bringen, was sich die leidgeprüften Menschen Italiens ersehnten, Eintracht, Frieden und Wohlstand. Antonius und seine Genossen im Triumvirat hätten jedoch kaum goldene Münzen prägen können, wenn sie nicht auf das Vermögen der Proskribierten und auf die außerordentlichen Steuern hätten zurückgreifen können.

In seiner Lebensbeschreibung des Antonius (c. 21) weiß Plutarch davon zu berichten, daß Antonius, soeben nach Rom zurückgekehrt, sich wieder seinem aufwendigen Lebensstil zugewandt habe. Dies aber habe viel böses Blut gemacht. Und außerdem habe er sich ausgerechnet das Haus des Pompeius Magnus als Mittelpunkt seiner Feste und Vergnügungen ausgesucht. In ihm war seit dem Ende des Jahres 43 sein Hauptquartier, und während es immer wieder vorkam, daß zivile und militärische Autoritäten an der Tür umkehren mußten, weil sie nicht vorgelassen wurden, ließ es sich im Innern des geräumigen Hauses die große Schar von Schauspielern, Jongleuren und Schmeichlern auf Kosten des Triumvirn wohl ergehen – Antonius war glücklich, sie alle in seiner Umgebung zu wissen. Er scheute keine Kosten, um ihnen den Aufenthalt möglichst angenehm zu machen, Geld war hierfür genügend vorhanden, und wenn Plutarch die Wahrheit berichtet, so soll man sogar auf die bei den Vestalinnen hinterlegten Gelder zurückgegriffen haben. In jener Zeit gab es eben keine Sicherheit. Aber dies alles genügte bei weitem nicht. Schließlich mußte Octavian (der junge Caesar), der ganz offensichtlich ein besserer Haushalter war, seinen beiden Genossen im Triumvirat finanziell unter die Arme greifen. Die schlimmen Bilder der Proskriptionen hatten keinen Eindruck auf der Seele des Antonius hinterlassen, die Erfahrungen des Jahres 43 hatten ihn nicht klüger und weiser gemacht, er lebte, wenn er sich nicht mit militärischen Dingen beschäftigen mußte, wie eh und je in den Tag hinein und gab sich den Freuden des Augenblicks hin, Fulvia, seine Gattin, ließ ihn gewähren; sie liebte ihn, wie er war.

Achtes Kapitel

Die Schlachten bei Philippi

Während in Italien die Werkstätten vom Lärm der Rüstungen widerhallten und im Raum von Brundisium die Heere des Antonius und Octavian zusammengezogen wurden, um sich auf die Überfahrt nach Griechenland vorzubereiten, hatten sich im Osten größere Veränderungen vollzogen, sie warfen ihre Schatten über die Adria bis nach Italien. Die Caesarmörder waren dabei, ihre Herrschaft im Osten aufzurichten und jeden Widerstand im Keim zu ersticken. Dolabella, seinerzeit Genosse des Antonius im Consulat des Jahres 44, hatte in heimtückischer Weise den Caesarmörder Trebonius in Ephesos zur Strecke gebracht. Aber dies nützte ihm wenig, denn durch seine eigene Unzulänglichkeit unterlag er dem C. Cassius. Diesem war es nämlich gelungen, dem Dolabella in Syrien zuvorzukommen. Außerdem hatte er die Legionen Ägyptens gewonnen, sie waren ihm von A. Allienus, dem ehemaligen Legaten Dolabellas, zugeführt worden. Der Senat in Rom, hocherfreut über den Erfolg des Cassius, hatte ihm bald nach dem Sieg bei Mutina, d.h. im Frühsommer 43, die Statthalterschaft von Syrien übertragen, die vorher dem Dolabella bestimmt worden war. Cassius sollte hier den Krieg gegen Dolabella führen, der vom Senat in die Acht erklärt worden war. In Laodikeia in Nordsyrien von Cassius eingeschlossen, ohne jede Hoffnung auf Entsatz von außen, ließ Dolabella seinem Leben ein Ende machen. Angeblich soll er einem Mann seiner Leibwache befohlen haben, ihm den Kopf herunterzuschlagen, und diesen dann dem Cassius, der vor den Toren der Stadt stand, zu überbringen. Der Soldat führte den Befehl aus, tötete sich aber daraufhin selbst. Dolabella war ein ausgesprochener Glücksritter, der nirgends etwas Dauerndes geleistet hat. Wäre er nicht in Laodikeia zu Tode gekommen, so hätte er mit großer Wahrscheinlichkeit ein Ende auf dem von ihm geplanten Partherfeldzug gefunden.

C. Cassius, der Caesarmörder, hätte sich nun gar zu gern Ägyptens bemächtigt. Als Vorwand gedachte er das Verhalten der Königin Kleopatra zu benutzen, die sich dem Dolabella durch Hilfesendungen gefällig erwiesen hatte. Aber zu einer Intervention des Cassius im Nilland sollte es nicht mehr kommen – dies sicherlich ein schwerwiegendes Versäumnis –, denn M. Brutus forderte seinen Genossen auf, sich schleunigst mit ihm zu vereinigen. Brutus befand sich damals in Kleinasien, er war dabei, Gelder für seine Soldaten zusammenzubringen, wobei er vor ausgesprochenen Pressionen nicht zurückschreckte. Noch heute sind die griechisch geschriebenen Briefe des M. Brutus erhalten, aus denen eine ganz unzweideutige Sprache spricht, die Sprache des Feldherrn, der seinen Untertanen Befehle erteilt, und zwar in einem Ton, der keinen Widerspruch aufkommen läßt. Brutus hatte die Absicht, nach Vereinigung seines Heeres mit den Truppen des Cassius über den Hellespont nach Makedonien vorzurücken. Angesichts der bevorstehenden Invasion des Antonius und Octavian wäre die Okkupation des Landes sehr wichtig gewesen.

Das Zusammentreffen der beiden Caesarmörder, des Brutus und Cassius, in Smyrna zeitigte einen überraschenden Beschluß. Obwohl Brutus dafür eintrat, sich unverzüglich gegen die Triumvirn zu wenden, die, wie er sagte, inzwischen ein Heer von nahezu vierzig Legionen zusammengebracht hätten, sprach sich sein Genosse Cassius dagegen aus: man solle zuerst die Feinde im eigenen Machtbereich vernichten, insbesondere die Rhodier und Lykier. Der Kampf gegen die letzteren wurde dem Brutus übertragen, während sich Cassius gegen Rhodos wandte. Es kann gar kein Zweifel daran sein, daß dieser Beschluß von ganz verhängnisvollen Folgen für die Operationen der Caesarmörder gewesen ist. Sie versäumten es, sich rechtzeitig mit entsprechender Heeresmacht nach Makedonien zu begeben, und von dort aus wäre es ihnen nicht schwer gefallen, die von Italien übersetzenden Heere der Triumvirn abzufangen und sie vielleicht sogar wieder ins Meer zu werfen. Anstatt sich gegen den Hauptgegner zu wenden, und zwar so schnell wie möglich, führten sie einen Raubkrieg in Kleinasien, bei dem sie sich durch ihre Härte und Erbarmungslosigkeit um die Sympathien aller Griechen, auch der des griechischen Mutterlandes, gebracht haben. Insbesondere die Rhodier wurden nach der überraschenden Eroberung durch Cassius ganz erheblich zur Ader gelassen, es gab zahlreiche Todesurteile und noch mehr Verbannungen. Brutus dagegen bemächtigte sich mit Gewalt der lykischen Städte Xanthos und Patara. Die Einwohner von Xanthos hatten sich mit äußerster Hartnäckigkeit verteidigt, angeblich sollen nur 150 freigeborene Männer in die Gefangenschaft geraten sein. Militärisch sind die Operationen nicht zu rechtfertigen, denn keine einzige der griechischen Gemeinden Kleinasiens war so stark, daß ihre Existenz bei dem bevorstehenden Entscheidungskampf irgendwie ins Gewicht gefallen wäre. Aber Brutus und Cassius brauchten Geld, sogar viel Geld, um ihre Soldaten zufriedenzustellen, und das Geld, dessen sich Brutus seinerzeit in Thrakien bemächtigt hatte, hatte nur für den ersten Bedarf genügt, die Kassen waren leer und mußten wieder gefüllt werden.

Mit ihren Operationen in Rhodos und in Lykien hatten die Caesarmörder dem Heer der Triumvirn freie Bahn gegeben. Allerdings hatte sich Brutus schon im Jahr 43 Makedoniens bemächtigen können, die Provinz war ihm von Q. Hortalus übergeben worden; C. Antonius, der Bruder des Triumvirn, war zu spät gekommen, er war nur bis Illyrien gelangt. Hier war er in Apollonia eingeschlossen und von Brutus zur Kapitulation gezwungen worden (etwa im März 43). Auf C. Antonius wartete ein schlimmes Schicksal: zur Vergeltung für die Proskriptionen hat ihn Brutus zu Beginn des Jahres 42 umbringen lassen, eine ganz unnötige Grausamkeit, die aller Menschlichkeit Hohn spricht und Brutus schwer belastet. Denn der in sicherem Gewahrsam gehaltene C. Antonius war für die Caesarmörder keine Gefahr mehr gewesen. Aber in jenen Tagen war man dabei, sich diesseits und jenseits der Adria zum Entscheidungskampf zu rüsten, und C. Antonius gehört mit zu den Opfern der Auseinandersetzung.

Der einzige, der die Operationen der Triumvirn zu stören vermochte, war Staius Murcus, einer der Flottenbefehlshaber des Brutus. Er hatte zunächst an der Küste der Peloponnesos Unternehmungen durchgeführt. Als aber die Flotte der Kleopatra, angeblich wegen eines Schiffbruchs, nicht in den griechischen Gewässern erschienen ist – die Königin galt als Feindin der Caesarmörder –, sah Staius Murcus seine Aufgabe hier als erfüllt an und setzte nach Italien über. Er ließ seine Schiffe vor Brundisium in der Nähe einer kleinen Insel Ankerplätze beziehen und bildete auf diese Weise ein ernsthaftes Hindernis für Antonius, der im Begriff war, seine Legionen nach Illyrien überzusetzen. Die Anwesenheit des Staius Murcus war dem Antonius so lästig, daß er schließlich den jungen Caesar mit seiner Flotte zu Hilfe rufen mußte, die sich immer noch in den sizilischen Gewässern befand und mit dem Seekönig Sex. Pompeius die Klingen kreuzte. Der vereinigten Flotte der Triumvirn unter Octavian hatte Staius Murcus nichts Vergleichbares entgegenzustellen, er mußte die Blockade Brundisiums aufgeben, die Transportschiffe der Triumvirn erhielten freie Fahrt über die Adria nach Illyrien. Als die Voraustruppen, insgesamt nicht weniger als acht Legionen unter der Führung des Decidius Saxa und des Norbanus, am jenseitigen Ufer der Adria ans Land gingen, fanden sie dort keine Sicherungen des Gegners vor. Die Caesarmörder hatten es versäumt, die Landung zu stören. Offenbar waren die Führer der Vorhut über die

Bewegungen der gegnerischen Heere im Bilde, so wird es verständlich, wenn sie sich unverzüglich auf den Weg nach Makedonien machten, um hier eine Sperrstellung gegen die Caesarmörder zu besetzen. Auf der Via Egnatia gelangten sie durch Makedonien, das ohne jede Besatzung des Brutus war, und durch Thrakien südlich an der Stadt Philippi vorbei bis an die Engpässe der Korpiler und Sapäer, nachdem sie einen Marsch von nicht weniger als 2500 Stadien (etwa 500 km) zurückgelegt hatten. Dies bietet der stark verkürzende Bericht Appians. Er läßt aber nicht erkennen, daß zwischen den Engpässen der Korpiler und Sapäer nicht nur ein Zwischenraum von mehr als 100 Kilometern liegt, erst ein Blick auf die Karte zeigt, daß die Vortruppen bis in die Gegend westlich von Doriskos gekommen sind, d.h. bis nahe an den Hebrosfluß (Maritza), daß sie sich dann aber wieder zurückzogen und am Engpaß der Sapäer, nordwestlich von Neapolis (Kavalla), aufstellten. Der Grund für die Rückwärtsbewegung bestand in dem Vorstoß der republikanischen Flotte, die an der thrakischen Küste entlangfahrend die Truppen der Triumvirn von Süden her bedrohte.

Im Innern Thrakiens war die Lage ungeklärt. Der König Rhaskuporis hielt es mit Cassius, sein Bruder Rhascus mit Antonius, vielleicht hatten sich die beiden thrakischen Fürsten hierüber abgesprochen, dies legt wenigstens die spätere Entwicklung nahe. Es war im übrigen nicht gleichgültig, wem die Thraker ihre Hilfe liehen. Beide, Rhaskuporis ebenso wie sein Bruder, verfügten jeder über ein Reiterkontingent von 3000 Mann, die sie zu wertvollen Bundesgenossen machten. Die Heere der Caesarmörder hatten in Lysimacheia auf der thrakischen Chersonesos den Übergang von Asien nach Europa vollzogen, an dem Meerbusen Melas hielten Brutus und Cassius eine große Truppenschau ab. Insgesamt verfügten die Republikaner über nicht weniger als 19 Legionen, allerdings waren die Einheiten nicht vollständig aufgefüllt. Von den Truppen standen neun Legionen unter dem Befehl des Cassius, Brutus hatte acht unter seinen Feldzeichen, zwei weitere Legionen bestanden aus Ersatzmannschaften. Die Hilfsvölker, die zur Reiterei ihre Kontingente gestellt hatten, stammten aus aller Herren Länder: Brutus hatte Kelten, Lusitanier, Thraker, Illyrer, Parthiner und Thessaler unter seinen Fahnen, Cassius dagegen außer Iberern und Kelten noch Araber, Meder und Parther, dazu ein Kontingent der kleinasiatischen Galater. Von Nachteil sollte es sich erweisen, daß die Legionen zum großen Teil ehemals caesarische Truppen waren, die vor allem Cassius in Syrien auf seine Seite herübergezogen hatte. Würden sie ihrem Fahneneid treu bleiben, wenn es in die Entscheidungsschlacht gegen die Heere der Triumvirn ging? Dies aber war die entscheidende Frage, die sich Brutus und Cassius immer wieder vorgelegt haben. Im ganzen aber war die Ausgangsposition der Republikaner nicht ungünstig. Zahlenmäßig kamen sie dem Heer der Triumvirn gleich, in der Flottenmacht waren sie bei weitem überlegen, außerdem hatten sie den Rücken frei, während der Nachschub der Caesarianer auf der Adria durch die Flotte des Staius Murcus, der sich inzwischen mit den Schiffen des Cn. Domitius Ahenobarbus vereinigt hatte, ständig gefährdet war. Dazu kam schließlich noch Sex. Pompeius mit seiner Flotte, die immer noch die Gewässer um Sizilien und Unteritalien beherrschte. Geld hatten die Republikaner genug, dies zeigt ihre Münzprägung, in der es selbst an großen Goldmünzen nicht mangelt, diese Prachtstücke sind wahrscheinlich an Offiziere hohen Ranges ausgegeben worden. Und außerdem verfügten sie durch ihre Flotte unter Tillius Cimber auf dem Ägäischen Meer über ein Instrument, mit dem sie nicht nur Truppenbewegungen ausführen, sondern auch ständig Nachschub heranführen konnten. Schwierigkeiten bereitete der Führung der Republikaner die Besetzung der Pässe der Sapäer – aber hier entschlossen sie sich auf den Rat des thrakischen Fürsten Rhaskuporis zu einem schwierigen Umgehungsmarsch. Dieser vollzog sich in vier Tagen durch das Urwaldgebiet westlich des Nestos, am 5. Tag erreichte man über einige Höhen die Ebene von Philippi. Die Operation hatte sich ungemein schwierig gestaltet, ein Teil der Schrecken, mit denen die Republikaner zu kämpfen hatten, ist von Appian in einem psychologisch sehr anschaulichen Bericht (B.C. IV 104, 432) wiedergegeben worden. Erst als man nach unendlichen Mühen den Nestos-Fluß erreicht hatte, war das Schlimmste überstanden. Der Gegner hatte die Operation beobachtet. Es war Rhascus, der Bruder des thrakischen Königs, gewesen, der sie dem Norbanus zur Kenntnis gebracht hatte. Daraufhin ließ Norbanus nicht nur den Sapäer-Paß, sondern auch den Symbolon-Paß (nordwestlich von Neapolis) räumen. Das Heer der Triumvirn wurde nach Amphipolis zurückgenommen. Inwieweit Norbanus durch Versorgungsschwierigkeiten zu dieser Operation gezwungen wurde, entzieht sich unserer Kenntnis. Auf jeden Fall hatte er sich durch die Umgehung seiner Stellung in einer schwierigen, gefährlichen Lage befunden, die ihm hätte zum Verhängnis werden können, wenn er nicht rechtzeitig Gegenmaßnahmen getroffen hätte. Die Republikaner aber zogen ihre Streitmacht im Raum von Philippi zusammen, für Nachschub konnte auf dem Weg über Neapolis (Kavalla) gesorgt werden.

Die Stadt Philippi – ihr früherer Name ist Krenides – war eine Gründung des Makedonenkönigs Philipps II. (359–336), des Vaters Alexanders des

Großen. Die Stadt, die durch Philipp neu besiedelt worden ist – es ist übrigens die erste, die ihren Namen von einem Herrscher bekommen hat –, sollte eine Schutzwehr gegen die Thraker bilden, und in der Tat ist die Stadt dieser Aufgabe gerecht geworden. Gelegen auf einem rundum abschüssigen Hügel, hat sie eine beherrschende Lage inne. Ihre allgemeine Bedeutung wird noch dadurch verstärkt, daß die von den Römern gebaute Via Egnatia sie nach Westen hin mit Amphipolis, nach Osten mit Doriskos verbunden hat. Nördlich von Philippi befand sich in jener Zeit ein undurchdringliches Waldgebiet, im Süden dehnte sich eine Sumpflandschaft aus, welche die Stadt von dieser Seite her praktisch unangreifbar machte. Westlich von ihren Mauern erblickte man ein weites fruchtbares Land, das sich im Norden bis Drabeskos, im Süden bis nach Myrkinos erstreckte. Appian fügt noch hinzu (B. C. IV 105, 442), daß sich das Feld von Osten nach Westen abwärts neigte; von einem Heer, das sich aus Richtung Amphipolis der Stadt näherte, sei das Plateau nur mit Schwierigkeit zu besteigen gewesen. Die Republikaner hatten für ihre Aufstellung zwei etwas erhöhte Stellen in der Ebene westlich von Philippi ausgesucht, die Trennungslinie zwischen Brutus und Cassius bildete die Via Egnatia, Brutus hatte den Hügel des Dionysos (Panajr Dagh) in seinem Rücken, während Cassius sein Lager auf dem Madier Tepe hatte errichten lassen. In dieser Stellung erwarteten sie den Anmarsch des gegnerischen Heeres. Den Zwischenraum zwischen den beiden Lagern hatten sie mit einer Mauer verbarrikadiert, die von dem einen Lager bis zum anderen reichte. Nach Appian habe die Mauer innen Tore besessen, so daß die beiden Lager in Wirklichkeit nur ein einziges gebildet hätten (wie man sich dies vorzustellen hat, ist schwer zu sagen, und man fragt sich, ob Appian hier richtig berichtet hat). Vor der Front der beiden Lager befand sich ein kleiner Fluß mit Namen Gangas (oder Gangites), als Schutz gegen die Kavallerie des Gegners war er sehr willkommen.

Als Antonius mit der Masse des Heeres in Amphipolis erschien, da mußte er froh sein, daß es dem Norbanus gelungen war, diese wichtige Stadt zu behaupten. Hier errichtete Antonius den Hauptwaffenplatz, hier endete die Nachschubstraße, durch die das Heer mit der Adria und mit Italien verbunden war. Im ganzen eine sehr schwierige und gefährliche Lage, aber Antonius war ganz unerschrocken und zuversichtlich. Er kümmerte sich um alles und jedes, während der junge Caesar (Octavian), sein Genosse im Triumvirat, wegen Krankheit zunächst für die Führung der Operationen ausfiel. Er hatte im übrigen vorerst in Durazzo zurückbleiben müssen. Octavian war, wie es scheint, durch die Strapazen des Feldzugs überfordert, und seine Gesundheit war nie allzu kräftig gewesen. Es war aber nicht Sache des Antonius, lange zu warten. Als sich die Legionen der Triumvirn im Raum von Amphipolis versammelt hatten, drängte Antonius sofort auf die Offensive. Er wollte dem Gegner das Gesetz des Handelns vorschreiben und ihm die Initiative entreißen. Die Legionen wurden auf der Via Egnatia in Richtung auf Philippi in Marsch gesetzt. Mitten in der Ebene im Angesicht der gegnerischen Armee, nur wenige Kilometer westlich von dieser, begannen sie mit der Errichtung von zwei Lagern. Sie wurden von dem Gegner offenbar hierbei gar nicht behelligt; dies mag darauf zurückzuführen sein, daß die Kavallerie des Antonius den buntscheckigen Kontingenten der Republikaner im Felde weit überlegen war. Und das Fußvolk einzusetzen haben weder Brutus noch Cassius gewagt. Die Kühnheit des Antonius ist umso bemerkenswerter, weil sich alle Vorteile auf seiten seiner Gegner, alle Nachteile auf seiner eigenen Seite befanden. Schon Appian (oder seine Quelle) hat dies klar zum Ausdruck gebracht, wenn er schreibt, daß sich Antonius in der Ebene, seine Gegner aber auf den Hügeln befunden hätten. Während sich die Republikaner das Wasser aus dem Fluß Gangas ohne Mühe beschaffen konnten, sah sich Antonius gezwungen, in mühevoller Arbeit Brunnen graben zu lassen; dies aber war, wie immer, eine sehr zeitraubende Angelegenheit. Holz für seine Verschanzungen mußte er sich aus dem Sumpfgelände im Süden von Philippi holen, den Gegnern stand in den Bergwäldern ihres rückwärtigen Gebiets genügend Holz zur Verfügung. Ganz schlecht stand es für die Triumvirn mit dem Nachschub, während die Republikaner dank ihrer Flotte alle Versorgungsgüter in Hülle und Fülle zur Verfügung hatten. Um sich gegen Überraschungen von seiten des Gegners zu sichern, hatte Cassius in dem engen Zwischenraum zwischen seinem Lager und dem Sumpfgebiet im Süden eine weitere Mauer ziehen lassen, um auch von dieser Seite her gegen Angriffe des Antonius sicher zu sein. Aber auch Antonius hatte seinen Soldaten keine Ruhe gelassen, überall waren Befestigungswerke im Bau, überall sah man Schanzwerke aus dem Boden emporwachsen, und nirgends wurden sie durch den Feind in nennenswerter Weise gestört. Zwar hatten sich die Reiter auf beiden Seiten immer wieder in Scharmützeln gemessen, diese waren die üblichen Vorspiele zum Entscheidungskampf, auf den sich beide Heere vorbereiteten.

Da durchlief die Reihen der Legionen des Antonius der Ruf: „Caesar ist angekommen!" Immer noch nicht von seiner Krankheit vollständig wiederhergestellt, ließ er sich auf einer Sänfte durch die Lagerstätten der Caesarianer tragen. Und nun kam alles darauf an, ob es dem taktischen

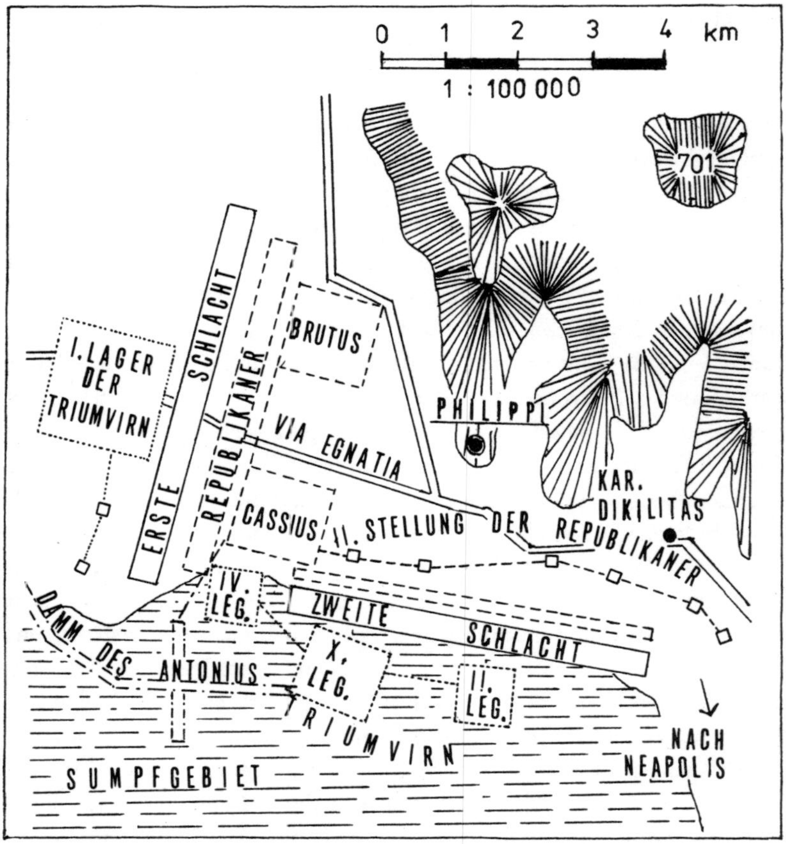

Philippi (Oktober 42 v. Chr.)

Geschick des Antonius gelingen würde, den Gegner zu einer Schlacht zu zwingen – denn die Vorräte der Heere der Triumvirn waren knapp, und es war leicht vorauszusehen, daß sie eines Tages auf die Neige gehen würden. Die Republikaner setzten ihre Hoffnungen darauf, daß die Caesarianer wegen Mangel an Verpflegung wieder abziehen müßten. So stellten sich zwar die Heere auf beiden Seiten in Schlachtordnung auf, aber die Republikaner hüteten sich, den offenen Kampf anzunehmen, denn sie waren der Meinung, daß die Zeit für sie arbeitete. Wie lange konnte Antonius noch warten? Woher sollte er die Zufuhr für sein Heer nehmen, da die Flotte der Republikaner auf der Adria eindeutig in der Übermacht war? Und durch die Ägäis konnte kein Schiff zu ihm gelangen, da hier die Verhältnisse noch ungünstiger für Antonius waren; auch aus Ägypten wäre nichts zu erwarten gewesen, da dieses Land im Jahr 42 eine Mißernte zu beklagen hatte. Und nicht anders stand es mit der weit entfernten iberischen Halbinsel und mit Gallia Narbonensis. Aus diesen Provinzen konnte deswegen nichts herbeigeschafft werden, weil Sex. Pompeius die Straße von Messina und auch das Meer zwischen Sizilien und Africa kontrollierte und kein Schiff passieren ließ, das sich auf die weite Fahrt nach Illyrien begeben wollte. Die Erträge der Ernten Makedoniens und Thessaliens konnten bei weitem nicht genügen, um das nötige Getreide und Futter zur Verfügung zu stellen. Dies ist jedenfalls die Meinung Appians, der sich hierüber in einer eigenen Betrachtung ausgesprochen hat (B. C. IV 108, 456).

Für Antonius blieb nur ein einziger Ausweg übrig: er mußte, koste es, was es wolle, den Feind zu einer Entscheidungsschlacht zwingen, sonst wäre er genötigt gewesen, seine Stellungen im Raum von Philippi aufzugeben und sein Heer nach Makedonien zurückzuführen. Was dann kommen würde, konnte er sich unschwer ausmalen: die Sache der Republikaner würde einen ungeheuren Auftrieb erfahren, und ob die Entscheidung im nächsten Jahr zugunsten des Antonius ausfallen würde, das stand in den Sternen geschrieben. Wo ein Wille ist, da ist auch ein Weg: Antonius war ein erfahrener Stratege, und das Mittel, den Feind zu zwingen, auch gegen dessen Willen, hatte er schon gefunden. Antonius nahm seine Zuflucht zu einem sehr riskanten Manöver, das seinen taktischen Fähigkeiten ein glänzendes Zeugnis ausstellt. Ein frontaler Angriff gegen die beiden miteinander verbundenen Lager der Gegner hätte kaum Aussicht auf einen durchschlagenden Erfolg geboten, zu stark waren die Befestigungswerke der Republikaner. Es wäre wenig sinnvoll gewesen, gegen die Palisadenzäune und Erdbefestigungen anzurennen und sich blutige Köpfe zu holen. Aber Antonius hatte bereits eine Idee, die ihn aus allen Schwierigkeiten retten konnte. Er ließ, vom Gegner zunächst unbemerkt, im rechten Winkel zu seiner ursprünglichen Aufstellung einen Damm durch das Sumpfgebiet aufschütten. Auf diese Weise wollte er den Feinden in den Rücken gelangen und sie von ihrer Nachschubstraße zwischen Philippi und Neapolis (Kavalla) abdrängen. Wenn ihm dies gelang, so befanden sich die Republikaner in ebenso großen Schwierigkeiten wie die Heere der Triumvirn. Durch das hohe Schilfgras blieben die Arbeiten des Antonius zunächst ganz unsichtbar, erst nach zehn (!) Tagen bemerkten die Republikaner, was Antonius inzwischen ins Werk gesetzt hatte. An dieser Stelle ist darauf hinzuweisen, daß die Aufklärung der Republikaner vollständig versagt hatte, sonst hätte eine zehntägige Schanzarbeit, verbunden mit Lärm und Truppenbewegungen, unmöglich verborgen bleiben können. Aber die Republikaner starrten wie gebannt auf die Truppen vor ihrer Front, um das Sumpfgelände kümmerten sie sich nicht, da sie sich hier, an der Südseite, ganz sicher fühlten. Was sollten die Republikaner tun, als die Arbeiten des Antonius festgestellt worden waren? Cassius ließ sie mit einem Gegenzug beantworten. Von seinem Lager zog er in südlicher Richtung eine Gegenmauer, so wie es bei Belagerungen von jeher üblich war. Die Mauer durchschnitt schließlich den Damm des Antonius. Dadurch wurde ein Teil der Soldaten des Antonius von den rückwärtigen Verbindungen abgeschnitten. Wenn jedoch Appian davon spricht, daß der Damm des Cassius „bis ans Meer" gezogen worden sei, so ist dies ein großer Irrtum. Ein Blick auf die Karte zeigt das Gegenteil, man war immer noch ein ganz beträchtliches Stück, etwa 10 km, vom Meer entfernt!

In dieser gefährlichen Situation ließ Antonius zum Angriff blasen, eine Aktion, die vom Gegner am allerwenigsten erwartet wurde. Die Soldaten des Cassius wurden von ihrem Damm heruntergefegt. Antonius machte rasche Fortschritte in Richtung auf das Lager des Cassius, er ließ bereits Leitern und Belagerungsmaschinen herbeischaffen, um die Mauern zu ersteigen und in das Lager in der ersten Überraschung einzudringen. Im Heer des Cassius herrschten Verwirrung und Unordnung, die Soldaten waren nicht imstande, dem Elan der Angriffe des Antonius standzuhalten, und wenn Cassius erwartet haben sollte, in seiner bedrängten Lage die Unterstützung seines Genossen Brutus zu finden, so sah er sich hierin getäuscht. Zwischen den beiden Heeren scheinen die Verbindungen abgerissen zu sein; die Führung war, bedingt durch die Zweiteilung, nicht einheitlich, und die Intentionen des Cassius, der sich auch hier als der bessere Feldherr gegenüber Brutus erwiesen hat, scheinen von dem letzteren nicht verstanden oder nicht beachtet worden zu sein. Die Unordnung im Heer des Cassius wurde so groß, daß der Feldherr an seiner Rettung verzweifelte und sich durch einen Freigelassenen namens Pindaros den Todesstoß geben ließ. Man erzählt, es habe sich ihm eine Reitergruppe genähert, in ihr habe Cassius eine feindliche Abteilung vermutet. In Wirklichkeit aber waren es Reiter des Brutus, die sich durch ein Gespräch mit einem Abgesandten des Cassius hatten aufhalten lassen.

Brutus war in diesem Kampf nicht müßig geblieben, er hatte das gemeinsame Lager der Triumvirn in seine Gewalt gebracht; dies war ein Erfolg, der sich immerhin sehen lassen konnte, da er im Kampf gegen die Lagerbesatzung errungen werden mußte. Allerdings hatte ihn diese Aktion von dem Schwerpunkt der Schlacht abgezogen, und wenn es auch Brutus gelungen war, dem auf der Gegenseite kommandierenden Octavian eine beachtliche Niederlage beizubringen, so wurde diese doch durch den Sieg des Antonius einige Kilometer weiter südlich mehr als wettgemacht. Octavian konnte insofern noch von Glück sagen, als er sich nicht im Lager befunden hatte, als dieses von den Republikanern genommen worden war, aber es heißt, die Sänfte des Octavian sei von Speeren durchlöchert gewesen. Aber es war ihm gelungen, rechtzeitig zu entkommen. Beide Heere haben übrigens die von ihnen eroberten Lager wieder aufgegeben, Antonius das Lager des Cassius, Brutus das gemeinsame Lager der Triumvirn.

Das ist das Ergebnis der ersten Schlacht bei Philippi. Sie ist zu Beginn des Monats Oktober 42 geschlagen worden, drei Wochen vor der zweiten Schlacht, die dann die endgültige Entscheidung bringen sollte. In dieser ersten Schlacht hatte Antonius einen wichtigen Teilerfolg errungen, der endgültige Sieg war ihm aber durch Brutus entwunden worden.

Auch die zweite Phase der Kämpfe im Raum von Philippi beginnt mit einem überraschenden Vorstoß des Antonius. Dieser erscheint immer wieder als der aktivere Feldherr, während sein Gegner Brutus sich weiter auf die Defensive beschränkte. Nach seiner Auffassung hatte ihm der Verlauf der ersten Schlacht recht gegeben. Brutus hielt seine Truppe in dem höher gelegenen Lager, das sich an den Dionysoshügel anlehnte. Um ihn herauszufordern, besetzte Antonius einen wichtigen unweit des Lagers des Cassius gelegenen Hügel, den Kütschük Tepe. Diesen Hügel ließ Antonius mit nicht weniger als vier Legionen besetzen. Er bildete von nun an den Angelpunkt der Aufstellung des Antonius. Denn er ließ nun seine gesamte Armee um den Hügel eine Rechtsschwenkung vornehmen, so daß südlich von Philippi eine neue Front gebildet wurde. Brutus ist der Vorwurf nicht zu ersparen, daß er es versäumt hatte, sich rechtzeitig in den Besitz des wichtigen Geländepunktes zu setzen. Er hatte nämlich geglaubt, durch seine Bogenschützen den Hügel unter Kontrolle zu haben. Die Front des Antonius verlief nach der Schwenkung in ost-westlicher Richtung, sie blickte nunmehr nach Norden, nicht mehr, wie bisher, nach Osten. Wiederum fordert die Kühnheit des Antonius den Betrachter zu rückhaltloser Bewunderung heraus. Er hatte den Sumpf in seinem Rücken und lief Gefahr, wenn die Republikaner seine Lage erkannten, von seinen rückwärtigen Verbindungen nach Amphipolis abgeschnitten zu werden, womit sein Schicksal besiegelt gewesen wäre. Aber für Antonius kam nun alles darauf an, den Feind möglichst bald zu einer Entscheidungsschlacht herauszufordern, denn jeder Tag vermehrte seine Schwierigkeiten. Durch die

Bewegung des Antonius sah sich Brutus gezwungen, sein früheres Lager nördlich der Via Egnatia aufzugeben und in das ehemalige Lager des Cassius zu übersiedeln; damit hatte sich der Schwerpunkt des kriegerischen Geschehens eindeutig nach dem Süden verschoben, beide Heere kämpften letzten Endes um ihre Verbindungen mit den Nachschublinien. Antonius mußte versuchen, die Straße nach Amphipolis freizuhalten, während es für Brutus um die Behauptung der Verkehrsader zwischen Philippi und Neapolis ging. Hierdurch wurde er veranlaßt, seine Befestigungen weiter nach dem Osten auszudehnen, sie zogen sich nun südlich von Philippi ein Stück westlich der Straße entlang nach Neapolis bis zu dem heutigen Dikilitas und sogar noch ein Stück darüber hinaus. Durch die taktischen Bewegungen des Antonius war die Lage des Brutus schwierig geworden, dazu kam, daß er es als Feldherr mit Cassius nicht aufnehmen konnte, geschweige denn mit Antonius, der weit über seine Taten im Heere Caesars in Gallien hinausgewachsen war. Aber die Jahreszeit drängte, es kamen die ersten Herbstregen, der Boden unter den Füßen der Soldaten begann aufzuweichen, und auch für die Kavallerie wurde das Operieren im freien Gelände immer schwieriger. In dieser Lage machte Brutus einen schweren Fehler: er ließ sich durch seine Soldaten dazu drängen, die von ihnen immer wieder geforderte Schlacht nun endlich anzunehmen. Schon seit einiger Zeit hatte sich im Heer eine Mißstimmung gegen Brutus breitgemacht. Während die Soldaten dem Cassius ohne weiteres gehorcht hatten, waren sie gewohnt, alle Anordnungen des Brutus zu kritisieren, sie wußten alles besser und sahen auf den Feldherrn voll Hochmut herab. Vor allem aber hatten sie gar kein Verständnis dafür, daß sie immer noch in der Defensive verharren sollten, obwohl sie sich den Soldaten des jungen Octavian überlegen gezeigt hatten. Als auch die Unterführer begannen, Brutus zu bedrängen, gab er endlich nach, wohl wissend, in welche Gefahr er sich und sein Heer damit führte. Ebenso wie Cassius war er immer voll Furcht, daß die ehemaligen Caesarianer in seinem Heer sich auf die andere Seite schlagen würden. Diese Furcht ist es gewesen, die ihn ganz wesentlich dazu bestimmt hat, die Schlacht anzunehmen. Appian (B. C. IV 125, 524) erzählt anschaulich, wie Brutus durch die Reihen seiner Soldaten ritt und sie daran erinnerte, daß sie es gewesen seien, die ihn dazu bestimmt hätten, die Schlacht anzunehmen. Er machte sie außerdem auf die günstige taktische Position aufmerksam. Der Feind werde gewissermaßen von zwei Seiten bedrängt, durch das Heer der Republikaner und durch den Hunger, der sich immer deutlicher bemerkbar mache (diese Kunde muß Brutus wohl von Gefangenen oder Überläufern aus dem anderen Lager erhalten haben). Auch die Gegner, Antonius und der junge Caesar, sollen ihre Soldaten auf den Ernst der Lage hingewiesen haben: es komme jetzt darauf an, alles auf einmal zu einem glücklichen Ende zu bringen. „Wenn wir ihre Reihen durchbrochen haben, so gilt es, sie von den Toren abzuschneiden und auf die Abhänge und die Ebene zu drücken, damit sie keine Möglichkeit zur Flucht haben." Wenn diese bei Appian wiedergegebene Rede auch kaum authentisch ist, so spiegelt sie doch die Lage vor der Entscheidungsschlacht anschaulich wider.

Die Schlacht begann am 23. Oktober 42, um 15 Uhr nachmittags. Appian erzählt, zwischen den beiden Schlachtreihen hätten sich zwei Adler gezeigt, sie hätten miteinander gekämpft, und der Adler auf der Seite des Brutus habe die Flucht ergriffen. Daraufhin großes Geschrei bei den Caesarianern, und die beiden Schlachtreihen stürmten in frontalem Anprall aufeinander los. Der Bericht Appians, der sich als wohlunterrichtet erweist, läßt wenigstens soviel erkennen, daß die unter dem Befehl des jungen Caesar stehenden Truppen nach schwerem Kampf den Sieg über ihre Gegner davongetragen haben, sie durchbrachen ihre Reihen und stürzten sich, wie befohlen, auf die Tore des Lagers, obwohl die Geschosse von den Mauern ihnen ganz erheblich zusetzten. Für die Republikaner blieb jetzt nur noch die Flucht ins freie Feld, sie wandten sich in der Masse nach Osten, überquerten den Fluß Zygaktes und schlugen sich ins Gebirge, wo sie zunächst in Sicherheit waren. In der Schilderung Appians ist ohne Schwierigkeit die hervorragende Rolle des Antonius zu erkennen, die dieser im weiteren Verlauf der Schlacht gespielt hat. Er warf vor sich alles nieder, stürzte sich auf die Fliehenden und auf die wenigen, die noch Widerstand leisteten. Jetzt war die Stunde seiner Reiterei gekommen, sie schwärmte nach allen Seiten aus, um die Versprengten einzuholen, sie versperrte alle Wege und Zugänge zum Schlachtfeld, so daß sich der Gegner wie in einem Sack gefangen sah. Selbst vor dem Gebirge machte sie nicht Halt, sie vertraute sich der Führung des Thrakerfürsten Rhascus an und konnte die Fliehenden in großen Mengen einholen und gefangennehmen.

Im Heer der Caesarmörder befand sich auch der junge Horaz, der sich wie so viele andere junge Römer dem Brutus in Athen angeschlossen hatte. Er war als Militärtribun eingestellt worden, obwohl er ohne jede militärische Erfahrung war. Mit seinen Freunden geriet er in den Mahlstrom der Flucht, die sich im Heere des Brutus immer weiter ausbreitete. In einer berühmten Ode (II 7,5 ff.), die er einem Freund namens Pompeius gewidmet hat, spricht er von der reißenden Flucht und von dem Schild, den er fortgeworfen habe. Es stand schlecht um ihn, so dürfen wir schließen, aber der Gott Merkur trug ihn in dichtem Nebel durch die Reihen der Feinde fort:

tecum Philippos et celerem fugam
sensi, relicta non bene parmula,
cum fracta virtus et minaces
turpe solum tetigere mento.

sed me per hostis Mercurius celer
denso paventem sustulit aere,
te rursus in bellum resorbens
unda fretis tulit aestuosis.

Du hast Philippis Tag und die rasche Flucht
Mit mir erlebt, der ruhmlos den Schild verlor,
Als Mannesmut zerbrach und unsere
Helden so tapfer den Boden küßten.

Doch mich, der furchtsam zagte, mich trug Merkur
Rasch durch den Feind in dichtes Gewölk gehüllt,
Dich schlang die Kriegsflut wieder rückwärts,
Riß dich hinein in die wilden Wellen.

Übersetzt von Wilh. Schöne.

Antonius hatte Befehl gegeben, man müsse vor allem auf die feindlichen Anführer achten, damit diese nicht entkommen und den Krieg an einer anderen Stelle des Reiches wieder erneuern könnten. Dieser Befehl wurde, soweit möglich, ausgeführt, aber es gelang den Reitern nicht, auch des Brutus habhaft zu werden. Für ihn hatte sich einer seiner Freunde namens Lucilius den Truppen gestellt, er hatte sich als Brutus ausgegeben. Antonius soll ihm die List verziehen und ihn schließlich sogar in die Schar seiner Freunde aufgenommen haben. Unterdessen war es Brutus im Schutz der Dunkelheit gelungen, das Gebirge zu gewinnen, wo er vorerst in Sicherheit war. Die Hoffnung, in das Lager zurückzukehren, hatte er nicht aufgegeben. Im äußersten Notfall hoffte er, sich zum Meer durchschlagen zu können. Er hatte übrigens immer noch vier Legionen in seiner Begleitung, aber diese waren nicht mehr bereit, zu kämpfen, sie sollen dies ganz unverblümt dem Brutus gegenüber zum Ausdruck gebracht haben. In seiner Verzweiflung bat Brutus einen seiner Freunde, Straton von Epirus, ihm den Tod zu geben. Nach einigem Zögern kam Straton dem Befehl nach. So starb Brutus am Tage nach der zweiten Schlacht bei Philippi, am 24. Oktober 42.

Antonius aber bewies gegenüber dem toten Brutus seine gewohnte Noblesse. Er ließ den Leichnam in ein Purpurgewand hüllen und auf dem Scheiterhaufen verbrennen, die Asche befahl er, der Servilia, der Mutter des Brutus, zu übersenden. Die Reste des Heeres der Republikaner, angeblich 14000 Mann, traten auf die Seite der Triumvirn über. Von den höheren Offizieren hatten einige, da sie von den Triumvirn keine Gnade erhoffen konnten, bis zum bitteren Ende gekämpft, andere waren dem Beispiel des Brutus gefolgt und hatten Hand an sich gelegt.

Im übrigen ist dem Antonius sein Verhalten gegenüber Brutus hoch anzurechnen. War doch Brutus der eigentliche Schuldige am Tode seines Bruders, des C. Antonius, in Apollonia in Illyrien. Aber Antonius hatte nicht in Brutus, sondern in dem Statthalter von Makedonien, Q. Hortensius, den Hauptschuldigen an dem Verbrechen gesehen; daß es in Wirklichkeit anders damit stand, hat Antonius natürlich gewußt, er wollte aber ein Beispiel seiner Großmütigkeit geben, und die Nachwelt hat es ihm nicht vergessen.

Fragt man nach den Gründen für die Niederlage der Republikaner, so wäre in erster Linie die strategische Überlegenheit des Antonius anzuführen. Er stand in jenen Tagen, einundvierzigjährig, auf dem Höhepunkt seines Lebens. Aus einer ungemein schwierigen Lage heraus hatte er sein Heer zu einem glänzenden Sieg geführt, die Vorgänge in der Schlacht zeigen zur Genüge, daß er der gegnerischen Führung in jeder Hinsicht überlegen war. Die Republikaner wurden nicht gut geführt, es wurden außerdem entscheidende Fehler gemacht, die sich nicht wieder wettmachen ließen.

Der Flottenstützpunkt der Republikaner bei Neapolis und die Insel Thasos, auf der man große Vorräte aufgehäuft hatte, fielen ohne Schwertstreich in die Hände der Caesarianer. Ein Teil der Republikaner hatte die Gelegenheit benutzt, zu Schiff das Weite zu suchen. Ihre Absicht wird es gewesen sein, Anschluß an Sex. Pompeius zu gewinnen, aber die Fahrt nach Sizilien war lang und beschwerlich, und manche von ihnen werden in den Winterstürmen der Ägäis den Untergang gefunden haben. Anders stand es mit den beiden prominenten Republikanern M. Messalla Corvinus und L. Bibulus. Sie übergaben dem Antonius nicht nur die reichen Vorräte auf der Insel Thasos, sie traten auch selbst in seinen Dienst. Von ihnen sollte es Messalla Corvinus zu hohen Ehren bringen, nachdem er die

Freundschaft des jungen Caesar hatte erwerben können; L. Bibulus ist immerhin noch bis zur Prätur gelangt; er starb in Syrien kurz vor der entscheidenden Auseinandersetzung zwischen dem jungen Caesar und M. Antonius.

Die Folgen der Schlacht von Philippi waren zunächst noch ganz unabsehbar. Es gab kein republikanisches Heer mehr, das sich den Triumvirn hätte in den Weg stellen können, Griechenland und der Orient lagen den Siegern zu Füßen. Am hellsten strahlte der Stern des Antonius, niemand in der Welt hatte annähernd Vergleichbares aufzuweisen. Er besaß dazu noch eine ganz ungewöhnliche Ausstrahlung; sie sprang von seiner Person auf alle über, die in Kontakt mit ihm kamen. Jedermann wußte, daß Antonius ein Heer, das dem Verhungern näher war als dem Sieg, zu einem ganz überragenden Erfolg geführt hatte. Wie der Kriegsgott Mars hatte er über seine Feinde triumphiert, die Heere der Republikaner waren vor ihm zerstoben, nirgendwo im Osten gab es noch irgendeinen Widerstand. Der Sieg bei Philippi bedeutete das Ende der römischen Republik, die Erben Caesars hatten reinen Tisch gemacht, die *Res publica libera* existierte nicht mehr, der einzige, der den Triumvirn noch Widerstand leistete, war der Seekönig Sex. Pompeius, aber auch seine Tage waren gezählt.

Im Gegensatz zu Antonius hatte sein Genosse im Triumvirat, der junge Caesar, einen wesentlich geringeren Anteil am Sieg bei Philippi. Er war, wie so oft in seinem Leben, von Krankheit heimgesucht worden und hatte sich ganz auf seine Unterführer verlassen müssen. Außerdem waren von einem jungen Mann von 21 Jahren keine strategischen Wunder zu erwarten gewesen. Er kehrte nach Italien zurück, um hier für seine Gesundheit zu sorgen – in die Angelegenheiten des Orients mischte er sich nicht ein. Hier aber gab es eine Fülle von schwierigen Problemen, ihre Lösung wurde dem Antonius überlassen.

Mit dem Sieg des Antonius bei Philippi beginnt ein neues Zeitalter, die Zeit des Caesarismus. Denn von nun an blieben alle Entscheidungen von politischer und militärischer Bedeutung den Triumvirn überlassen, dem Antonius und dem jungen Caesar, während sich Lepidus mit einer Nebenrolle begnügen mußte. Der Senat in Rom war nur noch eine Schaubühne, sein höchstes Bestreben war es, sich den Triumvirn gefällig zu erweisen. Dies aber bedeutete, daß ein sehr wichtiges Element des römischen Staates, der Senat, ausgeschaltet worden war, die hohe Versammlung hatte sich von nun an praktisch auf Akklamation zu beschränken. Durch die Aufnahme von zahlreichen Freunden und Parteigängern der Triumvirn wurde der Senat zum Werkzeug einer neuen Politik, die ganz vom Willen der neuen Machthaber gelenkt wurde. Etwas mehr als zwei Jahre und sieben Monate waren seit dem Tod des Diktators Caesar vergangen, und die Welt hatte ein neues Gesicht bekommen. Wer es nun zu etwas bringen wollte, der mußte sich beeilen, den Triumvirn, insbesondere aber den Siegern von Philippi, seine Aufwartung zu machen. Am höchsten in der Gunst des Volkes stand Antonius; er hatte das erreicht, was er sich von Jugend auf so brennend gewünscht hatte: er war der Retter des Vaterlandes, der Mord an Caesar war in furchtbarer Weise, durch die Proskriptionen und durch die Opfer der Schlacht bei Philippi, gerächt. Hätte es jetzt nicht nahe gelegen, unter die Vergangenheit einen Strich zu ziehen und insbesondere die Pest der Proskriptionen zu beenden? Hierzu aber konnten sich die Triumvirn immer noch nicht entschließen, zu tief war ihnen der Haß gegen die politischen Gegner eingewurzelt. Was aber sollte Antonius tun? Lag nicht die erste Stelle im Staat für ihn bereit, wenn er gewillt war, sie zu ergreifen? Der junge Caesar und Lepidus, diese beiden waren für ihn keine ernsthaften Konkurrenten, die zu fürchten waren. Es wäre Antonius, wenn er mit seinen siegreichen Legionen nach Italien zurückgekehrt wäre, ein Leichtes gewesen, hier die Macht an sich zu reißen und die beiden Genossen im Triumvirat auf Nebenrollen zu beschränken oder sie sogar völlig zu verdrängen, wenn sie sich seinem Willen nicht beugten. Es ist kein Zweifel: Antonius stand nach der Schlacht bei Philippi an einem Wendepunkt. Italien oder der Orient – das war die Frage. Antonius aber hat sich ohne Zögern für den Orient entschieden. Der Grund liegt nahe: Antonius wollte die Siegesbeute im Osten *allein* einbringen, er wollte sie nicht mit einem anderen teilen. Die Mühen und Strapazen der Feldzüge im Westen und im Osten sollten jetzt ihre Früchte tragen, und zwar nicht nur für ihn allein, sondern auch für seine Freunde und vor allem für seine Soldaten, die ihm in guten und bösen Stunden unwandelbar die Treue gehalten hatten. Antonius war alles andere als eine kleinliche Natur. Wenn er etwas gewonnen hatte, so dachte er auch an seine Freunde und an seine Soldaten, die zu ihm wie zu einem Gott emporblickten. Ihrem Verdienst sollte jetzt der Lohn zuteil werden, Antonius war nicht der Mann leerer Versprechungen. Die Triumvirn hatten erklärt, sie würden jedem Soldaten 500 Drachmen (= 2000 Sesterzen) als Belohnung auszahlen, die Offiziere sollten natürlich eine sehr viel höhere Summe Geldes erhalten, aber das Geld war nicht vorhanden, von der Kriegskasse des Brutus hört man nach Philippi nichts; sie scheint geplündert worden zu sein, als die Schlacht zu Ende ging.

Aber die Hoffnung auf Beute ist sicher nicht der einzige Grund des

Antonius gewesen, sich für den Osten zu entscheiden. Es war der ganz unbeschreibliche Zauber, der von den Ländern des Orients ausging. Antonius hatte ihn vor Jahren im Heer des Gabinius selbst gespürt, und am tiefsten hatte ihn das Nilland Ägypten bezaubert, wie es noch jeden Eroberer von Alexander bis hin zu Napoleon in seinen Bann geschlagen hat. Und dann waren da die Griechen Kleinasiens, ein gewerbefleißiges, kunstsinniges Volk, mit vielen berühmten Metropolen, Tempeln und Heiligtümern. Dies alles gehörte dem Sieger von Philippi, den die Verehrung der Griechen in den Himmel hob. Und da war der große Schwarm der Künstler und Schauspieler, der Dionysischen Techniten. Sie bewahrten eine alte Tradition, die aus der klassischen Zeit in die Gegenwart herüberreichte. Sollte Antonius auf all diese Dinge verzichten? Sein Herz drängte ihn, die Begegnung mit den Griechen zu suchen, ihre Kultur zu bewundern und sich an ihren Festen und Schauspielen zu begeistern. Und hinter den Griechen Kleinasiens lag der Orient, den wiederzusehen sein heißester Wunsch war. Denn dieses Mal kam er nicht als ein unbekannter Offizier in einer römischen Reiterabteilung, in der er sich erst seine Sporen verdienen mußte, er kam als der allmächtige Sieger, der der Welt ein neues Gesicht gegeben hatte. Die Herzen flogen ihm entgegen, zum ersten Mal kam hier ein Römer, der Verständnis für den Orient und seine Bewohner mitbrachte, mit seinem Erscheinen hob ein neues Zeitalter im Orient an, das sich allen Zeitgenossen ganz unauslöschlich eingeprägt hat.

Neuntes Kapitel

Antonius im Vorderen Orient

Zwei große Aufgaben waren den Triumvirn nach der Schlacht bei Philippi gestellt: es waren dies die Versorgung der Soldaten und die Neuordnung der Verhältnisse im Vorderen Orient. Die erste Aufgabe, die man getrost als sehr undankbar bezeichnen kann, wurde dem jungen Caesar aufgebürdet. Er sollte die Veteranen in Italien mit Landbesitz abfinden und sie in Kolonien ansiedeln. Die Aufgabe war nicht zu bewältigen, ohne daß tiefgreifende Konflikte mit den Bürgern zahlreicher Landstädte in Italien entstanden, die alle um ihren Besitz fürchten mußten. Aber es ist dem jungen Caesar, unterstützt von treuen und einflußreichen Freunden, gelungen, die schwierige Aufgabe zufriedenstellend zu lösen. Natürlich sind Konflikte nicht ausgeblieben, denn es allen recht zu machen, wäre unmöglich gewesen.

Bevor die Sieger von Philippi auseinandergingen, hatte man sich darüber klar werden müssen, wie es nun mit dem Triumvirat weitergehen sollte. Hatte es wirklich einen Sinn, eine so schwache und farblose Figur, wie es Lepidus war, weiter mitzuschleppen, obwohl sich dieser für die weiteren Pläne des Antonius und des jungen Caesar mit großer Wahrscheinlichkeit als ein Hindernis erweisen würde? Lepidus gebot über die wichtige Gallia Narbonensis, dazu über die beiden spanischen Provinzen, er hatte auf diese Weise im Westen eine bedeutende Position inne, die von niemandem ignoriert werden konnte. Aber der Sieg bei Philippi hatte das Selbstbewußtsein vor allem des Antonius in einer Weise gestärkt, daß er keine Rücksicht mehr auf Lepidus zu nehmen gedachte. Und was dieser Lepidus für ihn im Sommer des Jahres 43 getan hatte, das lag nun schon länger als ein Jahr zurück – es war nicht vergessen, aber seit dem Sieg bei Philippi bekamen diese Dinge für Antonius ein ganz anderes Gesicht. Was also sollte mit Lepidus geschehen? In einer Geheimsitzung kamen die beiden Sieger zu dem Beschluß, Lepidus aufzufordern, er möge auf die spanischen Provinzen und Südgallien verzichten. Spanien sollte unter die Verwaltung des jungen Caesar, Gallia Narbonensis sollte dem Länderkomplex des Antonius im Westen zugeschlagen werden. Überhaupt war Antonius der am meisten Begünstigte, denn er besaß bereits Gallia Comata, wo sein Statthalter Fufius Calenus mit einem großen Heer seinem Herrn treu ergeben war. Ein Zugeständnis wurde freilich auch von Antonius verlangt: die bisherige Provinz Gallia Cisalpina, um deren Besitz Antonius vor 1½ Jahren den Mutinensischen Krieg geführt hatte, wurde zum römischen Bürgerland erklärt. Diese Veränderung des politischen Status war angeblich schon in den letztwilligen Verfügungen Caesars vorgesehen gewesen. Selbst wenn dies nicht der Fall gewesen ist, so war nicht zu übersehen, daß der Diktator Caesar für die Romanisierung der Provinz wichtige Vorarbeit geleistet hatte. Antonius konnte sich nicht gut weigern, obwohl er wußte, daß damit die Herrschaft des jungen Caesar in Italien einen Zuwachs erhielt, der von ganz besonderem Wert, auch im Hinblick auf die Rekrutierung der Soldaten, gewesen ist.

Neuere Forschungen[1] haben gezeigt, daß die Position des Antonius in Italien in der Zeit von der Schlacht bei Philippi bis zum Beginn des Perusinischen Krieges, d.h. vom Ende des Jahres 42 bis zum Ausgang des folgenden Jahres, nicht unterschätzt werden darf. Zahlreiche Veteranen wurden in Italien neu angesiedelt, sie alle waren dem Antonius treu ergeben, und dieser verfügte über eine Anzahl von wichtigen Militärkolonien, von denen hier vor allem Ancona, Pisaurum, Ariminum, Sutrium, Beneventum, Bononia und Cremona zu nennen sind. Über eine besonders starke Bastion verfügte Antonius in der Landschaft Picenum an der Adria, sehr wertvoll war auch der Besitz von Bononia und Cremona, denn diese beiden Städte sicherten die Verbindungen zu Gallien, das in seiner Gesamtheit dem Antonius gehörte. Dem Antonius gegenüber hatte es der junge Caesar in Italien nicht leicht, erst nach dem Ende des Perusinischen Krieges hat er sich hier voll durchsetzen können.

Lepidus wurde, wie es die beiden anderen Triumvirn vorgesehen hatten, mit der Provinz Africa entschädigt. Er war damit an den Rand des römischen Reiches abgedrängt. Um seine Position war er nicht zu beneiden, denn zwischen seiner neuen Provinz und Italien lag das Seereich des Sex. Pompeius.

Die Heere des Antonius und des jungen Caesar wurden beträchtlich vermindert. Aus ihnen wurden alle Soldaten entlassen, die bereits unter dem Diktator Caesar unter den Waffen gestanden hatten. Im ganzen sollen nur 80000 Mann übrig geblieben sein. Zusammen mit den Soldaten, die aus dem Heer des Brutus auf die Seite der Triumvirn übergewechselt waren, belief sich die Streitmacht der beiden nun auf insgesamt 11 Legionen und 14000 Reiter. Von diesen erhielt Antonius sechs Legionen und 10000

Mann Kavallerie zugesprochen, während sich der junge Caesar mit fünf Legionen und 4000 Reitern begnügte. Von diesen stellte er wiederum zwei Legionen dem Antonius zur Verfügung, die er durch Truppen aus dem Heer des Fufius Calenus, das damals in Italien stand, ersetzen durfte.

Nach diesen Beschlüssen gingen die beiden Sieger von Philippi auseinander, Antonius zog es nach Griechenland, der junge Caesar reiste auf der Via Egnatia nach dem Westen, dem Ionischen Meer entgegen, um nach Italien überzusetzen, das von nun an im Mittelpunkt seines Lebens und seiner Tätigkeit stehen sollte. Für beide, für Antonius wie für den jungen Caesar, gab es neue Aufgaben, doch hatte Antonius zweifellos das bessere Teil erwählt. Bei Plutarch (Leb. d. Ant. c. 23) findet sich an dieser Stelle eine längere Betrachtung über das Verhältnis des Antonius zu den Hellenen. Sie gipfelt darin, daß es Antonius über alles geschätzt habe, als Philhellene oder noch eher als Philathener zu gelten. Dies sei ihm nämlich die größte Freude und Genugtuung gewesen. Er schätzte die Unterhaltung mit Philologen, interessierte sich für die agonistischen Spiele und ließ sich sogar in die Mysterien einweihen (wahrscheinlich in die eleusinischen), kurz, er bemühte sich, ein wirklicher Hellene zu werden. In Athen hatte er übrigens auf Grund seines früheren Aufenthalts (s. o. S. 29) zahlreiche Freunde, seine Generosität gewann ihm viele neue hinzu, überall hörte man über Antonius nur Stimmen des Lobes, seine großzügige Noblesse ließ vergessen, daß er der mächtigste Mann seines Zeitalters war, der nur mit dem Finger zu winken brauchte, um seinen Willen durchzusetzen. In Athen und in Griechenland waren zahlreiche Probleme juristischer Art zu lösen. Auch in diesen Dingen zeigte sich Antonius von seiner besten Seite, indem er, wo dies nur möglich war, Milde walten ließ. Er konnte sich dies leisten, ohne an seiner Würde Schaden zu nehmen. Und wenn er besonders gut aufgelegt war, so machte er den Städten Geschenke, wofür sich diese natürlich in entsprechender Weise revanchierten. Auch in Delphi hat er sich sehen lassen. Hier wurden auf seinen Befehl vorbereitende Arbeiten an dem berühmten Tempel des pythischen Apollon vorgenommen, um das Heiligtum zu restaurieren und womöglich zu vollenden. Doch ist es dazu nicht mehr gekommen, da Antonius von anderen und wichtigeren Aufgaben in Anspruch genommen wurde. Plutarch erzählt, die Megarer hätten dem Antonius, um ihm eine besondere Gunst zu erweisen, ihr Rathaus gezeigt, weil sie von der Schönheit des Gebäudes überzeugt waren. Antonius aber habe, als man ihn nach seiner Meinung fragte, trocken gesagt: „Es ist nur ein kleines Ding, aber es ist trotzdem verkommen." Spricht sich in diesem Sarkasmus der Hochmut des Römers aus, der die Dinge der Griechen von oben herab betrachtete? Wenn der Ausspruch wirklich historisch ist (dies ist jedoch zweifelhaft), so hätte Antonius seinem Temperament einen Augenblick die Zügel schießen lassen und in nicht gerade diplomatischer Weise die Wahrheit gesagt.

Antonius aber war nicht nur zu seinem Vergnügen nach Hellas gekommen. Er brauchte für seine Soldaten Geld, und zwar viel Geld. Hatten die Triumvirn doch jedem einzelnen Soldaten 500 Drachmen (= 2000 Sesterzen) versprochen, den Offizieren noch viel mehr. Woher sollte man das Geld nehmen? Hier mußten nun die Bewohner des Ostens einspringen, auch die Hellenen des Mutterlandes, obwohl diese seit den Zeiten des Bürgerkrieges zwischen Pompeius und Caesar ungeheure Summen hatten aufbringen müssen. Bald gelangte Antonius zu der Einsicht, daß in Hellas selbst für ihn nicht viel zu holen sei. Aber da waren noch die reichen Griechenstädte Kleinasiens, aus ihnen hatten zwar Brutus und Cassius schon gewaltige Summen herausgepreßt, aber dies war nur ein Grund mehr für Antonius, ihnen gegenüber keine Schonung walten zu lassen.

Inzwischen war das neue Jahr angebrochen, in Rom hatten L. Antonius, der Bruder des Triumvirn, und P. Servilius Isauricus das Consulat angetreten. Es war das Jahr 41 v. Chr., das in Italien den furchtbaren *Perusinischen Krieg* gesehen hat. In diesem Jahr weilte Antonius fernab von Italien in Kleinasien und setzte hier sein aufwendiges Leben auf Kosten der Griechen fort.

Unter den ersten Gesandten, die Antonius auf kleinasiatischem Boden, und zwar in Bithynien, empfing, waren zwei Gruppen von *Juden,* die eine abgesandt vom jüdischen Adel, die andere von Herodes, dem Idumäer. Später, als Antonius sein Hauptquartier bereits in Ephesos aufgeschlagen hatte, ist angeblich noch eine dritte Gesandtschaft vor ihm erschienen; dies waren Vertreter des Hohenpriesters Hyrkanos und des jüdischen Volkes. Antonius aber hatte seine Entscheidungen längst getroffen, er kannte die Juden seit den Tagen des Gabinius und setzte daher auf die Karte des Herodes. In ihm sah er einen zuverlässigen Garanten der römischen Oberherrschaft, alle anderen hielt er dagegen für unzuverlässig. Im übrigen brauchte Antonius in Palästina einen treuen Gefolgsmann, allein schon im Hinblick auf die Parther, die jederzeit die römischen Provinzen im Osten überschwemmen konnten. Herodes war zwar mit Cassius verbunden gewesen, aber dies schien dem Antonius weniger bedenklich als eine Herrschaft des jüdischen Adels, der den Römern ganz ablehnend gegenüberstand. Herodes und sein älterer Bruder Phasael erhielten die Würde von Tetrarchen, d. h. sie wurden Teilfürsten des jüdischen Gebiets, wenn auch unter der Oberhoheit des Hohenpriesters Hyrkanos als Ethnarchen (W. Otto). Übrigens hat Herodes die Hoffnungen des Antonius weithin erfüllt, dieser hat den Fürsten immer wieder gefördert, denn er wußte, was er an Herodes besaß.

Im Hauptquartier des Antonius ging es zu wie in einem Taubenschlag: aus allen Himmelsrichtungen kamen die Gesandtschaften, und alle hofften auf Erleichterung der gewaltigen finanziellen Lasten, die ihnen aufgebürdet werden sollten. Antonius empfing sie wie ein Souverän; er eröffnete ihnen, daß sie große Summen zu zahlen hätten, und zwar die gleichen, die sie den Caesarmördern gegeben hätten, d.h. eine Vorauszahlung für zehn Jahre sollte binnen einem einzigen Jahr aufgebracht werden, wozu Antonius hinzufügte, er sei leider durch die Umstände hierzu gezwungen. Daraufhin erhob sich unter den Griechen ein lautes Wehklagen, so daß sich Antonius schließlich erweichen ließ, den kleinasiatischen Einwohnern zu gestatten, den Tribut von neun Jahren in einer Frist von zwei Jahren aufzubringen. Doch wurde keiner vergessen, weder die Könige noch die Dynasten noch die Städte, sie alle sollten zu dem Tribut das Ihrige beitragen.

In allen anderen Dingen war Antonius, der ungekrönte König des Ostens, sehr großzügig, vor allem auch seinen früheren Feinden gegenüber, die in ganzen Scharen in sein Lager überwechselten. Noch mehr Sympathie brachte er freilich jenen Staaten und Völkern entgegen, die sich den Caesarmördern widersetzt und im Kampf mit diesen große Schäden erlitten hatten. So schenkte er den Lykiern völlige Steuerfreiheit, die Einwohner von Xanthos ermutigte er zum Wiederaufbau ihrer zerstörten Stadt, den Rhodiern verlieh er als Zuwachs zu ihrem Territorium die Inseln Andros, Tenos und Naxos, dazu noch Myndos, eine Hafenstadt in Karien; Appian fügt jedoch hinzu, daß die Rhodier diese Besitzungen bald wieder herausgeben mußten, weil sich ihre Herrschaft als zu hart erwiesen hatte (dies führt darauf, daß die Untertanen der Rhodier einflußreiche Fürsprecher gehabt haben müssen). Den Städten Laodikeia in Syrien und Tarsos in Kilikien schenkte Antonius die Freiheit und dazu – was vielleicht noch wertvoller war – die volle Abgabenfreiheit. Die unter dem Regime des Cassius in die Sklaverei verkauften Bürger von Tarsos wurden auf Grund einer Verfügung *(diatagma)* des Antonius wieder freigelassen, die Käufer verloren natürlich ihr Geld und wurden dadurch für ihren Leichtsinn und ihr Vertrauen auf Cassius bestraft. Auch die Athener versuchten das Eisen zu schmieden, solange es heiß war. Sie schickten eine Abordnung nach Kleinasien und erhielten durch die Gunst des wie immer großmütigen

Antonius die Inseln Ägina, Ikos, Keos, Skiathos und Peparethos. Die Zuweisung wird man, abgesehen von der Insel Ägina vor der Haustür von Athen, wohl eher als eine Verwaltungsmaßnahme des Antonius betrachten müssen. Denn die kleinen Inseln als eigene Staaten zu belassen, hätte kaum einen rechten Sinn gehabt.

Von Ephesos aus durchzog Antonius mit einer großen Begleitung die wichtigsten Landschaften Kleinasiens, überall wurde er gefeiert, überall brachten ihm Städte und Dynasten wertvolle Gastgeschenke dar. Durch Phrygien und Mysien führte ihn der Weg nach Galatien, von hier nach Kappadokien, Kilikien und Koilesyrien, schließlich nach Palästina und in das Land der arabischen Ituräer. Die Könige und Dynasten lagen ihm zu Füßen, sie priesen sich glücklich, daß die Sonne des Antonius über ihren Häuptern aufgegangen war. In Kappadokien brachte Antonius Sisinnes auf den Thron, angeblich weil der Triumvir Gefallen an seiner Mutter Glyphyra gefunden hatte, doch das mag üble Nachrede sein. Schließlich befreite er eine Anzahl syrischer Städte von ihren Tyrannen, die sich in ihnen zur Herrschaft aufgeschwungen hatten, teilweise mit Hilfe des Cassius. Es gab überhaupt eine Fülle von administrativen und finanziellen Problemen zu lösen, die Mitarbeiter des Antonius hatten alle Hände voll zu tun, während sich ihr Herr als „Retter" und „Wohltäter" feiern ließ. Im Ganzen ist zuzugeben, daß hier zweckmäßige und weithin sinnvolle Arbeit geleistet worden ist, aber weniger von Antonius selbst, als von den Experten seines Stabes, die sich in diesen Dingen vorzüglich bewährt haben.

Die Maßnahmen im Orient, die mit dem Namen des Antonius verbunden sind, stehen weithin unter dem Zeichen des Geldmangels, anderseits sind sie dem Motiv der Furcht vor einer möglichen parthischen Intervention entsprungen. Die Furcht war nicht unbegründet, denn im folgenden Jahr (40) ist der Parthersturm in Vorderasien losgebrochen. Aber der drohende Schatten der Parther hat Antonius nicht daran gehindert, sich auch in Kleinasien und Syrien einem Leben von Luxus und extravagantem Vergnügen zu widmen. Wenn er nicht gerade Kriege führen oder militärische Operationen vorbereiten mußte, so brauchte er die Feste zu seiner Entspannung, sie bedeuteten ihm mehr als bloße Vergnügungen: umgeben von fröhlichen Menschen, die dem Dionysos und der Aphrodite opferten, war Antonius selber ein fröhlicher Mensch, die Nacht wurde zum Tage, und die notwendigen Arbeiten mußten andere für ihn erledigen, er ließ sich von ernsthaften Dingen in seinem Vergnügen nicht stören. In seiner unmittelbaren Umgebung befanden sich zahlreiche Schauspieler, Flötenvirtuosen und Tänzer, Griechen mit Namen Anaxenor, Xanthos und Metrodoros; sie waren noch viel ausgelassener als das fahrende Volk, das sich in Rom in seinem Hause versammelt hatte.

Und als Antonius das erste Mal in Ephesos einzog, da wurde er, wie einst die hellenistischen Könige, unter großem Gepränge durch das Stadttor geleitet. Vor ihm her schritten Frauen als Bacchen verkleidet, während Männer und Jünglinge die Rolle von Satyrn und Pansgöttern übernommen hatten. Die Stadt war geschmückt mit Efeuzweigen und Thyrsosstäben, den Wahrzeichen des Dionysoskults. Überall ertönte Harfenmusik, und mit Recht hat vor Jahren Otto Immisch geschrieben:[2] „Den Einzug in Ephesos geleitete eine regelrechte Prozession in der echtesten Form eines Bacchanals, wie wir solche Katagogia des Gottes in diesen Gegenden auch sonst kennen ... In Ephesos geschah es dann auch, daß er wirklich ausgerufen ward als Dionysos mit den Zunamen Charidotes und Meilichios".[3] Diese Dinge, insbesondere die Gleichsetzung eines Menschen, und dazu noch eines lebenden, mit einem Gott, sind für die Antike charakteristisch, sie zeigen in ihrer ekstatischen Übersteigerung, wessen der antike Geist fähig war, wenn er sein Wohlgefallen an einem großen Menschen gefunden hatte. Im übrigen hatte die Identifizierung des Antonius mit dem Gott Dionysos noch einen ganz besonderen Hintergrund: War nicht auch Alexander, zum mindesten von der Nachwelt, mit Dionysos gleichgesetzt worden? Und war nicht in dem Glauben der späteren Menschen der Alexanderzug nach Indien der Zug des Gottes Dionysos gewesen? Auch dem Antonius hatte, vor allem seit Philippi, immer wieder die Gestalt des großen Makedonen vor der Seele gestanden, und als der Römer kleinasiatischen Boden betrat, da wähnte er sich in den Fußtapfen seines großen Vorbildes. Auch in seiner Kleidung hat Antonius dies für alle Welt sichtbar zum Ausdruck gebracht.[4] Wir werden auf diese Dinge im einzelnen noch zurückkommen (s.u. S. 195). Antonius aber war jetzt im Besitz eines ungeheuren Selbstbewußtseins, seine Schmeichler haben sich im Lob seiner Person und seiner Fähigkeiten gar nicht genug tun können. Unter ihnen befanden sich auch die Schauspieler, die Dionysischen Techniten, sie haben an Antonius einen wohlwollenden und spendefreudigen Schutzherrn gefunden. Sie weilten des öfteren in seinem Hauptquartier, und Antonius hatte große Freude an ihren Aufführungen, die vor allem aus Tragödien und Komödien der griechischen Klassik bestanden. In der Welt des Theaters fühlte sich Antonius ganz zu Hause, sie vermochte ihm das zu geben, was er so lange hatte entbehren müssen: Fülle und Glanz einer Kultur, die, aus griechischem Geist geboren, die ganze Welt in ihren Bann gezwungen hatte, zu einer Zeit, in der die Hellenen mit der Weltpolitik längst nichts mehr zu tun hatten.

Plutarch (Leb. d. Antonius c. 24,4) aber konnte sich nicht enthalten zu bemerken, daß Antonius sich vielen Menschen in Kleinasien als Dionysos der „Fleischfresser“ und der „Wilde“ gezeigt habe; er führt ein paar Beispiele an, welche seine Rücksichtslosigkeit beim Eintreiben von Abgaben bezeugen. Aber wieder einmal vergißt Plutarch, daß sich Antonius in einer Zwangslage befand: Wie sollte er seine Soldaten bezahlen, wenn nicht mit den Abgaben der unglücklichen Bewohner der kleinasiatischen Städte und Landschaften? Auch dem Antonius wuchs kein Kornfeld auf der flachen Hand.

Im Anschluß daran erzählt Plutarch die Geschichte vom Zusammentreffen des Antonius mit Hybreas von Mylasa, einem bedeutenden Redner. Als der Römer den Städten eine zweite Kontribution auferlegte, soll Hybreas gesagt haben: „Wenn du imstande bist, zweimal im Jahr eine Kontribution zu fordern, so kannst du auch zweimal im Jahr Sommer und Herbst (das ist: Ernte) werden lassen.“ Natürlich war das rhetorisch gemeint, fügt Plutarch hinzu, aber der Ausspruch entsprach dem Geschmack des Antonius, der sich ja unter griechischen Lehrern die Kunst der geschliffenen Rede angeeignet hatte. Aber Hybreas hatte die Kühnheit, noch eine weitere Bemerkung hinzuzufügen, sie bezog sich darauf, daß die Provinz Asia dem Antonius einen Betrag von 100000 Talenten gezahlt hatte. Hybreas sagte: „Wenn du dieses Geld nicht bekommen hast, so fordere es von denen, die es genommen haben. Wenn du es aber selbst bekommen hast und es nicht mehr besitzest, so sind wir verloren.“ Antonius soll von den meisten Dingen, die um ihn herum vorgingen, nichts gewußt haben, nicht weil er von Natur so leichtsinnig war, sondern weil er den Männern seiner Umgebung blind vertraute, er war eben kein mißtrauischer Mensch. Mag nun diese Anekdote schon in das Jahr 41 fallen oder erst in das Jahr 33[5] – auf jeden Fall wirft sie ein helles Licht auf die Beziehungen zwischen Antonius und den Hellenen Kleinasiens.

Zweifellos war Antonius ein ganz unkomplizierter Mensch,[6] und wenn er einen Irrtum begangen hatte, so zeigte er tiefe Reue, er versuchte, seinen Fehler wieder gutzumachen, indem er sich gegenüber den Benachteiligten sehr großmütig zeigte. Er hatte viel Freude daran, über andere zu lachen, aber es war ihm auch nicht unangenehm, wenn er selbst zur Zielscheibe des Spottes wurde. Den Schmeichlern gegenüber ließ er es sehr an Kritik fehlen, er hörte gern zu, wenn sie ihn mit Lobsprüchen in den Himmel hoben, das gefiel ihm immer wieder, und man gewinnt fast den Eindruck, daß er die Lobeserhebungen ganz ernst genommen hat. Menschenkenntnis war eben nicht die starke Seite des Antonius, und gerade dies hat ihn später ins Verderben gestürzt.

Mitten in den Vorbereitungen zum Partherkrieg, der nun nicht mehr lange aufgeschoben werden sollte, sandte Antonius seinen Vertrauten Q. Dellius nach Alexandrien. Er hatte den Auftrag, Kleopatra, die Königin Ägyptens, aufzufordern, im Hauptquartier des Antonius in Kilikien zu erscheinen. Sie sollte sich hier rechtfertigen wegen der Unterstützung, die sie dem Cassius im Bürgerkrieg gewährt hatte. Dies aber mag vielleicht nur ein Vorwand gewesen sein, in Wirklichkeit wollte Antonius auf die Hilfe der Ptolemäerin in dem bevorstehenden Partherkrieg nicht verzichten. Antonius hatte das Land Ägypten im Gefolge des Gabinius kennengelernt, er wußte, daß es ein reiches Land war. Wenn es gelang, die vielfachen Hilfsquellen des Nillandes zu organisieren, so konnte es ein wesentlicher Rückhalt für seine imperialistischen Pläne sein. Dellius kannte sich in der Welt aus, ihm waren die Qualitäten der Ptolemäerin nicht verborgen geblieben. Er soll ihr zugesichert haben, daß Antonius ihr nichts Böses tun, sondern daß sie im Gegenteil eine hohe Position bei ihm einnehmen würde (sie werde die Größte sein bei Antonius, sagt Plutarch, Leb. d. Antonius c. 25,2). Mag dies nun erfunden sein oder nicht, auf jeden Fall ließ sich die Königin überreden, sich auf die Fahrt nach Kilikien zu begeben, und zwar nach Tarsos, wo sich in jenen Tagen das Hauptquartier des Antonius befunden hat. Kleopatra VII. regierte damals zusammen mit ihrem jüngeren Bruder Ptolemaios XIV., aber dieser war nur ein Strohmann, er stand völlig unter dem Einfluß der älteren, sehr energischen Schwester. Kleopatra war kein junges Mädchen mehr; geboren entweder gegen Ende des Jahres 70 oder in den ersten Wochen des Jahres 69, zählte sie 28 Jahre, nach Plutarch aber hatte sie damals den Gipfel ihrer Schönheit erreicht, und sie wußte, daß sie den Männern gefährlich wurde, und zwar nicht so sehr durch ihre äußere Erscheinung, als vielmehr durch die Qualitäten ihres Geistes. Sie war eine glänzende Unterhalterin und beherrschte außer dem Griechischen noch viele andere Sprachen, wenn auch wohl nicht das Lateinische. Aber Dellius wie sein Herr waren des Griechischen durchaus mächtig, so daß kein Dolmetscher benötigt wurde. Offenbar zeigte Antonius große Ungeduld, denn Kleopatra soll zahlreiche Briefe von ihm und seinen Freunden empfangen haben, die sie ermahnten, sich nun endlich auf den Weg zu machen. Ihre Ankunft in Kilikien hatte sie in ganz raffinierter Weise ausgestaltet. Sie fuhr den Kydnosfluß landeinwärts auf einem Prunkschiff mit goldenem Vordersteven, die Segel waren aus Purpur, die

Ruder aus Silber, sie bewegten sich nach dem Takt der Musik von Flöten und Lauten. Die Königin aber ruhte, als Aphrodite gekleidet, auf dem Deck unter einem mit Gold drapierten Sonnensegel, während Knaben als Eroten das Lager umstanden und ihr Kühlung zufächelten. Die schönsten aus der Schar ihrer Dienerinnen waren in ihrer Nähe, sie waren gekleidet als Nereïden und Chariten, einige standen an den Rudern, andere an den Segeltauen. Auf dem Schiff stiegen die wunderbarsten Gerüche des Morgenlandes empor und verbreiteten sich zu beiden Seiten des Flusses. Hier hatte sich eine große Volksmenge angesammelt, viele gaben dem Prachtschiff auf seiner Fahrt das Geleit, andere waren aus der Stadt Tarsos herbeigeeilt, um die neue Aphrodite zu sehen. Der Markt der Stadt leerte sich, und Antonius sah sich auf seinem Tribunal allein gelassen, und in der Stadt ging die Rede, daß Aphrodite gekommen sei, um mit Dionysos zu schwärmen, zum Wohl von ganz Asien.

Kleopatra spielte ein Spiel mit hohem Einsatz, aber sie war wohl von vornherein ihres Sieges sicher. Als Antonius sie bat, mit ihm zu speisen, schlug sie seine Einladung ab und forderte den Triumvirn auf, zu ihr zu kommen. Antonius konnte seine Ungeduld nicht länger zähmen, er folgte ihrer Aufforderung. Er fand die Königin mitten in einer Märchenwelt und war vor allem über die Fülle der Lichter – es war inzwischen dunkel geworden – zutiefst beeindruckt. Die Lichter waren in den mannigfaltigsten Figuren angeordnet, in Rechtecken und Kreisen, so daß Antonius sich nicht an ihnen satt sehen konnte. Wie mag das Fest verlaufen sein? Wir wissen es nicht. Doch von diesem Zeitpunkt an war Antonius der Königin untertan. Am nächsten Tag aber speiste Kleopatra bei Antonius, er hatte sich die größte Mühe gegeben, ihren Prunk noch zu übertreffen, aber dennoch blieb der Glanz seiner Ausstattung weit hinter der Schaustellung auf dem Schiff der Kleopatra zurück. Das Morgenland hatte das Abendland in den Schatten gestellt.

Es war der Königin nun ein Leichtes, die gegen sie erhobenen Vorwürfe zu entkräften. Sie legte dar, sie habe dem Dolabella vier Legionen geschickt (davon, daß diese, aus Caesarianern bestehend, dann auf die Seite des Cassius übergewechselt waren, vernahm man kein Wort). Außerdem wies sie wiederholt darauf hin, daß sie wenigstens versucht habe, im Ionischen Meer mit ihren Schiffen gegen die Flotte des Staius Murcus aufzukreuzen, allein der Sturm habe den Einsatz vereitelt. Und sie selbst sei durch Krankheit verhindert worden, diesen Plan weiter zu verfolgen. – Niemand weiß, ob die Königin die Wahrheit gesagt hat, genug, Antonius schenkte ihr Glauben, zur Nachprüfung hatte er keine Lust, denn er war von der

Königin geradezu fasziniert. Was sie auch von ihm erbat, er hat ihr jeden Wunsch erfüllt. So hat Antonius die jüngere Schwester der Kleopatra mit dem Namen Arsinoe (die jüngste Tochter des Königs Ptolemaios XII. Neos Dionysos) aus dem Tempelasyl in Ephesos, in das sie sich geflüchtet hatte, mit Gewalt herausholen und zum Tode führen lassen, ein schwerer Frevel, der sich an beiden, an Antonius und an Kleopatra, rächen sollte. Aber Antonius war gegenüber Kleopatra zu allem bereit, alle Hemmungen waren gefallen, Recht und Gesetz galten nichts mehr, und man hört nichts davon, daß sich die beiden über den Tod der Arsinoe auch nur die geringsten Skrupel gemacht hätten. Arsinoe aber stand der Kleopatra im Wege, diese sah in ihr eine unbequeme Rivalin, die ihr gefährlich werden konnte. Man hätte sie an einen entlegenen Ort verbannen können, aber niemand wußte, was die Zukunft bringen würde, und es schien der Kleopatra sicherer, die Schwester zu beseitigen.

Auch sonst hat Antonius den Wünschen der Königin nachgegeben. Der ehemalige Stratege Serapion, der im Auftrag der Arsinoe die Insel Cypern verwaltet und sich nach Tyros geflüchtet hatte, mußte von der Stadt ausgeliefert und der Kleopatra übergeben werden. Auch ein falscher Ptolemaios, der sich bei den arabischen Beduinen aufhielt und sich als ein Bruder der Königin ausgab (für den Ptolemaios nämlich, der in der Schlacht am Nil im Kampf gegen Caesar ertrunken war), wurde von Kleopatra in Gewahrsam genommen. Gnade war von ihr auch in diesem Fall nicht zu erwarten, sie wollte keine Konkurrenten, die ihr in Ägypten Schwierigkeiten machen konnten.

Man wird die Handlungsweise Kleopatras kaum billigen oder rechtfertigen können, aber man muß doch zum Verständnis darauf hinweisen, daß sie in einer Welt groß geworden war, in der es allein um die Macht ging, und ihr eigener Vater hatte, aus der Verbannung in Rom zurückgekehrt, seine Tochter Berenike hinrichten lassen, weil sie an seiner Statt in Ägypten das Diadem angenommen hatte. Für die hellenistischen Könige war die Existenz von potentiellen Thronanwärtern immer eine latente Gefahr, sie fürchteten nichts mehr als einen Umsturz, der ihnen die Krone rauben konnte.

Und Antonius? Hatte er gar kein Gefühl für Recht und Gerechtigkeit? In seinen jungen Jahren hatte er doch in Athen und Rom zu Füßen der Philosophen und Rhetoren gesessen, und diese hatten immer wieder die Gerechtigkeit als die hervorragendste Eigenschaft der führenden Männer gepriesen. Waren diese Lehren denn ganz umsonst gewesen? Die Quellen (Appian, Plutarch u.a.) sind ganz einhellig der Ansicht, daß sich der

Charakter des Antonius, gewissermaßen von heute auf morgen, unter dem Einfluß der Kleopatra geändert habe. All das Böse, das in ihm verborgen war, sei durch die Königin zum Leben erweckt worden, und die Leidenschaft, die er für sie empfand, habe den Grund zu all dem Unheil gelegt, das ihn bis ans Ende seiner Tage verfolgt habe (App. B. C. V 9,36). Vielleicht ist die Betrachtungsweise der antiken Historiker zu einseitig und zu vordergründig, aber es läßt sich nicht leugnen, daß Antonius vom Jahr 41 an, in dem er in den Bannkreis der Königin geriet, ein anderer Mensch geworden ist. Er stand mit seinen zweiundvierzig Jahren auf der Höhe des Lebens, als Sieger der Schlacht bei Philippi war er der bedeutendste Feldherr seiner Zeit, vor ihm verneigte sich die ganze Welt – und dieser Mann, der alle Menschen durch sein gewinnendes Wesen bezauberte, er hatte nun in Kleopatra seine Meisterin gefunden.

Nach dem Treffen in Tarsos begab sich die Königin wieder nach Alexandrien zurück. Antonius aber hatte noch in Syrien zu tun, hier vertrieb er die von den Parthern gestützten Stadtherrn, die wir getrost als Tyrannen bezeichnen können, und richtete seine Augen schließlich auf die reiche Handelsstadt Palmyra. Er befahl einen Handstreich auf Palmyra; bei diesem Unternehmen aber ließ ihn das Glück im Stich, denn die Palmyrener waren vorzügliche Bogenschützen und verstanden es, sich der Römer zu erwehren – vielleicht war auch die Vorbereitung der Expedition recht mangelhaft gewesen. Kurz, die Expedition der Römer nach Palmyra war ein Vorspiel zu dem Partherkrieg, von dem jedermann wußte, daß er nicht mehr zu vermeiden war. Palmyra aber hatte als Vermittlerin zwischen Rom und Parthien eine wichtige Schlüsselstellung inne, die Einwohner hatten nicht die Absicht, sich unter die Oberhoheit der Römer zu begeben, sie wollten unabhängig und neutral bleiben.

Den Winter 41/0 verbrachte Antonius in Alexandrien an der Seite Kleopatras. Der Römer gab sich hier ganz als Hellene, seine römische Feldherrntracht hatte er abgelegt und sich griechisch gekleidet, er pflegte weiße attische Sandalen zu tragen, wie die Priester in Athen und Alexandrien. Des öfteren war er in den Tempeln und Gymnasien der Hellenen zu finden, Kleopatra wich nicht von seiner Seite. Auch suchte er die Gelehrten auf, um mit ihnen zu diskutieren – kurz, er verleugnete sein römisches Wesen und tat alles, um ein Grieche zu sein, denn er wußte, daß er damit der Königin einen Gefallen erwies. Von dieser aber ging ein ganz unbeschreiblicher Zauber auf ihn aus. Wenn sie auch kaum als Schönheit gelten konnte, vor allem die lange, nach vorn überkippende Nase verlieh ihrem Antlitz ein mehr energisches als schönes Aussehen (die Münzen bestätigen hier die Bemerkung Plutarchs), aber ihre Konversation schlug jeden Hörer in den Bann. Dazu verfügte sie über gewinnende menschliche Eigenschaften, sie war zu jedermann freundlich und leutselig, wenn sie es sein wollte, ihre Stimme war geschmeidig, ihre Zunge in vielen Sprachen geübt, so daß sie sich mit den fremden Gesandtschaften ohne die Hilfe von Dolmetschern unterhalten konnte. Ihr wird nachgerühmt, daß sie ohne weiteres mit Äthiopen, Troglodyten, Hebräern, Arabern, Syrern, Medern und Parthern Gespräche führen konnte. Unter den Ptolemäern war sie eine große Ausnahme, denn manche ihrer Vorfahren hatten es nicht einmal fertig gebracht, die Sprache der Ägypter, der einheimischen Bevölkerung, zu verstehen. Auf jeden Fall aber war Kleopatra ganz anders als die Frauen, die Antonius in seinem früheren Leben kennengelernt hatte. In der Gesellschaft der Königin vergaß er nicht nur den bunten Schwarm der Tänzerinnen und Flötenspielerinnen, die bisher sein bevorzugter Umgang gewesen waren, er vergaß auch Fulvia, seine Frau, die in dem fernen Italien zurückgeblieben war, wo sich der Feuerbrand des *bellum Perusinum* ausbreitete (s. u. S 167ff.).

Von diesem Ereignis scheinen übrigens nur wenige Nachrichten in den Osten und zu den Ohren des Antonius gedrungen zu sein. Sicherlich war er wenig glücklich darüber, daß Fulvia und sein Bruder L. Antonius zu den Brandstiftern dieses Krieges gehörten – aber diese Dinge lagen ihm nicht nur räumlich ganz fern. Er hatte diese Ereignisse aus seinem Gedächtnis gestrichen und lebte nur den Vergnügungen der antiken Weltstadt Alexandrien. Auch die Vorbereitungen für den Partherfeldzug wurden vernachlässigt, man sah den römischen Imperator bei den sportlichen Übungen in der Palästra, denn er wollte seinen Körper nicht einrosten lassen. Außerdem hatte man einen Klub gegründet, der sich die „Genossen vom unnachahmlichen Leben“ nannte. Das war eine Art von Schlaraffia. Jeden Abend lud ein anderes Mitglied zu einem Bankett, dabei wurde eine geradezu märchenhafte Verschwendung getrieben, die Plutarch in höchstes Erstaunen versetzt hat. Plutarchs Großvater Lamprias hat von diesen aufwendigen Vergnügungen seinem gelehrigen Enkel so manches erzählt. Lamprias aber hatte die Kunde von dem Arzt Philotas von Amphissa, der zu jener Zeit in Alexandrien weilte. Auf jeden Fall aber konnte sich Plutarch nicht genug darüber wundern, daß man in der Küche des Antonius nicht weniger als acht Wildschweine zu gleicher Zeit am Spieße drehte, um dem sehr wählerischen Triumvirn, der sich ganz an die griechische Küche gewöhnt hatte, immer zur rechten Zeit einen frischen Braten vorsetzen zu können. Und wenn es wahr ist, so soll Antyllus, der älteste

Sohn des Antonius und der Fulvia, an Verschwendung hinter seinem Vater nicht zurückgeblieben sein. Er soll dem Arzt Philotas einen ganzen Behälter voll von wertvollen goldenen Trinkbechern zum Geschenk gemacht haben. Wie man sieht, hatte Antonius Gold und Goldeswert in Hülle und Fülle. Dies aber wurde mit vollen Händen hinausgeworfen. Kleopatra war die ständige Begleiterin des Imperators, er hörte nur auf sie, und wenn sie ihm immer neue Vergnügungen vorschlug, so war er Feuer und Flamme. Sie war zugegen beim Würfelspiel, auch bei den Gelagen und Jagden wich sie nicht von seiner Seite. Und des Nachts schwärmten sie ohne Begleitung in der Stadt umher, spielten unter dem Schutz der Dunkelheit den Bewohnern manche lustigen Streiche und trieben mit ihnen ihren Schabernack. Die beiden hatten dabei die Tracht von Sklaven angenommen, um unerkannt zu bleiben, und dies gab zu Verwechslungen und anderen komischen Szenen Anlaß genug, manchmal mußten sie auch Schläge von seiten der Einwohner hinnehmen, die nicht immer wußten, wen sie vor sich hatten. Antonius war außerdem ein begeisterter Sportfischer. Als ihm einmal in Gegenwart der Königin das Jagdglück versagt blieb, befahl er einem seiner Begleiter, er möge ins Wasser steigen und an der Angel einen Fisch befestigen. Kleopatra aber hatte das Manöver sofort durchschaut, sie ließ ihrerseits einen Taucher ins Wasser gehen und an der Angel des Antonius einen gesalzenen pontischen Hering festmachen. Als der Römer die Angel aus dem Wasser zog, erhob sich ein riesiges Gelächter, Kleopatra aber blieb Herrin der Situation und sagte: „Imperator, gib deine Angel den Fischern von Pharos und Kanopos! Dein Sport ist die Jagd auf Städte, Königreiche und ganze Kontinente.“ Spott und Schmeichelei sind einander benachbart, Antonius aber wird an den Worten der Königin keinen Anstoß genommen haben, denn er war über jedes Wort glücklich, das aus ihrem Munde kam.

Antonius und Kleopatra lebten seit der Begegnung von Tarsos wie Mann und Frau, ihre Beziehungen waren allgemein bekannt, und beide taten nicht das Geringste, um sie zu verheimlichen. Niemand hat sich darüber aufgehalten, daß der Triumvir seine Zeit in der Gesellschaft der Königin verbrachte. Doch war die Verbindung der beiden über eine private Angelegenheit längst hinausgewachsen. Antonius brauchte die Königin für seine politischen Pläne im Orient, und Kleopatra brauchte Antonius. Auf beiden Seiten war von Anfang an Berechnung im Spiel, Antonius war der Patronus des Ptolemäerreiches, die Königin war seine Klientin, sie befand sich in seiner großen Gefolgschaft, die sich von Italien und Gallien über Makedonien und Griechenland bis an den Euphrat erstreckte. Kleopatra war sicherlich nur *ein* Stein im Brettspiel des Antonius, aber ein sehr wertvoller, denn ihr Land verfügte über reiche Hilfsquellen, ohne die ein Krieg im Osten schwerlich mit Erfolg geführt werden konnte. Beide, Antonius und Kleopatra, wußten es, beide verließen sich aufeinander, und es blieb nur die Frage, wie sich die persönlichen Beziehungen der beiden Herrschernaturen in Zukunft gestalten würden. War es überhaupt möglich, daß Antonius und Kleopatra an ein Ehebündnis denken konnten? Auch Caesar hatte Kleopatra, die Mutter seines Sohnes Caesarion, nicht geheiratet, sie war bis an sein Ende seine Klientin geblieben, wenn auch die bedeutendste und mächtigste von allen. Kam überhaupt eine Heirat des Römers mit der Königin in Betracht, die ihre Herkunft von Alexander dem Großen ableitete (wenn dies auch nur eine dynastische Konstruktion war)? Und die hellenistischen Herrscher waren Könige von Gottes Gnaden, Zeus hatte ihnen die Herrschaft gegeben auf Grund ihrer Tüchtigkeit, und die Reiche, die sie beherrschten, waren speergewonnene Territorien, die einst die Vorfahren, auch Ptolemaios I., erobert hatten. Die römischen Nobiles, auch Antonius, rühmten sich zwar ihrer Herkunft von den Göttern, Antonius sah in Anton, dem Sohn des Herkules, seinen sagenhaften Ahnherrn – aber dies war nur eine Nachahmung des griechischen Brauches, und in Rom wird er mit der Anknüpfung an den mythischen Vorvater wenig Glauben gefunden haben. Die Kardinaleigenschaft der großen Römer aber war die *virtus*, die Tüchtigkeit, durch die *virtus* sahen sie sich geadelt, diese Eigenschaft verlieh ihnen einen hervorragenden Platz unter ihren Zeitgenossen. Konnten *virtus* und Gottesgnadentum einen Weg zueinander finden? Für die hellenistischen Könige war eine Doppelehe nichts Außergewöhnliches, wenn sie auch im allgemeinen die Monogamie bevorzugten – wie aber stand es damit bei Antonius? Er war der Gatte der Fulvia, und die Römer in seiner Umgebung sahen diese Ehe als die einzig legitime an, die Beziehungen des Antonius zu der ägyptischen Königin entbehrten in den Augen der Römer jeder Rechtmäßigkeit. Dies war zwar kein offenkundiger Makel, man mußte wegen politischer Erwägungen darüber hinwegsehen, nicht anders als in jenen Tagen, in denen Caesar sich mit Kleopatra verbunden hatte.

Der Perusinische Krieg (41–40 v. Chr.). In den letzten Monaten des Jahres 41, als Antonius in Alexandrien weilte, hatten sich die Ereignisse in Italien in bedrohlicher Weise zugespitzt. Wegen der Landanweisungen an die Soldaten, die der junge Caesar durchzuführen hatte, war es zu größeren Unruhen gekommen, die sich immer weiter ausbreiteten, da ständig neue Truppenkörper in sie verwickelt wurden. Der junge Caesar hatte einen umso schwereren Stand, als der Bruder des Marcus Antonius mit Namen Lucius, der Consul des Jahres 41, und Fulvia, die Gattin des Triumvirn, in Rom und Italien über einen bedeutenden Anhang verfügten, der vor allem aus unversorgten Soldaten, aber auch aus enteigneten und vertriebenen Bauern bestand. Sie alle vermehrten das Proletariat in Rom, und in der Tat hätte es die Fähigkeit auch des klügsten Politikers überstiegen, allen Forderungen der Unzufriedenen gerecht zu werden. So sehr sich auch der junge Caesar bemühte, einen Ausgleich zu finden – mit seinen Anordnungen konnte er es niemandem recht machen. Sein Gegner, L. Antonius, war im übrigen ein unklarer Kopf und in seinen Entschlüssen ganz von seiner Schwägerin Fulvia abhängig. Was es bedeutete, in Italien nicht weniger als 170000 Veteranen mit Land zu versorgen, davon kann man sich heute schwerlich eine rechte Vorstellung machen. Dabei war es den Anhängern des L. Antonius vor allem darum zu tun, die Position des jungen Caesar nicht zu stark werden zu lassen. Wo immer die Antonianer dem Caesar Abbruch tun konnten, da waren sie zu finden, ihre Agitation in Rom und in den italischen Landstädten wuchs über jedes Maß und Ziel hinaus. Was sollte der junge Caesar tun? Er hatte längst gemerkt, mit welch undankbarer Aufgabe man ihn nach Philippi belastet hatte. Caesar aber konnte nicht mehr länger zögern. Zuerst trennte er sich von Clodia, der Stieftochter des M. Antonius. Er hatte mit ihr nur in einer Scheinehe gelebt, die Ehe war von den Soldaten bei der Begründung des Triumvirats im Oktober 43 geradezu erzwungen worden. Weder Caesar noch Clodia dürften der Auflösung der Verbindung nachgetrauert haben. Anders stand es aber mit den Soldaten, die in ihr immerhin ein Unterpfand der Freundschaft zwischen den beiden Triumvirn Antonius und dem jungen Caesar gesehen hatten. In Rom gab es eine offene Meuterei, sie war vor allem auf die Agitation des skrupellosen L. Antonius zurückzuführen. Aber noch einmal wurde ein offener Krieg vermieden, zu Teanum trafen sich L. Antonius und der junge Caesar, sie schlossen einen Vertrag miteinander, wodurch die größten Mißstände beseitigt werden sollten, vor allem die unzulässige Eintreibung von Steuern und die ungesetzlichen Truppenaushebungen. Die allgemeine Lage wurde dadurch aber nicht entspannt. Fulvia hatte ihre Getreuen nach Praeneste entboten, sie hielt hier wie eine Fürstin Hof, und überall in Italien waren ihre Werber zu finden, welche die Soldaten wieder zu den Fahnen riefen. Die Überlegenheit der Antonianer war zunächst ganz überwältigend, sie verfügten in Italien und in Gallien über nicht weniger als siebzehn Legionen, während der junge Caesar ihnen im ganzen nur vier, dazu seine Leibkohorte *(cohors praetoria)*, entgegenzustellen hatte. Dazu kam für ihn noch die Bedrohung von außen, und zwar durch Sex. Pompeius von Westen und durch Cn. Domitius Ahenobarbus von Osten, von der Adria her. Das Durcheinander war so groß, daß sich das Volk von Rom dafür gewinnen ließ, Caesar und Lepidus in die Acht zu erklären und dem L. Antonius den Titel eines Imperator zu verleihen. Allerdings mußte man die Beschlüsse nach dem Erscheinen des jungen Caesar in Rom wieder annullieren. Für L. Antonius standen die Sterne nicht ungünstig, als er einen schweren Fehler beging: anstatt Anschluß an die Heere seiner Freunde, des Asinius Pollio und des Ventidius Bassus, zu suchen, warf er sich in die Stadt Perusia (Perugia) in Umbrien, um sich hier zu verteidigen. Aber er sah sich bald in dem kleinen Perusia von allem abgeschnitten, und zwar durch die Strategie des M. Vipsanius Agrippa, der von Anfang an als einer der treuesten Freunde des jungen Caesar erscheint. Und die Entsatzheere des Asinius Pollio, des Ventidius Bassus und des Munatius Plancus erreichten ihr Ziel nicht mehr, sie sahen sich zum Rückzug gezwungen, ihre Marschkolonnen befanden sich auf den Straßen nach Ravenna, Ariminum und Spoletium, als L. Antonius, dem der Hunger furchtbar zuzusetzen begann, die letzten Anstrengungen unternahm, um den Ring der Belagerung um Perusia zu sprengen. Perusia liegt, wie so manche anderen Städte in Umbrien, auf einem hohen Basaltfelsen, der nur schwer durch einen Handstreich zu nehmen ist. Außerdem war der Ort durch ein monumentales Stadttor gesichert, das mit Gewalt nicht zu bezwingen war. Von der Höhe des Stadtfelsens bot sich den Belagerten ein weiter Blick in das fruchtbare umbrische Land, ringsum zeigten sich Städte und Dörfer, überall waren Truppen in Bewegung – aber es waren die Legionen des jungen Caesar, die sich immer enger um Perusia zusammenschlossen und ein Entkommen der Belagerten unmöglich machten. L. Antonius aber hielt bis zum Äußersten stand. Als jedoch ein Ausfallsversuch mit einem Mißerfolg geendet hatte, blieb ihm nur noch die Kapitulation übrig. Über den Ausgang gibt es verschiedene Versionen. Nach Cassius Dio (XLVIII 12–14) wäre die Stadt zerstört, ihre Bewohner wären getötet worden. Mehr Glauben verdient aber zweifellos die andere Version, die sich u. a. auch bei Appian (B. C. V 48, 210ff.) findet. Danach soll Perusia durch Brandstiftung zerstört worden sein, als Täter wird ein gewisser Cestius Macedonicus genannt. Der junge Caesar ließ seinen Gegner L. Antonius vor sein Angesicht kommen, gab aber Befehl, ihn mitsamt den Senatoren und Rittern in seinem Gefolge zu schonen. Wegen des Hungers befanden sie sich in einem geradezu erbarmungswürdigen Zustand. Auch den Bewohnern Perusias wurde Verzeihung gewährt, nicht jedoch den Dekurionen, den Mitgliedern des Stadtrats. Diese wurden hingerichtet, mit der Ausnahme von Aemilius Lucius, einem früheren Senatsmitglied von Rom. Dieser hatte sich seinerzeit für die Verurteilung der Caesarmörder ausgesprochen und genoß aus diesem Grunde die Sympathie des jungen Caesarerben. Dem L. Antonius ist kein Ungemach geschehen, er wurde sogar als Proconsul nach dem fernen Spanien geschickt, in den Annalen der Geschichte erscheint er aber nicht mehr. Man wird vermuten dürfen, daß er bald darauf gestorben ist.

Perusia ist wohl gegen Ende Februar 40 gefallen, nach einer winterlichen Belagerung von einigen Monaten. Und was geschah mit Fulvia, die doch die intellektuelle Anstifterin des Krieges gewesen war? Ihr wurde erlaubt, zusammen mit den Kindern des Antonius, Italien in voller Sicherheit zu verlassen; die Fahrt ging über Puteoli (Pozzuoli) nach Brundisium und von dort zu Schiff nach Griechenland. Mit ihr reiste übrigens auch Munatius Plancus, dessen Stellung in Italien unhaltbar geworden war, weil der größte Teil seiner Truppen auf die Seite des jungen Caesar übergegangen war.

Was die Schonung der Fulvia betrifft, so hatte der junge Caesar ihr gegenüber keinen Grund, ein Exempel zu statuieren; er konnte, gewissermaßen auf Kosten seines Rivalen M. Antonius, Großmut walten lassen, denn jedermann in Rom war überzeugt, daß die Anwesenheit der Fulvia dem M. Antonius mancherlei Kopfzerbrechen machen würde.

Für den Triumvirn M. Antonius war der Perusinische Krieg ein ärgerliches Zwischenspiel gewesen. Ganz anders, wenn es seinem Bruder Lucius gelungen wäre, die Oberhand zu gewinnen! Aber es hatte sich nur zu deutlich gezeigt, daß seine Anhänger in Italien gegenüber dem jungen Caesar und seinen Freunden nicht über entsprechende Machtmittel verfügten, denn seine Parteigänger, ein Asinius Pollio und ein Ventidius Bassus, hatten wenig Interesse daran, sich in eine große kriegerische Auseinandersetzung mit den Kräften des jungen Caesar einzulassen. Sie versuchten, soweit ihnen dies möglich war, sich aus dem Krieg herauszuhalten, um ihre Truppenteile zu schonen. Und dann ereignete sich ein ausgesprochener Glücksfall für den Caesarerben: Als er auf dem Weg nach Spanien war, um dorthin sechs Legionen zu überführen, verstarb in Gallia Narbonensis Fufius Calenus, ein naher Freund des Antonius, der in dessen Namen die Statthalterschaft über das gesamte Gallien geführt hatte. Fufius Calenus, der Sohn, aber ließ sich von dem jungen Caesar überreden, ihm die Truppen des Vaters zu übergeben – nach Lage der Dinge hätte er sich schwerlich anders entscheiden können, denn weder aus Italien noch aus dem Orient war für ihn irgendeine Hilfe zu erwarten. Die elf Legionen des Calenus aber waren ein sehr bedeutender Machtzuwachs für den jungen Caesar, im Westen des Imperium Romanum gab es jetzt – abgesehen von dem Seekönig Sex. Pompeius – für ihn keinen ernsthaften Rivalen mehr. Übrigens hat sich M. Lepidus erst jetzt auf seinen Posten in Africa begeben können, wo ihm die Provinz durch P. Sextius übergeben wurde. Man brauchte mit ihm in Zukunft nicht mehr zu rechnen, er hatte in Africa wenig Spielraum, und seine Legionen, sechs an der Zahl, bestanden aus ehemaligen Antonianern.

Doch hatten sich die Gewichte stark zugunsten des jungen Caesar verschoben, er war ganz zweifellos der bedeutendste Machthaber im Westen des Reiches, das Jahr 40 markiert hier eine Wende der Zeit. Antonius hatte sich um diese Dinge wenig gekümmert. Mitten im Zauber der Weltstadt Alexandrien als Gefangener einer Königin hatte er auf die Nachrichten aus dem Westen kaum reagiert, er hatte keine Lust, sich in seinen Vergnügungen stören zu lassen. Und außerdem war seine Anwesenheit in Syrien dringend geworden. Gallien war dagegen weit – er hatte die Provinz abgeschrieben, denn natürlich war er sich darüber im klaren, daß er nicht im Osten *und* im Westen mit gleichen Kräften auftreten konnte. Er hatte jedoch nicht bedacht, daß die Legionen des Calenus Kerntruppen waren, die schwer zu ersetzen waren. Aber Antonius war so sehr mit seinen Orientplänen beschäftigt, daß er den Machtverlust im Westen nur mit einem Achselzucken zur Kenntnis genommen hat.

Im März des Jahres 40 ist Antonius von Alexandrien aufgebrochen. Das Ziel seiner Reise war letztlich *Italien.* Hier wollte er mit dem jungen Caesar zusammentreffen. Es gab so manches zu regeln, und je näher der Partherkrieg rückte, um so mehr bedurfte Antonius der italischen Rekruten, die den Kern eines jeden Heeres der Römer bildeten. Italien aber war in den Händen des Caesarerben, ohne seinen Willen konnte hier nichts von Bedeutung geschehen, und man wird annehmen müssen, daß der italische Nachersatz ausgeblieben war, nicht zuletzt wegen der Unruhen und wegen des Perusinischen Krieges. Dies aber durfte für Antonius nicht zum Dauerzustand werden. Er wollte mit dem jungen Caesar ein ernstes Wort sprechen und ihn an die nach der Schlacht bei Philippi geschlossenen Vereinbarungen erinnern. Antonius war fest davon überzeugt, daß sein Rivale seinen Wünschen entsprechen würde. Der Name des Antonius hatte in der ganzen Oekumene einen guten Klang, als Sieger von Philippi und als Herr über den gesamten römischen Orient war er zu einer Größe emporgewachsen, deren mächtiger Schatten bis nach Italien fiel.

Antonius fuhr zu Schiff zunächst nach Tyrus. Von hier ging die Reise weiter nach Cypern, Rhodos und Kleinasien. Erst dann, im April oder Mai 40, so heißt es, habe Antonius von den Vorfällen in Italien, vor allem vom Perusinischen Krieg und seinem Ausgang, erfahren. Antonius habe daraufhin seiner Unzufriedenheit mit seinem Bruder Lucius und mit seiner Gattin Fulvia Ausdruck gegeben. Fulvia traf er in Athen, der Empfang war sehr kühl, ihre unglückliche Einmischung in die hohe Politik wollte ihr Antonius nicht verzeihen. Aber es war längst zu spät, die Sache in Italien war verloren, und zwar wahrscheinlich für immer, denn Antonius konnte schwerlich hoffen, sich hier wieder eine starke Position aufzubauen. Fulvia aber hatte nicht mehr lange zu leben. Sie verstarb nach wenigen Monaten in Sikyon; ihr größter Kummer war es gewesen, daß Antonius seine Liebe der ägyptischen Königin Kleopatra zugewandt hatte.

In dieser Situation kam es dem Antonius sehr gelegen, daß Sex. Pompeius Kontakte mit ihm aufzunehmen versuchte, und zwar dadurch, daß er ihm Iulia, die Mutter des Antonius, mit einem Geleit von Kriegsschiffen entgegensandte. Auf ihnen befanden sich einige prominente Anhänger und Freunde des Pompeius, unter ihnen L. Scribonius Libo, der Schwiegervater des Seekönigs. Angeblich hat man von dieser Seite her Versuche gemacht, Antonius mit Sex. Pompeius zu versöhnen. Dies führte zwar noch nicht zum Ziel, Antonius aber soll versichert haben, er werde sich in einem Konflikt zwischen Pompeius und dem jungen Caesar auf die Seite des ersteren stellen, allerdings nur für den Fall, daß Caesar die mit Antonius abgeschlossenen Verträge ignorierte. Dies aber war eine sehr diplomatische Erklärung, sie konnte alles oder nichts bedeuten. Pompeius mochte ihr entnehmen, daß er dem Antonius zwar als Bundesgenosse willkommen war, daß dieser aber gar nicht daran dachte, ihm irgendeine substantielle Hilfe zu leisten.

Antonius hatte eine mächtige Flotte von 200 Schiffen zusammengebracht, er hatte sie sehr nötig, denn im Ionischen Meer herrschte immer noch Cn. Domitius Ahenobarbus. Dieser gehörte zu den Caesargegnern, in der Schlacht bei Philippi hatte er im Heer der Republikaner gekämpft und war dem Gemetzel zu Schiff entkommen. Mit seiner Flotte stellte er eine unverächtliche Macht in den Gewässern zwischen Griechenland und Italien dar, und es war immer noch nicht gelungen, die von seiner Existenz ausgehende Gefahr zu beseitigen. Antonius aber beschloß, das Problem durch Verhandlungen zu lösen. Er traf sich mit Domitius zu Schiff auf dem hohen Meer, und obwohl die Freunde dem Antonius nahegelegt hatten, sich nicht auf Domitius zu verlassen, ließ er ihn doch auf sein Schiff übersteigen und segelte mit ihm zusammen nach Paloeis (?) auf der Insel Kephallenia (vielleicht handelt es sich auch um einen Ort an der Küste von Epirus). Für Antonius hatte sich die Zusammenkunft gelohnt, denn er hatte Domitius als Bundesgenossen für sich gewonnen, natürlich durch entsprechende Zusagen, die sich im einzelnen nicht mehr feststellen lassen. Die Schiffe des Domitius aber waren für Antonius ein sehr erwünschter Zuwachs zu seiner eigenen Flotte. Sie waren im Hinblick auf künftige Operationen auf der Adria von großem Wert.

Vor Brundisium angekommen mußte Antonius die Erfahrung machen, daß man ihn nicht in den Hafen einfahren lassen wollte, vor allem auch, weil sich Domitius Ahenobarbus in seinem Gefolge befand. Diese Abfuhr aber wollte sich Antonius nicht bieten lassen. Er setzte Truppen an Land und befahl ihnen, die Landzunge, auf der die Hafenstadt Brundisium liegt, durch einen Graben vom Hinterland abzuschneiden, so daß die Besatzung und die Bewohner der Stadt keine Verbindung mehr mit dem italischen Festland hatten. Auch den Hafen ließ Antonius rings im Kreis durch eine Reihe von Befestigungswerken einschließen. Außerdem war er bestrebt, sich durch Landungen an der Küste in den Besitz weiterer Stützpunkte zu setzen. Wiederum erging ein Ruf an Sex. Pompeius, der sich nicht zweimal bitten ließ. Dieser ließ nämlich durch seinen Freund Menodorus die Insel Sardinien besetzen, sie gehörte zwar dem jungen Caesar, der sie durch eine Besatzung von zwei Legionen genügend gesichert zu haben glaubte. Diese aber waren verloren, als Menodorus mit überlegener Heeres- und Flottenmacht auf der Insel landete. Antonius aber schuf sich in der Stadt Sipontum in Apulien einen weiteren Brückenkopf, Thurii und Cosentia wurden durch Pompeius belagert. Auf der Gegenseite führte Vipsanius Agrippa ein Heer in die Nähe von Brundisium, er hatte aber Schwierigkeiten mit den angesiedelten Soldaten, die sich weigerten, gegen Antonius zu kämpfen. Immerhin gelang es Caesar, Sipontum zurückzugewinnen. Auch Thurii konnte aus der Belagerung befreit werden.

In Antonius war während der kriegerischen Operationen der alte Tatendrang wieder erwacht. Er vollbrachte ein kühnes Reiterstück, indem er die Kavallerieabteilung des P. Servilius Rullus bei der kleinen Stadt Uria überfiel. 1500 Mann wurden im Schlaf überrascht und gefangen in den Raum von Brundisium geführt. Mit Recht bemerkt hierzu Appian (B. C. V 58, 245), daß der Ruhm des Antonius als Sieger in der Schlacht bei Philippi eine entscheidende Rolle gespielt hat. Inzwischen hatten die Soldaten der beiden Lager begonnen, miteinander Verbindungen aufzunehmen. An den Wällen kam es zu Gesprächen, aus ihnen war zu entnehmen, daß auch die Truppen des jungen Caesar nur ungern gegen Antonius fechten wollten. Sie alle wünschten sich nichts als Frieden und Eintracht. Da traf die Nachricht vom Tode der Fulvia ein, sie soll dem Antonius zu Herzen gegangen sein, angeblich weil er ein Schuldbewußtsein ihr gegenüber hatte. Ob dies wahr ist, ist eine andere Frage. Man wird wohl eher annehmen müssen, daß diese Angabe einer gegenüber Antonius günstig eingestellten Quelle entstammt.

So standen die Dinge, als sich L. Cocceius, ein Freund der beiden Triumvirn, der sich im Heer des Antonius befand, auf den Weg machte, um Verhandlungen mit dem jungen Caesar anzubahnen. Dem Cocceius ist es auch gelungen, das Eis zu brechen. Wenn sich Caesar auch nicht enthalten konnte, bittere Bemerkungen über das Verhalten des Antonius zu äußern, so sah er sich doch gezwungen, dem Wunsch des Unterhändlers stattzugeben, vor allem, weil dem Heer an einer baldigen Versöhnung außerordentlich viel gelegen war. Um diese haben sich auf seiten des Antonius vor allem Asinius Pollio, auf der anderen Seite vor allem Maecenas bemüht. Die Vermittler schlugen vor, Antonius, der soeben Witwer geworden war, möge Octavia, die Schwester des jungen Caesar, zur Frau nehmen. Ihr Gatte C. Claudius Marcellus war vor kurzem verstorben, der Todesfall lag aber noch nicht einmal ein Jahr zurück. Dem Wunsch der Unterhändler gab der junge Caesar sofort nach (Octavia ist offenbar nicht erst gefragt worden). Die Quellen berichten, daß daraufhin im Lager des jungen Caesar ein lautes Freudengeschrei zu hören war. Die Soldaten wußten, daß jetzt der Friede in Sicht war.

Die Verlobung des Antonius mit Octavia – sie scheint übrigens von ihrem ersten Mann schwanger gewesen zu sein, doch ist die Überlieferung hierüber nicht ganz eindeutig – gehört mit zu den Vereinbarungen von Brundisium, die etwa im Herbst des Jahres 40 zustandegekommen sind. Dieser Pakt läßt erkennen, daß sich die beiden Machthaber, Antonius und der junge Caesar, als die Herren der Welt betrachteten; mit Lepidus machte man keine Umstände, er sollte im Besitz seiner Stellung in Africa verbleiben. Seine Zustimmung zu den Vereinbarungen wurde stillschweigend vorausgesetzt. Die Bestimmungen des Pakts von Brundisium aber waren die folgenden: Caesar sollte über den Westen, Antonius über den Osten des römischen Imperiums herrschen, die Grenzlinie zwischen den beiden Machtbereichen lief durch die Stadt Scodra (Skutari) in Illyrien. Damit fiel der lateinische Westen des Imperiums vom Adriatischen Meer bis an das Gestade des Atlantischen Ozeans an den jungen Caesar, alle Gebiete von Makedonien und Hellas bis an den Euphrat an Antonius. Es waren dies die Landschaften, in denen die griechische Sprache und die hellenische Kultur zu Hause waren, daneben aber auch viele Länder orientalischen Volkstums. Bemerkenswert ist übrigens, daß Antonius den Verlust von ganz Gallien ohne Kompensation hingenommen hat. Dies deutet darauf hin, daß er sich nun endgültig für den Orient entschieden hatte. Der Krieg gegen Sex. Pompeius wurde dem jungen Caesar überlassen, der Krieg gegen die Parther fiel in den Bereich der Aufgaben des Antonius. Cn. Domitius Ahenobarbus erlangte endlich eine gewisse Sicherheit: er wurde von dem Vorwurf des Caesarmordes in aller Form freigesprochen, d.h. seine Verurteilung auf Grund der *lex Pedia* wurde für null und nichtig erklärt. Antonius aber tat noch ein übriges für ihn: er verlieh ihm die Statthalterschaft von Bithynien (von hier aus hat er u.a. am Partherfeldzug des Antonius teilgenommen). Wichtig war, wenigstens für Antonius, die Bestimmung, daß beide Machthaber zu Werbungen in Italien berechtigt waren. Ohne die italischen Rekruten konnte auch Antonius keinen Krieg mit Aussicht auf Erfolg führen, er war ohnehin gezwungen gewesen, sein Heer durch Soldaten griechischer und orientalischer Abstammung zu ergänzen – aber diese standen an kriegerischer Qualität hinter den Männern aus Italien beträchtlich zurück.

An der Ostgrenze des römischen Reiches waren inzwischen Ereignisse eingetreten, die ein Eingreifen des Antonius dringend notwendig erscheinen ließen. Die Parther hatten unter dem Befehl des römischen Renegaten Q. Labienus, des Sohnes des älteren T. Labienus, die Offensive ergriffen und mit ihren Reiterheeren nicht nur die reiche Provinz Syrien, sondern auch Kleinasien bis hin nach Ionien überschwemmt; es wurde allerhöchste Zeit, hier den Parthern Einhalt zu gebieten. Da Antonius zunächst noch in Italien bleiben wollte – es mögen hierfür familiäre Gründe maßgebend gewesen sein –, entsandte er seinen treuen Freund Ventidius Bassus nach dem Vorderen Orient. Damit hatte er eine vorzügliche Wahl getroffen, wie die Ereignisse zeigen sollten. In Rom feierte man unterdessen mit dem üblichen Gepränge die Hochzeit des Antonius und der Octavia, Antonius war 43, Octavia war 29 Jahre alt, ebenso alt wie Kleopatra. Aber die Vermählung fiel in eine trübe Zeit, in Rom war die Stimmung gedrückt, man hatte nicht genug zu essen, weil Sex. Pompeius immer noch die Zufuhr von Korn nach der Hauptstadt behinderte. Seine Kriegsschiffe stürzten sich wie die Raben auf die Kauffahrer, und bald hatte niemand mehr Lust, seine Ladung und seinen Kopf zu riskieren. Unruhe und Unzufriedenheit stiegen immer höher, zumal der junge Caesar dazu noch versuchte, die Steuerschraube anzuziehen, um für die Flottenrüstungen gegen Pompeius die notwendigen Mittel herbeizuschaffen. Es kam sogar zu offenen Meutereien, bei denen die beiden Triumvirn in Lebensgefahr gerieten. Antonius soll sich dabei für seinen Schwager in geradezu selbstloser Weise eingesetzt haben, wenn es wahr ist, was Appian (B. C. V 68,286), offenbar aus einer dem Antonius gewogenen Quelle, berichtet. Bei dem Tumult hatte es zahlreiche Tote gegeben, man warf die Leichen kurzerhand in den Tiber, es sei ein trauriges Schauspiel gewesen, wie man die Leichname den Fluß hinabschwimmen sah, nachdem die Soldaten und der Pöbel den Toten die Kleider vom Leibe gerissen hatten. (Die Schilderung geht wohl mit Sicherheit auf einen Augenzeugen zurück, der die Eindrükke nicht hatte vergessen können.) Es hatte sich gezeigt, daß Sex. Pompeius eine Größe geworden war, die man nicht mehr ignorieren konnte. Es mußte bald etwas geschehen, wenn man die Versorgung Roms nicht ganz der Willkür des Seekönigs überlassen wollte. Im übrigen aber hat sich der junge Caesar, beraten von Männern wie Maecenas und Agrippa, als ein echter Rivale des Antonius erwiesen, er war nun 23 Jahre alt, und obwohl immer wieder von Krankheit heimgesucht, zeigte er doch einen starken Willen in dem Bestreben, sich selbst zu behaupten und in keiner Weise hinter dem sehr viel älteren Antonius zurückzustehen. Dies zeigt auch die Affäre des Q. Salvidienus Rufus. Dieser Mann hatte sich unter dem jungen Caesar hervorragend ausgezeichnet, vor allem im Perusinischen Krieg. Caesar hatte ihm daraufhin die Statthalterschaft des gesamten Gallien übertragen, worauf er in seiner Provinz Münzen prägte mit der Aufschrift *Q. Salvius imp. cos. desig.* Bei den Ereignissen von Brundisium hatte Salvidienus mit Antonius brieflich Kontakt aufgenommen; wenn die Überlieferung hier das Richtige berichtet, so hätte Antonius diese Kontakte in Rom dem jungen Caesar verraten. Caesar ließ daraufhin Salvidienus nach Rom kommen, der Senat verurteilte ihn als Hochverräter, so daß sich der Delinquent gezwungen sah, seinem Leben ein Ende zu machen. Die Affäre wirft ein eigenartiges Licht auf Antonius. Treulosigkeit gegen Freunde und Bekannte war sonst nicht seine Sache, man wird wohl annehmen müssen, daß er irgendeinen Groll gegen Salvidienus gehegt hat, vielleicht weil sich dieser die Statthalterschaft Galliens als Nachfolger des Fufius Calenus hatte übertragen lassen. Aber ein wirklicher Grund für das Verhalten des Antonius ist niemals bekannt geworden. Im ganzen stand es im Winter des Jahres 40/39 nicht gut um die Sache der Triumvirn, sie saßen in Rom gewissermaßen auf einem Pulverfaß, sie waren abhängig von dem guten (oder bösen) Willen des Sex. Pompeius, dessen Seeherrschaft sich als immer lästiger und drückender erwies. Über den Schwager des jungen

Caesar, Scribonius Libo, – der junge Caesar hatte inzwischen Libos Schwester mit Namen Scribonia geheiratet –, knüpfte man Verbindungen zu Pompeius an, auch dessen Mutter Mucia setzte sich für eine Versöhnung ein. Und da ereignete sich das Wunder: die drei Machthaber trafen sich zu einer Konferenz am Kap Misenum bei Neapel (39 v. Chr.). Die beiden Triumvirn machten dem Seekönig ganz beträchtliche Zugeständnisse. Ihm wurden in aller Form die Inseln Sizilien, Sardinien und Corsica konzediert, außerdem wurde ihm noch die Peloponnesos (Achaia) in Aussicht gestellt (diese hat er jedoch niemals erhalten). Auch wurde es ihm gestattet, das Consulat in Abwesenheit durch Freunde wahrnehmen zu lassen, und schließlich nahm man ihn noch in das Augurenkollegium auf. Als Gegenleistung verpflichtete sich Pompeius, den Handel in den italischen Gewässern nicht mehr zu behindern, alle Besatzungen vom Festland zurückzurufen und keine flüchtigen Mitbürger mehr aufzunehmen. Für Pompeius waren die Bedingungen leicht zu erfüllen, er sah sich nun, gewissermaßen als Gleichberechtigter, in den Kreis der Triumvirn aufgenommen, seine Position war rechtlich durch einen Vertrag gesichert. Ebenso wichtig war die Tatsache, daß unter die Proskriptionen nun endlich ein Schlußstrich gezogen wurde. Die Geächteten konnten nunmehr aus dem Exil ins Vaterland zurückkehren – es waren mehr als drei Jahre seit dem Beginn der Proskriptionen verflossen –, ausgenommen blieben nur diejenigen, die wegen Teilnahme an der Ermordung Caesars auf Grund der Lex Pedia verurteilt worden waren. Die anderen Proskribierten sollten den vierten Teil ihrer Habe zurückerhalten. Wer aus Furcht geflohen war, ohne zu den Geächteten zu gehören, sollte sein gesamtes Vermögen zurückerhalten, mit Ausnahme des Hausrats, der inzwischen natürlich längst in andere Hände übergegangen war. Wer als Sklave unter Pompeius gedient hatte, dem wurde die Freiheit versprochen, und dem Freigewordenen wurden die gleichen Vergünstigungen in Aussicht gestellt, wie sie die Soldaten der Triumvirn erhalten hatten. Damit schien alles aufs beste geregelt, die Ausfertigung des Vertragstextes wurde der Obhut der Vestalinnen in Rom übergeben. Der Paraphierung des Vertragsinstruments folgte, wie dies üblich war, eine gemeinsame Bewirtung, aber, wenn man Appian (B. C. V 73, 309) Glauben schenken darf, die Machthaber trauten einander nicht, sie ließen es an Sicherungen nicht fehlen, überall hatten sie Wächter und Beobachter aufgestellt, die hohen Gäste selbst hatten sich unter den Gewändern Dolche umgehängt. Von Menodorus, dem Freund des Pompeius, erzählte man sogar, er habe seinem Herrn vorgeschlagen, die beiden Triumvirn kurzerhand umzubringen, dies aber habe Pompeius mit Entrüstung von sich gewiesen. Auch der Pakt von Misenum wurde durch eine Verbindung besiegelt: Marcellus, der Stiefsohn des Antonius und Schwestersohn des jungen Caesar, sowie die Tochter des Pompeius, beide noch im Kindesalter, wurden miteinander verlobt. Als Consuln wurden für die nächsten Jahre in Aussicht genommen Antonius und Scribonius Libo, der junge Caesar und Pompeius, Domitius Ahenobarbus und Sosius, danach noch einmal Antonius, dieses Mal zusammen mit dem jungen Caesar. Antonius hatte sich hier eine sehr starke Position gesichert, es ist schwerlich anzunehmen, daß dies den Wünschen und Hoffnungen des jungen Caesar entsprochen hat.

Durch die Städte und Dörfer Italiens ging ein großes Aufatmen, der Pakt von Misenum schien ein definitives Ende der Kriege zu bringen, die seit dem Tod des Diktators die Menschen in Furcht und Aufregung versetzt hatten. Auch die Hungersnöte waren nun zu Ende, die Getreideschiffe wurden von der Bevölkerung mit tausend Freuden begrüßt, und überall hörte man das Lob des Sex. Pompeius, der endlich ein Einsehen gezeigt hatte. Die Menschen Italiens schöpften wieder Hoffnung auf bessere Zeiten, die Bauern konnten sich wieder der Feldbestellung zuwenden, ohne gewärtig sein zu müssen, daß sie der Befehl der Triumvirn zu den Fahnen rief. Auch mit dem Übermut der Besatzungen in den Städten war es nun zu Ende, auch brauchte niemand mehr zu befürchten, daß seine Sklaven sich auf die Flucht zu Sex. Pompeius machten, um sich den fortgesetzten Plackereien zu entziehen. Das Wort *securitas* (Sicherheit, Wohlstand) wurde wieder groß geschrieben, ein neues Zeitalter, die Goldene Zeit, schien zu beginnen. Das ist die Stimmung, die aus der 4. Ekloge Vergils noch heute zu jedem Leser spricht. Sie kündigte ein neues Saeculum an mit der Geburt eines Kindes, mit dem ein neues Zeitalter seinen Anfang nehmen soll. War es das von Scribonia, der Gattin des jungen Caesar, erwartete Kind? Oder war es die zu allen Zeiten verbreitete Sehnsucht nach dem neuen Weltzeitalter, das sich in dem Gedicht Vergils in ergreifender Weise Bahn bricht? Die 4. Ekloge gehört wahrscheinlich in das Jahr 41 oder 40, sie ist vielleicht der treffendste Ausdruck für das, was das Volk und auch die Gebildeten beseelte. Die Sehnsucht nach dem Frieden war allmählich so groß geworden, daß auch die Machthaber den Ruf nicht mehr überhören konnten. Insofern ist der Vertrag von Misenum im Jahre 39 eine Antwort auf Vergil. Die beiden Triumvirn aber umbrauste ein Jubelsturm, man pries sie als die Retter aus aller Not, errichtete ihnen Altäre und sang ihnen zu Ehren Kultlieder. Überall im Lande flammten die Opferfeuer auf, der Überschwang der Begeisterung war so gewaltig, daß

Antonius und der junge Caesar es nicht wagten, bei Tage die Hauptstadt zu betreten, sie wählten für ihren Einzug die Nacht, um größeren Ovationen zu entgehen.

Als ein weiteres Zeichen der Versöhnung der beiden Machthaber wird man die Ernennung des Antonius zum Flamen Caesaris, d. h. zum Priester für den toten Diktator Caesar, ansehen müssen. Aber dennoch war Antonius wenig zufrieden, er fühlte sich zudem in Rom, das ganz von der Gefolgschaft des jungen Caesar beherrscht wurde, nicht sonderlich wohl und sehnte sich, je länger desto mehr, nach der Rückkehr in den Orient, dessen ungekrönter König er war. Octavia hatte ihm inzwischen eine Tochter geschenkt, es ist die Ältere Antonia (Antonia Maior), sie wurde im Jahr 39 geboren. Schließlich vermochte Antonius seine Ungeduld nicht mehr zu zügeln, er begab sich mit seiner Gattin auf die Fahrt nach Hellas und verbrachte den Winter 39/8 in Athen. Hier erfuhr er von den Erfolgen, die Ventidius Bassus über die Parther unter dem Römer Q. Labienus und unter Pharnapates in Syrien errungen hatte. Antonius war hoch erfreut und feierte mit den Einwohnern von Athen ein großes Siegesfest. Antonius trat als Gymnasiarch auf, er wußte, daß dies seiner Popularität in Athen sehr zustatten kommen würde. Er hatte seine Freude an dem prachtvollen Kostüm, und dies hatte ihn veranlaßt, seine Feldherrnuniform abzulegen. In der Tracht des Gymnasiarchen mischte er sich unter die Menge und gewann die Herzen aller durch seine bezaubernde Leutseligkeit. Zu den attischen Neoi, den jungen Leuten, war er die Freundlichkeit selbst, Plutarch berichtet, er habe, wahrscheinlich beim Ringen, die jungen Leute um den Leib gefaßt und sie am Hals gewürgt, genauso wie es die Berufsringer zu tun pflegten (Plut. Leb. d. Ant. 33, 4). Im übrigen aber widmete er seine Zeit den Gesprächen mit den Philosophen, auch in ihren Vorlesungen war er wiederholt zu finden. Griechisch war auch seine Art zu speisen, und wie die Hellenen oblag er den gymnastischen Übungen. Seine Gattin konnte sich nicht über ihn beklagen, sie befand sich bei den Festlichkeiten in seiner Begleitung, und sein eigenes Verhalten läßt deutlich erkennen, daß er sie von Herzen lieb gewonnen hatte. Sein Herz war eben wandelbar, und die Liebe zu Kleopatra (die ihm im Jahre 40 ein Zwillingspaar geschenkt hatte) hatte er vergessen.

Auch sonst bezeugte er große Ehrfurcht vor den heiligen Bräuchen der Athener. Als er schließlich zum Partherkrieg aufbrechen mußte, da ließ er aus Blättern des heiligen Ölbaums einen Kranz flechten (der Ölbaum befand sich am Erechtheion auf der Akropolis), dazu ließ er ein Gefäß mit heiligem Wasser füllen, das der Quelle Klepsydra entnommen war.

Als der Winter 39/8 in Athen zu Ende ging, mit dem Beginn des Frühjahrs 38, da wurde Antonius wieder ein anderer Mensch. Er zeigte sich nur noch in der Imperatorentracht, im Kriegsgewand, und war ständig von einem großen militärischen Gefolge umgeben. An den Türen seines Hauptquartiers sah man zahlreiche Feldzeichen, dazu Offiziere und Ordonnanzen, für die Athener war dies ein ungewohnter Anblick, er erregte geradezu Furcht (Appian B. C. V 76, 324). Aus allen Himmelsrichtungen erschienen Gesandtschaften, sie hatten lange darauf warten müssen, von Antonius vorgelassen zu werden. Dieser aber widmete sich jetzt mit großer Intensität den laufenden Geschäften, immer wieder hielt er Konferenzen mit seinen Ratgebern, kurz, die gestaute Aktivität seiner Natur kam auf einmal mit großer Wucht zum Vorschein. Auf den Werften waren zahlreiche Schiffsbauten im Gange, Antonius aber trieb zur Eile, denn die Zeit drängte, und der Tag der Abreise auf den östlichen Kriegsschauplatz schien ganz nahe herangerückt – aber da zwangen ihn die Verhältnisse in Italien, noch einmal die Adria zu überqueren, um mit dem jungen Caesar zusammenzutreffen. Antonius aber fand ihn zum verabredeten Zeitpunkt auf dem italischen Festland nicht vor, zu warten hatte er keine Lust, er begnügte sich damit, Caesar vor einem Krieg gegen Sex. Pompeius zu warnen. Doch war es jedermann klar geworden, daß das Verhalten des jungen Caesar auf eine latente Rivalität zwischen ihm und seinem Schwager hindeutete. Im übrigen zeigte sich Antonius von den umfangreichen Rüstungen in Italien außerordentlich beeindruckt. Für den Krieg gegen Sex. Pompeius reichten sie in jedem Fall aus – was aber würde werden, wenn sich die zusammengefaßte Kraft Italiens einmal gegen ihn, Antonius, wenden würde? Aber damit wird Antonius schwerlich gerechnet haben, die Verstimmung zwischen ihm und dem jungen Caesar hielt er für eine Wolke, die vorüberzieht.

In Syrien hatte Ventidius Bassus große Erfolge gegen die Parther errungen. Der Römer Q. Labienus, der überhaupt eine unglückliche Rolle als Führer eines parthischen Heeres gespielt hatte, war in Gefangenschaft geraten. Für ihn gab es keinen Pardon, er mußte den Tod des Verräters sterben, weil er die Waffen gegen sein eigenes Vaterland erhoben hatte. Auch die Niederlage und der Tod des Parthers Pharnapates gehört bereits in das Jahr 39. In dem darauffolgenden Jahr stellten die Parther noch einmal ein großes Heer ins Feld. Ventidius aber eilte aus seinen Winterquartieren in Kappadokien sofort nach Nordsyrien, er besiegte die Parther in einer Schlacht bei Gindaros (Tell Jindaris), der Ort liegt in der Landschaft Kyrrhestiké. Als Tag der parthischen Niederlage wird der 9. Juli 38 angegeben, dies aber war der 15. Jahrestag der für die Römer so unglücklichen Schlacht bei Carrhae im Jahr 53. Vor allem war es Ventidius Bassus gelungen, den Vorstoß der Parther auf die nordsyrische Metropole Antiocheia am Orontes abzufangen; bei Gindaros war Pacorus, der Lieblingssohn des Großkönigs Orodes, ums Leben gekommen. Ein Teil des geschlagenen parthischen Heeres wandte sich nach Samosata am Euphrat, der Hauptstadt von Kommagene. Ihr Herrscher Antiochos stand auf seiten der Parther, denn er war der Schwiegervater des Großkönigs Orodes. Ventidius wollte dem geschlagenen Feind keine Zeit lassen und setzte unverzüglich zur Belagerung des festen Samosata an. Bevor er aber die Belagerung zu Ende bringen konnte, war Antonius selbst vor der Stadt angelangt. Nun war Antiochos zur Kapitulation bereit (Sommer 38), er streckte die Waffen und zahlte dem Antonius eine Kriegsentschädigung von 300 Talenten, alles übrige Geld hatte er inzwischen für seine Söldner ausgegeben. Bei der Belagerung von Samosata hatte sich Antonius der Hilfe des Herodes erfreuen können, der ein Hilfskontingent an den Euphrat geführt hatte. Herodes aber erblickte in Antonius seinen besonderen Freund und Gönner, und der Römer hat ihm seine Hilfeleistung nicht vergessen. Das Wohlwollen des Triumvirn war für Herodes besonders wertvoll, weil seine Herrschaft über Judäa, zu dessen König er im Jahre 40 ernannt worden war, keineswegs sicher war. Erst im Jahr 37 konnte er es wagen, die Stadt Jerusalem zu belagern, sie ist dann im Juli des gleichen Jahres in seine Hände gefallen, wodurch seiner Herrschaft im jüdischen Land ein fester Mittelpunkt gegeben wurde.

Wenn die antiken Quellen andeuten, Antonius habe gegenüber seinem Freund Ventidius nur schwer seinen Neid verbergen können, so ist dies üble Nachrede. Ventidius hatte sich, nicht nur in Syrien und Kommagene im Kampf mit den Parthern, sondern auch auf dem italischen Feldzug im Jahre 43 ganz entscheidende Verdienste um die Sache des Antonius erworben, der Triumph, den er im November 38 in Rom feiern durfte, war in jeder Weise wohlverdient. Für den Triumph hat ihm übrigens der Historiker Sallust eine Rede zur Verfügung gestellt. Es ist dies der einzige Triumph, den je ein Römer über die Parther gefeiert hat, wenigstens in der Zeit der Republik und des Triumvirats. Was Wunder, wenn Antonius über die Wendung der Dinge hoch erfreut war! Der verhältnismäßig leicht errungene Sieg des Ventidius muß ihn in der Ansicht bestärkt haben, daß ein Krieg großen Stils gegen die Parther unbedingt zum Erfolg führen müsse, falls dieser Krieg entsprechend vorbereitet würde.

Mit den Erfolgen der römischen Waffen über die Parther und mit der

Bestellung des Herodes zum König der Juden im Jahre 40 war eine neue Phase an der römischen Ostgrenze erreicht. Die Römerherrschaft war in den Gebieten westlich des Euphrat konsolidiert, in Herodes besaß Antonius einen zuverlässigen Bundesgenossen. Außerdem hatte sich auch Antiochos von Kommagene dem Antonius zur Verfügung gestellt, sein Land eignete sich vorzüglich als Plattform für einen Partherkrieg. Antonius hatte jetzt seine Hände frei für die Truppenbewegungen im ganzen syrischen Raum, die Parther aber waren über den Euphratstrom nach dem Osten zurückgeworfen.

Für Antonius gab es an der Ostgrenze zunächst nichts mehr zu tun, er segelte zurück nach Athen, wo er in der gewohnten Weise den Winter des Jahres 38/7 verbrachte. Wieder konnten die Athener an seiner Seite die Schönheit der Octavia bewundern. Im Mittelpunkt standen dieses Mal weniger die Vergnügungen als vielmehr die militärischen Vorbereitungen für den Ostfeldzug und die Verhandlungen mit seinem Genossen Caesar im Triumvirat. In Italien hatte sich nämlich die Lage durch den offenen Konflikt zwischen Sex. Pompeius und dem jungen Caesar wieder bedrohlich zugespitzt, und für Antonius war dies keineswegs gleichgültig, denn er war wegen der Werbungen für seine Legionen an den Verhältnissen Italiens sehr interessiert. Ohne die ausdrückliche Zustimmung Caesars waren die Werbeaktionen des Antonius auf italischem Boden nicht möglich. Zwischen den beiden hatte es wieder Spannungen gegeben; Plutarch berichtet (Leb. d. Ant. 35, 1), Antonius habe sich über gewisse Verleumdungen aufgeregt, doch dies mag nur ein Vorwand gewesen sein, genug, man mußte versuchen, noch einmal einen praktikablen Ausgleich zu finden.

Antonius erschien im Frühjahr 37 mit 300 Schiffen vor der Reede von Brundisium, wiederum wurde ihm die Einfahrt in den Hafen verwehrt, so daß er sich zu Schiff auf die Fahrt nach Tarent begeben mußte. Dort gingen die Schiffe des Antonius vor Anker, und auf ihren eigenen Wunsch begab sich von hier aus Octavia – sie hatte ihren Gatten auf der Fahrt von Hellas nach Italien begleitet – zu ihrem Bruder, um ihn zur Eintracht zu ermahnen. Octavia war übrigens in jenen Tagen wieder schwanger, vorher hatte sie dem Antonius bereits eine Tochter geboren, Antonia Maior im Jahr 39. (Die Geburt der Antonia Minor fällt erst in das Jahr 36. Von einem dritten Kind aus der Ehe des Antonius und der Octavia findet sich in den Quellen übrigens keine Spur.) Octavia aber verfügte über zahlreiche Verbindungen unter den Freunden ihres Bruders, so soll sie sich mit Vipsanius Agrippa und mit Maecenas verabredet haben, worauf ihr Bruder, der junge Caesar, sich zu einer Zusammenkunft mit Antonius, und zwar in Tarent, bereit erklärte. Ganz ohne Zweifel ist die Überlieferung auf dem rechten Weg, wenn sie das Hauptverdienst an der Versöhnung der beiden Machthaber der Octavia zuweist. Ihre Bitten sind es gewesen, die den Stolz und Starrsinn ihres Bruders gebrochen haben. Der Pakt sah vor, daß Caesar dem Schwager 20000 Mann für den Partherkrieg zur Verfügung stellen sollte, Antonius aber erklärte sich bereit, 120 Schiffe zu liefern, alle mit Bronzeschnäbeln für den Seekrieg ausgestattet. Octavia erhielt als Lohn für ihre Vermittlung 20 leichte Schnellruderer von ihrem Gatten, die sie sogleich dem Bruder zur Verfügung stellte. Ihr Bruder aber wollte an Generosität nicht hinter dem Schwager zurückbleiben: er übergab ihr 1000 Legionäre,[7] sie wurden natürlich in das Heer des Antonius eingereiht. Zuletzt gab es noch eine staatsrechtliche Frage zu regeln: das Triumvirat war bereits am 31. Dezember 38 abgelaufen, die beiden Männer beschlossen, das Triumvirat um fünf Jahre zu verlängern, das Volk hat, wie es scheint, durch ein Plebiszit die Abmachung bestätigt, dem Dritten im Bunde, dem Lepidus, ist diese Entscheidung der beiden höchstens noch notifiziert worden, er befand sich längst im Abseits und zählte bei den großen Entscheidungen nicht mehr mit. Der Vertrag von Tarent gehört in den Herbst des Jahres 37.

Der Bund der beiden Machthaber war durch familiäre Bindungen befestigt worden. M. Antonius, genannt Antyllus, der älteste Sohn des Triumvirn, wurde mit Iulia, der Tochter des jungen Caesar und der Scribonia – sie stand, im Jahre 39 geboren, noch in zartem Kindesalter – verlobt. Anderseits kam es zu einer Verlobung zwischen L. Domitius Ahenobarbus, dem Sohn des Cn. Domitius, mit der noch nicht zweijährigen Tochter Antonia Maior des Triumvirn.

Dann aber kam der Abschied. Antonius, immer mit seinen Gedanken bei dem künftigen Partherkrieg, empfahl seine Gattin Octavia der Obhut des Bruders, auch die Kinder blieben in Italien zurück, mit ihnen auch die beiden Söhne, welche Fulvia dem Antonius geschenkt hatte.[8] Während sich Caesar wieder an die Vorbereitungen des Krieges gegen Pompeius machte, nahm die Flotte des Antonius Kurs auf die Insel Korkyra, und von hier ging es weiter nach Kleinasien und Syrien. Es war das letzte Mal, daß sich der junge Caesar und Antonius von Angesicht zu Angesicht gesehen hatten, auch der Abschied des Antonius von seiner Gattin sollte ein Abschied für immer sein, denn von nun an regierten der Kriegsgott Mars und die Königin Kleopatra die Stunde.

Zehntes Kapitel

Der Partherkrieg des Jahres 36 v. Chr.

Der junge Caesar hatte den Beginn des Krieges gegen den Seekönig Sex. Pompeius auf das Jahr 36 verschoben, es waren große Rüstungen notwendig, die sich nicht binnen weniger Wochen durchführen ließen. Nicht anders stand es mit den Vorbereitungen für den Partherkrieg. Antonius verfügte in Kleinasien und Syrien über eine Streitmacht von 60000 Mann römischen Fußvolks und über 10000 Reiter aus Germanien und Gallien, dazu kamen noch 3000 Mann Bundesgenossen. Die Zahl der Legionen des Antonius wird in den Quellen verschieden angegeben, sie schwankt zwischen 13 (Vell. Paterc. II 82) und 18 (Liv. Per. 130). Am wahrscheinlichsten ist aber wohl die Zahl 16. Die Legionen waren jedoch nicht ganz aufgefüllt – das mag mit den Rekrutierungsschwierigkeiten im Zusammenhang stehen –, sie waren im Durchschnitt nur 3750 Mann stark. Antonius wird über diese Dinge genau unterrichtet gewesen sein, seine Siegesgewißheit haben sie nicht vermindert. Der junge Caesar hatte ihm in Tarent vier Legionen aus Italien versprochen, sie sind aber niemals zum Heer des Antonius gestoßen, auch auf sie hat der Triumvir verzichten müssen.

Ein Heer von mehr als 70000 Mann zu verpflegen und auszurüsten, erforderte die ganze Arbeitskraft und Hingabe des Antonius. Er war jetzt 47 Jahre alt und stand auf der Höhe seines Lebens und seines Ruhmes. Seit den Tagen von Philippi hatte er wie ein Souverän über den Orient regiert, seinen Befehlen gehorchten die römischen Statthalter ebenso wie die orientalischen Vasallenfürsten. Ein Wink des Antonius genügte, um sie zur Pflicht zu rufen und ihren Diensteifer anzufachen. Bei den Vorbereitungen des Feldzugs hat der Stab des Antonius wiederum ganz hervorragende Arbeit geleistet. Vor allem mußte für die einzelnen Truppenteile ein eingehendes Marschtableau ausgearbeitet werden, dabei mußte auf die Magazine (wegen der Verpflegung) und auf die geographischen Gegebenheiten Rücksicht genommen werden. Hierfür aber waren eingehende geographische Kenntnisse nötig, für Kleinasien und Syrien reichten sie ohne weiteres aus, nicht aber für die Gebiete am oberen Euphrat, für Armenien und Media Atropatene (Aserbeidschan). Und vom Partherreich, seinen Städten und Provinzen, seinen Straßen und Flüssen, wußte man im Hauptquartier des Antonius nicht viel mehr als die levantinischen Kaufleute, die das Land als Durchgangsgebiet für ihre Reisen nach China besucht hatten. Das Grenzland am Ostufer des Euphratstromes war zwar bekannt, denn hier hatten immer Beziehungen zwischen den Bewohnern Mesopotamiens und Syriens bestanden, aber die Verbindungen waren seit dem Konflikt zwischen Rom und Parthien sehr stark reduziert, nur selten gab es Grenzgänger, im allgemeinen machte auf beiden Seiten der Handel an der Barriere des Euphrats halt.

Der große Diktator Caesar hatte in den letzten Jahren seines Lebens einen Partherkrieg geplant, nur durch seinen jähen Tod am 15. März 44 war er daran gehindert worden, ihn auszuführen. Denn am 18. März 44 hatte er ins Feld aufbrechen wollen. Über den Plan des caesarischen Partherkriegs war in Rom ganz offen gesprochen worden, etwa so wie in Deutschland vor 1914 über den Schlieffenplan. Doch sind von der Konzeption des caesarischen Kriegsplans keine Einzelheiten überliefert, man weiß nur (auf Grund von Sueton, Div. Iul. 44, 3), daß Caesar den Gegner zunächst erproben, d.h. seine Kampfesweise kennenlernen wollte, ehe er ihn zu einer Entscheidungsschlacht stellte. Auch über den Weg des Invasionsheeres hatte sich Caesar Gedanken gemacht. Man wollte durch Kleinasien und Kleinarmenien in Großarmenien einfallen und danach, wenn der Grenzfluß Araxes überschritten sei, in Media Atropatene. Diesen Weg hatte Caesar sicher mit Bedacht gewählt. Er wollte es nicht zu einer Niederlage durch die parthische Panzerreiterei im ebenen Mesopotamien kommen lassen. Daran ist zu erkennen, daß die Niederlage des Crassus im Jahre 53 v. Chr. bei Carrhae im strategischen Denken Caesars ihre Spuren zurückgelassen hatte. Ist die Annahme erlaubt, daß sich unter den Massen der hinterlassenen Papiere Caesars auch Aufzeichnungen und Berechnungen über den Partherkrieg gefunden haben? Sie könnten mit den übrigen Schriftstücken in die Hände des Antonius gelangt sein – aber hierfür liegen in den antiken Quellen nicht die geringsten Anhaltspunkte vor. Wenn man aber in Betracht zieht, daß Antonius zu den engsten Mitarbeitern und Freunden des Diktators gehörte, so ist es ganz und gar nicht unwahrscheinlich, daß er über Caesars Intentionen gut unterrichtet war. Aber es bleibt natürlich die Frage, wieweit ihn diese Dinge bei seinen eigenen Plänen beeinflußt oder vielleicht sogar gelenkt haben. Darauf läßt sich keine sichere Antwort geben.

Für den Partherfeldzug des Antonius existieren zwei ausführliche Darstellungen, die des Plutarch (Leb. d. Ant. 37–51) und die andere des

Cassius Dio in seiner griechisch geschriebenen ‚Römischen Geschichte' (Historia Romana) aus der Severerzeit. Die übrigen Historiker können nur zur Ergänzung in einigen Einzelheiten herangezogen werden. Dies gilt insbesondere auch für den Geographen Strabon, einen Zeitgenossen der kriegerischen Ereignisse, der wichtige Einzelheiten, vor allem geographischer Art, beizusteuern vermag. Im übrigen teilt sich die Überlieferung in eine dem Antonius wohlgesinnte und in eine ihm feindliche Gruppe. Zur ersteren wird man Plutarch und Strabon, zur zweiten vor allem Cassius Dio zählen. Der letztere geht im wesentlichen auf Livius zurück, der die Überlieferung des octavianischen Lagers widerspiegelt.

Was nun die Quelle betrifft, die der Darstellung Plutarchs zugrundeliegt, so wird man hier an Q. Dellius, einen Freund des Antonius, denken müssen. Dieser Mann hat in den Bürgerkriegen nach Caesars Tod ein bemerkenswertes Schicksal gehabt. Er war zuerst ein Freund Dolabellas, von diesem ging er zu dem Caesarmörder C. Cassius über. Aber auch diesen hat er rechtzeitig verlassen, um sich dem Antonius anzuschließen. Endlich, kurz vor der Schlacht bei Actium (2. Sept. 31), wechselte er noch einmal die Partei und schlug sich auf die Seite des jungen Caesar (Octavian). Kein Wunder, wenn ein prominenter Zeitgenosse, Messalla Corvinus, ihn als *desultor bellorum civilium* bezeichnet hat, als einen Mann, der mitten im Parcours die Pferde wechselt. Das war ein Kunststück, das die Zuschauer aus dem Zirkus gut kannten – aber man konnte dabei auch arg zu Fall kommen, wenn man den rechten Moment verpaßte. Q. Dellius aber war ein Mann, der immer den rechten Moment gefunden hat, um, bildlich gesprochen, ein neues Pferd zu besteigen. Antonius hatte ihn in den engsten Kreis seiner Vertrauten aufgenommen, und Dellius hat es verstanden, sich ihm bald ganz unentbehrlich zu machen. Er ist es gewesen, der die Verbindung zwischen Antonius und Kleopatra im Jahre 41 angeknüpft hat, die von geradezu weltgeschichtlicher Bedeutung werden sollte.

Liest man die Lebensbeschreibung des Antonius aus der Feder des Griechen Plutarch im Zusammenhang, so stellen sich die Kapitel über den Partherfeldzug (c. 37–51) als ein Einschub dar, sie sind von Plutarch der Vorlage, dem Werk des Q. Dellius, natürlich mit entsprechenden Kürzungen, entnommen. Niemand weiß übrigens, ob das Werk des Dellius über den Partherkrieg lateinisch oder griechisch geschrieben war, aber darauf kommt es hier auch gar nicht an, es genügt zu wissen, daß Plutarch es seiner Schilderung zugrunde gelegt hat. Eine Darstellung großen Stils ist Dellius' Werk sicherlich nicht gewesen, es war zudem in Eile niedergeschrieben, denn Dellius ist bereits vor der Schlacht bei Actium im Lager des jungen

Caesar zu finden. Im Jahr 32 muß das Werk schon vollendet gewesen sein, später hätte Dellius wohl kaum noch einen Grund gehabt, Antonius in dieser Weise zu loben. Im Krieg gegen die Parther hat Dellius ein Kommando innegehabt, er hatte die wichtigsten Ereignisse selbst miterlebt. Für die Aufzeichnungen im einzelnen wird ihm wohl das Lagerjournal zur Verfügung gestanden haben, sonst wäre es ihm nicht möglich gewesen, den Ablauf der Kampagne nach den einzelnen Tagen (dies gilt vor allem für den Rückmarsch des Heeres) zu schildern. In der antiken Literatur hatte Dellius für sein Werk ein Vorbild: es war dies die *Anabasis* Xenophons, sie war jedem bekannt, der sich mit der Literatur der Griechen beschäftigt hatte. Und gerade dies ist auch für Dellius anzunehmen. Horaz hat ihm ein schönes Gedicht, die 3. Ode seines 2. Buches, gewidmet. Sie beginnt mit den Worten:

Aequam memento rebus in arduis
servare mentem, non secus in bonis
ab insolenti temperatam
laetitia, moriture Delli.

Ein Herz voll Gleichmut in der Geschicke Drang,
In guter Zeit gleich frei von dem Übermaß
Unbändger Lust such' dir zu wahren,
Dellius, mußt ja dereinst doch sterben.

Die Ode des Horaz fordert auf zu unbeschwertem Lebensgenuß, denn das Ende sei für alle gewiß:

Omnes eodem cogimur, omnium
versatur urna serius ocius
sors exitura et nos in aeternum
exilium impositura cumbae.

Ja, *einen* Weg geht alles, uns allen springt,
Ob früh, ob spät, einst aus dem geschwungnen Topf
Das letzte Los – in jenen Nachen
Holt es dich ab, und du kommst nicht wieder.

Übersetzt von Wilh. Schöne.

Man wird aus der Widmung der Ode an Dellius schließen dürfen, daß er Eingang in den engsten Freundeskreis des jungen Caesar gefunden hatte, dem auch Horaz angehörte. Die Ode ist wohl in den zwanziger Jahren gedichtet worden, als nach dem Ende der Bürgerkriege die Zeiten ruhiger geworden waren und den Menschen statt Angst und Not Gelegenheit zu heiterem Lebensgenuß geboten haben.

Und wie stand es mit der Stimmung in Rom vor dem Partherfeldzug? Diese war ganz für den Krieg, denn weder war die Niederlage des Crassus von den Römern verschmerzt, noch waren die römischen Gefangenen und Feldzeichen von den Parthern zurückgekehrt. Vor allem aber hatte die Euphratstromgrenze den Römern keine Sicherheit geboten. Die parthischen Reiterheere hatten Syrien und weite Teile Kleinasiens überschwemmt, bis ihnen Ventidius Bassus Halt geboten hatte. Die gewaltigen Rüstungen und die Heeresbewegungen der Römer im Orient mußten den Parthern zu denken geben, aber immer noch hatte es den Römern an einer hinreichenden Gelegenheit gefehlt, den Krieg unter günstigen Auspizien zu eröffnen.

Im Partherreich hatten sich nach der Niederlage von Gindaros wichtige Veränderungen vollzogen. Der Großkönig Orodes hatte nach dem Soldatentod seines Lieblingssohnes Pacorus die Herrschaft einem anderen Sohn namens Phraates übertragen. Dieser Arsakide war ein Herrscher von unvorstellbarer Rücksichtslosigkeit. Um seinen Thron zu sichern, hat er nicht allein seinen hochbetagten Vater, sondern auch alle seine noch lebenden Brüder umbringen lassen. Überall im Lande herrschte Furcht und Schrecken, sonst wäre es nicht möglich gewesen, daß zahlreiche Adlige mit ihrem Gefolge das Partherreich verlassen haben, um in den Grenzen des römischen Reiches Zuflucht zu suchen. Unter diesen befand sich auch Monaeses, ein hoher Würdenträger des Arsakidenreiches, der wahrscheinlich das Amt des Generalstatthalters der Westprovinzen am Euphratstrom innegehabt hatte. Er flüchtete zu den Römern. Antonius aber bereitete ihm einen sehr freundlichen Empfang, er soll dem parthischen Würdenträger sogar drei Städte zu seinem persönlichen Besitz gegeben haben: Larissa, Arethusa, Hierapolis (Bambyke), alle in Nordsyrien gelegen. Vielleicht hoffte Antonius, mit dieser ausgesprochen noblen Behandlung des Monaeses auch noch andere parthische Großwürdenträger auf seine Seite herüberzuziehen. Hierin aber hatte sich der Römer getäuscht, er kannte die Mentalität der Orientalen zu wenig, und aus diesem Grund hat Antonius in der Behandlung der orientalischen Menschen gelegentlich fehlgegriffen. Was niemand erwartet hatte, wurde Ereignis: Monaeses ließ sich durch Botschaften des Großkönigs zur Rückkehr in die Heimat bewegen. Ob es allerdings der Wahrheit entspricht, daß Antonius dem Monaeses ein Friedensangebot (wir würden heute sagen: einen Nichtangriffspakt) mit auf den Weg gegeben hat, läßt sich schwer entscheiden, die Möglichkeit scheint zu bestehen. Antonius soll dem Großkönig den Vorschlag gemacht haben, man wolle auf Krieg verzichten, wenn die Parther sich bereit erklärten, die Gefangenen und die bei Carrhae erbeuteten Feldzeichen zurückzugeben. Sollte es aber dem Antonius damit ernst gewesen sein, so hätte er sich als ein schlechter Psychologe erwiesen. Denn wäre der Großkönig Phraates auf diesen Vorschlag eingegangen, so hätte er seine Schwäche vor aller Welt eingestanden, aber gerade dies konnte für Phraates nicht in Betracht kommen, denn die Parther fühlten sich seit ihrem Sieg bei Carrhae den Römern weit überlegen. Antonius aber setzte den Aufmarsch seines Heeres fort, auf allen Straßen Kleinasiens und Syriens bewegten sich im Verlauf des Jahres 37 die Marschkolonnen der Legionen, die Städte seufzten unter den unaufhörlichen Quartierlasten, die Lebensmittel begannen knapp zu werden, und immer war noch kein Ende der Truppendurchmärsche abzusehen.

Den Krieg hatte Antonius von langer Hand vorbereitet. Wieweit es sich dabei um den Plan Caesars gehandelt hat, ist schwer zu sagen. Antonius hatte die Absicht, von dem befreundeten Großarmenien über den Araxes-Fluß in Media Atropatene (Aserbeidschan) einzufallen. Von hier aus wollte er bis zu den parthischen Residenzen im Kern des Reiches vorstoßen. Ob er nun den Weg nach Ekbatana einschlagen oder ob er sich nach dem Westen, etwa nach Ktesiphon, wenden wollte, das wird auf ewig sein Geheimnis bleiben, da es den Römern verwehrt geblieben ist, die Kernlandschaften des Partherreiches zu betreten. Doch mag wenigstens gesagt sein, daß eine Wendung in westlicher Richtung, etwa auf Arbela und von hier auf Ktesiphon, viel weniger wahrscheinlich ist; auch mit dem Vormarsch auf Phraata ließe sich dies nicht in Einklang bringen. Aber die Invasion, was immer auch ihr Ziel gewesen sein mag, war nicht möglich ohne einen entscheidenden Sieg über das Partherheer in einer großen Schlacht. Wie Antonius aber die Parther zwingen wollte, sich den Römern zu stellen, darüber steht in den Quellen nichts. Aber man muß sich im Stab des Antonius hierüber Gedanken gemacht haben, wenn diese Erwägungen auch nicht in den Quellen zum Ausdruck kommen. Die Niederlage des Crassus bei Carrhae war durch die Überlegenheit der parthischen Panzerreiter entschieden worden. Antonius setzte daher seine Hoffnungen auf die armenische Kavallerie, sie war ganz nach parthischem Vorbild ausgerüstet, mit der parthischen Kampfestechnik war sie aufs beste vertraut. Mit ihr und mit den keltischen und germanischen Reitern glaubte Antonius den Parthern mehr als gewachsen zu sein, eine Rechnung, die sich als ein schwerwiegender Fehler erwiesen hat. Noch schlimmer aber war die geringe Beachtung, die Antonius dem *Zeitproblem* gewidmet hat. Nirgends in der antiken Überlieferung findet sich auch nur die geringste Andeutung darüber, daß Antonius mit einer längeren Dauer des Partherfeldzuges gerechnet hat. Alles sollte in der Zeit eines einzigen Sommerfeldzugs durchgeführt werden! Hatte man sich in der römischen Führung überhaupt eine Vorstellung davon gemacht, was es bedeutete, von der Ostgrenze Armeniens bis ins Herz des Partherreiches vorzustoßen? Aber dies alles trat gegenüber dem Wunschdenken des Antonius in den Hintergrund. Er rechnete eben felsenfest mit einer Entscheidungsschlacht, an andere Möglichkeiten zu denken lag ihm völlig fern. Und gerade in dem entscheidenden Punkt taten ihm die Parther nicht den Gefallen, sie wichen jedem entscheidenden Treffen von vornherein aus, da sie wußten, daß die Römer ihnen in einer rangierten Feldschlacht überlegen waren. Antonius aber hatte alles auf eine einzige Karte gesetzt; wenn diese nicht stach, so waren die Anstrengungen vieler Monate umsonst gewesen.

Über den Weg, den die Römer von Syrien bis an den Araxesfluß eingeschlagen haben, kann es nach den Forschungen Kromayers[1] keinen Zweifel mehr geben: der Weg führte von Zeugma den mittleren Euphrat am rechten Flußufer stromaufwärts bis nach Armenien über Erzerum und von hier aus durch das Bergland bis an den Araxes. Dies aber war ein gewaltiger Umweg; Antonius hat ihn jedoch ganz bewußt in Kauf genommen, weil er sein Heer nicht in den Ebenen Mesopotamiens dem Schicksal des Crassus aussetzen wollte. Vielleicht hat sich Antonius die Warnungen Caesars zunutze gemacht – aber dafür gibt es keine Sicherheit. Was es bedeutete, ein riesiges Heer auf einem Umweg von vielen hundert Kilometern in das armenische Bergland zu führen, die Marschzeiten vernünftig anzusetzen, dazu die Verpflegung für 70000 Kombattanten und ein entsprechendes Heeresgefolge sicherzustellen, und dies alles in Ländern, die nur über wenige natürliche Hilfsmittel verfügten, davon wird man sich schwerlich einen zutreffenden Begriff machen können, aber die Leistung der römischen Führung und auch der Intendantur ist über alles Lob erhaben. Antonius verfügte über eine Anzahl von fähigen Mitarbeitern, die zum Teil noch aus dem Generalstab Caesars hervorgegangen waren. Im übrigen aber war der Marsch von Nordsyrien durch das armenische Hochland nach Aserbeidschan eine ganz imponierende Leistung, die in der antiken Kriegsgeschichte nur wenig Parallelen findet. Antonius hat sich bei den Vorbereitungen bis zum letzten eingesetzt, er war wieder ganz bei der Sache, die militärischen Dinge waren sein eigentliches Gebiet, hier konnte er zeigen, was er strategisch und taktisch von Caesar gelernt hatte. Dazu strahlte er eine ungeheure Siegesgewißheit aus, er war fest davon überzeugt, daß es dieses Mal mit dem Partherreich zu Ende gehen würde. Möglich wäre es, daß er seine Hoffnungen auch auf den Ausbruch innerer Zwistigkeiten bei den Parthern gesetzt hat; er rechnete damit, daß die zentrifugalen Kräfte sich beim Gegner zur rechten Zeit bemerkbar machen würden – in diesem Punkt sollte er sich jedoch getäuscht haben. Im übrigen wußte man vom Gegner zu wenig, und auch dies nur durch ganz unzuverlässige Gewährsleute. Die Kommunikation zwischen dem Partherreich und dem Imperium Romanum hatte seit Jahren praktisch aufgehört, niemand wußte über die Maßnahmen der Parther Bescheid, die Römer tappten gewissermaßen im Dunkel. Einen Feldzug gegen einen Gegner zu unternehmen, von dem außer seiner Existenz wenig, viel zu wenig bekannt war, scheint ein geradezu hoffnungsloses Unternehmen – aber das Selbstbewußtsein und die Siegesgewißheit des Antonius setzten sich auch über diese Schranke hinweg.

Der Einfall in Media Atropatene wurde dadurch vorbereitet, daß Antonius zur Sicherung des Aufmarsches in seiner linken Flanke den Legaten P. Canidius Crassus mit der Unterwerfung der Kaukasusvölker beauftragte, insbesondere der Albaner und Iberer. Crassus hatte hier einen vollen Erfolg zu verzeichnen, die Häuptlinge Pharnabazos und Zober traten auf die Seite der Römer über, es kam ein Vertrag mit ihnen zustande (wohl schon im Jahr 37). Wenn man Cassius Dio (XLIX 25,1) folgt, so hätte Antonius zuerst die Euphratgrenze inspiziert, erst danach habe er sich zu dem weit ausholenden Umgehungsmarsch durch Armenien entschlossen. Daran mag so viel richtig sein, daß Antonius den Gegner durch eine Diversion am mittleren Euphrat zu täuschen versuchte, auf jeden Fall sind den Parthern die großen Heeresbewegungen bei den Römern im nördlichen Syrien und im östlichen Anatolien zunächst verborgen geblieben, die Parther haben den Feind im nördlichen Mesopotamien erwartet. Dies ist umso bemerkenswerter, weil auch der aus Syrien zum Partherkönig zurückgekehrte Monaeses offenbar über die Pläne des Antonius nicht unterrichtet gewesen ist. Wie es scheint, hatte er von seinem Domizil in Nordsyrien keine Gelegenheit gehabt, sich über die römischen Heeresbewegungen zu informieren. Überhaupt sieht es so aus, als ob Antonius zunächst einen Großteil seines Heeres in Nordsyrien zusammengezogen hätte, ohne den Führern bekanntzugeben, in welche Richtung die weiteren Operationen geführt werden sollten. Die Geheimhaltung scheint im ganzen gelungen zu sein, und die Parther mögen es für ganz ausgeschlossen gehalten haben, daß die Römer einen Umweg von nicht weniger als 8000 Stadien, d. s. 2000 Kilometer, in Kauf nehmen würden, um an die parthische Reichsgrenze zu gelangen, und dazu noch auf einem Weg, der wegen der armenischen Berge und der Wasserarmut des Landes gewaltige Schwierigkeiten mit sich brachte. Denn wohl noch niemals war auf dem Weg von Erzingian über Erzerum (im Altertum unter dem Namen Karana bekannt), und dann auf steilen Gebirgspfaden südlich des Kussa Dagh und des Bajezid ein großes Heer an den Araxes gezogen, der bei dem Ort Djulfa erreicht wurde. Und von dort zog Antonius ohne Aufenthalt weiter nach Media Atropatene – dies war ein parthischer Vasallenstaat – über Marunda, den Urmiasee zur Rechten, nach Gazaka/Phraata, das in den späteren Quellen Phraaspa heißt.

Phraata war die Hauptstadt von Media Atropatene. Der Herrscher des Landes stand auf seiten des parthischen Großkönigs, er war den Römern feindlich gesinnt und versagte sich der Zusammenarbeit mit Antonius. Doch mit der Hilfe des Königs von Media Atropatene hatten die Römer wohl auch schwerlich gerechnet, aber immerhin war es ein wesentlicher Unterschied, ob man in Media Atropatene ein befreundetes und verbündetes oder aber ein feindliches Land betrat.

Vor Beginn der Operationen hatte Antonius die ägyptische Königin Kleopatra zu sich nach Syrien entbieten lassen. Dies aber war nicht nur eine politische, sondern auch eine persönliche Entscheidung des Triumvirn, sie sollte von weittragender Bedeutung sein. Antonius bedurfte der Unterstützung durch die Hilfsquellen Ägyptens, für seinen Nachschub waren die Vorräte des Nillandes ganz unentbehrlich, sie sollten nach Syrien gebracht und hier vom Heer in Empfang genommen werden. Aber der Entschluß, sich der Hilfe der ägyptischen Königin zu bedienen, sollte für das ganze fernere Leben des Antonius von entscheidender Bedeutung sein. Drei Jahre lang hatte er die Beziehungen zu Kleopatra ruhen lassen, völlig abgerissen waren sie aber nicht. Kleopatra hatte ihm im Jahr 40 Zwillinge geboren, Alexander Helios und Kleopatra Selene. Über das Schicksal der Kinder wird Antonius zweifellos unterrichtet gewesen sein, und Kleopatra mag ihrerseits von dem Ableben der Fulvia in Griechenland gewußt haben, und auch die Eheschließung des Antonius und der Octavia wird ihr bekannt gewesen sein. Kleopatra kannte weder Fulvia noch Octavia von Angesicht zu Angesicht, denn als sie mit ihrem Vater, Ptolemaios XII. Neos Dionysos, in Rom weilte, in den Jahren zwischen 58 und 55 v. Chr., da war Octavia, ebenso wie Kleopatra (beide sind, wie es scheint, ungefähr gleichaltrig gewesen), noch ein ganz junges Mädchen.

Und was hatte Antonius anzuführen, um die Wiederaufnahme seiner Beziehungen zu Kleopatra zu erklären oder gar zu rechtfertigen? Man verkennt seinen Charakter, wenn man annehmen wollte, er habe sich Skrupel darüber gemacht. Er war eine ganz autoritäre Persönlichkeit, irgendwelche Hindernisse juristischer oder moralischer Art existierten für ihn nicht. Als er Kleopatra in sein Hauptquartier kommen ließ, da war in ihm die alte Leidenschaft zu der Königin wieder erwacht, und vor seinem Gewissen mag er sein Verhalten damit entschuldigt haben, daß er ihre Hilfe nötig hatte – aber auch dies ist, wie gesagt, nicht einmal sicher. Vor der elementaren Leidenschaft des Antonius zerbrachen alle Dämme, er vergaß die Schwüre, die er seiner römischen Gattin geleistet hatte, er vergaß seine Kinder in Rom und kümmerte sich nicht um die Bedenken seiner nächsten Freunde, die über die wieder aufflammende Leidenschaft des Antonius unglücklich waren. Antonius stand an der Wende seines Lebens, und dies hat auch schon Plutarch (Leb. d. Ant. 36,1), der übrigens in Kleopatra den bösen Geist des Antonius sieht, hervorgehoben. Mit rationalen Gründen ist dies, wie Plutarch meint, nicht zu erklären, es war ein elementarer Sturm von Emotionen, der alles hinwegfegte und Antonius wieder in die Arme der Königin zurückführte. Der Geliebten machte der Römer eine generöse Schenkung. Sie bestand aus Teilen Koilesyriens (das Königreich Chalkis am Libanon, dazu die phönikische Küste vom Eleutherosfluß bis nach Sidon), aus Teilen Kilikiens und aus der Insel Cypern. Auch die Gärten mit Balsambäumen in der Nähe von Jericho und ein Teil des Nabatäerlandes gingen in ihren Besitz über[2]. Einige von diesen Gebieten hatten früher einmal zum Ptolemäerreich gehört, aber dies berechtigte Antonius keineswegs, hier auf Kosten des römischen Volkes großzügig zu sein – aber dieser Einwand hätte ihm sicherlich nur ein Kopfschütteln abgenötigt, denn niemand anders als er selbst war berechtigt, über die Länder, die durch den Vertrag vom Jahre 40 in seine Botmäßigkeit gekommen waren, zu verfügen. Im Jahre 37 war Antonius der ungekrönte König des ganzen Orients, in seine Anordnungen hatte ihm niemand hineinzureden – er enthielt sich ja auch der Einmischung in die Dinge des römischen Westens, den er dem jungen Caesar überlassen hatte.

Allein schon diese Schenkungen würden genügen, zu zeigen, daß Antonius nun eine ganz andere Haltung gegenüber Kleopatra eingenommen hat als in der früheren Zeit. Und dies hat er noch dadurch unterstrichen, daß er die Zwillinge vor aller Welt als seine Kinder anerkannte. Sie waren damals gerade drei Jahre alt. Antonius soll sich auf seinen mythischen Ahnherrn Herakles berufen haben, auch dieser habe sich nicht mit einer einzigen

Frau begnügt, auch hätte er sich nicht um die solonischen Gesetze gekümmert, welche sich mit der Empfängnis beschäftigten (dies wäre dem Herakles aus chronologischen Gründen wohl auch kaum möglich gewesen!), er habe vielmehr der Natur freien Lauf gelassen und sei dadurch zum Stammvater vieler Familien geworden. Diese Äußerung des Antonius, die man wohl als historisch ansehen darf, zeigt sein übersteigertes Selbstbewußtsein zur Genüge, er stellt sich hier ohne weiteres den Heroen an die Seite. Man darf dies nicht als Zynismus auffassen, es entsprach vielmehr der großzügigen Natur des Antonius, für ihn existierten Sitte und Gesetz nur insoweit, als sie sich im Einklang mit seinen Passionen befanden.

Die Frage, ob Antonius damals, vor dem Beginn des Partherfeldzuges, mit Kleopatra eine förmliche Ehe eingegangen ist, wird in der Forschung verschieden beantwortet. Da in der Synkrisis des Demetrios Poliorketes und des Antonius bei Plutarch ausdrücklich zu lesen steht, Antonius habe zwei Frauen gehabt, so wird man an der Tatsache der Doppelehe nicht zweifeln können. Der Versuch von Konrad Kraft[3], aus einer Suetonstelle das Gegenteil von dem herauszulesen, was die bisherige Forschung angenommen hat, ist nicht glücklich zu nennen. Für die Mitwelt war der Triumvir seit dem Jahr 37 *zweimal* verheiratet, mit der Römerin Octavia und mit der Makedonin Kleopatra. Natürlich hat man in Rom die Ehe zwischen Antonius und der ägyptischen Königin als nichtexistent betrachtet. In Ägypten aber war Antonius von jetzt an der Prinzregent, zugleich der Ehemann und der große Beschützer *(patronus)* der Kleopatra. Niemand im Orient hat an dieser neuen Ehe auch nur den geringsten Anstoß genommen, wohl aber in Rom, und man wird es verstehen, wenn der junge Caesar entrüstet war über seinen ungetreuen Schwager, der alle Rücksichten familiärer Art hatte fallen lassen. Sein Verhalten entsprach nicht der bürgerlichen Moral der Römer, für die Orientalen war dagegen eine Doppelehe nichts Ungewöhnliches, schon gar nicht im Hause der Ptolemäer (wenn man etwa an den 8. Ptolemäer, 145–116, denkt). Und hatten nicht die Diadochen vom Schlage eines Demetrios Poliorketes mehrere Frauen gehabt? So ungewöhnlich war die Doppelehe des Antonius nicht, und er hätte nicht das mythologische Beispiel des Herakles zu bemühen brauchen. Bemerkenswert ist es übrigens, daß Antonius unter dem Konflikt nicht gelitten hat, er war hier ganz unbekümmert, und Rücksichten menschlicher Art lagen ihm ganz fern.

Auf den Feldzugsplan im einzelnen hat Kleopatra keinen Einfluß genommen. Wenn Plutarch (Leb. d. Ant. 37,2) schreibt, Antonius habe sich wegen seiner Liebe zu Kleopatra keine Zeit zum Kriegführen gelassen, so ist dies eine Verleumdung, der niemand Glauben schenken wird. Aber die Liebenden mußten sich noch einmal trennen, Antonius zog mit dem Heer nach Großarmenien, um von hier aus den Feldzug zu eröffnen, er war davon überzeugt, daß er einen vollen Sieg über die Parther erringen würde.

Es hätte nahegelegen, dem Heer in Armenien eine Ruhepause zu gönnen, denn die Soldaten hatten riesige Marschleistungen hinter sich. Antonius aber erwartete alles von der Überraschung, er wollte nicht warten, bis die Parther ihre Winterquartiere in Mesopotamien abbrachen, sondern er begann, sobald es die Jahreszeit erlaubte, mit dem Einmarsch in Media Atropatene. Man befand sich im Frühjahr 36. Auf das Land und seine Bewohner nahm man keine Rücksicht, da sich der König den Parthern zur Verfügung gestellt hatte, mußten seine Untertanen nun dafür büßen. Das Land wurde vollständig ausgeplündert, bei ihrem Vormarsch holten sich die Römer, was sie brauchten. Verpflegung hatte aus Armenien nur für eine kurze Strecke Weges mitgeführt werden können, das übrige mußte aus dem Lande herausgepreßt werden. Die Bewegungen des Heeres wurden ohnehin durch den riesigen Wagenpark behindert, nicht weniger als dreihundert Belagerungsmaschinen wurden mitgeführt, unter ihnen war ein ‚Widder' von 80 Fuß Länge. Da das Land über wenig Holz verfügte, war es nicht möglich, zerstörte Kriegsmaschinen zu ersetzen. Bei dem verhältnismäßig langsamen Vormarsch verlor Antonius die Geduld; er sah, daß der Wagenpark die Heeresbewegungen stark behinderte. Er ließ alle Fahrzeuge unter dem Befehl des Oppius Statianus zurück, der um seine Aufgabe nicht zu beneiden war. Antonius hatte ihm nur zwei Legionen zur Bedeckung des Trosses zur Verfügung gestellt, dazu die Reiterei der Armenier, die offenbar dazu bestimmt war, die Sicherung gegen das Partherheer zu übernehmen. Auf seiten der Parther war man über die römischen Heeresbewegungen gut unterrichtet. Sobald die Römer den Boden von Media Atropatene betreten hatten, spielte der parthische Nachrichtendienst. Eilboten machten sich auf, um den Großkönig in Kenntnis zu setzen. Er hatte das parthische Hauptheer in Mesopotamien, in der Nähe von Carrhae, zusammengezogen. Zwischen dem Chaborasfluß und dem Urmiasee lagen mehr als 500 Kilometer, aber die Boten langten so rechtzeitig an, daß der König unverzüglich in den Raum südlich des Urmiasees einrücken konnte. Als er hier anlangte, befand sich die Hauptmacht des Antonius bereits vor den Mauern der festen Stadt Phraata. Der Troß der Römer wurde von der parthischen Reiterei überfallen, Oppius und seine Soldaten fanden den Tod auf dem Schlachtfeld, die armenischen Reiter hatten rechtzeitig die Flucht ergriffen, das gesamte Belagerungsgerät ging verloren, die Maschinen wurden von den Parthern verbrannt. Diese Aktion wird nur verständlich, wenn man voraussetzt, daß die Truppe des Oppius die Verbindung mit dem Hauptheer der Römer längst verloren hatte. Im freien Feld waren die Männer des Oppius hilflos, und der Feldzug hatte mit einem Debakel für die Römer begonnen, so wie der Krieg von 1806 mit der Niederlage der preußischen Vorhut bei Saalfeld.

Was sollte Antonius tun? Er hatte zwar versucht, dem bedrängten Teil seines Heeres zur Hilfe zu kommen, aber es war zu spät gewesen, denn auf dem Schlachtfeld waren nur noch die Leichen der römischen Gefallenen zu sehen gewesen. Antonius aber machte sich wieder an die Belagerung und rückte zum zweiten Mal vor die Mauern der Stadt Phraata. Sie heißt in den späteren Quellen Phraaspa. Ihr ursprünglicher Name aber war Gazaka. Der Name der Stadt ist nach dem Sieg der Parther in Phraata – nach dem parthischen Großkönig Phraates IV. – umgewandelt worden. Die Stadt hatte eine Burg, die in den Quellen unter dem Namen Vera erscheint. Die Lage der Stadt mitsamt der Burg ist noch nicht mit Sicherheit festgestellt. In der früheren Forschung wurde Phraata mit Taht-i-Soleiman gleichgesetzt, aber dies ist keineswegs sicher, denn dieser Ort liegt auf einem schmalen Plateau, und es ist schwerlich vorstellbar, daß Antonius so gewaltige Machtmittel einsetzen mußte, um den verhältnismäßig kleinen Platz zu belagern. Nach Minorsky wäre eher an das heutige Maraga, nach Schippmann auch an Leilan, 16 Kilometer östlich von Mijanduab, zu denken.

Phraata, die Stadt, und ihre Burg Vera lagen an einer Stelle, die Antonius bei seinem Vormarsch nicht umgehen konnte, wenn er nicht seine gesamten rückwärtigen Verbindungen aufs Spiel setzen wollte. Auf jeden Fall hat er die Masse seines Heeres gegen die Stadt- und Burgmauern eingesetzt, denn er scheint davon überzeugt gewesen zu sein, daß diese einer längeren Belagerung nicht standhalten könnten. Aber den Römern fehlte der Belagerungspark, und ohne die Widder und Rammböcke war hier nichts zu erreichen. Die provisorisch gebauten Belagerungsmaschinen genügten nicht; die Belagerung machte nicht die geringsten Fortschritte, im Gegenteil, immer wieder hatten sich Krisen eingestellt, bei denen die Parther dem römischen Belagerungsheer schwer zugesetzt hatten. Für dieses hatte sich die Belagerung zu einem Zweifrontenkampf erweitert, gegen die Stadt und Burg einerseits und gegen das von außen herandrängende Partherheer anderseits.

Antonius aber, der allein schon durch den Lebensmittelmangel in eine schwierige Lage gekommen war, nahm seine Zuflucht zu den äußersten

Maßnahmen, um seine Soldaten zur Disziplin anzuhalten: er schreckte nicht davor zurück, die Soldaten einer Legion, die im Kampf versagt hatte, dezimieren zu lassen. Er ließ ihnen außerdem anstatt des Weizens, der sehr knapp geworden war, ihre Rationen in Gerste zumessen. Schließlich mußte der römische Feldherr einsehen, daß er nicht die geringste Chance besaß, vor den festen Mauern von Phraata/Vera zum Ziel zu kommen. Da brach er die längst sinnlos gewordene Belagerung ab und befahl den Rückmarsch an den Araxesfluß. Dies aber war leichter befohlen als durchgeführt, denn vom Araxes trennte die Römer eine Entfernung von vielen Tagesmärschen, und es war keineswegs zu erwarten, daß das parthische Hauptheer mit seinen Reitern die Römer ungestört abmarschieren ließ.

Vor allem aber hatte Antonius das Ziel des Feldzugs aufgegeben. Was nun noch übrig blieb, war der Versuch, mit möglichst geringen Verlusten das rettende Land Armenien zu erreichen. Diese Aufgabe war nur unter großen Mühen durchzuführen; denn das parthische Reiterheer machte alle Bewegungen im freien Gelände, vor allem auch die Verproviantierung, zu einem höchst schwierigen Unternehmen, die Marschkolonnen sahen sich dem Pfeilhagel der Parther ausgesetzt, fouragierende Reiter wurden immer wieder abgefangen. Wer zurückblieb, dem waren Tod oder parthische Gefangenschaft sicher.

Über den Rückmarsch der Römer – er erinnert von fern an den Rückzug der Großen Armee in Rußland im Jahr 1812 – hat Plutarch einen sehr ausführlichen Bericht gegeben, der, wie wir glauben, im wesentlichen dem Q. Dellius, einem Augenzeugen, zu verdanken ist. Dellius hat alles selbst miterlebt, mehrfach ist er an den Brennpunkten des Kampfgeschehens eingesetzt worden. In diesem Bericht kann man nachlesen, daß es die fortgeschrittene Jahreszeit und der Mangel an Lebensmitteln gewesen sind, die Antonius zur Umkehr veranlaßt haben. Daraus ergibt sich, daß der Sommer bereits vorüber war, Antonius muß also mehrere Monate vor den Mauern von Phraata gelegen haben, die Hartnäckigkeit des Feldherrn hatte das römische Heer in eine äußerst fatale Lage hineinmanövriert, so wie einst Napoleon, als er in Moskau auf die Friedensbedingungen des russischen Zaren Alexander wartete.

Um sich nicht von der parthischen Reiterei bedrängen zu lassen, wählte Antonius einen Weg näher zum Gebirge, das sich an seiner rechten Flanke ausdehnte. Es waren dies die Berge an dem Fluß Mardus und dann das südlich von Täbris aufsteigende Bergland des Sahend. Auf diesem Weg mußten freilich mehrere Flußübergänge in Kauf genommen werden. Angeblich soll ein Einheimischer, ein Marder, dem Antonius den entspre-

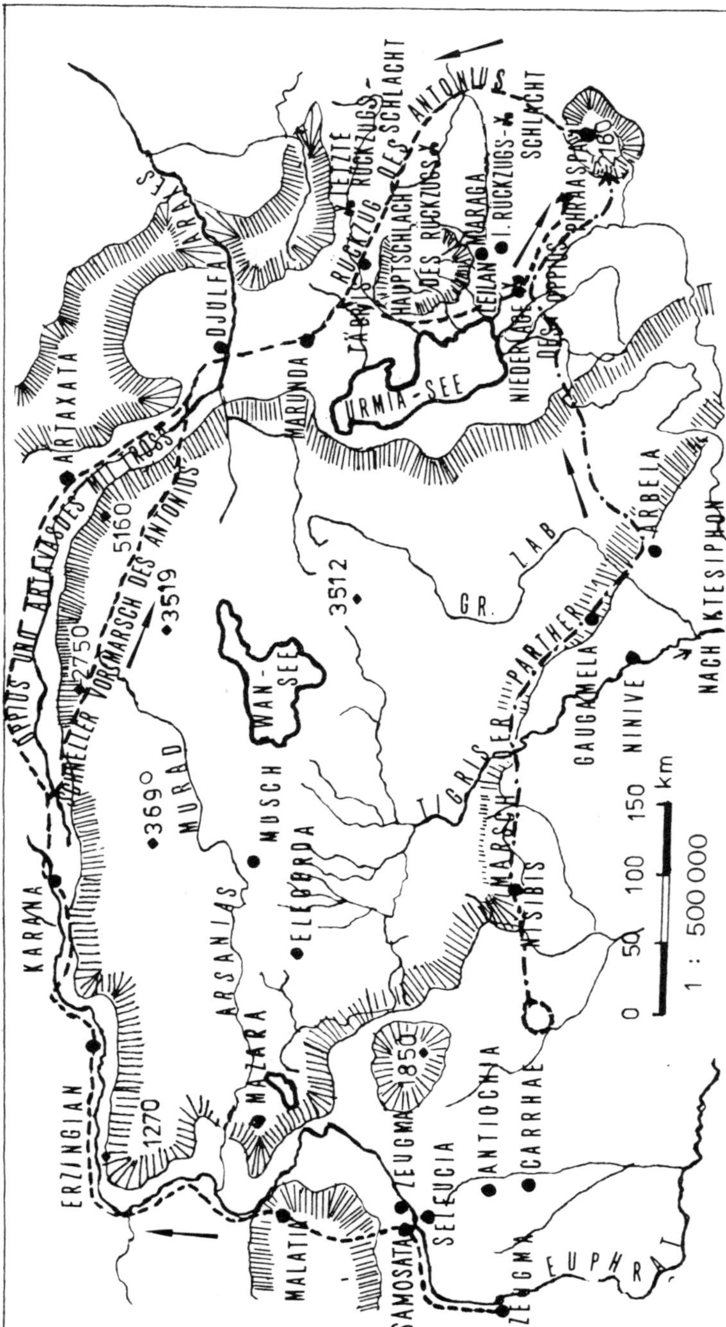

Der Partherfeldzug des Antonius (36 v. Chr.)

chenden Rat gegeben haben. (Die römische Überlieferung spricht hier fälschlicherweise von einem Marser, einem bei den Parthern gefangenen Italiker.) Der Ratschlag mag historisch sein, aber die Verantwortung für den Weg trug allein Antonius. Und es muß hinzugefügt werden, daß dieser Entschluß für die Rettung eines großen Teils des Heeres entscheidend gewesen ist. Die Römer kannten die Gegend nicht, sie waren hier ganz auf die Hilfe einheimischer Führer angewiesen. Im ganzen war der Marsch des Heeres ein ungeheures Wagnis. Denn niemand wußte, welche Unterbrechungen und Störungen der Weg mit sich bringen würde. Nur die Hoffnung, den Araxesfluß und das befreundete Armenierland zu erreichen, hielt die Kräfte der Soldaten aufrecht. Im übrigen liest sich der Bericht über den Rückzug wie ein spannender Roman. Plutarch (oder wahrscheinlicher seine Quelle, Q. Dellius) ist hier seiner Aufgabe als Historiker in hervorragender Weise gerecht geworden, indem er nicht nur die äußeren Schwierigkeiten, sondern auch die inneren Krisen mit in den Kreis der Betrachtungen einbezogen hat.

Zunächst ging der Rückmarsch ohne Störung vonstatten. Zwei Tage lang zogen die Römer vollkommen unbehelligt den Höhen im Nordosten entgegen, wahrscheinlich auf einem Weg, der am rechten Ufer des Amardus-Flusses entlangführte. Wasser und Futter standen in dieser Gegend, die vom Kriege nicht berührt worden war, in genügender Weise zur Verfügung. Aber am dritten Tag begannen die Schwierigkeiten: die Römer trafen auf eine überflutete Wegstrecke, die Parther hatten inzwischen die Marschrichtung der römischen Heeressäulen erkannt und einen Deich zerstört, wahrscheinlich an einem Nebenfluß des Amardus. Am gleichen Tage zeigte sich auch die von den Römern so gefürchtete parthische Panzerreiterei. Sie fügte den Römern mit ihren Pfeilen großen Schaden zu, bis die gallischen Reiter des Antonius einen Gegenangriff machten, so daß den Parthern die Lust zu weiteren Unternehmungen verging. An den nächsten vier Tagen marschierte das römische Heer gefechtsbereit im Karree, um gegen jeden Überfall gewappnet zu sein. Die Abwehr der parthischen Reiterei überließ man den Leichtbewaffneten, den Speerwerfern und Schleuderern. Diese aber setzten den Parthern stark zu, so daß sich der Feind gezwungen sah, auf weitere Angriffe zu verzichten. Am 5. Tag hat sich ein für die Römer sehr unglückliches Gefecht ereignet. Flavius Gallus, wahrscheinlich ein Legionslegat, hatte sich zu einem Kampf mit den ihn bedrängenden Parthern hinreißen lassen, die Römer aber waren so stark in die Enge getrieben worden, daß Antonius selbst mit der berühmten 3. Legion eingreifen und die Lage wiederherstellen mußte. Nach

Plutarch (Leb. d. Ant. 42) hätten die Römer nicht weniger als 3 000 Tote und 5 000 Verwundete verloren. Diese Angaben müssen wohl auf das Lagerjournal zurückgeführt werden. Sie sind ganz ungewöhnlich hoch, und man kann sich leicht vorstellen, daß sie bei den Römern tiefe Niedergeschlagenheit hervorgerufen haben. Auch der Legat Flavius Gallus gehörte zu den Verwundeten, er war von nicht weniger als vier Pfeilen getroffen worden, die Verwundung hat er nicht überlebt. Wie immer, wenn die Dinge schlecht standen, hat sich Antonius in der Schlacht von seiner besten Seite gezeigt. Mit Tränen in den Augen wandte er sich den Verwundeten zu und sprach ihnen Mut zu, die Verwundeten aber ergriffen seine Hand und baten ihn, sich in künftigen Kämpfen nicht zu sehr dem Feind auszusetzen, sie redeten ihn mit Imperator an und sagten, ihre eigene Rettung bestehe darin, daß er selbst wohlbehalten sei. Kein Feldherr, fügt Plutarch hinzu, habe in jener Zeit ein Heer geführt, das sich in dieser Weise durch Tapferkeit, durch Ertragen von Mühsal und durch jugendliche Kraft ausgezeichnet habe. Die Soldaten, die Führer und die Gemeinen, gingen für ihn durchs Feuer, sie befolgten seine Befehle mit Pünktlichkeit und Genauigkeit, und sie setzten das Leben und die Anerkennung von seiten ihres Feldherrn über ihr eigenes Wohlergehen und über ihre Sicherheit – kurz, Antonius hatte, ebenso wie in der Schlacht bei Philippi, seine Soldaten völlig in der Hand, Feldherr und Heer bildeten eine unauflösliche Einheit, eine Schicksalsgemeinschaft. Es waren ganz bestimmte Eigenschaften des Antonius, die auf die Soldaten einen tiefen Eindruck gemacht haben: seine noble Erscheinung, seine Fähigkeit, zur rechten Zeit das rechte Wort zu finden, seine Leutseligkeit und seine ganz unbegrenzte Generosität, dazu sein zündender Witz, wenn er mit den Soldaten zwanglose Gespräche führte – all dieses machte ihn zu einem geradezu idealen Feldherrn. Sein Wesen übertrug sich nicht nur auf die Kombattanten, sondern auch auf die Verwundeten, sie alle schöpften neue Hoffnung auf Rettung und glückliche Heimkehr ins Vaterland.

Die Parther waren durch ihren Erfolg geradezu übermütig geworden, so daß sie sich des Nachts in unmittelbarer Nähe des römischen Lagers niederließen. Es war ein stattliches Heer von 40 000 Mann. Im übrigen waren die Parther jetzt völlig siegesgewiß, sie hatten die Absicht, das Lager, sobald es von den Römern verlassen worden war, zu plündern und den Nachzüglern und Versprengten ihre Habe abzunehmen. Kaum war der Tag angebrochen, als sie den Angriff mit dem gesamten Reiterheer begannen, auch die sonst zur Begleitung des Großkönigs eingeteilten Schwadronen nahmen daran teil, man wollte nun endlich den Römern den

Garaus machen und ihnen das Schicksal des Crassus bereiten. Wie es heißt, sei jedoch der Großkönig selber niemals auf dem Kampfplatz erschienen. Antonius aber sah den Augenblick gekommen, seine Soldaten durch eine Ansprache für den Entscheidungskampf aufzurichten. Er verlangte nach einem dunklen Gewand, damit wollte er auf die Seinen einen tiefen Eindruck machen und ihr Mitleid hervorrufen, aber die Freunde widersetzten sich seinem Wunsch, so daß Antonius, angetan mit dem purpurnen Feldherrnmantel, vor seine Soldaten trat. Wie es seine Art war, verteilte er Lob und Tadel an diejenigen, die es verdienten. Die Truppenteile, die sich ausgezeichnet hatten, baten den Feldherrn, den Mut nicht sinken zu lassen, die andern aber waren so gerührt, daß sie sich sogar zur Dezimierung anboten oder zu jeder anderen Art von Strafe. Sie baten ihn nur um das eine: er möge nicht mehr unwillig oder gar traurig sein, denn alles würde sich zum Guten wenden. Antonius aber war schon wieder Herr der Lage, er hob seine Hände zum Himmel empor und flehte die Götter an, sie möchten, wenn dies ihr Wille sei, das Unglück auf sein Haupt herablenken, dem Heer aber möchten sie Rettung und Sieg verleihen. In dieser Szene offenbart sich wiederum die hervorragende Kunst des Antonius, seine Soldaten zu beeindrucken. Er war ein glänzender Psychologe und Schauspieler, in der Wahl seiner Mittel war er immer glücklich und erfolgreich.

Bereits der folgende Tag zeigte den wiederauflebenden Widerstand der Römer, sie setzten sich gegen die Attacken der Parther mit Energie zur Wehr, indem sie eine *testudo,* ein Schilddach, bildeten, unter dessen Schutz sie vor den umherschwirrenden Pfeilen sicher waren. Die Parther aber glaubten, daß die Römer um Gnade bäten (sie hatten aus der Tatsache, daß die Römer in die Knie gesunken waren und die Schilde über ihren Häuptern hielten, geschlossen, daß es nun mit dem Widerstand der Römer zu Ende sei). Daraufhin nahmen die Parther ihre Speere zur Hand und ließen sich auf den Nahkampf mit den Römern ein, sie wurden aber von diesen abgewiesen. Die folgenden Tage boten das gleiche Bild, die Römer setzten ihren Marsch, wenn auch mit geringerer Geschwindigkeit, fort. Die Situation der Römer wurde noch dadurch erschwert, daß sich allmählich der Hunger einstellte. Wenn sie Getreide einbringen wollten, so sahen sie sich zahlreichen Feinden gegenüber, und außerdem fehlte es am Gerät, um das Getreide zu mahlen. Man hatte dies zurücklassen müssen, denn zahlreiche Zugtiere waren infolge der Strapazen eingegangen und diejenigen, die noch übrig waren, wurden gebraucht, um die Verwundeten fortzuschaffen. Der Mangel an Getreide wurde so groß, daß eine Choinix Weizen, d.i. eine Tagesration, den enormen Preis von 50 Drachmen kostete, und daß das

Gewicht von Gerstenbroten mit Silber aufgewogen wurde. In ihrer Not nahmen die Soldaten ihre Zuflucht zu Kräutern und Wurzeln, die sie nicht kannten. Darunter befand sich ein Kraut, dessen Genuß schwere Schäden hervorrief: angeblich soll es zum Wahnsinn und sogar zum Tod geführt haben. Wer von dieser Pflanze kostete, verlor das Gedächtnis, er hatte es angeblich darauf abgesehen, jeden Stein umzudrehen. Die ganze Ebene, so erzählt Plutarch, sei von diesen Unglücklichen angefüllt gewesen, die sich an den Steinen zu schaffen machten – dies übrigens eine Angabe, die wohl mit Sicherheit auf einen Augenzeugen zurückzuführen ist. Zu dem Mangel an Verpflegung kamen die ständigen Attacken der Parther, selbst Antonius war tief beeindruckt, er soll die Erinnerung an die Zehntausend Griechen beschworen haben, die seinerzeit von Babylonien bis an das Schwarze Meer, mitten durch Feindesland und ständig von Feinden bedroht, gezogen waren. Als die Parther sahen, daß sie die Römer mit ihrer Angriffstaktik nicht zu Boden zwingen konnten, änderten sie ihre Haltung, sie hielten Gespräche mit den Römern, die zum Fouragieren ausgesandt worden waren. Sie versuchten, diesen klar zu machen, daß die Zeit der Vergeltung nun vorüber sei. Schließlich folgten nur noch einige Meder dem Heereszug der Römer, um die in Reichweite liegenden Dörfer vor Plünderung zu schützen. Dann schickten sie einen parthischen Unterhändler namens Mithridates, angeblich einen Vetter des Monaeses, der einst von Antonius in Syrien aufgenommen worden war. Mithridates bat um einen Dolmetscher; die Römer bestimmten hierzu einen gewissen Alexander aus Antiocheia, einen Freund des Antonius. Mithridates aber warnte die Römer, ihren Weg durch das Hügelland zu nehmen, da dort die Parther im Hinterhalt lägen. Er forderte sie vielmehr auf, um ihrer Sicherheit willen, weiter durch das Bergland zu ziehen, obwohl dieser Weg größere Schwierigkeiten mit sich bringen werde. Antonius aber rief den Marder zu sich, der ihm als landeskundiger Führer diente. Als auch dieser dem Ratschlag des Mithridates zustimmte, setzte man den Marsch durch das Bergland fort. Die Soldaten erhielten den Befehl, sich vor allem mit Wasser zu versorgen. Als die Parther wider Erwarten scharf nachdrängten, gab es an einem Fluß, der ungenießbares Wasser mit sich führte, wiederum einen Aufenthalt. Antonius tat alles, um seine Soldaten vor dem Genuß des Wassers zu bewahren; er ließ Halt machen und Zelte bauen, denn die Soldaten hatten einen sehr anstrengenden Nachtmarsch von 240 Stadien (nahezu 50 Kilometer) hinter sich. Wiederum erschien der parthische Unterhändler Mithridates, er verkündete den Römern, daß seine Landsleute dem Heer nur bis zum nächsten Fluß folgen würden. Aber die

Stimmung im römischen Heer ist nun auf dem Tiefpunkt angelangt. Überall zeigen sich Unruhe und Unordnung. Auch Antonius ist mit seinen Nerven nahezu am Ende. Er gibt einem Freigelassenen seiner Stabswache mit Namen Rhamnûs den Befehl, ihn zu töten, wenn er ihn darum bitten werde. Doch Antonius vermochte sich wieder von seiner Depression zu erholen; der Marder hatte ihn belehrt, daß der rettende Fluß ganz in der Nähe sei, er mache sich durch eine leichte Brise bereits bemerkbar. Unter starkem Druck der nachdrängenden Parther wird der Fluß endlich erreicht. Leichtbewaffnete und Reiterei sichern den Übergang der Römer, zuerst werden die Kranken und Verwundeten übergesetzt. Die Stimmung im Heer schlägt in Freude um, als die Soldaten sehen, daß nun Trinkwasser in Hülle und Fülle zur Verfügung steht. Die Parther aber sollen ihre Bogen entspannt und den Römern unter guten Wünschen den Flußübergang freigegeben haben. Dies mag eine Legende sein – sicher ist nur das eine, daß nämlich die Römer nunmehr von den Parthern ganz unbehelligt den Weitermarsch durchführen konnten. Nach sechs Tagen befand man sich am Araxes, dem Grenzfluß zwischen Media Atropatene und Großarmenien. Der Übergang vollzog sich ganz ungehindert, und als die Römer den Boden Armeniens betraten, da fielen sie sich weinend in die Arme. Armenien war ein reiches Land mit Hilfsquellen aller Art, die Not hatte ein Ende. Der plötzliche Überfluß bekam jedoch den ausgehungerten Legionären nicht, viele von ihnen mußten ihre Schlemmerei mit Krankheit und Unwohlsein bezahlen.

Antonius hielt über das dezimierte Heer Revue ab. Die Verluste werden bei den Fußtruppen auf 20000 Mann, bei den Reitern auf 4000 Mann festgestellt, davon sollen mehr als die Hälfte durch Hunger und Entbehrungen, nicht durch Feindeinwirkung, zugrunde gegangen sein. Der Rückzug von Phraata bis an den Araxes hatte 27 Tage gedauert, 18 Schlachten waren geschlagen worden.

Die Ereignisse des Partherfeldzugs sind hier nach dem bei Plutarch vorliegenden Bericht des Q. Dellius dargestellt worden. Dem römischen Kriegshistoriker muß man das Lob aussprechen, daß er die Ereignisse nicht nur mit Anschaulichkeit, sondern auch mit psychologischem Verständnis geschildert hat. Manche Szenen verraten den Augenzeugen, dem sich die Ereignisse tief eingeprägt haben. Die Schilderung ist außerordentlich realistisch, sie vermeidet es zudem, den Gegner der Römer, die Parther, herabzusetzen. Im Gegenteil, die Überlegenheit der parthischen Kampfesführung tritt überall deutlich zu Tage. Man muß dem Verfasser das Kompliment machen, daß er sich bemüht hat, Unparteilichkeit, soweit dies überhaupt möglich ist, walten zu lassen. Seine Darstellung reiht sich würdig ein in die Erzählungen der großen Historiker des Altertums.

Gegenüber Plutarch (= Dellius) bietet die andere Überlieferung, insbesondere der Bericht bei Cassius Dio, keine wesentlichen neuen Gesichtspunkte[4]. Es werden aber einige für Antonius ungünstige Situationen ausführlich behandelt wie der Untergang des Oppius Statianus mit dem gesamten Belagerungspark und die Schwierigkeiten der Römer vor den Mauern der Stadt Phraata/Phraaspa. Antonius habe es dabei an rigorosen Strafen für seine Soldaten nicht fehlen lassen. Bei Frontinus (Strategemata IV 1, 37) kann man sogar nachlesen, daß Antonius zwei Kohorten wegen Feigheit vor dem Feind habe dezimieren, alle ihre Zenturionen hinrichten lassen. Dies mag in der Tat auf Wahrheit beruhen, im ganzen ist aber der Bericht des Cassius Dio, der wohl auf Livius zurückgreift, dem Antonius viel weniger günstig. Cassius spiegelt eben, wie schon Alfred von Gutschmid bemerkt hat, die Version des octavianischen Lagers wider.

Niemand kann sich dem Eindruck entziehen, daß Antonius als der für den Feldzug Verantwortliche sich bei der Planung und Durchführung des Unternehmens schwere Fehler zuschulden kommen ließ. Das Allerschlimmste war, daß er dem Zeitproblem keine genügende Aufmerksamkeit geschenkt hat (s. o. S. 190). Außerdem fehlte es an einem klaren Ziel, denn man wird schwerlich die Belagerung der atropatenischen Königsstadt Phraata als das Endziel des Feldzugs annehmen wollen. Im übrigen beruhte die Kampagne auf der vagen Hoffnung, daß sich die Parther zu einer Entscheidungsschlacht stellen würden. Darin aber hatte sich Antonius getäuscht, und wenn er später seinen Zorn auf das Haupt des Armenierkönigs abgeladen hat, so war dies nichts als ein durchsichtiges Ablenkungsmanöver. Denn nicht Artavasdes, sondern Antonius war der Schuldige. Zunächst hat Antonius sich wohl gehütet, seinen Zorn und seine Enttäuschung laut zu äußern, denn er brauchte den Armenier, um sein Heer wieder zu reorganisieren, wozu die Hilfsquellen des Landes ganz unentbehrlich waren. Aber auch hierbei machte ihm wieder seine Ungeduld einen Strich durch das Konzept: er trieb seine Soldaten durch Winter und Schneestürme und mußte, zusätzlich zu den Verlusten im Feldzug, noch einmal eine Einbuße von 8000 Mann hinnehmen – dies aber war unnötig, denn niemand verfolgte und drängte ihn, und es war ganz gleichgültig, ob er die römischen Gebiete im Osten ein paar Wochen früher oder später erreichte. Antonius selbst eilte dem Heer mit einer kleinen Eskorte voraus. Er wollte, ebenso wie Napoleon bei seinem Rückzug aus Moskau, den Gerüchten zuvorkommen und eine Version von dem Partherkrieg geben, die den Mißerfolg nach Möglichkeit verschleiern sollte. Aber da war auch noch Kleopatra. Er entbot die Königin nach Leuke Kome, einem kleinen Hafen zwischen Berytos und Sidon. Hier wartete er voll Ungeduld auf ihre Ankunft. Und als sich ihr Kommen verzögerte, da soll Antonius seine Zuflucht zum Trinken genommen haben. Es soll ihn aber nicht lange an der Tafel bei seinen Freunden gehalten haben, er sprang immer wieder auf und ließ seinen Blick über das Meer schweifen, ob er nicht das Schiff der Kleopatra am Horizont ausmachen konnte. Und er wartete nicht vergebens, Kleopatra ließ ihren Herrn nicht im Stich. Ihre Schiffe waren hoch beladen mit allerlei Versorgungsgütern, vor allem mit Kleidern, auch viel Geld hatte sie mitgebracht. Alles wurde geradezu dringend benötigt. Gerüchte wollen wissen, so schreibt Plutarch (Leb. d. Ant. 51,2), daß die Kleidungsstücke Geschenke der Königin waren, das Geld aber stammte aus dem eigenen Vermögen des Antonius. Dieser aber ließ das Geld als ein Geschenk der Kleopatra erklären. Natürlich wird sich der Triumvir bei seinem Aufenthalt in Leuke Kome bemüht haben, seine Kassen wieder zu füllen, und dies muß ihm, wenigstens teilweise, auch gelungen sein, aber dennoch waren ihm die Geschenke der Kleopatra ganz unentbehrlich. Wieder einmal hatte es sich gezeigt, daß Kleopatra seine treueste Bundesgenossin war. Solange er sich auf sie verlassen konnte, war seine eigene Position im Vorderen Orient unerschüttert, und nach wie vor herrschte Antonius wie ein Souverän, dem nur der Königstitel fehlte, über eine große Zahl römischer Provinzen und über noch mehr Vasallenstaaten; sein Reich von der Adria bis zum Euphrat war ganz unangetastet, nirgends gab es Schwierigkeiten oder Aufstände, Untertanen und Vasallen sahen in Antonius ihren legitimen Herrn, dem sie in jeder Weise und mit allen Kräften zu dienen bereit waren. Wenn es ihm gelang, noch einmal die Hilfsmittel des Reiches im Orient zu organisieren, so konnte er berechtigte Hoffnungen hegen, den Mißerfolg des Jahres 36 wieder wettzumachen.

Elftes Kapitel

Vor dem Sturm: Das Quinquennium von 36 bis 32 v. Chr.

Es konnte nicht ausbleiben, daß Nachrichten über den Partherfeldzug des Antonius ihren Weg auch nach Rom fanden, wo sie insbesondere von den Feinden des Triumvirn begierig aufgenommen wurden. Cassius Dio (XLIX 32) sagt, in Rom sei nichts von dem unbekannt geblieben, was sich auf dem Partherfeldzug ereignet habe. Obwohl sich Antonius bemüht habe, alles in einem für ihn günstigen Licht darzustellen, so habe doch das Gerücht die Wahrheit an den Tag gebracht. Der junge Caesar und seine Freunde hätten dafür gesorgt, daß sich die schlimmsten Gerüchte in der Hauptstadt verbreiteten, doch habe man diese nur hinter der vorgehaltenen Hand geäußert, in der Öffentlichkeit seien Opfer und Dankfeste für die Siege des Antonius veranstaltet worden. Der Hinweis des Cassius Dio, daß eine Widerlegung der offiziellen Darstellung des Sachverhalts durch Antonius damals untunlich gewesen sei, weil Caesar im Kampf mit Sex. Pompeius noch Mißerfolge zu verzeichnen hatte, verweist die Nachricht in die Zeit vor der Niederlage des Seekönigs, vor September 36. In jenen Tagen des Spätsommers wird man in Rom in der Tat noch nicht die ganze Wahrheit über den Feldzug des Antonius gewußt haben, denn im September 36 stand dieser noch vor den Mauern des festen Phraata, vielleicht hatte er auch gerade eben erst seinen Rückzug nach Armenien angetreten. Im Spätsommer 36 waren die Dinge noch ganz in der Schwebe, über die Lage im Orient war in Rom Genaueres noch nicht bekannt, anderseits existierte immer noch die Seeblockade des Sex. Pompeius, das Brot war knapp, und das Volk von Rom war dabei, nach dem Schuldigen für die Misere zu suchen. Aber die Zeit des Wartens sollte bald vorüber sein, im September 36 besiegte M. Vipsanius Agrippa die Flotte des Sex. Pompeius an der Nordküste Siziliens bei Naulochos. Damit hatte sich die Lage in Rom und Italien gänzlich verändert. Von der Flotte des Seekönigs war so gut wie nichts übrig geblieben, er selbst hatte, als Privatmann verkleidet, sein Heil in der Flucht gesucht. Über sein Ende in Kleinasien wird im folgenden noch zu berichten sein (u. S. 212).

Und dazu kam noch eine folgenschwere Veränderung im Triumvirat: M. Aemilius Lepidus hatte gegenüber dem jungen Caesar eine feindselige Haltung eingenommen (dies ist jedenfalls die offizielle Version der octavianischen Partei), er wurde seines Amtes enthoben, seine Truppen gingen auf die Seite des jungen Caesar über. Dieser aber hatte sich in seinem Verhalten gegenüber Lepidus keine Vorschriften machen lassen. Caesar war nun 27 Jahre alt und nicht mehr gewillt, die Herrschaft in Italien und im ganzen Westen mit einem anderen zu teilen. Durch die Übernahme der *tribunicia potestas* hatte er sich außerdem eine bedeutende verfassungsmäßige Stellung im römischen Staat gesichert. Den weiteren Ereignissen konnte er mit Ruhe entgegensehen. Nach dem Sieg über den Seekönig hatte der junge Caesar das Ende der Bürgerkriege verkündet, zahlreiche Veteranen waren entlassen worden. Ein Teil des Heeres wurde zur Sicherung der Nordostgrenze Italiens eingesetzt, in den Jahren von 35 bis 33 wurde in Illyricum Krieg geführt. Dabei stieß der junge Caesar bis in die Nähe der Stadt Skodra (Skutari) vor, d.h. bis hart an die Demarkationslinie, die zwischen den Gebieten der beiden Machthaber, des Caesar und des Antonius, durch den Vertrag von Brundisium gezogen worden war (s. S. 174). An Feldherrnruhm wollte Caesar nun nicht mehr hinter Antonius zurückbleiben, und in der Tat sind die Kriegszüge in Illyrien in ihrer räumlichen Beschränkung als Erfolge zu bezeichnen. Zum ersten Mal war eine Sicherung der Nordostgrenze Italiens erreicht worden, vor allem auch durch die Befestigung der Stadt Tergeste (Triest), und durch den Wiederaufbau Polas (heute: Pula) als *Colonia Pietas Iulia.* Hier wurde der Romanisierung vorgearbeitet, die sich später, in der Kaiserzeit, bis weit hinein in den Donauraum ausdehnen sollte.

Die Verwicklungen im Osten waren mit dem Partherfeldzug des Jahres 36 nicht beendet. Wegen der Beute war der König von Media Atropatene mit dem parthischen Großkönig in Streit geraten, wahrscheinlich schon im Winter 36/5. Nach Plutarch soll der Mederkönig dem Antonius ein Bündnis angetragen haben, Antonius aber sei darüber hoch erfreut gewesen, er habe die Absicht gehabt, den Partherkrieg, dieses Mal mit dem Mederkönig als Bundesgenossen, wieder zu eröffnen. Dies ist jedenfalls die Version Plutarchs. Bei Cassius Dio (XLIX 33, 1) liest man es anders: danach habe der Mederkönig den römischen Triumvirn um Hilfe gegen den Großkönig gebeten, außerdem habe er sich an dem Armenier rächen wollen. Antonius aber habe begierig die Gelegenheit ergriffen, sich gleichfalls an dem Armenierkönig zu rächen, da er ihn als den Hauptschuldigen an der Niederlage des Jahres 36 betrachtete.

Es ist jedoch wenig wahrscheinlich, daß Antonius im Jahr 35 überhaupt imstande war, mit seinen schwer angeschlagenen Legionen noch einmal einen Feldzug gegen die Parther zu unternehmen. Er hätte sich geradezu in ein Abenteuer gestürzt, dessen Ausgang nicht zweifelhaft gewesen wäre. Wenn Plutarch (Leb. d. Ant. 52, 2) das Gegenteil behauptet, so ist er nicht gut beraten. Man wird sich in diesem Fall eher dem Cassius Dio anschließen. Ihm zufolge sollte der Zug gegen die Parther nur vorgetäuscht werden. Nun aber trat ein Ereignis ein, das Antonius nicht hatte voraussehen können: seine in Rom weilende Gattin Octavia, die Mutter von zwei Töchtern des Antonius, meldete sich wieder zu Wort. Antonius hatte ihre Existenz aus seinem Leben verdrängt, die Ereignisse und Aufregungen des Partherfeldzugs hatten ein Übriges getan, das Bild der Octavia verblassen zu lassen. Die Entfernung zwischen Rom und dem Orient war weit, und man wird annehmen dürfen, daß nur wenige Mitteilungen zwischen Antonius und Octavia hin- und hergegangen sind. Sie werden sich auf das Allernotwendigste beschränkt haben. Ob Antonius seine Gattin über das Schicksal des Heeres auf dem Partherfeldzug aufgeklärt hat, ist zum mindesten sehr zweifelhaft. Denn was Octavia wußte, das gelangte auch zu den Ohren des jungen Caesar, ihres Bruders. Antonius, der sich wieder auf dem Weg nach Armenien befand, erhielt die Nachricht, Octavia sei in Athen und habe die Absicht, mit ihm zusammenzukommen. Antonius antwortete, nicht gerade freundlich, er stehe vor der Eröffnung eines neuen Feldzugs, und befahl ihr zu warten, sie möge ihre Reise nicht weiter fortsetzen. Außerdem habe sich Antonius (nach Plutarch, Leb. d. Ant. 53, 4) für die ihm von seiner Gattin übersandten Geschenke bedankt. Dies alles scheint einleuchtend, denn auf einem Feldzug wäre die Anwesenheit der Octavia nur hinderlich gewesen, und im übrigen wäre es kaum angebracht gewesen, ihr die Strapazen einer Kampagne zuzumuten. Das Verhalten des Antonius wird aus sich heraus verständlich – aber natürlich darf dabei seine Bindung an Kleopatra nicht übersehen werden. Und von dieser Seite her war starker Widerstand gegen den Plan eines Wiedersehens zwischen Antonius und Octavia zu erwarten. In der Tat haben Kleopatra und ihre Freunde alles getan, um Antonius in die gewünschte Richtung zu lenken: es gelang der Königin, ihn nicht allein von einem neuen Feldzug im Jahr 35 abzubringen, sondern ihn auch zu bestimmen, Octavia zur Umkehr zu veranlassen. Dies aber war eine Entscheidung von weittragender Bedeutung, denn im Grunde hatte sich Antonius, im Jahr 35, endgültig *für* die ägyptische Königin und *gegen* Octavia entschieden. Mit der Reise der Octavia hat man einen Brief ihres Bruders, des jungen Caesar, an Antonius in Verbindung gebracht. In diesem Brief hätten Ausführungen „über die Herrschaft“ gestanden (Appian B. C. V 132, 549). Daraus hat man geschlossen, daß in ihm die Forderung Octavians enthalten war, Antonius zur Anerkennung der Machtstellung seines Rivalen im Westen zu veranlassen. Dies aber wäre in der Tat eine sehr weitgehende Forderung gewesen, denn natürlich wären dem jungen Caesar auch die Tribunenrechte verblieben, an denen Antonius keinen Anteil hatte – aber all diese Dinge sind praktisch nur Vermutungen, denn über den Inhalt des bewußten Briefes ist gar nichts bekannt. Man darf also nicht schließen, daß Octavia die Überbringerin eines derartig brisanten Briefes gewesen und ihre Zurückweisung durch Antonius von entscheidender politischer Bedeutung gewesen sei. Denn dies alles beruht auf reiner Vermutung, die aus dem angeblichen Inhalt des Briefes herausgesponnen worden ist. Im übrigen aber waren die Türen noch keineswegs zugeschlagen. Antonius schickte seinen Freund L. Calpurnius Bibulus nach Rom, angeblich um mit Caesar eine mündliche Unterredung zu führen. Auch der Krieg in Illyrien war dem Antonius nicht gleichgültig. Er soll sogar erwogen haben, sich an ihm zu beteiligen. Dies aber wäre kein Wunder, wenn man bedenkt, daß der junge Caesar mit seinen Operationen bis nahe an die Demarkationslinie herangerückt war. Im ganzen sind die Jahre 36 und 35, was die Beziehungen der beiden mächtigsten Männer der antiken Welt betrifft, durch einen labilen Schwebezustand gekennzeichnet. Beide strebten verschiedenen Zielen zu, und die Fundierung der Freundschaft und Verwandtschaft durch die Ehe der Octavia mit Antonius hatte sich infolge der Hinwendung des letzteren zu Kleopatra als nicht tragfähig erwiesen.

Antonius aber war vor schwerwiegende Entscheidungen gestellt. Daß diese zugunsten der Kleopatra – und gegen Octavia – ausfielen, wird niemanden überraschen, denn Antonius hatte sich, zumindest seit dem Vertrag von Tarent im Jahr 37, auf den Osten festgelegt. Unter dieser Voraussetzung werden all seine Entschlüsse verständlich, und was als Unrecht gegen Octavia erscheint, ist eine politische Entscheidung, zu der sich Antonius gezwungen sah. Denn was hätte er tun können, wenn er auf Kleopatra verzichtete? Wollte er sich mit der zweiten Stelle im Imperium Romanum begnügen? Wollte er sich kampflos der Führung des sehr viel jüngeren Caesar unterstellen, den er niemals für voll genommen hatte? Der Historiker sieht sich hier zu der Bemerkung veranlaßt, daß auch ein anderer in der Lage des Antonius sich kaum anders entschieden hätte.

Als Antonius sich noch auf dem Feldzug gegen die Parther befand, betrat der ehemalige Seekönig Sex. Pompeius den Boden Anatoliens. Antonius hatte seinerzeit seinem Schwager Octavian eine große Anzahl von Schiffen für den Kampf gegen Pompeius zur Verfügung gestellt – er brauchte sie ja nicht für seine Unternehmungen –, und diese Schiffe hatten zu dem Seesieg bei Naulochos im September 36 mitbeigetragen. Um den geschlagenen Pompeius hatte sich der junge Caesar nicht weiter gekümmert. Als Grund gibt Appian an (B. C. V 127, 525), er habe nicht auf den Reichsteil des Antonius übergreifen wollen; vielleicht habe Octavian auch abwarten wollen, wie sich Antonius gegenüber Pompeius verhalten würde, um gegebenenfalls einen Vorwand zu besitzen, die Beziehungen zu Antonius abzubrechen. Mag dies nun wahr sein oder nicht – genug, Pompeius entkam unbehindert nach der Westküste Kleinasiens; man befand sich im Herbst des Jahres 36. Was aber sollte Antonius tun? Ihm konnte es nicht gleichgültig sein, wenn sich der ehemalige Seekönig in einem Raum eine neue Herrschaft zu errichten versuchte, der eindeutig zum Machtbereich des Antonius gehörte. Man hatte genügend Schwierigkeiten mit ihm in Sizilien und Italien gehabt. Im übrigen aber war Pompeius nicht ganz mittellos: er hatte den reichen Tempel der Hera Lakinia in Unteritalien geplündert und von dort ganze Schiffsladungen von goldenen und silbernen Gefäßen fortgeführt. Von der Südküste Italiens gelangte der ehemalige Seeherrscher, angeblich durch bloßen Zufall, nach Mytilene auf Lesbos. Auf der Insel hatten die Pompejaner immer zahlreiche Freunde besessen, nach Lesbos hatte der große Pompeius, der Vater des Sextus, seine Familie in Sicherheit gebracht, als er sich zum Entscheidungskampf gegen Caesar bei Pharsalus (48) rüstete. Und von Mytilene hatte er seine Angehörigen wieder abgeholt, als er sich auf der Flucht nach Ägypten wandte. Sex. Pompeius soll angeblich beabsichtigt haben, sich dem Antonius zu ergeben, wenn dieser als Sieger aus dem Partherkrieg wieder heimkehrte. Da kam jedoch die Nachricht, daß Antonius geschlagen worden sei. In Pompeius erweckte sie neue Hoffnungen, er wollte Nachfolger des Antonius im Osten werden oder, wenn dieser am Leben sei, sich mit ihm in die Herrschaft über den Orient teilen. Angeblich habe Pompeius an das Beispiel des Jüngeren Labienus gedacht, der seinerzeit mit den parthischen Reitergeschwadern bis an die Westküste Kleinasiens vorgestoßen sei. Endlich hörte Pompeius, Antonius sei wohlbehalten nach Alexandrien zurückgekehrt.

Durch eine Gesandtschaft versuchte er, mit ihm in Verbindung zu treten; gleichzeitig schickte er aber auch Gesandte in den Pontos, nach Thrakien und sogar zu dem parthischen Großkönig, kurz, er entfaltete eine lebhafte diplomatische Tätigkeit. Sie sollte dazu dienen, seine eigene

Stellung in Kleinasien zu befestigen, die er im übrigen nach allen Seiten auszudehnen versuchte. Niemandem konnte diese diplomatische Aktivität des Pompeius weniger erwünscht sein als dem Antonius. Er hatte natürlich nicht die geringste Neigung, seine Herrschaft mit dem Sohn des Pompeius Magnus zu teilen. Und als Antonius erfuhr, daß dieser Verbindungen mit fremden Fürsten anzuknüpfen versuchte, war dies für Antonius der Grund, den Krieg gegen den ganz unerwünschten Gast in Kleinasien zu eröffnen. Er gab seinem Freund Titius den Befehl, mit einem Heer und einer Flotte aus Syrien aufzubrechen und den Gegner niederzuringen. Wenn er sich jedoch ergeben sollte, so wurde ihm eine ehrenvolle Aufnahme zugesichert. Am allerpeinlichsten war für Antonius die Tatsache, daß Pompeius Kontakt mit den Parthern aufgenommen hatte. Damit hatte er sich in die Front der Gegner des Antonius eingereiht.

In Kleinasien war Pompeius freundlich aufgenommen worden. Furnius, der Befehlshaber des Antonius, hatte keine Weisungen, wie er sich verhalten sollte. Pompeius sah darin nur ein Zeichen von Schwäche, er besetzte die Stadt Lampsakos, in der sich viele Italiker aus dem Heer des Diktators Caesar befanden. Geld, um sie zu besolden, hatte er genug und übergenug. So wuchs seine Streitmacht allmählich auf drei Legionen und 200 Reiter an. Dies aber war umso gefährlicher, als sich im westlichen Kleinasien keine nennenswerten Kräfte des Antonius befanden, so daß man die Vasallenkönige Anatoliens, vor allem Amyntas, den König der Galater und Lykaonier, um Hilfe bitten mußte. Aber die Milizen taugten nicht viel; man konnte sich auch nicht auf sie verlassen, da sie jede Gelegenheit benutzten, um auszureißen. Als Pompeius versuchte, sich auch der Stadt Kyzicus zu bemächtigen, hatte er einen eklatanten Mißerfolg: die Stadt weigerte sich, mit ihm gemeinsame Sache zu machen, und das hier stationierte Militär hielt dem Antonius die Treue, so daß Pompeius wieder umkehren mußte. Aber es sollte ihm noch ein letzter Erfolg in Kleinasien beschieden sein. Unweit des alten Ilion, bei dem „Hafen der Achäer", gelang es ihm, seinen Gegner Furnius aus dem Lager zu vertreiben, viele seiner Soldaten fanden auf der Flucht auf dem Skamandrischen Feld den Untergang. Pompeius wandte sich daraufhin nach Bithynien. Hier setzte er sich in den Besitz der reichen Griechenstädte Nikaia und Nikomedeia. Aber dennoch kam bald das Ende. Gegenüber der zusammengefaßten Macht des Furnius und des inzwischen aus Syrien herbeigeeilten Titius befand sich Pompeius in einer ganz hoffnungslosen Unterlegenheit, seine Freunde verließen ihn, unter ihnen auch sein Schwiegervater L. Scribonius Libo, und traten, nachdem man ihnen freies Geleit zugesichert hatte, auf die Seite des Antonius über.

Noch einmal schien sich das Kriegsglück auf die Seite des Pompeius zu neigen, es war ihm nämlich gelungen, die Gegner in ihrem Lager zu überfallen und viele von ihnen niederzumachen – aber der Mangel an Lebensmitteln zwang ihn sehr bald, in Unterhandlungen mit Furnius einzutreten. Das Gespräch endete ohne Ergebnis, aber in der darauffolgenden Nacht wurde Pompeius bei dem Versuch, die Meeresküste zu erreichen, von den Reitern des Amyntas eingeholt und zum Gefangenen gemacht. Das Ende des Seekönigs ist bald erzählt. Titius ließ ihn auf dem Marktplatz von Milet mit dem Beil hinrichten. Es ist im übrigen bis heute nicht geklärt, wer hierzu den Befehl gegeben hat. Antonius war es offenbar nicht, er scheint seinen Freund Munatius Plancus, damals in Syrien, hierzu ermächtigt zu haben. Auf jeden Fall handelt es sich hier um einen Akt der Gewaltjustiz, wie er im Zeitalter des Triumvirats nicht selten gewesen ist. Es verlohnt sich, die einschlägige Stelle des Appian (B. C. V 144, 598) in Übersetzung wiederzugeben, damit sich der Leser selbst ein Urteil bilden kann: „Titius nahm das Heer des Pompeius für Antonius in Dienst. Den Pompeius aber, der damals vierzig Jahre alt war, ließ er in Milet töten, sei es aus eigenem Antrieb wegen des Grolls über die einst erlittene Beleidigung und undankbar für die dann erfahrene Wohltat, sei es auf eine schriftliche Anordnung des Antonius hin. Es gibt auch manche, die sagen, daß Plancus, der Statthalter Syriens, dies angeordnet habe. Dieser war nämlich ermächtigt, in dringenden Fällen für Antonius zu unterzeichnen und sich seines Siegels zu bedienen. Plancus aber habe unterschrieben, wie die einen meinen, mit Wissen des Antonius. Dieser habe sich nämlich gescheut wegen des Namens des Pompeius und Kleopatras wegen, die dem Pompeius wegen seines Vaters Magnus wohlwollte. Die andern aber behaupten, Plancus habe dies aus eigenem Entschluß getan, weil er von diesen Dingen gewußt habe und verhindern wollte, daß Pompeius Anlaß zu einem Streit zwischen Antonius und dem jungen Caesar gab, den Kleopatra im Zusammenwirken mit Pompeius noch schüren wollte."

Zweifellos war das Auftreten des Sex. Pompeius in Kleinasien im Jahr 36/35 eine Überraschung gewesen, mit der niemand gerechnet hatte, am wenigsten wohl Antonius selbst. Aber er mag immerhin des Glaubens gewesen sein, mit dem ganz ungebetenen Gast zu einem Übereinkommen zu gelangen, denn er hatte ja immer in guten Beziehungen zu ihm gestanden. Aber die übertriebenen Hoffnungen, die sich Pompeius gemacht hat, haben dies zunichte gemacht. Ein gleichwertiger Gegenspieler des Antonius ist der Sproß des großen Pompeius niemals gewesen, auch waren seine Operationen im westlichen Kleinasien zu sehr auf den Zufall abgestellt.

Überhaupt muß man sagen, daß Pompeius zur See immer sehr viel glücklicher gewesen ist als zu Lande. Übrigens war er in Rom und in Italien nicht unbeliebt, obwohl seine Küstenblockade einen empfindlichen Lebensmittelmangel zur Folge gehabt hatte. Er galt als der Sohn Neptuns, des Beherrschers der Meere, und auf den Wassern war ihm in der Tat niemand gewachsen, bis es dem M. Vipsanius Agrippa gelang, ihn mit Hilfe der Schiffe des Antonius bei Naulochos zu vernichten. Danach war Pompeius wenig mehr als ein Flüchtling. Auf der Insel Kephallenia im Ionischen Meer hatte er seinen Freunden den Rat erteilt, sie möchten ihren Frieden mit den Triumvirn machen und ihn seinem Schicksal überlassen – damals hatte er offenbar alle Hoffnungen verloren und sich selbst aufgegeben, ein Verhalten, das demjenigen seines Vaters, des Pompeius Magnus, nach der Schlacht bei Pharsalus sehr ähnlich ist. Zwischen den großen Machtblökken der Triumvirn ist er zerrieben worden; er hatte keinen Raum, um sich zwischen ihnen als unabhängige Kraft zu behaupten – früher oder später hätte er Farbe bekennen und sich entweder dem Antonius oder dem Octavian anschließen müssen, und in diesem Fall hätte alles für Antonius und nichts für Octavian gesprochen. Zu seinem Untergang hat sicherlich auch sein schwieriger Charakter beigetragen. Er hatte nur wenige treue Freunde, und auch auf diese, die er nicht immer glücklich behandelt hat, glaubte er in der Not verzichten zu müssen. Doch bleibt dem Pompeius ein ganz unbestrittenes Verdienst: In den Zeiten der Proskriptionen hatte er vielen Römern Asyl gewährt, in seinem Lager auf Sizilien haben sich Hunderte von Verfolgten zusammengefunden und hier die schwierigste Zeit ihres Lebens überstanden. Aber Pompeius hat zu wenig getan, um sich die Sympathien dieser Menschen zu erwerben. Pompeius war ein Autokrat reinsten Wassers. Widerspruch konnte er nicht vertragen, und mit Todesurteilen war er schnell bei der Hand, auch gegenüber Menschen, die ganz zu Unrecht verdächtigt worden waren. Im ganzen erscheint Pompeius in einem Zwielicht, und kein Historiker wird behaupten können, daß mit dem Ende des Pompeius auf dem Marktplatz von Milet ein großer Politiker aus der Welt geschieden ist.

Antonius hat die Absicht, zusammen mit dem Mederkönig den Partherkrieg im Jahr 35 zu erneuern, nicht ausführen können. Obwohl er bereits die Heeresbewegungen hatte einleiten lassen, so hat er sie doch wieder sistiert. Auch über eine dynastische Verbindung zwischen dem Ptolemäerhaus und der Königsfamilie von Media Atropatene hatte man schon verhandelt. Jotape, die medische Prinzessin, sollte mit Alexander Helios, dem Sohn des Antonius und der Kleopatra, verbunden werden. Jedoch ist der

Plan damals nicht verwirklicht worden. Antonius aber kehrte wieder nach Alexandrien zurück. Vielleicht war es für ihn ein Glück, daß er seine Absicht, erneut gegen die Parther zu ziehen, nicht ausgeführt hat, der Feldzug hätte aller Wahrscheinlichkeit nach nur mit einem neuen Debakel für die Römer enden können[1]. Antonius hat sich hier dem Rat seiner Freunde gebeugt, Plutarch (Leb. d. Ant. 53, 4) nennt sie „Schmeichler", aber in diesem Fall haben sie recht gehabt, und dies wird bei nüchterner Abwägung aller Tatsachen auch Antonius eingesehen haben, ebenso wie Kleopatra, die durchaus eine Gegnerin des Partherkrieges, aus welchen Gründen auch immer, gewesen ist.

Aber die Niederlage in dem Feldzug des Jahres 36 ließ Antonius noch immer nicht schlafen. Da er den Plan eines neuen Partherkrieges beiseite legen mußte, richtete sich sein Zorn nunmehr gegen Artavasdes, den König von Armenien. Mit ihm war Antonius ganz unzufrieden, ihn hielt er, mehr aus psychologischen als aus militärischen Gründen, für den eigentlich Schuldigen an der Niederlage. Antonius sprach ganz offen von dem „Verrat" des Artavasdes, wobei man sich freilich fragen muß, ob diese Charakteristik den Tatsachen entsprach. Hatte doch der Armenierkönig nur nach seiner Interessenlage gehandelt, und man hätte wirklich nicht von ihm verlangen können, daß er seine gesamte Reiterei aufs Spiel setzte, als sich die Zurücklassung des Oppius Statianus durch Antonius als eine Fehlentscheidung erwiesen hatte. Und selbst wenn Artavasdes hier im Kampf gegen die Parther unterlegen wäre, so hätte dies an der Gesamtlage nicht das Geringste geändert. Aber mag dies nun auch sein, wie es wolle: Antonius hatte in Alexandrien einen Plan ausgebrütet, sicherlich nicht ohne Mitwirkung der Kleopatra; er gipfelte darin, daß man den armenischen König durch eine dynastische Verbindung ködern wollte. Um dies einzuleiten, entsandte Antonius seinen Freund Q. Dellius an den Hof des Artavasdes. Er unterbreitete dem König den Vorschlag, seine Tochter mit dem ptolemäischen Prinzen Alexander Helios zu verbinden. Es handelt sich hier um eine Verbindung zwischen Kindern, denn Alexander Helios war ungefähr vier Jahre alt. Antonius selbst eilte von Alexandrien nach Syrien und von dort nach Kleinarmenien, hier schlug er in der Stadt Nikopolis sein Hauptquartier auf. Für einen Einfall in Großarmenien war Nikopolis sehr günstig gelegen. Von hier aus erging an den Armenierkönig die Aufforderung, er möge sich bei ihm einfinden. Dieser aber ahnte, daß Antonius Böses im Schilde führte und kam seiner Einladung nicht nach. Daraufhin bediente sich Antonius noch einmal der Hilfe des Dellius, er selbst aber rückte mit dem Heer bis Artaxata in Hocharmenien vor. Nun konnte sich der Armenierkönig nicht länger weigern, vor Antonius zu erscheinen, er hätte sonst seine Krone verlieren können. Im Lager des Antonius wurde er mit betonter Freundlichkeit aufgenommen, dann aber kam das bittere Ende: Antonius ließ ihn festnehmen und führte ihn von einer Festung zur anderen, um sich auf diese Weise der Schätze des Königs zu bemächtigen. Bei der Einforderung der Tribute hatte Antonius die Stirn, zu behaupten, er täte dies im Namen des Königs, und das Geld werde für ihn und seine Verwaltung in Armenien benötigt. Niemand in Armenien glaubte ihm, und die Kommandanten der armenischen Schatzhäuser lehnten es ab, die Gelder den Römern zu übergeben. Im Lande erhob sich ein entschlossener Widerstand gegen die römische Okkupation, die Armenier wählten den ältesten Sohn des Artavasdes mit Namen Artaxias zum König und schworen ihm treue Gefolgschaft. Antonius, über diese Vorgänge aufs höchste aufgebracht, ließ es den Artavasdes büßen, er befahl, ihn in silberne Ketten zu legen; denn Ketten aus Eisen hielt Antonius bei einem König nicht für angemessen (Cass. Dio XLIX 39, 6). Während die Römer einen großen Teil des Landes besetzten, entwich Artaxias zu den Parthern, wo er für die Römer nicht erreichbar war. Antonius ist bei diesem Feldzug des Jahres 34 bis an den Araxes, den Grenzfluß zwischen Armenien und dem atropatenischen Medien, gekommen. Im übrigen tat der Mederkönig alles, um dem Antonius zu Gefallen zu sein. So soll er ihm beispielsweise die bei dem Untergang des Oppius Statianus verloren gegangenen Feldzeichen der Römer zurückgegeben haben. Beide, Antonius und Artavasdes, der Meder, schlossen einen Vertrag, in dem sie sich zu gegenseitigem Beistand verpflichteten, Antonius gegen die Parther, der Mederkönig gegen Octavian. Der Vertrag wurde durch die Verlobung des Alexander Helios mit der Tochter des Mederkönigs befestigt. Dieser Vertrag stellt den Schlußpunkt der parthischen Politik des Antonius dar. Er hatte nun keine Zeit mehr, sich mit den Problemen des iranischen Ostens zu beschäftigen. Er war im Gegenteil froh, mit Hilfe des Königs von Media Atropatene einen gewissen Schwebezustand an der Nordostflanke des Imperium Romanum erreicht zu haben. Vor einer parthischen Invasion konnte er sicher sein, denn bei ihnen herrschten innere Unruhen, man konnte das Partherreich getrost seinen eigenen Zwistigkeiten überlassen.

Mit dem armenischen Feldzug des Jahres 34 steht zweifellos die Plünderung eines Tempels der Anaïtis (Anahita) in der Landschaft Akiselene am oberen Euphrat in Verbindung. Das Ereignis ist ein Zeugnis für die Rücksichtslosigkeit, die Antonius gegenüber den Armeniern an den Tag gelegt hat. Denn nicht einmal die einheimischen Tempel sind von Repressalien verschont geblieben. Antonius konnte nicht erwarten, mit seinem rücksichtslosen Vorgehen Freunde in Armenien zu finden – aber darauf hat er offenbar auch gar keinen Wert gelegt, er brauchte Geld, und er nahm es, wo es für ihn zu finden war.

Zum König von Kleinarmenien, das eine Schlüsselstellung zwischen dem römischen Anatolien und dem armenischen Königreich inne hatte, bestimmte Antonius den König von Pontos namens Polemon. Dieser hatte in der Schar der Vasallenfürsten den Partherfeldzug des Jahres 36 mitgemacht; in die Katastrophe des Oppius Statianus verwickelt, war er in parthische Gefangenschaft geraten, aus der er aber nach Entrichtung eines beträchtlichen Lösegeldes wieder entlassen worden war. Polemon stand in guten Beziehungen zu dem König von Media Atropatene und war auch am Abschluß des römisch-medischen Vertrages nicht unbeteiligt. Dies aber hat ihm Antonius dadurch gelohnt, daß er Kleinarmenien zu seinem Herrschaftsbereich hinzugefügt hat. Polemon sollte gewissermaßen eine Wächterstellung an der Nordostflanke Anatoliens einnehmen. Im Gegensatz zu den anderen Vasallenkönigen des Orients ist er dem Antonius nach Griechenland nicht gefolgt, auch bei der Niederlage von Actium war er nicht zugegen. Später hatte Polemon das Glück, die Freundschaft und das Vertrauen des Augustus zu erwerben, wenn er auch auf das hinzuerworbene Kleinarmenien wieder verzichten mußte.

Mit Polemon hatte Antonius Glück, weniger jedoch mit Artavasdes, dem König der Meder, in Atropatene. Zunächst hatte dieser, mit Unterstützung römischer Truppen, die Oberhand über die Parther behalten, aber Antonius konnte es sich nicht länger leisten, die Legionen im äußersten Nordosten zu belassen, er ließ sie nach Kleinasien abrücken, auch die Kontingente der Meder nahm er mit. Da war es um den Mederkönig geschehen, er verlor die entscheidende Schlacht und wanderte in parthische Gefangenschaft (Cass. Dio XLIX 44, 3). Damit aber war die parthische Vormachtstellung im Osten wiederhergestellt. Wir haben hier jedoch dem Verlauf der Ereignisse vorgegriffen; denn diese Vorgänge gehören mit Sicherheit erst in das Jahr 33.

Aus seinem armenischen Unternehmen hat Antonius, wie dies seine Art war, politisches Kapital zu schlagen versucht. Im Herbst des Jahres 34 feierte man in Alexandrien ein großes Fest. Der Höhepunkt war ein grandioser Triumphzug. Es war der erste, der von einem Römer außerhalb Roms gefeiert worden ist. Ohne Zweifel verleugnete Antonius damit die römische Tradition, er handelte ganz bewußt gegen die Sitte der Väter *(mos maiorum)*, sie galt ihm in der Fremde nichts mehr, denn er fühlte sich als der Nachfolger Alexanders des Großen. Kein Wunder, wenn die Römer hierfür kein Verständnis aufbringen konnten! Sie sagten, Antonius habe die heiligen Riten seines Vaterlandes um der Kleopatra willen nach Ägypten an den Nil übertragen (Plut. Leb. d. Ant. 50, 4). Aber man versetze sich in die Lage des Triumvirn! Er hatte in Armenien einen gewissen Abschluß seiner Orientpolitik erreicht. Die Gefangennahme des Armenierkönigs Artavasdes nebst seiner Familie war freilich ein Akt, der allem Völkerrecht Hohn sprach; um Treu und Glauben hatte sich Antonius dabei nicht gekümmert. Aber Antonius brauchte einen Schuldigen für den verlorenen Partherkrieg des Jahres 36, und wenn es gelungen war, ihn ins Netz zu locken, so wird Antonius dies als einen besonders intelligenten Schachzug betrachtet haben. Und daß Antonius am Festefeiern große Freude hatte, war allgemein bekannt. Siegesfeste hatten auch die Ptolemäer zu feiern verstanden – aber diese lagen weit zurück, denn die letzten Jahrzehnte hatten wenig Gelegenheit dazu geboten; seit der Mitte des 2. Jahrhunderts v. Chr. befand sich das Ptolemäerreich in einem unaufhörlichen Niedergang, der durch die Gegensätze zwischen den einheimischen Bewohnern und den Makedonen (und Griechen) noch verstärkt wurde. Dazu kam noch die römische Okkupation des Gabinius und der Alexandrinische Krieg des Jahres 48/7. Aber dies alles war vergessen, als sich der Triumphzug des Antonius durch die Straßen der Hauptstadt bewegte. Hinter dem Triumphwagen des Triumvirn ging der armenische König mit seinen Kindern, dazu die armenischen Satrapen und Höflinge, alle in orientalischen Gewändern, und zahlreiche armenische Gefangene. Man sah die kampferprobten römischen Legionäre, und an ihrer Seite die orientalischen Hilfsvölker aus aller Welt, überall erglänzten die römischen Feldzeichen und Adler, der Stolz des römischen Heeres. Hätte Antonius mit dem Triumph warten sollen, bis ihn das Schicksal nach Rom zurückgerufen hätte? Die Welt war seit den Tagen von Brundisium (40 v. Chr.) in zwei Teile geteilt, die Kontakte mit Italien waren auf ein Mindestmaß zusammengeschmolzen, und auch von Octavia kamen keine Briefe mehr, seitdem Antonius ihr befohlen hatte, nach Italien zurückzukehren. Je mehr die Aussicht auf Rom und Italien dahinschwand, um so stärker wurde die orientalische Komponente im Denken des Antonius. Antonius mag des Glaubens gewesen sein, wie sein großes Vorbild Alexander eine Verschmelzung der Völker zustandezubringen. Diese aber sollte sich nicht nur auf Makedonen und Perser erstrecken, er wollte auch das Römertum, soweit es ihm untertan war, in die Synthese miteinbeziehen. In seiner Umgebung weilten viele römische Offiziere, Soldaten und Funktionäre, auf die er nicht verzichten konnte. Und auch sonst gab es überall im Orient römische Kultur und römische Zivilisation: der große Pompeius hatte zahlreiche Kolonien gegründet, es waren zum Teil blühende Gemeinden, und Antonius fühlte sich als der Nachfolger auch des Pompeius Magnus. Antonius wußte nur zu gut, daß sich die Gewichte für ihn beträchtlich verschoben hatten. Die Wurzeln seiner Kraft lagen, je länger desto mehr, im Orient, auch das Heer mußte zur Ergänzung Soldaten aus dem Orient aufnehmen, und ohne Ägypten und die Hilfe der Kleopatra wäre Antonius ohnehin ein verlorener Mann gewesen. Im übrigen wollte sich Antonius keineswegs mit dem Orient begnügen – er wartete nur, bis die Stunde gekommen war, um mit seinem Rivalen im Westen, dem jungen Caesar, abzurechnen. Der Konflikt zeichnete sich, für jeden sichtbar, bereits am Horizont ab, und das Heer des Antonius befand sich in seiner Masse bereits auf dem Marsch von Armenien nach dem westlichen Kleinasien, um sich hier bereitzustellen.

Bei dem Triumph wollte es Antonius nicht bewenden lassen. Dem römischen Schauspiel folgte das ptolemäische: Jetzt war die Gelegenheit gekommen, die Macht und Pracht des Ptolemäerreiches vor der Öffentlichkeit in Alexandrien zur Schau zu stellen. Im Gymnasium hatte man ein Tribunal errichtet. Auf ihm standen zwei Thronsessel aus purem Gold, der eine bestimmt für Antonius, den großen Schutzherrn (Patronus) des Ptolemäerreiches, der andere für Kleopatra, seine Gemahlin; für die Kinder des Paares hatte man entsprechend kleinere Thronsessel aufgestellt. Vor dem Volk von Alexandrien, das sich in großer Zahl im Hof des Gymnasiums versammelt hatte, proklamierte Antonius seine Gemahlin zur „Königin der Könige“, Kaisarion, ihren ältesten Sohn von Caesar, zum „König der Könige“. Ihnen teilte er Ägypten und die Insel Cypern zu.[2] Seine eigenen Söhne von Kleopatra ernannte Antonius zu Königen. Dem Alexander Helios schenkte er die Länder Armenien, Medien und Parthien (wenn dieses unterworfen sei), dem jüngeren Sohn Ptolemaios Philadelphos aber gab er Phoinikien, Syrien und Kilikien. Von den jungen Prinzen erschien Alexander Helios in medischer Tracht, die Tiara und die Kitaris aufrecht auf seinem kleinen Haupt, während sein Bruder Ptolemaios Philadelphos in makedonischem Königsornat zur Schau gestellt wurde. Seine Kopfbedeckung, die Kausia, war mit einem Diadem umwunden. Die Kinder umarmten die Eltern, der eine Sohn umgeben von einer Leibwache von Medern und Armeniern, der andere inmitten einer Schar von Makedonen. Kleopatra aber trug das Gewand der Göttin Isis, sie wurde unter dem Namen der „Neuen Isis“ verehrt.

Für die Antike war die Apotheosierung eines lebenden Menschen nichts Ungewöhnliches, zumal bei regierenden Königen und Königinnen. Die Gleichsetzung der Kleopatra mit der Göttin Isis aber ging weit über das in jenen Zeiten Übliche hinaus. Isis war nicht nur die bekannteste und berühmteste Göttin der alten Ägypter, sie war auch den Griechen längst eine vertraute Göttergestalt. In vielen Orten im Mittelmeerraum hatte Isis Heimatrecht, auch in Griechenland und sogar in Italien konnte Isis auf so manche Verehrer zählen. Kleopatra als „Neue Isis" war dazu noch eine Steigerung, denn sie existierte wirklich, man konnte sie sehen und ihr Wünsche darbringen. Antonius hatte volles Verständnis für die Apotheose, denn auch er wurde im Osten zu seinen Lebzeiten als Gott verehrt, vor allem unter der Gestalt des schwärmenden Dionysos.

Man fragt sich, ob in diesem Rahmen die Figur der Octavia noch einen Platz hatte. Sie hatte sich bitter zu beklagen über das Verhalten ihres Gatten, der sie zur Rückkehr nach Italien veranlaßt hatte. Sie versuchte jedoch immer noch, ihrem Bruder Octavian vor Augen zu stellen, was ein Bürgerkrieg zwischen ihm und Antonius für Folgen haben könnte. Im übrigen kümmerte sie sich auch um die Kinder des Antonius aus der Ehe mit Fulvia, als wären es ihre eigenen, die Freunde des Antonius erfuhren bei Octavia auch weiterhin eine freundliche und zuvorkommende Aufnahme, sie verwandte sich bei ihrem Bruder, um ihnen zur Erfüllung ihrer Aufträge und Wünsche zu verhelfen. Ob sie durch ihr Verhalten dem Antonius und seiner Sache in Rom wirklich genützt hat, das hat schon Plutarch (Leb. d. Ant. 54, 2) in Zweifel gezogen, er meint, sie habe dem Antonius im Gegenteil Schaden zugefügt, da alle Welt ihm sein Verhalten gegen Octavia zum Vorwurf gemacht habe. Auch die Ereignisse in Alexandrien, insbesondere die Proklamationen im Gymnasium, hätten in Rom viel böses Blut erregt. Dies alles mußte sich sehr ungünstig für Antonius auswirken, seine Freunde und Anhänger hatten im Westen des Reiches, vor allem aber in der Hauptstadt, einen schweren Stand.

Antonius aber war nicht der Mann, die Vorwürfe seiner Gegner mit Schweigen hinzunehmen. Im Gegenteil, er hielt es für richtig, sich in Flugschriften dagegen zur Wehr zu setzen. Leider sind von diesen Flugschriften, die man als echte Dokumente des politischen Tageskampfes betrachten muß, nur wenige Bruchstücke erhalten geblieben, und auch diese nur durch reinen Zufall. Nicht alles, was in diesen Pamphleten zu lesen steht, ist natürlich die reine Wahrheit. Doch steckt in den Anwürfen des Antonius gegen Octavian möglicherweise auch ein Körnchen Wahrheit. Anderseits hat Antonius versucht, seine eigene Familie als eine alte

Adelsfamilie hinzustellen. Auf diese Dinge werden wir noch im Zusammenhang zurückkommen (s. u. S. 287ff.), hier sei nur soviel gesagt, daß die Propagandakampagne die Beziehungen der beiden Machthaber sehr belastet hat. Beide verfügten über Freunde, die imstande waren, ihre Federn zu gebrauchen; dabei haben sie es mit der Wahrheit nicht immer genau genommen.

Im Grunde hatten die alexandrinischen Schenkungen des Jahres 34 alles entschieden. Wer wie Antonius in freigiebigster Weise Gebiete des römischen Reiches verschenkte, der konnte auf den Beifall der Römer nicht rechnen. Antonius hat dies nur zu gut gewußt, er hatte sich jedoch endgültig für den Orient entschieden. Im folgenden Jahr (33) erscheint Antonius noch einmal in Armenien, um am Grenzfluß Araxes eine Unterredung mit dem Mederkönig zu führen. Dies aber geschah allein zur Sicherung der Ostgrenze, denn von nun an hatte Antonius ganz andere Sorgen, die Auseinandersetzung mit seinem Genossen im Triumvirat warf ihre Schatten voraus. Gab es überhaupt noch eine andere Lösung als den Krieg? Durfte die von den römischen Bürgerkriegen heimgesuchte Welt im Jahre 33 noch auf Frieden hoffen? Oder war der Kampf um das Erbe des Diktators Caesar unausweichlich geworden?

Im übrigen war die Lage staatsrechtlich nicht geklärt. Das zweite Triumvirat war, wie es scheint, am 31. Dezember 33 abgelaufen. Wie aber sollte es weitergehen? Octavian und Antonius scheinen sich darüber wenig Sorgen gemacht zu haben. Sie waren nicht bereit, die Triumviralgewalt aus der Hand zu geben. So ignorierten sie einfach die Frist, an ihren Vollmachten hat sich auch nach dem Ablauf des Jahres 33 nicht das Geringste geändert. Octavian hat übrigens durch den Treueid der Bevölkerung des ganzen Westens im Jahre 32 seine Herrschaft erneut befestigt, Antonius hat dies mit dem Treueid der Völker des Ostens für seine Person beantwortet.

In dem Geschichtswerk des Cassius Dio (L 1), aber auch bei Plutarch (Leb. d. Ant. 55) kann man die Vorwürfe nachlesen, welche die beiden Triumvirn einander gemacht haben. Antonius beschwerte sich über die Behandlung des Lepidus: Octavian habe ihn aus dem Amt des Triumvirn entfernt und ihm sein Gebiet abgenommen, er habe die Legionen des Lepidus und des Sex. Pompeius in sein Heer eingegliedert, obwohl diese doch zwischen Antonius und Octavian hätten aufgeteilt werden müssen. Auch hätte er sich geweigert, ihm die Hälfte der in Italien ausgehobenen Rekruten zukommen zu lassen. Der junge Caesar aber führte Klage darüber, daß Antonius Ägypten und andere Länder in Besitz genommen habe, ohne daß er sie durch das Los erlangt habe, ferner daß er Sex.

Pompeius getötet habe (den er, der junge Caesar, mit Absicht habe entkommen lassen). Auch die Gefangennahme des Artavasdes, des Armenierkönigs, könne er nicht billigen, denn die Behandlung des Monarchen habe dem römischen Volk große Unehre gemacht. Im übrigen aber verlangte Octavian auch von Antonius, an der Beute zur Hälfte beteiligt zu werden. Vor allem aber machte er ihm Kleopatra und ihre Kinder zum Vorwurf, die er als die seinen anerkannt habe, dazu die Geschenke für die Familie der Ptolemäer. Und ganz besonders ungehalten zeigte er sich darüber, daß Antonius den Prinzen Kaisarion als ein Mitglied der Familie Caesars anerkenne. (Dies letztere war für Octavian geradezu gefährlich, weil er nun einen echten Rivalen aus dem Hause Caesars zu fürchten hatte.) Waren aber die gegenseitigen Beschuldigungen hinreichend, um einen großen Krieg zu rechtfertigen? Hätte man sich nicht vielleicht auf einer mittleren Linie einigen können? Dies ist sicherlich zutreffend, und deshalb wird man die Anschuldigungen der beiden Triumvirn als das diplomatische Vorspiel des Krieges betrachten müssen. Die Beschuldigungen, auf Tausenden von Flugschriften verbreitet, standen nun einmal im Raum, jedermann kannte sie, und es war niemand zu finden, der die beiden Triumvirn noch einmal zur Versöhnung an einen Tisch gebracht hätte.

Kriege werden durch den Austausch diplomatischer Noten zwischen den beiden Parteien vorbereitet. Nehmen die Noten einen schärferen Ton an, so pflegt man mit dem Aufmarsch der Streitkräfte zu beginnen. Im Altertum war dies nicht anders als in den Tagen Napoleons und in unserer Zeit. Antonius hatte sich nach dem Zusammentreffen mit dem Mederkönig ins westliche Anatolien begeben; inzwischen war das Jahr 32 angebrochen. Nicht weniger als sechzehn Legionen hatte Antonius auf den beschwerlichen Weg von Armenien nach Ionien in Marsch gesetzt, ihr Führer war Canidius Crassus. In Ephesos erwartete Antonius die Königin Kleopatra mit ihrer Flotte. Antonius hatte aus allen Gegenden seines Machtbereiches Schiffe herbeikommen lassen, insgesamt nicht weniger als 800. Von diesen hatte Kleopatra im ganzen 200, in der Hauptsache Versorgungsschiffe, gestellt. Zur Kriegskasse hatte sie 20000 Talente beigesteuert, dazu die Verpflegung für das ganze Heer während des Feldzugs. Ohne diese Hilfe hätte es Antonius schwerlich wagen können, in einen Krieg, in dem es für ihn um Sein oder Nichtsein ging, einzutreten, denn ohne die Reichtümer Ägyptens hätte er sich in einer ganz hoffnungslosen Unterlegenheit gegenüber seinem Rivalen befunden. Die Freunde des Antonius hätten gern auf die Anwesenheit Kleopatras im Hauptquartier verzichtet. Aber die kluge Levantinerin gewann Canidius Crassus für sich, und dieser vermochte Antonius zu überzeugen, daß es böses Blut mache, wenn man die Königin einfach wieder nach Hause schicke, da sie doch so viel zur Rüstung und Versorgung beigetragen habe. In der Tat war Antonius weithin von Kleopatra abhängig, eine Brüskierung, zumal zu dem augenblicklichen Zeitpunkt, hätte er sich einfach nicht leisten können. Von dem ionischen Ephesos verlegte Antonius das Hauptquartier auf die Insel Samos. Hier hatte sich in früheren Jahrhunderten ein wichtiger Flottenstützpunkt der Ptolemäer befunden, außerdem war die Insel reich an natürlichen Hilfsquellen, die Stadt Samos selbst war mit ihren Tempeln und Säulenhallen ein geeigneter Platz für die Entfaltung von Pracht und Macht, woran Antonius, wie immer, sein Vergnügen hatte. In Samos sah man die Könige, Dynasten und Tetrarchen aus dem ganzen Vorderen Orient. Auch die vielen Städte und Völkerschaften hatten ihre Abgesandten ins Hauptquartier abgeordnet. Sie alle kamen nicht mit leeren Händen; sie brachten mit, was ihre Städte und Länder an wertvollen Dingen für die Hofhaltung des Antonius und für seine Kriegführung zu bieten hatten. Plutarch sagt, daß alle Welt von Syrien bis zum Strand des Asowschen Meeres, von den Bergen Armeniens bis zum Gestade der Adria in Illyrien dem Antonius ihre Reverenz erwies, das Bild der verschiedenen Völker und Stämme mit ihren einheimischen Trachten ließ an Buntheit nichts zu wünschen übrig. Auch die Schar der Schauspieler, der Dionysischen Techniten, wurde nach Samos entboten, sie kamen mit tausend Freuden, denn Antonius, der sich als ihr Schutzherr betrachtete, hatte reichen Lohn und kostbare Geschenke für sie bereit. Während in den Ländern ringsum das Wehklagen wegen des bevorstehenden Bürgerkrieges groß war, erschollen auf Samos Flötenspiel und die Klänge von Saiteninstrumenten. Das Theater füllten schaulustige Menschen, die Chöre wetteiferten um den Siegespreis, jede Stadt im Machtbereich des Antonius soll einen Ochsen für die Opfer zur Verfügung gestellt haben. Die Könige aber beehrten sich mit gegenseitigen Einladungen, bei denen sie kostbare Geschenke verteilten, und es sei das Gerede aufgekommen: „Wie werden erst die Feste aussehen, welche die Sieger feiern werden, wenn sie schon ihre Vorbereitungen für den Krieg mit so großartigen Festivitäten begehen?" (Plut., Leb. d. Ant. 56, 5).

Antonius aber hielt es nicht lange auf Samos, er hatte Eile, nach Hellas zu gelangen, und verlegte sein Hauptquartier nach Athen. Vorher hatte er den Dionysischen Techniten die kleine Stadt Priene als Aufenthaltsort angewiesen. Hier sollten sie warten, bis der Krieg zu Ende sei. In Athen setzte Antonius das Festefeiern fort, auch Kleopatra zeigte sich häufig in der

Öffentlichkeit, sie war ganz offensichtlich bestrebt, die Herzen der Athener für sich zu gewinnen, zumal sie genau wußte, daß ihre Rivalin Octavia hier besonders beliebt gewesen war. Die Athener aber erließen zu Ehren der ägyptischen Königin verschiedene Volksbeschlüsse, sie übermittelten ihr diese durch offizielle Gesandtschaften. An ihnen nahm auch Antonius teil, da er das attische Bürgerrecht besaß. Vor dem Angesicht der Königin hielt er eine Rede über die Stadt Athen, und es besteht kaum ein Zweifel, daß es sich hierbei um ein Enkomion in griechischer Sprache, eine Lobrede, gehandelt hat. Octavia gegenüber zeigte er sich jetzt von vollendeter Rücksichtslosigkeit, und man darf vermuten, daß Kleopatra hierzu das Ihre beigetragen hat, denn sie lag ihm mit ihren Reden tagtäglich in den Ohren. Antonius schickte nun endlich der Octavia den Scheidebrief[3], dazu gab er ihr den Befehl, sie möge aus seinem Haus in Rom ausziehen, Octavia gehorchte, wenn auch schweren Herzens. Alle Kinder nahm sie mit sich, mit Ausnahme des ältesten Sohnes des Antonius und der Fulvia, der sich bei dem Vater aufhielt. (Dieser Sohn, der von den Griechen Antyllos genannt wurde – er hieß wie der Vater Marcus Antonius –, ist später in Ägypten auf Befehl Octavians umgebracht worden.) Seltsamerweise fanden sich in Rom immer noch Menschen, die nicht nur mit Octavia, sondern auch mit Antonius Mitleid hatten: man hatte seine Großzügigkeit und sein nobles Wesen, das so vorteilhaft abstach von dem steifleinenen Auftreten Octavians, nicht vergessen.

In Rom hatte Octavian inzwischen reinen Tisch gemacht: Die beiden Consuln des Jahres 32, Cn. Domitius Ahenobarbus und C. Sosius, waren Freunde des Antonius, sie hatten sich bei dem jungen Caesar unbeliebt gemacht, weil sie versucht hatten, die Maßnahmen des Antonius in Alexandrien vom Senat ratifizieren zu lassen. Außerdem übermittelten sie das Angebot des Antonius, er sei bereit, die Triumviralgewalt niederzulegen, wenn Octavian das Gleiche täte. Dabei muß man natürlich wissen, daß die Zeitfrist des Triumvirats Ende 33 abgelaufen war. Auch vor persönlichen Angriffen auf Octavian war Sosius nicht zurückgeschreckt, worauf sich jener im Senat zur Wehr setzte. Aber zu einer Konfrontation Mann gegen Mann war es im Senat nicht mehr gekommen, denn die beiden Consuln hatten es vorgezogen, zusammen mit nicht weniger als 300 Senatoren, die auf die Karte des Antonius setzten, die Hauptstadt zu verlassen. Sie machten sich auf die Reise nach Ephesos ins Hauptquartier des Antonius im Sommer 32 v. Chr. Damit war die Trennung der beiden Lager vollzogen, die Anhänger und Freunde des Antonius fühlten sich in Rom nicht mehr sicher, sie zerschnitten das Band, das sie noch mit dem jungen Caesar verbunden hatte, und bildeten in Ephesos einen Gegensenat. Der Vorgang war nicht ganz ungewöhnlich. Auch im Jahr 49, bei Beginn des Bürgerkrieges zwischen Caesar und Pompeius, war ein Teil des Senats nach Hellas übergewechselt und hatte sich in Thessalonike (Saloniki) niedergelassen, eine Maßnahme, die sich jedoch für Pompeius nicht als ein Vorteil, sondern eher als hinderlich erwiesen hatte.

Der junge Caesar hatte aus der Abreise der beiden Consuln noch politisches Kapital zu schlagen versucht. Er ließ nämlich das Gerücht verbreiten, er habe sie mit Absicht zu Antonius geschickt; auch den übrigen Freunden des Antonius stellte er die Ausreise frei. Die Geste zeigt aber nur, daß der junge Caesar durch die Emigration der Senatoren in Bedrängnis gekommen war; natürlich wollte er seine Niederlage vor der Öffentlichkeit nicht eingestehen.

Inzwischen wechselten aber auch von der anderen Seite Überläufer zu Octavian über. Gegen Ende Oktober 32 kamen zwei besonders prominente Persönlichkeiten, M. Titius und Munatius Plancus. Beide hatten dem Antonius wertvolle Dienste geleistet, und Antonius hatte es ihnen dadurch gelohnt, daß er sie in sein Vertrauen gezogen hatte; nach Cassius Dio (L 3) hätten sie all seine Geheimnisse gewußt. Als es sich zeigte, daß der Krieg nicht mehr zu vermeiden war und als Antonius den Scheidebrief an seine Gattin hatte herausgehen lassen, da kehrten ihm Titius und Munatius Plancus den Rücken, angeblich weil sie mit Kleopatras Rolle nicht einverstanden waren. Octavian hat die beiden Überläufer natürlich mit offenen Armen aufgenommen, denn sie konnten ihm sehr wertvolle Winke geben. Diese aber betrafen vor allem das *Testament des Antonius*, unter das sie als Zeugen ihre Siegel gesetzt hatten. Als der junge Caesar erfuhr, Antonius habe das Testament den Vestalinnen zur Aufbewahrung übergeben, erzwang er von diesen gegen alles göttliche und menschliche Recht die Herausgabe des Dokuments. Die Urkunde enthielt einige Überraschungen, die niemand erwartet hätte. In ihr stand unter anderem zu lesen, daß Kaisarion der Sohn des Diktators Caesar sei. Den Kindern der Kleopatra hatte Antonius immense Vermächtnisse zugedacht. Und schließlich hatte er den Wunsch geäußert, in Alexandrien an der Seite Kleopatras beigesetzt zu werden. Die Bekanntgabe der Bestimmungen des Testaments erregte in Rom großen Unwillen, denn das Volk glaubte, Antonius werde die Hauptstadt vom Tiber an den Nil verlegen, wenn er aus dem Krieg als Sieger hervorgehen würde. In die allgemeine Empörung sollen sogar Anhänger des Antonius in Rom miteingestimmt haben. Nun endlich glaubte Octavian eine Handhabe gegen seinen ehemaligen Schwager zu besitzen: Der

8. Der Triumvir Marcus Antonius

9. Octavia

Senat erkannte dem Antonius alle Ämter und Würden ab, auch die Anwartschaft auf das Consulat, das man ihm in Aussicht gestellt hatte, Antonius wurde jetzt natürlich auch als Triumvir abgesetzt. Dennoch schreckte Octavian davor zurück, ihm in aller Form den Krieg zu erklären, die Kriegserklärung galt vielmehr allein der ägyptischen Königin Kleopatra – ein eleganter Schachzug des jungen Caesar, der dadurch die *hostis*-Erklärung des Antonius vermied und die Auseinandersetzung zwischen ihm und Antonius als eine private Fehde *(inimicitiae)* erklärte. Bei der Kriegserklärung gegen Kleopatra, wahrscheinlich noch im Oktober oder zu Beginn des November 32, hat der junge Caesar streng die alten Formen des Sakralrechts beachtet. Er nahm sie in seiner Eigenschaft als Fetialis selbst vor: er schleuderte die heilige Lanze in das feindliche Gebiet am Tempel der Kriegsgöttin Bellona in Rom, womit der Kriegszustand öffentlich proklamiert wurde. Das Verhalten Octavians ist außerordentlich geschickt zu nennen: er lenkte die allgemeine Empörung des Volkes auf Kleopatra, sie galt als eine Hexe und Zauberin, die den Römer Antonius in ihre Gewalt gebracht hatte.

Die in Rom umherschwirrenden Gerüchte, die durch die Überläufer genährt wurden, entbehrten übrigens nicht ganz der Grundlage. In der Tat konnte darüber kein Zweifel mehr bestehen, daß Antonius völlig in die Abhängigkeit der Ptolemäerin gekommen war, und dies ist auch die Ansicht, die Cassius Dio in seinem Geschichtswerk (L 5) vertritt: Kleopatra habe ihren Gatten dazu überredet, das Amt des Gymnasiarchen in Alexandrien zu übernehmen, Antonius pflege sie mit „Königin" und „Herrin" anzureden. An ihrer Seite befänden sich römische Soldaten, die den Namen der Kleopatra auf ihre Schilde geschrieben hätten. Sie selbst zeige sich als unzertrennliche Begleiterin des Antonius, mit ihm zusammen besuche sie die Marktplätze, gemeinsam mit ihm feiere sie die Festlichkeiten, und auch wenn er Rechtsstreitigkeiten zu schlichten habe, befände sie sich an seiner Seite. Und es käme sogar vor, daß sie sich in einer Sänfte tragen lasse, während Antonius ihr zu Fuß folge, zusammen mit ihren Dienern und Eunuchen. Antonius nenne sein Hauptquartier die „königliche Residenz", und gelegentlich trage er an seinem Gürtel einen orientalischen Dolch, überhaupt entspräche seine Kleidung ganz der Mode des Orients, und nicht selten ließe er sich auf einem vergoldeten Ruhebett oder auf einem goldenen Sessel in der Öffentlichkeit sehen. Zusammen mit Kleopatra ließe er sich von Künstlern porträtieren und in Erz bilden, wobei er selbst Osiris oder Dionysos, Kleopatra aber Selene oder Isis darstelle. Und von der Königin erzählte man noch, daß sie, wenn sie einen hochheiligen

Schwur leistete, zu sagen pflegte: „So wahr ich eines Tages auf dem Capitol in Rom Recht sprechen werde!"

Zugegeben, dies alles waren nur Gerüchte, und zwar ganz unkontrollierbare, aber in Krisenzeiten werden sie geglaubt, und sie tun in der Öffentlichkeit ihre Wirkung. Dem Antonius haben sie nicht nur in Rom, sondern im gesamten Westen des Reiches sehr geschadet, er galt vielen als ein Verräter an der Sache des Vaterlandes, als ein entarteter Römer, der alles preisgegeben hatte, was ihm vorher heilig und teuer gewesen war, nur um der Königin gefällig zu sein.

Aber wichtiger als die Gerüchte waren die Vorbereitungen für den Krieg, vor allem der Feldzugsplan. Zunächst scheint Antonius daran gedacht zu haben, die Offensive zu ergreifen und mit seiner Flotte auf italischem Boden zu landen. Da er die Überlegenheit zur See besaß, so hätte ihm das Vorhaben durchaus gelingen können. Er hätte nur die Wiedereröffnung der Schiffahrt auf der Adria, d.h. den kommenden April des Jahres 31, abwarten müssen. Denn dann wäre es ohne große Schwierigkeiten möglich gewesen, das Heer sicher über die Adria nach Italien zu bringen. Allerdings war hierzu die Konzentration der Landstreitkräfte notwendig, man mußte sie für die Landung in Italien an der Gegenküste, etwa in Epirus, bereitstellen, während die Flotte eine vorgeschobene Stellung bei den Ionischen Inseln bezog. Freilich gab Antonius, wenn er das nächste Frühjahr abwartete, seinem Gegner Gelegenheit, die Rüstungen zu vollenden; ein früheres Eingreifen in Italien hätte zweifellos einen Überraschungserfolg verheißen – aber dazu konnte sich Antonius nicht entschließen, weil seine eigenen Vorbereitungen noch nicht beendet waren. Antonius unternahm lediglich gegen Ende Oktober 32 einen Flottenvorstoß nach Korkyra (Korfu), von hier aus führte der Seeweg nach Unteritalien, aber Antonius mußte feststellen, daß sein Gegner nicht müßig geblieben war. Dieser hatte ein Aufklärungsgeschwader über die Adria entsandt, es befand sich in der Nähe der Keraunischen Felsen an der Nordgrenze von Epirus. Man muß annehmen, daß Octavian etwas von den Plänen des Antonius erfahren hatte. Sein Verhalten zeigt, daß er nicht gewillt war, sich von einer Invasion überraschen zu lassen. Auf der anderen Seite aber hatte die Aufklärung des Antonius zur See versagt, denn er kam zu dem Schluß, daß es sich hier um die Hauptmacht des Gegners handeln müsse – eine Fehlentscheidung, die dazu geführt hat, daß Antonius von seiner Flottenfahrt nach Italien überhaupt Abstand nahm, was sich für den Verlauf der weiteren Operationen als ein Fehler erweisen sollte. Er befahl den Schiffen, in die Häfen der Peloponnesos zurückzukehren. Es war inzwischen Herbst (des Jahres 32) geworden, an ein großangelegtes Flottenunternehmen war nicht mehr zu denken. Den Winter 32 auf 31 v. Chr. verlebte Antonius in seinem neuen Hauptquartier in Patrai (Patras) am Golf von Korinth. Seinen Unterführern gab er die Weisung, alle strategisch irgendwie wichtigen Punkte an der Westküste Griechenlands zu besetzen und sich außerdem um die Verpflegung der immer noch anschwellenden Heeresmassen zu kümmern. Denn auf diesem Gebiet begannen allmählich die Schwierigkeiten. Griechenland war nicht imstande, auf die Dauer das Heer des Antonius zu ernähren. Im übrigen aber war auch in diesem Stadium der Notenwechsel zwischen Antonius und dem jungen Caesar noch nicht ganz beendet. Angeblich soll Octavian seinem Gegner vorgeschlagen haben, er möge ihn mit seinem Heer in Hellas landen lassen; dann wolle man innerhalb einer Frist von fünf Tagen eine Entscheidungsschlacht schlagen. Oder, wenn Antonius dies nicht wolle, so könne er zu den gleichen Bedingungen nach Italien kommen. Waren diese Anerbieten wirklich ernst gemeint? Man muß daran zweifeln, vielleicht handelt es sich hier nur um eine Legende, denn eine Landung und Ausschiffung eines großen Heeres bot so viele Schwierigkeiten, dazu die Gelegenheit zu Störungen durch den Gegner, daß der Ausgang nahezu dem Zufall überlassen blieb. Antonius soll denn auch den Vorschlag schlankweg abgelehnt haben.

Dem Brauch der antiken Menschen entsprechend erzählt Plutarch von den Vorzeichen, die sich vor der Eröffnung des Krieges eingestellt haben (Leb. d. Ant. 60, 2). Da kann man etwa lesen, daß in der kleinen Stadt Pisaurum in Picenum, in die Antonius eine Kolonie gelegt hatte, sich ein Erdspalt aufgetan und einen Teil des Ortes verschlungen habe. Und eine Marmorstatue des Antonius in der Nähe der Stadt Alba habe viele Tage lang Schweiß vergossen, und sooft man den Schweiß abgewischt habe, habe sich das Phänomen immer von neuem wiederholt. Als Antonius sich in Patrai aufhielt, sei der Tempel des Herakles von einem Blitz getroffen und eingeäschert worden. Und in Athen sei die Figur des Dionysos in der Gigantomachie (die Gruppe befand sich an dem Südabhang der Akropolis, sie war ein Geschenk des Königs Attalos I. von Pergamon) vom Sturm umgerissen und in das Theater geworfen worden. Antonius aber, fügt Plutarch hinzu, glaubte an seine Abstammung von Herakles, und in seiner Lebensweise pflegte er sich den Gott Dionysos als Vorbild zu nehmen, er habe sich geradezu Neos Dionysos genannt – wie der Vater der Kleopatra, der König Ptolemaios XII. Auch die überlebensgroßen Figuren des Eumenes und des Attalos in Athen, auf denen der Name des Antonius eingeschrieben worden war, fielen infolge des Sturmes um, und zwar diese ganz allein aus einer größeren Gruppe. Auch am Admiralsschiff der Kleopatra, das auf den Namen des Antonius getauft war, ereignete sich ein merkwürdiges Vorzeichen: Eine Schwalbe hatte im Achterschiff, dort, wo der Steuermann saß, ihr Nest gebaut, aber es kamen andere Schwalben hinzu und vertrieben sie, indem sie die Brut vernichteten. Dies alles aber verhieß nichts Gutes für Antonius und Kleopatra, denn die antiken Menschen sahen in den Vorzeichen das Walten der Götter, die den Menschen Fingerzeige gaben und sie vor allem vor der Hybris, der Selbstüberhebung, warnten. Der moderne Mensch wird in den Vorzeichen, wenn sie überhaupt der Wahrheit gemäß berichtet werden, nur das Spiel des Zufalls sehen.

Wie aber stand es mit den Streitkräften der beiden Gegner? Antonius verfügte über nicht weniger als 500 Kriegsschiffe, eine riesige Zahl, die höchstens in der Zeit der Perserkriege erreicht worden war. Zahlreiche Schiffe waren geradezu Giganten der See, sie hatten acht oder sogar zehn Ruderdecks, im Nahkampf war ihnen weit und breit kein Gegner gewachsen. Alle Schiffe waren in geradezu vorbildlichem Zustand, sie waren wie zu einem Fest geschmückt, nicht wie zu einer Seeschlacht, in der es um Sein oder Nichtsein ging.

Das Landheer des Antonius belief sich auf 100000 Mann und 12000 Reiter, eine Armee, wie sie seit der Schlacht bei Philippi nicht mehr im Feld gestanden hatte. Aus der Zahl der Vasallenkönige hatten sich Bocchus von Mauretanien, Tarkondemos, König des Oberen Kilikien, Archelaos von Kappadokien, Philadelphos von Paphlagonien, Mithradates von Kommagene und Sadalas von Thrakien eingefunden, dazu kamen noch die Kontingente des Königs Polemon von Pontos und Kleinarmenien, des Malchos aus Arabien, des Herodes von Iudäa, des Amyntas von Galatien und Lykaonien. Auch der König von Media Atropatene hatte ein Hilfskorps zur Verfügung gestellt, kurz, im Feldlager des Antonius herrschte ein buntes Gewimmel von Fürsten, Offizieren und Soldaten. Die Hellenen kamen aus dem Staunen nicht heraus, sie hielten Antonius für den größten Feldherrn ihrer Zeit, und darin hatten sie nicht einmal so ganz unrecht. Aber dieser große Mann war von einer Frau abhängig, auch in seinen strategischen Entschlüssen, denn bei allem, was er tat, war die Flotte der Kleopatra nicht zu entbehren.

Octavians Streitmacht war sehr viel bescheidener, er verfügte nur über 120 Kriegsschiffe, über 80000 Mann zu Fuß und, ebenso wie sein Gegner, über eine Kavallerie von 12000 Mann. Aber sein Heer hatte den großen

Vorteil der Homogenität. Den Kern bildeten die Legionäre aus Italien, sie hatten dem jungen Caesar den Treueid geschworen, den Fahneneid und dazu den Treuschwur, diesen zusammen mit der Bevölkerung des gesamten Westens des Imperiums. Diesen Gefolgschaftseid des Westens hatte Antonius mit einem Eid der Gesamtbevölkerung des Orients auf seine Person beantwortet. Auch im Westen fehlte es ihm nicht an Anhängern. So hat der junge Caesar beispielsweise den Bürgern der Stadt Bononia (Bologna) die Eidesleistung erlassen, weil sich die Stadt von alters her in der Klientel der Familie des Antonius befunden hatte. Im übrigen hört man nichts davon, daß sich die Anhänger des Antonius in Italien gegen den Befehl des Octavian aufgelehnt hätten, sie leisteten vielmehr, ebenso wie die anderen, seiner Aufforderung, die Waffen gegen Kleopatra zu erheben, bereitwillig Folge. Für die strategische Führung des Feldzugs hatte der junge Caesar in dem Sieger von Naulochos, M. Vipsanius Agrippa, einen hervorragenden Berater an seiner Seite. Er hat die Kriegführung auf seiten Octavians in ganz entscheidender Weise bestimmt und ist als der eigentliche Gegenspieler des Antonius anzusehen. Anders sah es im Lager des Antonius aus: Hier gab es eine Gruppe von Römern, die in der Präsenz der ägyptischen Königin ein Unglück für Antonius sahen. Sie lagen ihm ständig in den Ohren, er möge sich aus der Verstrickung befreien. Dies blieb natürlich der Kleopatra nicht verborgen, sie ließ immer wieder bittere Worte über die Undankbarkeit der Römer im Lager des Antonius laut werden. Antonius aber konnte die Königin in keiner Weise entbehren, ohne ihre materielle Hilfe wäre er ein verlorener Mann gewesen. Natürlich konnte es nicht ausbleiben, daß die Spannungen im Hauptquartier des Antonius ihre Schatten auf die Kriegführung geworfen haben – es fehlte hier an einem einheitlichen und zielstrebigen Willen, wie er auf der Gegenseite bei der Führung und bei allen Kombattanten vorhanden war.

Zwölftes Kapitel

Actium und das Ende

Die Schlacht bei Actium, die Entscheidungsschlacht in dem Ringen um die Herrschaft zwischen Octavian und Antonius, ist in neuerer Zeit mehrfach Gegenstand wissenschaftlicher Erörterungen gewesen. Es muß jedoch gesagt werden, daß insbesondere die Forschungen von Johannes Kromayer[1] die Vorgänge vor der Schlacht und diese selbst im großen und ganzen geklärt haben. Allerdings hat Kromayer Widerspruch bei dem britischen Historiker W. W. Tarn[2] gefunden, doch muß man hier hinzufügen, daß Tarn in seiner Argumentation nicht immer glücklich gewesen ist. Kromayer hat ihm denn auch in einer letzten Untersuchung erwidert[3] und dabei im wesentlichen seine eigene Position mit neuen Argumenten verteidigt. Das militärische und strategische Problem der Schlacht bei Actium kann heute als gelöst gelten, insbesondere die in älteren Untersuchungen angenommene Flucht der ägyptischen Königin muß in das Reich der Fabel verwiesen werden. Dem Verlauf der großen Entscheidungsschlacht haftet nichts Rätselhaftes mehr an, denn man kann sich an Hand der antiken Quellen ein im wesentlichen zutreffendes Bild von dem Geschehen im Ionischen Meer machen, man kann die Bewegungen der beiden Flotten nachvollziehen, und es ist auch geklärt, warum es zu dem für Antonius unglücklichen Ausgang der Schlacht gekommen ist.

Beschreibungen der Schlacht aus der Feder von Kriegsteilnehmern und Zeitgenossen sind nicht erhalten, und inwieweit bei der Darstellung von Vorgängen im Lager des Antonius unmittelbar vor der Schlacht der Überläufer Q. Dellius, der Historiograph des Partherkrieges, beteiligt gewesen ist, bleibt eine offene Frage, auf die sich schwer eine zutreffende Antwort finden läßt. Leider bereitet die Darstellung Plutarchs dem Leser eine herbe Enttäuschung. Die Schilderung militärischer Vorgänge ist ohnehin seine starke Seite nicht, ihn interessierten vor allem die persönlichen Züge der handelnden Männer, alles andere betrachtete er mehr oder weniger nur als Beiwerk. Was Plutarch in den knapp eineinhalb Kapiteln zu bieten hat, ist ein Überblick über die persönlichen Angelegenheiten des Antonius, die militärischen Zusammenhänge sind hier nur von sekundärer Bedeutung[4].

Im übrigen hat Plutarch für die ägyptische Königin nie etwas übrig gehabt. Wo sie bei ihm auch auftritt, immer ist sie der böse Geist des Antonius. Im übrigen gibt Plutarch[5] die Ansicht seiner Gewährsleute wieder, sie sind unter den Römern im Lager des Antonius zu suchen. Plutarch stand mit seinem Herzen auf der Seite von Männern wie Sosius, Curio und den anderen, und es fällt nicht schwer, zu vermuten, daß ihm eine entsprechend parteiisch eingestellte Schrift als Vorlage gedient hat.

Ganz anders der Bericht des Historikers Cassius Dio aus der Severerzeit! Cassius Dio war ein weitgereister Mann, er hatte seine Erfahrungen auf dem Gebiet der Diplomatie und Kriegführung. Von dieser verstand er immerhin so viel, wie dies für einen gebildeten Römer des 2. und 3. Jahrhunderts n. Chr. vorausgesetzt werden muß. Natürlich spielt in seinem Werk die Rhetorik eine bedeutende Rolle, man braucht sich daraufhin nur die langen Reden des Octavian und des Antonius anzusehen. Niemand wird sie als authentisch nehmen, aber sie sind doch ganz untrennbar mit der Geschichtsauffassung des Cassius Dio verbunden. Für die Fakten hat sich der Consular auf römische Quellen gestützt, vor allem wird er bei Titus Livius eine ganz ausführliche Schilderung der Schlacht gefunden haben, die für uns leider mit dem Großteil des livianischen Werks verloren ist. Reflexe davon, teilweise mit wertvollen Zahlenangaben, finden sich bei den verschiedenen Ausschreibern (Epitomatoren) des Livius, vor allem bei Orosius (Anfang des 5. Jh. n. Chr.), bei dem Rhetor Florus (2. Jh.), bei Eutropius (4. Jh.) sowie in den Periochae (Inhaltsangaben) des Livius. Wenn diese alle auch keinen Ersatz für den verlorenen Liviustext bieten können, so enthalten sie doch gelegentlich wertvolle Einzelangaben. Die frühere Forschung, die durch den Namen des großen klassischen Philologen Eduard Schwartz repräsentiert wird, stand den Schlachtenschilderungen des Cassius Dio mit großer Skepsis gegenüber, aber diese Einstellung war, wie schon Kromayer gezeigt hat, nicht in vollem Umfang berechtigt. Denn der römische Historiker aus der späteren Kaiserzeit hat hier ein vorzügliches Beispiel einer übersichtlichen und in sich verständlichen Schilderung gegeben; sie muß jeder modernen Darstellung zugrunde gelegt werden.

Die Ausgangslage: Octavian hatte sein Heer im Raum von Brundisium zusammengezogen, hier war auch der Hauptteil seiner Flotte konzentriert, ein weiteres Geschwader unter der Führung des Agrippa versammelte sich bei Tarent. Antonius dagegen hatte nicht weniger als neunzehn Legionen seines Landheeres in die Winterquartiere in Hellas abrücken lassen, die Flotte war auf eine Anzahl von Häfen verteilt worden. Im ganzen hatte

Antonius mit ihr eine Verteidigungsstellung bezogen, deren nördlichsten Punkt die Insel Korkyra bildete. Im übrigen hatte er eine Anzahl von Küstenstädten Griechenlands mit Besatzungen belegt, das Zentrum der lang auseinandergezogenen Aufstellung war der Hafen von Actium. Den südlichen Pfeiler seiner Verteidigungsaufstellung bildete die Cyrenaica, wo vier Legionen stationiert waren. Sie hatten die Aufgabe, einen Angriff des Gegners von Westen her auf Ägypten abzuwehren. Während die Aufstellung Octavians sowohl für die Offensive wie für die Defensive geeignet war, hatte sich Antonius definitiv für strikte Defensive entschieden, mit dem Ziel, die Gebiete des Ostens, vor allem aber Griechenland und Ägypten, vor einer Invasion durch die Truppen und die Flotte des Gegners zu schützen. Aber, wie so oft in seinem Leben, hatte sich Antonius nicht klar gemacht, daß seine einzige Chance in der Konzentration seiner Kräfte bestanden hätte – was er jedoch vorbereitete, die Verzettelung seiner Streitmacht, ist ihm zum Unheil ausgeschlagen. Und ob es zweckmäßig war, in Ägypten und Syrien nicht weniger als sieben Legionen als Reserve zurückzulassen, war von vornherein äußerst zweifelhaft. Natürlich hätten in diesen Ländern Ereignisse eintreten können, die Antonius nicht voraussehen konnte, und er mag der Meinung gewesen sein, daß ein Verlust dieser Länder ihn äußerst schwer, wenn nicht tödlich, treffen würde. Dies alles mag man zugeben – aber auf das Ganze gesehen verstießen seine Dispositionen gegen einen elementaren Grundsatz der Strategie, den Friedrich der Große so formuliert hat: „Wer alles defendieren will, defendiert nichts." Und warum dies alles? Antonius war der Treue seiner Untertanen im Osten nicht völlig sicher, er wußte nur zu genau, daß eine Invasion Octavians das Gebäude seiner Provinzen und Klientelstaaten zum Einsturz bringen würde, falls er selbst nicht mit Erfolgen aufwarten konnte, daher der Versuch, den Gegner auf jeden Fall von dem Eindringen in die Sphäre des Ostens fernzuhalten. Und Antonius mag sich ausgerechnet haben, daß eine Landung in Italien ein so riskantes Manöver sei, daß er es vorzog, den Gegner auf griechischem Boden zu erwarten.

Octavians Feldzug begann mit einer Überraschung: Agrippa hatte eine Flottenabteilung von schnellsegelnden Schiffen, sog. Liburnern, zusammengefaßt; er war mit diesen Schiffen, sobald es die Jahreszeit erlaubte, im Frühling 31, zu einem Vorstoß über die Adria angetreten. Es war die Absicht, den Aufmarsch des Antonius zu stören. Das Ziel wurde vollauf erreicht. Agrippa konnte sogar auf der Peloponnesos Landungen vornehmen. Bei den Kämpfen fand Bocchus von Mauretanien, der Bundesgenosse des Antonius, den Tod. Agrippa lauerte den Versorgungsschiffen auf, die von Ägypten und Syrien Nachschub für Antonius heranbrachten. Auch an anderen Stellen der griechischen Küste machte Agrippa Landungsversuche, und zwar bald an dieser, bald an jener Stelle. Sie erfüllten ihren Zweck, denn Antonius wurde in große Unruhe versetzt, so berichtet es jedenfalls Cassius Dio (L 11, 3). Angeblich soll Octavian erst nach diesen Anfangserfolgen des Agrippa den Plan gefaßt haben, den Krieg nicht auf italischem Boden zu führen, sondern ihn nach Griechenland hinüberzutragen. Vielleicht ist dies aber ein eigener Gedanke des Cassius Dio, denn man wird kaum annehmen, daß die Entscheidung Octavians erst so spät gefallen ist. Natürlich war es dem Octavian längst bekannt, daß sein Gegner den größten Teil seiner Flotte an der Bucht von Actium zusammengezogen hatte. Die Westküste Griechenlands war nicht reich an geeigneten Häfen, denn außer Actium bietet nur der Golf von Arta (Golf von Ambrakia) einer größeren Zahl von Schiffen Ankerplätze und den notwendigen Schutz vor den in der Adria auftretenden Nordweststürmen.

Von Actium aber war Octavian noch weit entfernt. Die Masse seines Heeres hatte er am Fuß der Keraunischen Berge ans Land gesetzt, wahrscheinlich bei Panormus (Pelerino); von hier waren es mehr als 200 Kilometer bis Actium. Auf einem sehr beschwerlichen Landmarsch erreichte das Heer Octavians den Ort Toryne (Arpitza), wenig später den „Süßen Hafen" (griechisch *Glykỳs Limén*), der seinen Namen offenbar von Süßwasserzuflüssen führt. Von einer Aufklärung auf seiten des Antonius war nicht die Rede, vielmehr wurde der Gegner erst bemerkt, als seine Flotte bereits den Kanal von Korkyra (Korfu) mit Kurs nach Süden durchfahren hatte und dem Antonius berichtet wurde, Octavian habe sich in den Besitz von Toryne gesetzt. Im Hauptquartier des Antonius machte sich Unruhe bemerkbar, man hatte das Gefühl, hier etwas versäumt zu haben, da soll Kleopatra gesagt haben: „Was ist denn daran so schlimm, wenn Octavian auf einer Rührkelle *(torýne)* sitzt?" Wenn dieser Ausspruch historisch ist (dafür gibt es keine Sicherheit), so zeugt er von großem Leichtsinn, denn es wäre ohne weiteres möglich gewesen, bei entsprechender Aufklärung den Aufmarsch des Gegners empfindlich zu stören. Mit den Möglichkeiten zur Offensive war es für Antonius nun endgültig vorbei; alles, was nun noch zu tun übrigblieb, war der Versuch, den Gegner an einem weiteren Vordringen in südlicher Richtung zu hindern. Daran aber gab es keinen Zweifel mehr: Octavian hatte ganz eindeutig die Initiative an sich gerissen, denn nun erschien seine Flotte auf der Höhe vor Actium, sie forderte Antonius zum Kampf heraus, aber dieser hatte gute Gründe, den Entscheidungskampf zu verweigern. Im übrigen gelang es dem Octavian nicht, die Durchfahrt in den Golf von Preveza zu erzwingen, weil die Soldaten des Antonius auf beiden Seiten der Passage Türme und andere Befestigungen errichtet hatten. Der Versuch, unter diesen Umständen die Einfahrt zu erzwingen, wäre für jede Flotte ein großes Wagnis gewesen. Denn die Durchfahrt war nur 700 Meter breit und konnte von beiden Seiten her durch die Fernwaffen beherrscht werden. Außerdem waren in der Einfahrt Wachschiffe postiert, das Gros der Flotte des Antonius aber lag im Innern der Bucht, wo sich sowohl im Norden (bei Váthy) wie auch im Süden (bei Hag. Petros) die notwendigen Ankerplätze befanden. Antonius, aus seinem Hauptquartier in Patrai herbeigeeilt, sah sich im Hafen von Actium von der gegnerischen Flotte blockiert, er war in eine Falle gegangen, weil er sich durch den schnellen Anmarsch Octavians hatte überraschen lassen.

Die Landstreitmacht des Antonius hatte in einem Lager nördlich vom Tempel des aktischen Apollo ihren Platz gefunden. Die Verbindung mit der See wurde dadurch hergestellt, daß das Lager durch zwei lange Mauern mit dem Hafen von Actium verbunden wurde. Octavian aber hatte sich auf der nördlichen Halbinsel niedergelassen, sein Lager befand sich an der Gomaros-Bai nördlich des Ortes Mikalitzi auf einer Anhöhe, deren höchster Punkt heute 158 Meter mißt. Von hier aus gewinnt man einen weiten Blick nicht nur über das Ionische Meer und die vorgelagerte Insel Paxos, sondern auch über den Golf von Arta (Golf von Ambrakia) und sogar über die Einfahrt in den Hafen von Actium im Süden. Während sich in der Wahl der Stellung des Antonius seine eigene schwierige Lage widerspiegelt, in die er durch den Vorstoß Octavians gekommen war, hielt sein Gegner nun alle Trümpfe in der Hand: Octavian war praktisch unangreifbar, nicht nur auf dem Lande, sondern auch von der See her, wo seine Flotte nicht nur die Gomaros-Bai, sondern darüberhinaus die gesamten Gewässer bis nach Korkyra beherrschte. Wer heute auf dem Hügel südlich von Mikalitzi steht, der genießt einen weiten Blick, im Süden bis zur Insel Leukas, im Norden bis zu den Bergen von Suli, meerwärts sind die Konturen der Insel Korkyra (Korfu) noch zu erkennen. Nur knapp zwei Kilometer weiter südlich liegt der Ort Nikopolis, den Octavian nach dem Sieg gegründet hat. Auch von hier aus hat man eine großartige Aussicht. Sie ist schon von Warsberg vor nahezu hundert Jahren (1878) folgendermaßen beschrieben worden: „Weiter hinter dem Hügel steigen andere höhere Berge auf, auch nackt: wo die Sonne sie traf, in jener silbergrauen Farbe, die nur Rottmann so naturgetreu erhaschte, tiefblau in den Schluchten. Über sie stufen und türmen sich die schneeweißen Alpen Sulis. Und Meere rechts und links.

Zur linken das freie, ionische: tiefblau, beinahe schwarz, mit immer noch laut bis hierher grollender Brandung. Paxos und Antipaxos schwimmen darauf, und selbst von Korfu ist das weiße Kap sichtbar. Im Osten zur Rechten der glatte, stille, silberhelle Golf von Arta, eingeschlossen wie ein Schweizer See von den Bergen von Ätolien und Akarnanien, eine Lagune davor im Vordergrunde."

Octavians Stellung hatte allerdings eine Achillesferse. Denn der Strand von Gomaros war kein günstiger Ankerplatz, und wenn der Seewind von Südwesten blies, so liefen die Schiffe Gefahr, gegen das Ufer geworfen zu werden. Kein Wunder, wenn Octavian und Agrippa dies erkannten und die Sache zu Ende bringen wollten, indem sie den Gegner zur Entscheidungsschlacht aufforderten. Auf der Seite des Antonius aber stand nicht alles zum besten. Man kann bei Cassius Dio (L 12,8) nachlesen, daß Antonius beträchtliche Nachteile mit in Kauf nehmen mußte: sein Lager befand sich auf ganz ebenem Gelände, und der Historiker der Severerzeit meint, dies sei besser für eine Schlacht als zur Anlage eines Lagers geeignet gewesen. Aber Antonius hatte keine Wahl gehabt, wollte er nicht die Passage in den Golf von Preveza ohne Not preisgeben. Dazu stellten sich beim Heer Krankheiten und Lebensmittelmangel ein, diese Mißstände konnten auch in der guten Jahreszeit nicht beseitigt werden. Man kann es sich leicht vorstellen, daß die schnellen Schiffe Octavians immer wieder ganze Schiffsladungen von Nachschubgütern abfingen, die aus weit entfernten Ländern für das Heer des Antonius herangeführt wurden, denn aus Griechenland selbst war nicht viel zu holen. Octavian hatte die Lage des Antonius klar erkannt, er setzte ihm nicht nur zur See, sondern auch zu Lande kräftig zu (man wird hier an Landungen auf der südlichen Halbinsel bei Actium denken müssen), denn er wollte die Sache zur Entscheidung bringen, bevor die Hauptstreitmacht des Antonius angelangt war. In dieser nicht einfachen Lage hat sich Antonius als ein Meister der hinhaltenden Verteidigung erwiesen, er wich in konsequenter Weise jedem Gefecht aus, und auch Octavian, der über die wahre Lage des Antonius offenbar nicht im Bilde war, konnte sich nicht entschließen, hier aufs Ganze zu gehen. Aber dies war, so wie die Dinge lagen, ein strategischer Fehler, denn sobald Antonius die Masse seines Landheeres zur Verfügung hatte, riß er seinerseits die Initiative an sich, er fühlte sich so stark, daß er das gesamte Landheer über den Sund von Actium auf die nördliche Seite der Halbinsel hinüberschaffte. Nur etwa 3½ Kilometer von den Stellungen des Octavian entfernt, begann er mit der Errichtung eines großen Lagers. Dies aber war ein sehr riskantes Unternehmen – aber Antonius war ein erfahrener Feldherr, der es ohne weiteres mit der Führung der Gegenseite aufnehmen konnte. Das geglückte Unternehmen verleitete ihn zu einem in seiner augenblicklichen Lage unangebrachten Gefühl der Überlegenheit. Dies kommt darin zum Ausdruck, daß Antonius seine Reiterei im Osten um den Golf von Arta herum nach Norden schickte. Sie gelangte, ohne auf Widerstand zu stoßen, von Norden her bis in die unmittelbare Umgebung des octavianischen Lagers, dessen Insassen sich von zwei Seiten her angegriffen sahen. Aber vor Reitern brauchten sich die Legionäre des jungen Caesar nicht zu fürchten, sie waren ihnen nur lästig, weil ein Aufenthalt außerhalb der Lagerwälle nun nicht mehr möglich war. Was sollte Octavian tun? Zunächst entsandte er Streifkorps in das griechische und makedonische Gebiet, doch wurde der Zweck des Unternehmens nicht erreicht, weil sich Antonius nicht aus der Reserve herauslocken ließ. Das Unglück für ihn begann an einer ganz anderen Stelle: Agrippa setzte sich in raschem Zugriff von der See her in den Besitz der Insel Leukas, sie war von der actischen Halbinsel nur durch eine schmale Fahrtrinne getrennt. Aber damit noch nicht genug: er drang in den Golf von Korinth ein und bemächtigte sich durch Überraschung der Stadt und des Hafens von Patrai (Patras), nachdem Q. Nasidius in einem Seegefecht ihm unterlegen war. Das Unternehmen zeigt die taktische Gewandtheit Agrippas, der schon hier an entscheidender Stelle hervortritt. Ein Mann seines Formats fehlte auf der Seite des Antonius, denn seine eigenen Unterführer erhoben sich nicht über das Mittelmaß. Im übrigen aber waren die Erfolge Agrippas im Seekrieg von ganz entscheidender Bedeutung: durch den Verlust der Insel Leukas sah sich Antonius eines wertvollen Stützpunktes beraubt, außerdem war die Blockade der Straße von Actium durch die Flotte Octavians jetzt zu einer vollkommenen geworden, kein Schiff konnte noch in die Meeresstraße ein- oder auslaufen. Dies hatte für Antonius zur Folge, daß der Proviant, überhaupt der gesamte Nachschub nicht mehr auf dem Seeweg, sondern zu Lande herbeigeschafft werden mußte. Insbesondere die vorübergehende Sperrung des Korinthischen Golfes durch Agrippa erwies sich als ein großes Hindernis für Antonius. Aus den Erinnerungen der Familie Plutarchs erfahren wir, daß die Bewohner der kleinen böotischen Stadt Chaironeia gezwungen wurden, das Getreide nach dem Hafen Antikyra zu schleppen, angeblich hat man mit Peitschenhieben nachgeholfen, wenn die Aktion zu langsam vonstatten ging (Plutarch, Leb. d. Ant. 68). Sollte das Getreide von Antikyra auf dem beschwerlichen Weg zu Land über das Gebirge nach Actium geschafft werden? Kromayer hat seinerzeit diese Ansicht geäußert – aber dies ist, nebenbei gesagt, kaum glaublich. Eher wird man annehmen müssen, daß es sich bei dem Vorstoß der Flotte Agrippas um einen typischen Raid gehandelt hat, seine Schiffe werden sich bald zurückgezogen haben, so daß die Transporte des Antonius wieder den Korinthischen Golf passieren konnten. Von Antikyra nach Actium war es jedoch eine weite Fahrt, und eine gefahrvolle dazu.

Überhaupt war die Lage des Antonius im Sommer des Jahres 31 schwierig geworden. Sein Heer war auf einem sehr engen Raum zusammengedrängt, es hatte auf der nördlichen Halbinsel von Actium nur einen ganz geringen Spielraum, kein Wunder, wenn die Stimmung allmählich auf einem Tiefpunkt angelangt war! Und es kamen die ersten Überläufer aus dem Heer des Antonius. Dejotarus Philadelphus, der König von Paphlagonien, ließ sich überreden, auf die Seite Octavians überzutreten, der kranke und nicht felddienstfähige Cn. Domitius Ahenobarbus folgte seinem Beispiel, und zwar aus Haß gegen die Ägypterin, er hielt sie für ein Unglück für Antonius (wer weiß, vielleicht hatte auch die Propaganda des Octavian gegen Kleopatra hierbei mitgespielt). Das Beispiel des Ahenobarbus hätten zahlreiche andere nachgeahmt. Antonius war durch diese Vorgänge, die er nicht für möglich gehalten hätte, zutiefst betroffen, er war nun mißtrauisch geworden, das Ergebnis waren Untersuchungen und sogar Hinrichtungen. So ließ er Iamblichos, einen arabischen Scheich, zuerst der Folter unterwerfen und dann umbringen. Und einen römischen Senator namens Q. Postumius hat er sogar in Stücke reißen lassen, wohl weil er hier einen besonders schweren Fall von Verrat annahm. Als ihm die Nachricht zuging, daß sein Freund Q. Dellius und der Galaterfürst Amyntas die Absicht hätten, ihn zu verlassen, versuchte er, dieser Männer habhaft zu werden (sie waren von ihm nach Makedonien und Thrakien geschickt worden), was ihm jedoch nicht mehr gelungen ist, sie hatten rechtzeitig die andere Seite gewählt, wo sie von Octavian mit Freuden aufgenommen wurden, weil sie viel von Antonius zu erzählen wußten. Dazu kam noch, daß seine Reiterei in einem für sie wenig glücklichen Kampf, bei dem sich auf der anderen Seite M. Titius und Statilius Taurus ausgezeichnet hatten, geschlagen worden war; die Hoffnungen, die Antonius auf sie gesetzt hatte, waren nicht in Erfüllung gegangen. Nachdem der Galaterfürst Amyntas übergelaufen war, befand sich die Überlegenheit der Kavallerie auf der Seite Octavians, und dies sollte sich bald dadurch bemerkbar machen, daß Antonius beim Fouragieren in immer größere Schwierigkeiten geriet, da die gegnerischen Reiter seine Bewegungen ernstlich behinderten. Im ganzen war Antonius aus einem Belagerer nun zu einem Belagerten geworden, und zwar mit allen Nachteilen, die eine derartige Position mit sich zu bringen pflegt. Was aber sollte Antonius tun? Hatte es noch einen Sinn, die Stellungen auf der nördlichen Halbinsel zu behaupten, nachdem die strategische Initiative eindeutig auf seiten des Gegners lag? So tat Antonius, was er nicht mehr vermeiden konnte: am 3. Tag nach dem Abfall des Amyntas brach er die Blockade auf der nördlichen Halbinsel ab und führte sein Heer über den Sund in das frühere Lager südlich von Actium zurück. Dies aber war nicht nur eine taktische Bewegung, sie bedeutete die Änderung des ganzen Planes. Es war eine schwere Krise für Antonius eingetreten. Man befand sich im Hochsommer des Jahres 31.

Cassius Dio (L 14,4) weiß von dem Kriegsrat des Antonius zu berichten, es mußten neue Entschlüsse gefaßt werden. Da Octavian bisher konsequent die Schlacht zu Lande verweigert hatte, so blieb Antonius nur noch die Möglichkeit, die Entscheidung zur See herbeizuführen. Hierfür soll sich vor allem auch Kleopatra eingesetzt haben, und in der Tat schien dies den Umständen allein angemessen, denn der Gegenvorschlag des Canidius Crassus, das Heer nach Makedonien oder Thrakien fortzuführen, hätte zugleich bedeutet, daß Antonius die Flotte hätte preisgeben müssen. Dies aber wäre praktisch das Ende für Antonius gewesen, denn es bestand kein Zweifel, daß dem Verlust der Flotte sehr bald auch der Verlust des Heeres gefolgt wäre, denn dieses hätte sich ohne die Hilfe der Flotte schwerlich lange behaupten können.

Die Forschung (J. Kromayer) hat denn auch den Entschluß des Antonius als den in seiner Lage einzig richtigen bezeichnet. Aber die Aussichten, den Kampf zur See zu gewinnen, waren für Antonius sehr gering. Denn wenn irgendetwas sicher ist, so ist es die Tatsache, daß der junge Caesar jetzt seinem Gegner sowohl an Zahl der Kriegsschiffe wie auch an Zahl der Kombattanten ganz beträchtlich überlegen war. Denn dem Antonius waren von seinen ursprünglich 500 Einheiten nur noch ungefähr 170 kampfkräftige Kriegsschiffe übriggeblieben, alle übrigen waren entweder detachiert, verlorengegangen oder nicht mehr einsatzfähig. Zu den 170 Kriegsschiffen kamen dann noch sechzig Schiffe der Kleopatra, die aber nicht für den eigentlichen Kampf bestimmt waren. Octavians Flotte zählte dagegen 400 Kriegsschiffe, wenn auch von kleineren Dimensionen, aber sie waren gut bestückt, und er konnte sie mit nicht weniger als 40 000 Kombattanten bemannen. Antonius vermochte dagegen nur 22 000 Mann auf die Schiffe zu bringen, davon 20 000 Legionäre und 2 000 Mann Leichtbewaffnete, in der Mehrzahl Bogenschützen. Für weitere Kombattanten stand auf seiner Flotte kein Raum zur Verfügung. Diese Ausgangslage hatte für

Antonius wenig Hoffnungsvolles: nur im Glücksfall, wenn sich alles gegen Octavian und seine Flotte verschworen hätte, wäre ein Erfolg des Antonius möglich gewesen. Aber das Problem für ihn bestand darin, daß er versuchen mußte, die sich immer stärker bemerkbar machende Seeblockade zu sprengen – denn sonst wäre sein Heer an Hunger zugrundegegangen.

Aus der allgemeinen Lage ergibt sich mit Zwangsläufigkeit der Plan eines Ausfalls- und Durchbruchsgefechts des Antonius. Bei Cassius Dio (L 15,1) liest man folgendes: „Kleopatras Ansicht, nur die festesten Punkte durch Besatzungen zu schützen und mit dem übrigen Heer sich nach Ägypten zu begeben, wurde im Kriegsrat angenommen. Sie wollten aber nicht heimlich oder in offener Flucht fortsegeln, sondern zur Seeschlacht gerüstet, um, wenn Widerstand geleistet würde, die Abfahrt zu erzwingen". Natürlich sollten die kampfkräftigsten Teile des Heeres die Schiffe besteigen, man wollte sie nach Ägypten überführen, wo sie den Kern einer neuen Streitmacht bilden sollten. Die übrigen, unter dem Befehl des Canidius Crassus, blieben sich selbst überlassen, sie mußten versuchen, sich in einigen festen Plätzen Griechenlands zu behaupten, bis eine Wende auf dem Kriegsschauplatz zugunsten des Antonius eintrat – dies war zwar nur eine vage Hoffnung, aber mehr hatte der Triumvir seinen kampferprobten Legionären im Augenblick nicht zu bieten.

Bis zu diesem Punkt erscheinen die Entschlüsse des Antonius völlig zweckmäßig und der allgemeinen Lage angemessen. Man hatte im Kriegsrat eine klare und vernünftige Entscheidung getroffen, und es blieb nur noch übrig zu hoffen, daß die Seeschlacht den gewünschten Ausgang nehmen würde. Das eine war jedoch ganz sicher: Noch niemals hatten Antonius und Kleopatra ihr Schicksal so eng miteinander verbunden, sie wußten genau, daß sie aufeinander angewiesen waren; wenn der eine fiel, so mußte auch die andere fallen. Kleopatra aber strebte zurück nach Ägypten, sie hatte nicht die geringste Lust, in dem von Fieber und anderen Krankheiten heimgesuchten Lager von Actium zugrundezugehen. Tagtäglich trafen im Hauptquartier des Antonius Hiobsbotschaften ein, es bedurfte schon jetzt starker Nerven, um mit allem Unglück fertig zu werden. Da gab Antonius den entscheidenden Befehl: er ordnete an, einen Teil seiner Schiffe zu verbrennen, da er sie für den geplanten Durchbruch nicht brauchen konnte, außerdem hatte er für sie auch keine ausreichende Bemannung mehr. Alle Schiffe, die am Kampf teilnehmen sollten, mußten ihre großen Segel mitnehmen; dies war im allgemeinen nicht üblich, aber man brauchte die Segel, wenn man nach dem Durchbruch das offene Meer vor sich hatte. Und endlich ließ Antonius die Schätze der Kleopatra, auch die Kriegskasse, auf die Schiffe bringen. Damit waren die wichtigsten Vorbereitungen getroffen, sie sind aber dem Octavian nicht verborgen geblieben, es gab Überläufer, die ihn sogar von den Beschlüssen des Kriegsrats in Kenntnis gesetzt haben sollen. Das von Antonius geplante Unternehmen wird also dem Octavian, zum mindesten in großen Zügen, bekannt gewesen sein (Cass. Dio L 23,3); eine Änderung des Plans durch Antonius hat nicht mehr stattgefunden. Denn was wäre Antonius und Kleopatra sonst noch übrig geblieben? Und Octavian? Angeblich hätte er am liebsten die Flotte seines Gegners ohne Kampf durch die Reihen seiner Schiffe fahren lassen, dies hätte keine Opfer gekostet, und es hätte immer noch die Aussicht bestanden, die Schiffe einzuholen, bevor sie in Ägypten an Land gingen. Aber in diesem Punkt war Agrippa anderer Ansicht: er fürchtete, daß man die gegnerische Flotte entkommen ließ und daß dann der Krieg noch einmal von vorn begonnen werden müßte. Octavian hat sich schließlich diese Meinung zu eigen gemacht, er entschied sich für den Kampf zur See. Dabei mag die Erinnerung an den Seesieg über Sex. Pompeius bei Naulochos vor fünf Jahren eine Rolle gespielt haben.

Die beiden Triumvirn, die sich am 2. September 31 v. Chr. im Sund von Actium gegenüberstanden, waren, gemessen an ihren Kräften, sehr verschieden: auf der einen Seite die Schiffskolosse des Antonius, sie führten an Bord einen ganzen Artilleriepark mit sich; Munition, Steine und Wurfgeschosse, waren in Hülle und Fülle vorhanden. Aber es war dem Antonius nicht leicht geworden, die notwendigen Besatzungen zusammenzubringen, man hatte – wegen der fehlenden Ruderer – im griechischen Hinterland regelrechte Menschenjagden abhalten müssen. Selbst harmlose Wanderer und Eselstreiber waren in den Dienst gepreßt worden. Aber wehe dem Schiff, das in Reichweite der Ballisten der Dreadnoughts des Antonius geriet! Die Riesenschiffe schienen praktisch uneinnehmbar, ihr hoher Schiffsbord überragte auf dem Wasser alles andere. Die Kampfschiffe Octavians hatten dagegen andere Qualitäten, vor allem aber waren sie dem Gegner an Schnelligkeit und Manövrierfähigkeit überlegen, ein Vorteil, der sich besonders beim Kampf in tiefem Wasser bemerkbar machen sollte.

Unmittelbar vor Beginn der Kampfhandlungen ließ Antonius eine dichte Reihe von Schlachtschiffen formieren, vor dem Sund von Actium wartete er mit ihnen auf den Angriff des Octavian, er wollte ihn mit seinen Riesenschiffen zerschmettern. Auch die Windverhältnisse an der Küste waren für Antonius so günstig, wie sie nur sein konnten. Um die Mittagszeit pflegt an der Küste eine Brise aufzukommen, sie setzt aus der Richtung WSW und NW ein, dreht aber allmählich nach NW, und am Nachmittag

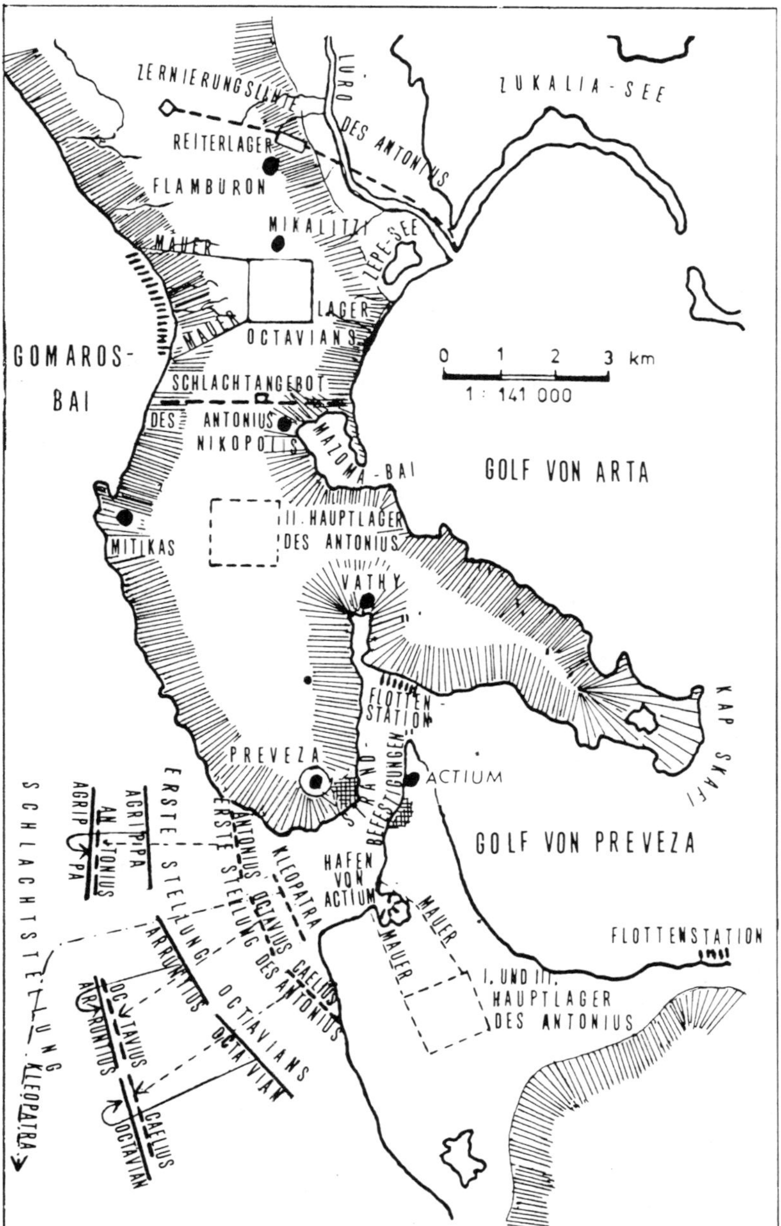

Actium (2. September 31 v. Chr.)

weht der Wind ganz von Norden her. Antonius war natürlich über die Windverhältnisse genau unterrichtet. Er wollte diesen Augenblick abwarten, um dann den Durchbruch mit nachfolgender Kursänderung nach Süden auszuführen. Seine Erwägungen waren vollkommen in Ordnung, aber Antonius hatte seine Rechnung ohne den Gegner gemacht, denn er konnte in Wirklichkeit nur hoffen, sein riskantes Manöver durchzuführen, wenn der Gegner ihm den Gefallen tat, ihn anzugreifen – aber gerade hierzu waren weder Octavian noch Agrippa bereit; ihre Flotte blieb vielmehr bei ruhiger See in ausreichender Entfernung von den Schiffen des Antonius liegen, wobei der Zwischenraum etwa 1400 Meter (ungefähr 8 Stadien, nach Plutarch, Leb. d. Ant. 65) betrug. Als um die Mittagszeit ein stärkerer Wind vom Meer her aufkam, da war der linke Flügel der Flotte des Antonius nicht zu halten, er fuhr dem Feind entgegen, ganz gegen die Intentionen des Antonius. Dieser mußte vielmehr mit Bestürzung bemerken, daß sich die Front seiner Schiffe nicht nach Süden, sondern nach Norden wandte. Nichts konnte dem Octavian erwünschter sein, er nahm seine Schiffe in das tiefe Wasser zurück, und als Antonius, mehr gezwungen als aus freien Stücken, mit seinem nördlichen Flügel in den Kampf eingriff, da wandte sich ihm gegenüber Agrippa zur Flucht. Er läßt die Schiffe wenden, aber die Fluchtbewegung dauert nur eine kurze Zeit, dann gibt Agrippa den Befehl zum Kampf, und in einer ausgedehnten Linie, welche die Schlachtreihe des Antonius weit überflügelt, beginnt der Kampf im hohen Gewässer. Auf der Seite des Antonius scheint man auf diese Bewegung nicht gefaßt gewesen zu sein, und angesichts der zahlenmäßigen Überlegenheit des Octavian wäre jetzt alles darauf angekommen, die Schlachtreihe möglichst geschlossen zu halten, dies aber ist nicht mehr möglich, die Kette der großen Schlachtschiffe reißt auseinander, es bilden sich verschiedene Gruppen, die auf eigene Faust den Kampf zu führen versuchen. Auf jeden Schiffskoloß des Antonius stürzen sich mehrere kleinere Schiffe des Agrippa, sie sind viel manövrierfähiger, diesem Vorteil gegenüber erweist sich alle Tapferkeit der Besatzungen des Antonius als vergeblich. Ein Schiff nach dem anderen wird vom Gegner genommen. Auch die Elemente hatten sich gegen Antonius verschworen. Es hatte sich ein starker Sturm erhoben, der ihm gerade ins Gesicht blies, der Sturm führte Hagel und Regen mit sich, der Himmel trübte sich vorübergehend ein und behinderte nicht nur die Bewegungen, sondern auch die Signalgebung des Antonius. Dieser Sturm kann nach allem, was wir wissen, wohl nur ein Nordwest gewesen sein, wenn auch ein Forscher wie Kromayer hier anderer Meinung ist.

Und nun kommt der entscheidende Moment für Kleopatra! Sie ergreift unverzüglich die Initiative, gibt dem ägyptischen Geschwader das Signal, Segel zu setzen und zum Durchbruch vorzustoßen. Der Wind ist günstig, der Überraschungseffekt muß ausgenützt werden. Die Schiffe der Kleopatra fahren in breiter Front westwärts, schnell gewinnen sie die offene See, der Feind ist überrascht und vermag den Durchbruch nicht zu verhindern. Kleopatra läßt nach Süden eindrehen, andere Schiffe schließen sich dem Durchbruchsmanöver an, sie folgen dem ägyptischen Geschwader, und bald sind die Segel am Horizont verschwunden. Größere Kämpfe hatte Kleopatra nicht zu bestehen gehabt, Antonius erkennt sofort das Manöver, er verläßt sein Admiralsschiff und steigt auf hoher See auf eine Pentere, einen Fünfruderer, um. Mit diesem Schiff passiert er ohne Schwierigkeiten die Reihen der Gegner, geschlagen verläßt er den Kampfplatz, der größte Teil seiner Schiffe ist verloren, Kleopatra aber und ihre Schätze sind gerettet, ihre Schiffe fahren mit Kurs nach Süden der Peloponnesos entgegen.

Die Seeschlacht bei Actium hatte um die Mittagszeit mit dem Angriff des Antonius begonnen, am Nachmittag, gegen 16 Uhr, war sie entschieden. Doch hielten die Einzelgefechte noch an, Freund und Feind waren sich längere Zeit über die Lage im unklaren, vor allem wußte man nichts von Antonius. Dieser aber hatte aus dem Zusammenbruch immerhin ein Viertel seiner Schiffe gerettet, sie strebten mit vollen Segeln dem Süden entgegen, ohne nennenswerten Widerstand zu finden. Antonius stieg nun auf das Flaggschiff Kleopatras über, beide standen unter dem Eindruck der Niederlage, sie vermieden es, sich zu sehen. Antonius begab sich auf das Vorderdeck und ließ sich dort nieder, er nahm seinen Kopf in beide Hände. Er war so niedergeschlagen, daß er kein Wort hervorbrachte. Als liburnische Schnellsegler den Versuch machten, sich gegen sein Schiff zu wenden, ließ Antonius die nötigen Manöver ausführen, um den Angriff abzuwehren. Der Gegner aber war Eurykles von Sparta, dessen Vater Lachares ein Opfer des Antonius geworden war. Der Angriff des Eurykles mißlang zwar, er vermochte aber das andere Admiralsschiff und dazu noch ein weiteres Schiff, beladen mit kostbaren Gerätschaften für das tägliche Leben, zu nehmen. Antonius dagegen versank wieder in Lethargie, drei Tage blieb er auf dem Vordeck, dann war Tainaron, das südliche Kap Lakoniens, erreicht. Hier erst gelang es den Frauen der Umgebung der Königin, Antonius wieder mit Kleopatra zusammenzubringen, beide nahmen ihre gewohnte Lebensgemeinschaft wieder auf; dies aber geschah am 4. September 31, zwei Tage nach der Schlacht bei Actium.

Es war kein Wunder, wenn sich Antonius in einer tiefen Depression befand. Die kostbare Flotte war bis auf das ägyptische Geschwader und einige andere Schiffe verloren, und mit ihr zusammen die Blüte seines Heeres, die auf den Schiffen vor Actium untergegangen war. Viele nahe Freunde des Antonius fehlten, sie waren gefallen oder sie hatten sich dem Sieger ergeben. Dazu marterte Antonius die Ungewißheit über das Schicksal des Landheers unter Canidius Crassus. Dieses hatte zwar große Abgaben an die Flotte leisten müssen, aber wo waren die anderen geblieben? Von den ursprünglich 19 Legionen waren immerhin noch knapp 13 übriggeblieben, mit wechselnden Beständen, denn die eine Legion hatte mehr, die andere weniger Abgaben für die Flotte geleistet. Da aber der Kern des Landheeres verloren war, war der Kampfwert der Übriggebliebenen nicht mehr allzu hoch; dazu wäre zu bedenken, daß die Zahl der Italiker im Heer des Antonius ständig zurückgegangen war, der Triumvir hatte längst seine Zuflucht zur Einstellung griechischer und orientalischer Rekruten nehmen müssen. Hatte Antonius wirklich viel mit dem Heer verloren? Er hatte dem Canidius Crassus befohlen, sich auf dem schnellsten Weg zur Ostküste Griechenlands zu begeben, vielleicht – so hoffte Antonius – würde es ihm gelingen, sich in Sicherheit zu bringen. Und wenn man weiß, daß in der Cyrenaica vier Legionen unter Pinarius Scarpus standen und weitere sieben Legionen in Ägypten, so war die Hoffnung des Antonius nicht eitel, im Orient noch einmal eine kampfkräftige Armee zusammenzubringen.

Dies alles hat ein moderner Kriegshistoriker, Johannes Kromayer, in überzeugender Weise dargelegt. In den Erläuterungen zu seinen „Antiken Schlachtfeldern“, Römische Abteilung, Blatt 24, sagt Kromayer: „Widerspruch dagegen ist mir nicht bekannt geworden“, und als W. W. Tarn im Jahr 1931 die Ergebnisse Kromayers einer strengen Kritik unterzogen hatte, hat Kromayer seine eigene Position in einem Artikel vom Jahr 1933 noch einmal eingehend zu begründen versucht. Es muß dabei bleiben: Von einem Verrat der Kleopatra kann nicht die Rede sein, Actium war eine Durchbruchsschlacht, nichts anderes. Aber warum, so fragt man, die tiefe Depression des Antonius? Es war ihm ja gelungen, wenigstens einen Teil seiner Flotte aus dem Sund von Actium herauszuführen. Er hatte ja die Blockade gesprengt und war dem Gegner entkommen. Aber die Opfer waren sehr schwer gewesen, und in dem Kampf von Schiff gegen Schiff war Antonius eindeutig unterlegen, viele seiner besten Kampfgefährten waren gefallen oder in den Gewässern vor Actium untergegangen. Diese Männer waren überhaupt unersetzlich, da ihre Qualität von allen anderen Soldaten seines Heeres nicht erreicht wurde.

Aber das Problem des Antonius war nicht nur ein militärisches, sondern auch ein psychologisches. Wer sich wie Antonius Hoffnungen auf einen Sieg in der Seeschlacht gemacht hatte, der mußte allerdings über den Ausgang des Treffens zutiefst enttäuscht sein. Seine Dreadnoughts hatten keineswegs das geleistet, was Antonius gehofft hatte, auch die Durchführung der Seeschlacht war nicht nach den Wünschen und Erwartungen des Antonius verlaufen. Und dann die Verluste! Kromayer[6] spricht von insgesamt 40 Schiffen – aber diese Zahl scheint denn doch zu gering, dagegen mögen die Verluste unter den Kombattanten, die er mit 5000 angibt, annähernd zutreffen. Es waren aber die Besten, die bei Actium untergegangen waren. Mehrfach in seinem Leben war Antonius in einer schwierigen Lage gewesen, nach Mutina beispielsweise und auf dem Partherfeldzug, aber noch nie hatte er sein Überlegenheitsgefühl verloren, er hatte sich niemals länger niederbeugen lassen. Als er auf das Schiff der Kleopatra überstieg, war er am Ende seiner Hoffnungen. Von einer siegreichen Rückkehr nach Italien und einem Triumph in Rom über den Rivalen Octavian war keine Rede mehr, und je länger desto mehr quälte ihn der Gedanke, wie sich das Landheer in Hellas verhalten würde. Wenn mit ihm etwas Unvorhergesehenes passierte, so war Griechenland für Antonius verloren, aber nicht nur dieses, auch Kleinasien und die angrenzenden Länder nach dem Osten hin würden in den Sog des Abfalls geraten, er hatte keine Möglichkeit, dies zu verhindern. Dies alles wußte Antonius sehr wohl, diese Befürchtungen haben ihn niedergedrückt, ebenso wie die ungeheure Enttäuschung über den Ausgang der Seeschlacht. Wer da glaubt, Antonius habe nichts als *nur* den Durchbruch durch die Flotte des Gegners erreichen wollen, der täuscht sich. Antonius war der festen Überzeugung gewesen, daß gegen seine Großkampfschiffe kein Gegner aufkommen würde. Und gerade dies hatte sich als ein verhängnisvoller Irrtum erwiesen.

Wie sollte es nun weitergehen? Von Kap Tainaron aus schickte Antonius den Befehlshabern des Landheeres die Botschaft, sich unverzüglich nach Makedonien und von dort aus nach Kleinasien abzusetzen, die Hoffnung, daß dies ausführbar sei, hatte er immer noch nicht aufgegeben. Ihn selbst aber hielt es nicht mehr länger am Kap Tainaron, er segelte mit südlichem Kurs der Cyrenaica entgegen. Vorher hatte er an seine Freunde eine große Summe Geldes verteilen lassen, er schickte sie zurück und empfahl ihnen, sich nach Korinth zu begeben, wo sich sein Vertrauensmann Theophilos aufhielt. Zusätzlich hatte er den Freunden den Rat gegeben, ihren Frieden mit Octavian zu machen. Plutarch fügt noch hinzu,

Theophilos sei einer der ersten gewesen, die den Weg zu Octavian gefunden hätten.

Die Legionäre des Landheeres hatten ihre Hoffnungen, daß Antonius bei ihnen erscheinen würde, auch nach der verlorenen Seeschlacht nicht aufgegeben. Sie warteten auf ihn sieben Tage lang, und dies, obwohl ihnen Octavian sehr vorteilhafte Angebote unterbreitete. Erst als auch Canidius Crassus bei Nacht und Nebel das Lager verlassen hatte, gingen sie auf die andere Seite über. Es blieb ihnen nichts anderes mehr übrig, eine Absetzbewegung nach Makedonien war nicht mehr möglich, man hätte doch über kurz oder lang vor dem nachdrängenden Gegner die Waffen strecken müssen. Octavian hatte den Soldaten die Zusicherung gegeben, daß sie nicht schlechter gestellt sein würden als die Sieger von Actium. Auch an der Versorgung sollten sie den gleichen Anteil haben. Man wird es den Legionären des Antonius nicht verdenken können, wenn sie auf diese Bedingungen eingegangen sind – aber für Antonius bedeutete dies, daß seinem Gegner nun nicht nur Griechenland, sondern auch Kleinasien offenstand.

In Libyen gelandet, sandte Antonius die Königin voraus nach Ägypten. In Paraitonion trennten sie sich; er selbst, schreibt Plutarch, genoß die Einsamkeit, er machte Spaziergänge mit zwei Freunden, einem griechischen Rhetor namens Aristokrates und einem Römer namens Lucilius. Dies war der Mann, der sich nach der Schlacht bei Philippi für Brutus ausgegeben hatte (s. o. S. 148). Antonius hatte ihn freundlich aufgenommen, und Lucilius hat ihm dies durch seine treue Freundschaft bis in die letzten Tage des Antonius gelohnt. Pinarius Scarpus, der Befehlshaber der Legionen in der Cyrenaica, aber ging auf die Gegenseite über. Antonius traf der Verrat wie ein Blitzstrahl; er war so niedergeschlagen, daß er an Selbstmord dachte, doch verhinderten seine Freunde die Ausführung. Sie bewogen ihn schließlich, sich nach Alexandrien zu begeben.

Um die Bevölkerung zu täuschen, war Kleopatra mit bekränzten Schiffen und unter Siegesliedern in den Hafen von Alexandrien eingelaufen. Aber es hatte nicht lange gedauert, bis die Wahrheit über Actium bekannt geworden war. In der Stadt machten die verschiedensten Gerüchte die Runde, Genaueres wußte niemand, aber Kleopatra war dabei, ihre Flucht aus Ägypten vorzubereiten. Sie ließ Schiffe über den Isthmos von Suez an den Arabischen Golf bringen (in der Nähe von Akaba), aber die Nabatäer, die der Königin wenig freundlich gesonnen waren, verbrannten sie, und die Königin sah sich gezwungen, im Lande zu bleiben. Angeblich soll sie immer noch nicht gewußt haben, was aus dem Landheer des Antonius geworden war. Die Flucht nach Indien war damit aufgeschoben – es sollte sich bald zeigen, daß damit eine große Möglichkeit vertan war, sich dem Zugriff des Octavian zu entziehen, selbst wenn Kleopatra nur bis nach Südarabien gelangt wäre.

Aber Kleopatra war nicht die Frau, sich einer länger dauernden Resignation hinzugeben. Vielmehr erwachte in ihr noch einmal ihre bewundernswerte Aktivität: sie kümmerte sich um die Verteidigung des Landes, vor allem um die Ausstattung der Grenzfestungen. Antonius war dagegen immer noch zutiefst deprimiert, es hielt ihn nicht mehr in der lärmerfüllten Hauptstadt Alexandrien, es ließ sich einen Wohnsitz im Meer nahe an der Insel Pharos errichten, nachdem man einen Damm im Wasser aufgeschüttet hatte. Hier aber lebte Antonius in Abgeschiedenheit und Einsamkeit, seinen Wohnsitz nannte er das Timoneion, nach dem Athener Timon, der als ein Menschenfeind aus den Komödien des Aristophanes bekannt ist. Denn auch Antonius fühlte sich von seinen Freunden schlecht behandelt und von aller Welt getäuscht und betrogen. Da traf Canidius Crassus in Ägypten ein, er brachte dem Antonius endlich zuverlässige Nachrichten über das Schicksal des Landheeres. Zugleich wußte er zu berichten, daß eine Reihe von Vasallenfürsten des Antonius, unter ihnen auch Herodes von Iudäa, auf die Seite Octavians übergegangen sei. Das von Antonius errichtete Gebäude im Orient begann zusammenzubrechen, er selbst mußte den Vorgängen hilflos zusehen, da ihm die Hände gebunden waren. Aber noch einmal meldeten sich die Spannkraft und die Energie, die er in früherer Zeit immer wieder bewiesen hatte: allmählich fand er wieder sein Gleichgewicht, eintreffende Hiobsbotschaften ließen ihn kalt, er begann wieder sein gewohntes Leben aufzunehmen. Er verließ die Einsamkeit des Timoneions und begab sich in den Königspalast zu Kleopatra. Es gab wieder Abwechslung: Kaisarion wurde in feierlicher Form in die Liste der Epheben eingetragen, Antyllos, der Sohn des Antonius und der Fulvia, der römisch erzogen worden war, erhielt die Männertoga *(toga virilis)*, bei den Feierlichkeiten wurde an nichts gespart, und die Bevölkerung der Weltstadt nahm an ihnen lebhaften Anteil. Die Gesellschaft „derer vom unnachahmlichen Leben“ *(amimetóbioi)* wurde aufgelöst, an ihre Stelle setzten Antonius und Kleopatra den Verein „derer vom gemeinsamen Tod“ *(synapothanoúmenoi)*. Die Mitglieder vergnügten sich mit Schwelgereien und extravaganten Vergnügungen. Wenn sie auch keinen Humor mehr hatten, so besaßen sie doch noch eine gehörige Portion Galgenhumor. Das Ganze ist nur aus der verzweifelten Stimmung zu erklären, die nicht nur Antonius und Kleopatra, sondern auch ihre nächsten Freunde ergriffen hatte. Alle sahen das Verhängnis auf sich zukommen, ohne die Möglichkeit zu besitzen, die Gefahr energisch abzuwehren. Beide aber, Antonius ebenso wie die Königin, versuchten mit dem Sieger von Actium in Verbindung zu treten. Kleopatra entsandte Euphronios, den Lehrer ihrer Kinder; sie bat darum, man möge ihr die Herrschaft über Ägypten belassen, während Antonius anfragte, ob es ihm gestattet sei, als Privatmann in Athen zu leben. Natürlich konnte der junge Caesar auf die Forderungen nicht eingehen, er hätte sich, zum mindesten was die Herrschaft über Ägypten betraf, um den Lohn des Sieges bei Actium gebracht. Und Antonius in Athen? Wer bürgte dem jungen Caesar dafür, daß es dem ehemaligen Genossen im Triumvirat ernst damit war, sein Leben in beschaulicher Betrachtung zu beschließen? Antonius war kein Lepidus – das wußte Octavian, und danach hat er auch gehandelt.

Der Königin soll der junge Caesar mitgeteilt haben, er werde es an einer freundlichen Aufnahme ihrer Person nicht fehlen lassen – wenn sie bereit sei, Antonius zu töten oder ihn doch wenigstens auszuliefern. Freilich kann man es sich schwer vorstellen, daß eine derartige Botschaft ihren Weg in den Palast Kleopatras gefunden hat. Aber wie dem auch sein mag – Antonius erhielt noch einmal eine Galgenfrist, denn Octavian konnte seinen Vormarsch gegen Ägypten nicht fortsetzen, er wurde nach Italien zurückgerufen, wo seine Anwesenheit wegen der Veteranen dringend notwendig war. Man befand sich im späten Herbst des Jahres 31, und inzwischen war es allen Beteiligten klar geworden, daß die nächsten Monate die definitive Entscheidung bringen mußten.

Im folgenden Frühjahr (30 v. Chr.) rückte das Heer des Octavian in zwei Marschsäulen von Osten und Westen gegen die Grenzen des Nillandes heran, und ganz wider Erwarten fiel die östliche Grenzfestung Pelusion. Dabei hatte der Kommandant der Kleopatra mit Namen Seleukos eine zweideutige Rolle gespielt. Kleopatra aber war so erzürnt, daß sie dem Antonius gestattete, die Frau und die Kinder des Seleukos hinrichten zu lassen – ein Fall von Sippenhaft, wie er auch im Altertum nicht selten ist. Während die Königin ihre Schätze in das neu errichtete Grabmal bringen ließ, um sie, wenn Octavian sich der Stadt bemächtigte, verbrennen zu lassen, beschloß Antonius, der auf keine Gnade von seinem Rivalen hoffen konnte, noch einmal das Kriegsglück zu versuchen. In einem Reitergefecht vor den Toren Alexandriens blieb Antonius Sieger, der Gegner wurde weit aus dem Feld geschlagen, aber natürlich vermochte Antonius gegen das Lager Octavians nichts auszurichten. Noch ganz berauscht von dem Erfolg eilte er in den Königspalast, küßte Kleopatra voll Freude und präsentierte ihr einen Soldaten, der sich als der tapferste auf dem Schlachtfeld erwiesen hatte. Kleopatra lohnte es ihm durch die Überreichung eines goldenen Brustpanzers und eines Helms – aber dies nützte nichts mehr, denn angeblich soll der hochdekorierte Soldat in der folgenden Nacht zum Feind übergegangen sein.

In die Enge getrieben, machte Antonius seinem Gegner das Angebot eines Zweikampfes, aber der junge Caesar wies ihn kühl zurück: Antonius habe genügend Möglichkeiten zu sterben. Antonius aber hatte sich wieder in der Gewalt: er ließ sich bei seinem letzten Mahl voll einschenken, denn er wisse nicht, was der morgige Tag bringen werde und ob seine Diener dann noch ihm oder einem anderen Herrn zu Dienst sein würden, während er selbst bereits tot, eine Mumie und sonst nichts sein werde. (Man fühlt sich an die letzten Worte des Marschalls Ney vor seiner Erschießung erinnert.) In der Nacht seien in Alexandrien merkwürdige Geräusche zu hören gewesen, Stimmen und Rufe, wie sie bei den dionysischen Festen üblich waren, und man erzählte sich, daß der Gott Dionysos seinen Günstling verlasse, nachdem er ihm so viele Jahre zur Seite gestanden habe. Dies war in der Tat nur ein von Plutarch wiedergegebenes Gerücht, aber natürlich lag in der Nacht über der Hauptstadt eine knisternde Spannung, die sich am nächsten Tag entladen hat. Noch einmal griff Antonius zum Schwert: aber weder seine Infanterie noch die Schiffsbesatzungen hielten dem Gegner stand, sie verließen Antonius und wechselten auf die Seite des Gegners über. Die Reiter folgten ihrem Beispiel, Antonius aber blieb nichts anderes übrig, als hinter die Stadtmauer zu flüchten, mit wenigen Begleitern, die ihm auch jetzt noch treu geblieben waren. Dies alles war zuviel für Antonius, er hatte völlig die Nerven verloren und schrie mit lauter Stimme, Kleopatra habe ihn an die verraten, mit denen er ihretwegen Krieg geführt habe. Und Kleopatra? Sie hielt nun den Augenblick für gekommen, sich in das Grabmal zu begeben. Ihrem Gatten ließ sie ausrichten, sie sei tot. Diese Nachricht warf Antonius völlig nieder, er forderte einen Sklaven namens Eros auf, ihn mit dem Schwert zu töten. Als dieser es nicht über sich brachte, den Befehl auszuführen, sondern sich selbst entleibte, da soll Antonius gesagt haben: „Wohlgetan, Eros, wenn du auch nicht imstande warst, es selbst zu tun, so hast du mich doch gelehrt, was ich tun muß.“ Mit diesen Worten umfaßte er sein Schwert und rannte es sich durch den Leib, danach sank er auf ein Ruhebett. Aber so schwer die Verwundung auch war, sie führte dennoch nicht zu einem raschen Tod, und als das Blut aufhörte zu fließen, bat er die Umstehenden flehentlich um den Gnadenstoß. Aber diese verließen fluchtartig den Raum, Antonius blieb stöhnend und sich vor Schmerzen windend zurück. Da kam, von Kleopatra gesandt, ihr Geheimschreiber Diomedes. Die nun folgenden Ereignisse werden hier nach dem Bericht Plutarchs (Leb. d. Ant. 77ff.) wiedergegeben, sie beruhen ihrerseits mit großer Wahrscheinlichkeit auf dem Buch des Olympos, des Leibarztes der Königin. Was dagegen bei Cassius Dio (LI 7–13) zu lesen steht, geht wohl auf Livius zurück, der aber kein Augenzeuge der Begebenheiten in Alexandrien gewesen ist.

Das, was sich nun abgespielt hat, ist geradezu eine Tragödie gewesen. Antonius wollte in den Armen der Kleopatra sterben, er ließ sich zum Grabmal tragen, die beiden Dienerinnen der Königin zogen den Römer, auf einem Korb liegend, zum Fenster des Gebäudes empor, Antonius, blutüberströmt und mit dem Tode ringend, streckte der geliebten Frau die Hände entgegen, als er in die Höhe schwebte. Für die Frauen und Kleopatra war dies keine geringe Anstrengung, in ihren Gesichtern spiegelte sich die Mühe deutlich wider. Als sie ihn durch das Fenster in das Innere des Grabmals gezogen hatten, zerriß die Königin ihre Kleider und breitete sie über den Sterbenden, sie zerkratzte ihre Brüste und benetzte ihr Antlitz mit dem Blut des Antonius, indem sie ihn ihren Herrn, ihren Gemahl und Imperator (griechisch: *autokrator*) nannte. Von dem Leid des Geliebten war sie so tief betroffen, daß sie auf eine Zeitlang ihr eigenes Ungemach vergaß. Antonius aber gebot ihr, sie möge die Klagen beenden, er bat um einen Trunk Wein, sei es, daß er Durst hatte, sei es, daß er glaubte, auf diese Weise seine Leiden abkürzen zu können. Danach riet er ihr, sich um ihre eigene Sicherheit zu kümmern, wenn ihr dies unter Wahrung ihrer Würde möglich sei. Von den Freunden Octavians empfahl er ihr vor allem Proculeius. Ihn selbst, Antonius, solle sie nicht beklagen wegen seines Unglücks, das ihn am Ende betroffen habe, sie solle ihn vielmehr glücklich preisen, weil er von allen Menschen am höchsten gestiegen sei. Und damit hauchte er seine Seele aus. Seine letzten Worte sind nach Plutarch ein Bekenntnis zum Römertum und zum römischen Nationalstolz gewesen, er hatte auch in den Armen der Kleopatra nicht vergessen, daß er ein Römer war.

Dies alles geschah am Tage, da Octavian die Stadt Alexandrien einnahm, am 1. August 30 v. Chr. Der Königin war es beschieden, noch weitere zwölf Tage zu leben. Dann aber bereitete sie sich selbst das Ende, nachdem sie bei einer Unterredung mit dem Sieger erkannt hatte, daß von diesem nüchternen und berechnenden Staatsmann keine Gnade zu erwarten sei. Sie folgte dem Antonius, ihrem Gatten, in den Tod. Als Ursache ist der Biß einer giftigen Schlange wahrscheinlich. Nach dem Glauben der Ägypter erlangte sie dadurch die Unsterblichkeit. Sie war, alles in allem, eine königliche Frau, eine würdige Repräsentantin des Ptolemäergeschlechts, dessen Regierung mit der Einnahme Alexandriens zu Ende gegangen war, nach fast dreihundert Jahren, in denen das Ptolemäerreich ein wichtiger Machtfaktor in der Geschichte des Mittelmeerraumes gewesen war.

Es bleibt nun noch übrig, zu erzählen, daß Kleopatra ihrem Gatten mit der Erlaubnis ihrer römischen Bewacher ein würdiges Begräbnis bereitet hatte. Aber da waren noch die Kinder des Antonius in Ägypten. Auf einige von ihnen wartete ein trauriges Schicksal. So ging der älteste Sohn des Antonius und der Fulvia, der gleichfalls Marcus Antonius hieß, aber im Volksmund als Antyllos bezeichnet wurde, durch die Tücke seines griechischen Pädagogen Theodoros zugrunde. Dieser nämlich hatte ihn dem Octavian überliefert, der den Sohn des Antonius alsbald umbringen ließ. Sobald als ihm die Soldaten den Kopf abgeschlagen hatten, bemächtigte sich der habgierige Grieche des wertvollen Steines, den der junge Mann an seinem Hals getragen hatte und steckte ihn in seinen Gürtel. Trotz seines Leugnens wurde Theodoros des Diebstahls überführt, er mußte den qualvollen Tod am Kreuz sterben, wie er für gemeine Verbrecher üblich war. Den Kindern des Antonius und der Kleopatra geschah kein Leid. Die Tochter Kleopatra Selene heiratete später den König Juba II. von Mauretanien, der als ein großer Gelehrter in die Geschichte eingegangen ist. Von den beiden anderen Kindern, Alexander Helios (er zierte mit Selene den Triumph Octavians) und Ptolemaios Philadelphos, findet sich später keine Spur mehr in der Geschichte. Schlimm erging es dagegen Kaisarion, er galt als der Sohn des Diktators C. Iulius Caesar, und Octavian hatte das größte Interesse daran, sich seiner Person zu bemächtigen und ihn aus der Welt zu schaffen. Kleopatra, die Mutter, hatte das Unglück vorausgesehen, sie hatte Kaisarion mit Begleitung an das Rote Meer gesandt und ihm viel Geld mitgegeben, aber der junge Mann vertraute den Versprechungen seines griechischen Lehrers Rhodon. Dieser nämlich konnte ihn zur Umkehr nach Alexandrien bewegen, angeblich deswegen, weil Octavian ihn zum Herrscher Ägyptens bestimmt habe (!). Aber dies war eine ganz grobe Täuschung, wahrscheinlich hatte sich der schlaue Grieche nur den Beifall Octavians verdienen wollen, denn sonst wäre er mit seinem Zögling, wie es die ursprüngliche Absicht war, nach Indien gefahren. Von Octavian heißt es, er habe sich mit dem Philosophen Areios in Alexandrien über die Angelegenheit beraten, dieser aber habe den Ausschlag gegeben, indem er zitierte: „Keine gute Sache sind viele Caesares[7]!“ So verfiel auch Kaisarion dem Tod durch die Soldaten, weil er als Sohn Caesars und Kleopatras dem Octavian im Wege stand.

Der Abgang des Antonius und der Kleopatra aus der Weltgeschichte bedeutete viel mehr als eine atmosphärische Veränderung. Mit beiden wurde die Idee eines Reiches begraben, das seinen Schwerpunkt im griechischen Osten und im Orient besaß. Octavian und der Westen hatten sich als die Überlegenen erwiesen, noch einmal hatte das Römertum triumphiert, wobei es Octavian an unerbittlicher Härte nicht hatte fehlen lassen. Der Bau, den Octavian errichtet hat, sollte sich als tragfähig erweisen, das Haus des Antonius war auf Sand gebaut gewesen, es hatte dem Sturm nicht standgehalten. Antonius, der sich vor allem auf die Machtmittel Ägyptens stützte, hatte die Herrschaft im Orient nicht behaupten können, und seine Hoffnung, sich auch den Westen untertan zu machen, war in der Seeschlacht bei Actium in nichts zerstoben. Aber war deshalb alles falsch, was Antonius erstrebt und ersehnt hatte? Hatte er nicht Großes geleistet, als Feldherr und als ungekrönter Herrscher des gesamten Orients? Wo lagen denn die Ursachen seiner Niederlage?

Um mit der Beantwortung der letzten Frage zu beginnen: die endgültige Niederlage des Antonius war kein Naturereignis, sie war ebensowenig Zufall, sondern sie war das Ergebnis einer genauen und sorgfältigen Planung der Gegenseite, auf der neben Octavian vor allem M. Vipsanius Agrippa zu nennen ist. Der Sturz des Antonius war das Ergebnis der Niederlage bei Actium, hier hat die Flotte Octavians Weltgeschichte gemacht. Die Überlegenheit der Gegner war nun so groß geworden, daß alle Anstrengungen des Antonius und der Kleopatra von vornherein vergeblich waren. Gewiß, Ägypten besaß reiche Hilfsquellen, und immer wieder hört man von den Schätzen Kleopatras. Sie hatte diese aus dem Zusammenbruch bei Actium retten können, und als der Endkampf um Alexandrien angebrochen war, da hatte sie ihre Pretiosen in ihr Grabmal bringen lassen. Was diese Dinge bedeuteten, wußte auch ihr Gegner Octavian, er hat sich sehr darum bemüht, sie in seine Hand zu bekommen, was ihm schließlich auch gelungen ist. Die Hilfsmittel hatten bei der Versorgung des Heeres des Antonius immer wieder eine ausschlaggebende Rolle gespielt; ohne die Güter des Landes wäre weder der Partherfeldzug des Jahres 36 noch die Kampagne von Actium für Antonius möglich gewesen. Ohne Kleopatra wäre Antonius ein verlorener Mann gewesen. Auch die anderen Vasallenfürsten des Orients haben ihre Beiträge zum Heer und zur Versorgung des Antonius geleistet, viele von ihnen erscheinen im Lager vor Actium, aber, anders als die ägyptische Königin, fühlten sie sich nicht durch persönliche Bande mit Antonius verknüpft, sie leisteten ihm Hilfe, solange sie mußten, an seinen Siegen wollten sie Anteil haben, aber sie wollten nicht mit ihm zugrunde gehen. Für diese Einstellung wird man Verständnis aufbringen – für den Triumvirn aber hat sich diese Gesinnung geradezu ruinös ausgewirkt, und dazu kam noch die sehr wirksame Propaganda der Gegenseite! Ganz entscheidend aber fiel ins Gewicht, daß Octavian seinem Rivalen die Rekrutierung in Italien seit dem Jahre 37 gesperrt hatte. Was blieb Antonius anderes übrig, als seine Legionen durch orientalischen Ersatz aufzufüllen? Octavian hatte ihn zu diesem Verhalten gedrängt, und gerade diese Politik hat Octavian später als Verrat am Römertum, ja geradezu als Wahnsinn gebrandmarkt. Es war, wie schon Kromayer[8] gesehen hat, eiserner Zwang, der ihm diese unrömische Politik aufgenötigt hat.

Wäre ein anderer Ausgang für Antonius denkbar gewesen? Diese Frage überschreitet die Kompetenz des Historikers, aber sie mußte doch wohl hier gestellt werden. Und die Antwort: sie lautet nein, denn die schicksalsmäßige Verstrickung hat das Ende heraufgeführt, seit der Schlacht bei Philippi hatte sich Antonius für den Osten entschieden, und diese Entscheidung war nicht mehr rückgängig zu machen, je mehr er von den Hilfsquellen des Westens abgeschnitten war. Der Versuch, das Schicksal in der Schlacht bei Actium zu zwingen, ist mißlungen, aus der Defensive heraus war der Krieg gegen Octavian nicht zu gewinnen. Es gibt keine Rätsel in der Person und in der Strategie des Antonius – er ist eindeutig dem Stärkeren unterlegen. Und mit Recht bezeichnet der Sieg Octavians den Beginn einer neuen Epoche, die in die römische Kaiserzeit hinüberführt.

Dreizehntes Kapitel

Freunde und Vasallen

Wie jeder Römer von Rang und Ansehen konnte auch Antonius auf viele Freunde zählen. Schon unmittelbar nach der Ermordung des Diktators Caesar hatten sich zahlreiche seiner ehemaligen Anhänger auf die Seite des Antonius geschlagen, mit vielen von ihnen war der Consul persönlich befreundet, manchen hatte er Wohltaten erwiesen, er hatten ihnen, großzügig, wie er war, mit Geld ausgeholfen, er hatte ihnen Soldaten zu ihrem persönlichen Schutz zur Verfügung gestellt, kurz, er hatte immer wieder versucht, ihre Wünsche zu erfüllen. Von diesen Freunden erscheinen manche als Truppenführer, die vornehmsten gehören dem Consilium des Antonius an, das er zur Beratung über wichtige Tagesfragen und über Angelegenheiten von allgemeiner Bedeutung um sich zu versammeln pflegte. Nicht immer haben jedoch die Freunde seinen Wünschen entsprochen, nach den Kämpfen bei Mutina haben sie ihm beispielsweise dazu geraten, die Belagerung fortzusetzen, – zu seinem Glück hat sich Antonius anders entschieden. Aber er konnte sich auch in kritischen Situationen auf sie verlassen. Ihre erprobte Treue zeigte sich in der Schlacht bei Philippi, ebenso auch auf dem Partherfeldzug des Jahres 36. Nicht alle von ihnen waren jedoch mit der Hinneigung des Antonius zu einer hellenistischen Politik einverstanden. Aus dieser Haltung ergaben sich zahlreiche Spannungen, sie haben schließlich dazu geführt, daß manche seiner Freunde ihm den Rücken kehrten. Überhaupt schieden sich an der Person der Kleopatra die Geister, denn für viele adelsstolze Römer war die Ptolemäerin ein Ärgernis. Und nur wenige Freunde haben die letzten Tage des Antonius mit ihm geteilt, die meisten hatten sich schon vorher bemüht, ihren Frieden mit Octavian zu machen, der sie, abgesehen von wenigen Ausnahmen, in seine Gefolgschaft aufgenommen hat.

Zu den Freunden der ersten Stunde zählen vor allem fünf Männer, P. Ventidius Bassus, L. Decidius Saxa, P. Canidius Crassus, L. Munatius Plancus und M. Titius. Alle haben sich als Truppenführer hervorgetan, Antonius hat ihnen ihre Verdienste reich gelohnt. Die interessanteste Persönlichkeit ist *P. Ventidius Bassus,* über den Gellius in seinen ‚Attischen Nächten' (XV 4) ein Kapitel geschrieben hat, das auf äußerst trüben Quellen beruht und gewissermaßen auf Schritt und Tritt zur Kritik herausfordert. Wenn nämlich Gellius behauptet, Ventidius stamme aus sehr kleinen Verhältnissen, er sei Maultiertreiber *(mulio)* gewesen, so ist dies sicherlich üble Nachrede, herausgesponnen aus den Spottversen, die man in Rom verfertigt hat, als Ventidius durch die Gunst der Triumvirn im Jahr 43 in bereits vorgerücktem Alter zum Consulat gelangte. Er muß wohl schon um 95 v. Chr. geboren sein, denn am Ende des Jahres 89 soll er als kleiner Knabe im Triumph des Pompeius Magnus über die Italiker mitaufgeführt worden sein – dies allein zeigt, daß seine Familie zur Oberschicht der Bewohner von Picenum gehört haben muß, sonst hätte man sich um den kleinen Knaben schwerlich gekümmert. Auch der Diktator Caesar ist auf ihn aufmerksam geworden, er hat ihn für das Jahr 43 zum *praetor* designiert, die Wahl konnte jedoch erst im Juni 44 erfolgen, natürlich mit Unterstützung des Antonius, zu dessen Freundeskreis er zu zählen ist. Dem Antonius hat er geradezu unschätzbare Dienste geleistet, er hat ihm in guten und bösen Tagen die Treue gehalten, und wenn es dem Antonius gelungen ist, nach den unglücklichen Kämpfen um Mutina nach Gallia Narbonensis zu entkommen, so hat Ventidius Bassus hieran einen bedeutenden Anteil gehabt, indem er Antonius in der größten Not drei in Picenum neu aufgestellte Legionen zugeführt hat. Dies hat ihm Antonius niemals vergessen, und wie sehr er seine Begabung als Truppenführer und Feldherr zu schätzen wußte, das zeigt die Tatsache, daß er ihm im Jahre 39 das Kommando im Osten gegen die Parther übergeben hat. Und wieder hat sich Ventidius aufs beste bewährt, er schlug nicht nur den *Parthicus imperator* Q. Labienus, er besiegte schließlich auch das parthische Heer bei Gindaros (Jindaris) in der Kyrrhestiké. Am 27. November 38 feierte er in Rom einen Triumph: es ist dies übrigens der erste und auf zwei Jahrhunderte hinaus auch der einzige, den ein Römer über die Parther feiern konnte. Übrigens hat Sallust für den Triumph dem Ventidius eine Rede zur Verfügung gestellt. Der Triumph ist das letzte, was über Ventidius bekannt geworden ist, er dürfte bald danach gestorben sein; die Katastrophe des Antonius hat er nicht mehr zu erleben brauchen. Wenn in einem Teil der Quellen davon die Rede ist, Antonius habe seinen treuen Gefolgsmann wegen der Siege beneidet, so ist dies sehr wahrscheinlich nichts als üble Nachrede. Antonius wußte genau, was er ihm verdankte, und er hat ihm dies auch auf seine Weise gelohnt. Woher die Überlieferung stammt, Ventidius sei ein Maultiertreiber oder, wie Gellius behauptet, ein Unternehmer gewesen, der den römischen Magistraten für ihre Reisen Maultiergespanne zur Verfügung gestellt habe, ist schwer zu sagen. Es ist immerhin möglich, daß die geradezu hanebüchene Geschichte aus den Versen herausgesponnen worden ist, die in Rom anläßlich seiner Ernennung zum Consul am Ende des ereignisreichen Jahres 43 im Umlauf waren. Aber derartige Verse dürfen nicht auf die Goldwaage gelegt werden, sie enthalten mehr Phantasie als historische Wahrheit. Auf diese trüben Quellen kann man nicht bauen, und wenn ihn Ernst Kornemann[1] als „Revolutionsgeneral aus niederem Stand" bezeichnet hat, so wird diese Charakteristik zwar den Quellen, nicht aber den historischen Tatsachen gerecht. Der Tod des Ventidius war für Antonius zweifellos ein schwerer Verlust, denn sein Freund hatte immer versucht, der gemeinsamen Sache nach Kräften zu dienen, niemals hatte er egoistische Ziele verfolgt, und als erster von allen römischen Heerführern ist er auf Grund einer neuen Kampfestechnik den Parthern nicht nur gewachsen gewesen, er hat sie sogar in insgesamt drei Treffen vernichtend schlagen können. Bemerkenswert ist sein Verhalten im Perusinischen Krieg gewesen, in ihm hat er sich ganz bewußt Zurückhaltung auferlegt, da er den unglücklichen Ausgang der Operationen des L. Antonius vorausgesehen hatte.

Weniger vom Glück begünstigt war ein anderer Freund und Parteigänger des Antonius, *L. Decidius Saxa.* Der geborene Spanier war schon unter Caesar hervorgetreten. Wie Cicero behauptet, soll er zuerst bei der Vermessung von Lagern Verwendung gefunden haben, Cicero nennt ihn *castrorum metator* (Phil. XI 12; XIV 10). Caesar verlieh ihm das römische Bürgerrecht, unter ihm stieg er zum Volkstribunen auf. Ebenso wie Ventidius Bassus schloß er sich nach der Ermordung des Diktators dem Antonius an, der ihn durch ein reiches Landgeschenk in Campanien an seine Person zu fesseln wußte. In den Kämpfen bei Mutina stand er seinem Herrn treu zur Seite, was Cicero zum Anlaß nahm, ihn vor aller Welt in schnöder Weise zu beschimpfen. Aber die eigentliche Bewährungsprobe stand ihm noch bevor. Im Feldzug gegen die Caesarmörder im Jahre 42 befehligte er die Vorhut des Antonius und drang bis weit nach dem Osten an der thrakischen Küste entlang vor, bis zu den Pässen der Korpiler. Hier aber wurde er durch den Druck der Gegner, des Brutus und Cassius, gezwungen, seine Stellungen zu räumen; er ging in den Raum von Philippi zurück, hier versuchte er wiederum, den Anmarsch der Gegner aufzuhalten, und zwar an den Pässen der Sapäer – aber auch dies nützte ihm nichts, denn die Gegner umgingen seine Stellungen und gelangten in seinen Rükken. Gemeinsam mit Norbanus, dem Befehlshaber der Vorhut des Octavian, wich er in die Gegend von Amphipolis aus, hier aber gab es kein

10. M. Tullius Cicero

11. Augustus

Zurück mehr, denn die Stadt war als Basis für die Operationen der Heere der Triumvirn unentbehrlich. Über seine Beteiligung an der Schlacht bei Philippi steht nichts in den Quellen, aber er muß seine Aufgaben zur Zufriedenheit des Antonius erfüllt haben, sonst hätte ihm dieser nicht im folgenden Jahr (41 v. Chr.) die Statthalterschaft von Syrien anvertraut. Aber hier hatte er großes Pech, denn dem Ansturm der Parther unter Q. Labienus in Syrien war er nicht gewachsen, er verlor ein Treffen in Nordsyrien, und während die großen Städte des Landes, Antiocheia und Apameia, auf die gegnerische Seite überwechselten, kam Decidius auf der Flucht ums Leben (wahrscheinlich zu Beginn des Jahres 40). Antonius hatte zu wenig für die Sicherung Syriens getan, Decidius war nicht imstande gewesen, mit den ihm zur Verfügung stehenden Kräften den Vormarsch der Parther aufzuhalten, die dieses Mal erst an der Ostküste des Ägäischen Meeres Halt machten. Antonius hatte sich die Sache leicht gemacht, er war von Kilikien nach Alexandrien abgereist, um hier den Winter 41/40 an der Seite der Kleopatra zu verbringen. Hätte er Decidius retten können, wenn er es wirklich gewollt hätte? Aber er zeigte gegenüber den Hilfegesuchen seines Feldherrn taube Ohren.

Auch der dritte von den engsten Freunden des Antonius, *P. Canidius Crassus*, hatte einen sehr unglücklichen Ausgang seines Lebens. Crassus war zuerst ein Gefolgsmann des Lepidus gewesen, aber schon bei diesem ist er für die Interessen des Antonius eingetreten. Dies wenigstens zeigt ein zufällig erhaltener Brief des L. Munatius Plancus an Cicero, wahrscheinlich vom 13. Mai 43[2]. Auch am Mutinensischen Krieg hat er teilgenommen, und die Triumvirn lohnten ihm seine Dienste, indem sie ihn im Jahre 40 zum Suffektconsulat beförderten, wenn auch nur für eine kurze Zeit. Aber dies allein zeigt, daß er zu den prominentesten Anhängern des Antonius gerechnet wurde. Im Winter des Jahres 37/6 unternahm er zur vorbereitenden Flankendeckung des Partherfeldzuges des Antonius eine Expedition in das Gebiet des Kaukasus, die er glücklich zu Ende führen konnte. Vor der Schlacht bei Actium hatte er das Kommando über das Landheer des Antonius, aber dieses nahm an dem Kampf nicht teil, sondern blieb Zuschauer. Angesichts der Niederlage seines Herrn verließ er alsbald bei Nacht und Nebel das Feldlager und eilte nach Alexandrien, um Antonius Gewißheit über das Schicksal des Landheeres zu überbringen. Nach dem Tode des Antonius fiel auch Crassus der Rache des Octavian zum Opfer; Velleius Paterculus (Hist. Rom. II 87, 3) berichtet, er sei furchtsamer gestorben, als man dies auf Grund seines langjährigen Kriegsdienstes hätte annehmen müssen. Auf die Frage, ob er sich im Hinblick auf seine Flucht vom Landheer bei Actium richtig verhalten hat, läßt sich schwer eine befriedigende Antwort finden; er wußte nur zu genau, daß er bei dem Gegner kein Erbarmen finden würde. So mag Crassus gehofft haben, daß Antonius den Dingen in Ägypten noch einmal eine andere Wendung geben würde. Hierin aber sah er sich, ebenso wie so viele andere, getäuscht. Ihm ist nicht das Glück zuteil geworden, wie Ventidius Bassus auf der Höhe seiner Erfolge abberufen zu werden. Wie dieser und wie Decidius Saxa war auch Canidius Crassus ein Soldat, kein Politiker, und Antonius hatte ihn bei Actium vor eine Aufgabe gestellt, die auch ein anderer nicht hätte lösen können. An Treue seinem Herrn gegenüber hat er es nicht fehlen lassen, wohl aber an eigener Initiative. Aber selbst wenn er bei Actium eine Lösung gefunden hätte – das Verhängnis hätte ihn früher oder später doch ereilt.

Es folgen nun zwei Männer aus dem Freundeskreis des Antonius, die ihren Herrn in einer kritischen Stunde kaltblütig im Stich gelassen haben, *L. Munatius Plancus* und sein Neffe *M. Titius* (der nicht mit P. Titius, dem Antragsteller der Lex Titia vom 27. November 43, zu verwechseln ist). Beide Männer, Munatius Plancus ebenso wie M. Titius, entstammten vornehmen Familien, der erste, Munatius Plancus, hat es nicht nur zum Triumph über die Gallier (am 29. Dezember 43) gebracht, in einer sehr tristen Zeit, als die Proskriptionen in Italien auf ihrem Höhepunkt waren, er hat auch das Consulat erlangt, das er am 1. Januar 42 angetreten hat. Er war ein durchaus schwankender Charakter, und sein Verhalten in Gallien, wo er schließlich auf die Seite des Antonius und des Lepidus übertrat, hat ihm massive Vorwürfe seiner Zeitgenossen, vor allem auch von seiten Ciceros, eingebracht, den er durch undurchsichtige Briefe längere Zeit hingehalten hatte. Seine fünf Legionen waren damals, im September des Jahres 43, eine wertvolle Verstärkung für das Heer des Antonius und des Lepidus, als die Entscheidung auf des Messers Schneide stand. Allerdings konnte Munatius Plancus vom Senat keine Hilfe erwarten, und wenn er es versucht hätte, sich für diesen einzusetzen, so hätte er auf verlorenem Posten gestanden. Denn die Uhr der Senatsherrschaft zeigte die allerletzten Stunden. Auch bei den Proskriptionen nahm er eine schwankende Haltung ein; man sagte ihm nach, er habe der Ächtung seines eigenen Bruders, des L. Plotius Plancus, zugestimmt, anderseits aber auch einige Proskribierte durch seine Fürbitte bei den Triumvirn vom Tode errettet. Munatius Plancus war eben ein Mann der Kompromisse, zu Entscheidungen grundsätzlicher Art war er nur schwer zu bewegen, er suchte immer den Weg des geringsten Widerstandes. Zusammen mit Fulvia und ihren

Kindern hat Munatius Plancus nach dem Ende des Perusinischen Krieges Italien verlassen, von nun an blieb er volle acht Jahre in der engsten Umgebung des Triumvirn Antonius. Dieser schenkte ihm sein volles Vertrauen, er ernannte ihn zum Statthalter der Provinz Asia (im Jahre 40 oder spätestens im Jahre 39), einige Jahre später, im Jahre 35, war er Verwalter der wichtigen Provinz Syria. Während er zunächst zu den Schmeichlern der Kleopatra gehörte, wandte er sich später von ihr ab, im Herbst 32 gab er die Sache seines Herrn verloren und wechselte zu Octavian über. Diesem verriet er, daß Antonius sein Testament bei den Vestalinnen hinterlegt habe, worauf Octavian die Herausgabe erzwungen und die Testamentsbestimmungen propagandistisch mißbraucht hat. Munatius Plancus' Ziel war es, sich bei dem jungen Caesar beliebt zu machen, ihn beseelte ein unbezähmbarer Geltungsdrang, der in so manchen Situationen seines Lebens zum Ausdruck gekommen ist. Was seinen Charakter betrifft, so wird die Überlieferung der Antike vor allem durch das Urteil des Velleius Paterculus (Hist. Rom. II 83, 1–2) bestimmt, der es allerdings an harten Worten über Munatius nicht fehlen läßt. In der Geschichte Roms lebt er weiter als der Mann, der am 16. Januar 27 v. Chr. im Senat den Antrag gestellt hat, dem jungen Caesar den Ehrennamen Augustus („der Erhabene") zu verleihen. Auf einem weithin sichtbaren Hügel über der Stadt Gaëta hat sich Munatius sein Grabmal errichten lassen; die kurze Inschrift verweist, wie dies bei einem vornehmen Römer üblich war, auf seine Ämter und seine besonderen Leistungen: sie erwähnt den Triumph über die Raeter, die Erbauung des Tempels des Saturnus in Rom aus den Beutegeldern *(de manibiis)*, die Ackerverteilung in der Gegend von Benevent und die Gründung der Kolonien Lugdunum (Lyon) und Raurica (Basel). All dies wiegt, zusammengenommen, nicht leicht, aber dennoch war Munatius alles andere als eine charaktervolle Persönlichkeit, er war vielmehr ein Mann, der seine Fahne nach dem Wind gehängt hat. Es ging ihm in allen Dingen um seine eigene Würde *(dignitas)*, um die *res publica* hat er sich wenig Sorgen gemacht. Dies aber kennzeichnet ihn als eine typische Figur der Übergangszeit vom Freistaat zur Monarchie. Friedrich Münzer hat ihn folgendermaßen charakterisiert[3]: „Munatius wollte unter allen Umständen etwas gelten, ohne aber ein großes Talent zu sein. Sein Heißhunger nach immer neuen Ehren, wenn auch ohne Verdienst, der uns aus seinem Briefwechsel mit Cicero offenbar wird, mußte ihn in dem Moment zum Verrat zwingen, in dem er merkte, daß zugleich mit der Sache seines jeweiligen Beschützers sein eigener Vorteil ins Wanken kam. So ist er freilich einer der schwächsten Charaktere der Zeit." Dies alles mag richtig sein, doch darf man darüber nicht vergessen, daß die führenden Persönlichkeiten jenes Zeitalters durch den Umschwung der Dinge seit Caesars Tod vor immer neue Probleme gestellt wurden, sie konnten nur hoffen zu überleben, wenn sie sich ins Privatleben zurückzogen oder wenn sie sich der Gefolgschaft des jeweils Mächtigsten anschlossen. Denn nur wenige sind ihrer Überzeugung getreu untergegangen.

Munatius' Neffe M. Titius ist mit ihm zusammen im Herbst 32 auf die Seite Octavians übergewechselt. Als die Proskriptionen auf dem Höhepunkt standen, hatte er eine eigene Flotte aufgestellt, war aber in die Gewalt des Sex. Pompeius gefallen, der ihn in seinen Freundeskreis aufnahm. Von diesem aber ging er mit anderen auf die Seite des Antonius über. Unter seinem Schutz hat er es bis zum *praefectus classis* und zum *quaestor* gebracht. M. Titius führte den Befehl in der Provinz Asia, als Sex. Pompeius versuchte, hier nach seiner Niederlage bei Naulochos Fuß zu fassen. Als Titius nach wechselvollen Kämpfen schließlich des Pompeius habhaft werden konnte, ließ er ihn auf dem Marktplatz von Milet mit dem Beil hinrichten (35), ob aus eigenem Antrieb, oder auf Befehl des Antonius, ist niemals geklärt worden[4]. Titius verletzte hierbei nicht nur das Gebot der Dankbarkeit gegenüber Sex. Pompeius, er ließ einen Mann beseitigen, der, vor allem wegen seiner Haltung in der Zeit der Proskriptionen, über große Sympathien beim Volk von Rom und Italien verfügte. In den Kämpfen bei Actium erscheint M. Titius auf der Seite Octavians als Befehlshaber der Reiterei zusammen mit Statilius Taurus. In dem Entscheidungsjahr 31 v. Chr. erreichte er das Consulat, das er nominell vom 1. Mai bis zum 1. Oktober geführt hat. Ob er an der Schlacht bei Actium teilgenommen hat, ist nicht bekannt, wahrscheinlich weilte er in Rom. In späteren Jahren hat er es sogar noch zum Statthalter der Provinz Syrien gebracht, vielleicht erst im Jahre 12 v. Chr. Dies aber zeigt, daß er das volle Vertrauen des Augustus besaß. Im übrigen gilt von ihm das Gleiche wie von seinem Oheim Munatius Plancus: beide haben ihr Leben nach dem jeweils hellsten Gestirn orientiert. Als sie erkannt hatten, daß die Politik und Strategie des Antonius zum Zusammenbruch führen mußten, haben sie sich auf die andere Seite begeben. Sie konnten dadurch die Bürgerkriege überleben und sind Zeugen eines besseren Zeitalters geworden.

Ein Mann ganz eigener Prägung war dagegen *Cn. Domitius Ahenobarbus.* Ebenso wie sein Vater Lucius war er von Hause aus ein überzeugter Pompeianer. Da er sich dem Caesarmörder Brutus angeschlossen hatte, wurde er auf Grund der Lex Pedia geächtet. In Wirklichkeit hatte er gar nicht zu den Caesarmördern gehört, wenn ihn auch Cicero zu ihnen gerechnet hat (Phil.II 27 u.30). Aber hier handelt es sich um einen manifesten Irrtum des großen Redners. L. Cocceius Nerva hat später gegenüber Octavian geltend machen können, daß Ahenobarbus ganz zu Unrecht verurteilt worden sei. Damit sind die anders lautenden Quellenangaben widerlegt[5]. Ahenobarbus war ein ahnenstolzer römischer Nobilis; auf seiten der Republikaner hatte er das Flottenkommando auf dem Adriatischen Meer inne; hier vermochte er bedeutende Erfolge über die Flotte der Triumvirn zu erringen, so daß er sich sogar mit dem Imperator-Titel schmücken konnte. Auch hat er Münzen mit seinem Bild geprägt, auch dies zeigt die Selbständigkeit seiner Stellung, auf die er besonderen Wert gelegt hat. Als die Schlacht bei Philippi geschlagen war, sah er sich völlig isoliert. Was sollte er tun? Hatte es noch einen Sinn, den Widerstand gegen die Triumvirn um jeden Preis fortzusetzen? Er mußte sich nun entscheiden, ob er sich dem Sex. Pompeius oder den Triumvirn anschließen wollte. Asinius Pollio gewann ihn für Antonius, den er vorher ebenso bekämpft hatte wie seinen Genossen im Triumvirat Octavian. Antonius aber wußte, was er an Ahenobarbus besaß. Er übergab ihm die Statthalterschaft über die Provinz Bithynien und Pontus. Im Vertrag von Brundisium (40 v. Chr.) wurde Ahenobarbus in einer Zusatzklausel von dem Verdacht, Caesarmörder zu sein, gereinigt und als Consul für das Jahr 32 in Aussicht genommen. Antonius hatte damit eine bedeutende Persönlichkeit für seine Sache gewonnen, was nicht ohne Rückwirkungen auf andere ihm noch fernstehende Männer bleiben konnte. Antonius tat, um die persönlichen Bindungen zu verstärken, noch ein übriges: er verlobte seine Tochter Antonia Maior mit dem Sohn des Ahenobarbus. (Natürlich handelt es sich hier um eine Kinderverlobung, wie sie in jener Zeit nicht selten gewesen ist s. o. S. 183). An dem Partherfeldzug des Jahres 36 hat Ahenobarbus in hervorragender Stellung teilgenommen, wahrscheinlich befand er sich im Generalstab des Antonius. Als diesem die Nerven versagten, hat er Ahenobarbus gebeten, an seiner Stelle zu den Soldaten zu sprechen. Am 1. Januar 32 trat er, zusammen mit C. Sosius, das Consulat in Rom an, mit seinem Amtskollegen verließ er die Hauptstadt, um sich nach Ephesos ins Hauptquartier des Antonius zu begeben. Es konnte jedoch nicht ausbleiben, daß er in Gegensatz zu Kleopatra geriet. Als einziger soll er sich geweigert haben, sie als Königin anzureden. Dies zeigt den hohen Adelsstolz des vornehmen Römers, der sich der fremden Herrscherin nicht nur ebenbürtig, sondern kraft seiner *virtus* sogar überlegen fühlte. Es war nicht verwunderlich, daß die beiden, Ahenobarbus und Antonius, in Streit gerieten, worauf Ahenobarbus, bereits von schwerer Krankheit gezeichnet, die

Konsequenzen zog und auf die Seite Octavians überwechselte. Dies aber geschah kurz vor der Schlacht bei Actium. Von dieser Wendung war Antonius sehr überrascht, aber er zeigte sich, wie so oft in seinem Leben, von der großzügigen Seite, indem er dem Abtrünnigen sein Eigentum, dazu noch seine Freunde und Sklaven, nachgesandt haben soll. Bei Sueton (Nero 3,2) steht noch zu lesen, daß er ihm auch eine spöttische Bemerkung nachgesandt hat: er soll gesagt haben, Ahenobarbus sei aus Sehnsucht nach seiner Geliebten Servilia Naïs zu dem Gegner übergegangen. Vielleicht hat Antonius dies wirklich behauptet – aber der Übergang des Ahenobarbus auf die andere Seite war dennoch ein schwerer Schlag für ihn, obwohl Ahenobarbus nach wenigen Tagen seiner Krankheit erlag.

Vor Ahenobarbus wird jeder Respekt haben. Er war einer der letzten Republikaner, ein Römer von altem Schrot und Korn, der sich mit der Anwesenheit einer fremden Königin im Feldlager des Antonius nicht abfinden konnte. Aber für Männer vom Schlage eines Ahenobarbus hatte die Welt keinen Platz mehr, man kann sagen, daß er im Endkampf der beiden großen Machthaber zerrieben worden ist. Die Entscheidung in der Schlacht bei Actium hat er nicht mehr erlebt. Cn.Domitius Ahenobarbus war der Urgroßvater des Kaisers Nero, mit diesem ist seine Familie ausgestorben.

Zu den Männern, die nach Philippi zu Antonius übergetreten sind, gehörte vor allem auch *M. Valerius Messalla Corvinus.* Obwohl er ein überzeugter Republikaner war, sah er doch im Ausgang der Schlachten von Philippi gewissermaßen ein Gottesurteil und einen Wink des Schicksals. Dies veranlaßte ihn – er befand sich auf der Insel Thasos –, mit dem Rest des Heeres und der Flotte sich dem Antonius anzuschließen. Warum er Antonius und nicht den jungen Caesar gewählt hat, berichten die Quellen nicht. Es mag sein, daß er glaubte, bei Antonius eine freundlichere Aufnahme zu finden als bei dem auf seine Prinzipien pochenden Octavian, der sich immer nur schwer entschließen konnte, seinen Feinden zu verzeihen. Aber vielleicht hängt der Anschluß des Messalla an Antonius einfach damit zusammen, daß sich Thasos im Machtbereich des Antonius befunden hat.

Aber die Freundschaft der beiden Männer währte nicht lange. Ebenso wie Ahenobarbus soll auch Messalla an der Anwesenheit der Kleopatra in der Umgebung des Antonius Anstoß genommen haben, auch mit dem aufwendigen Lebensstil des Triumvirn konnte sich Messalla nicht befreunden. Doch liegt hier weniger ein politischer Gegensatz als vielmehr eine instinktive Abneigung gegenüber dem Triumvirn zugrunde. Auf jeden Fall hat sich Messalla sehr bald wieder von Antonius entfernt. Schon seit dem Jahre 40 ist er wieder in Rom zu finden. Hier ist er für den König Herodes von Judäa im Senat eingetreten; dies war allerdings auch im Sinn des Antonius, der den Idumäer in jeder Weise zu fördern versuchte. Den Übergang des Antonius zu einer ausgesprochen hellenistischen Politik im Fahrwasser der Kleopatra, seit dem Jahre 37/6, den hätte Messalla sicherlich nicht gebilligt, aber er befand sich damals in Rom und war unter die Kritiker des Antonius gegangen.

Obwohl Messalla selbst zweimal die Partei gewechselt hat, – er kam von den Caesarmördern und ging zuerst zu Antonius, dann zu Octavian über –, so hat er sich doch nicht enthalten können, dem Q. Dellius seinen dreimaligen Parteiwechsel vorzuwerfen, denn nicht anders ist die Charakteristik des Dellius als *desultor bellorum civilium* (Seneca, Suas. I 8) durch Messalla zu verstehen. Aber Dellius stand tief unter ihm, er hatte keine hohen Ahnen aufzuweisen wie Messalla.

Unter dem Patronat Octavians ist Messalla noch zu hohen Ehren gekommen: am 1. Januar 31 v.Chr. trat er mit dem jungen Caesar (Octavian) zusammen das Consulat an, auch in der Schlacht bei Actium hat er auf seiten des Octavian mitgekämpft, in der gleichen Schlacht, in der sein Stiefbruder Gellius Poplicola ums Leben kam. Messalla war jetzt 33 Jahre alt und stand auf der Höhe seiner Kraft. Über seine Taten berichtet der *Panegyricus Messallae,* die Lobschrift eines Unbekannten, die unter den Gedichten Tibulls überliefert ist. In schwerer Krankheit, die wohl von einer Erkrankung der Wirbelsäule ihren Ausgang genommen hatte, nahm er sich im Jahre 13 n.Chr. das Leben. Er wäre immerhin, wenn man das Jahr 64 v.Chr. als sein Geburtsjahr ansetzt, 76 Jahre alt geworden und hätte den gesamten Lebensweg des Octavian vom Anfang bis nahezu an das Ende (63 v. bis 14 n.Chr.) miterlebt. Schließlich wäre noch zu sagen, daß Messalla Memoiren geschrieben hat, in denen von seiner Tätigkeit im Bürgerkrieg die Rede gewesen ist. Auch hat er Flugschriften verfaßt, die sich gegen Antonius richteten. Darüber wird an anderer Stelle noch zu berichten sein (s. u. S. 286ff.).

Nicht alle Freunde des Antonius haben sich so verhalten wie Messalla, Dellius und die anderen Überläufer. Es gab auch Männer, die auf der Seite des Antonius ausharrten wie C. Sosius (cos 32) und C. Furnius. Beide hatten in der Seeschlacht bei Actium ein Kommando in der Flotte des Antonius. C. Sosius geriet in Gefangenschaft, sein Freund Arruntius, der auf der anderen Seite stand, verwandte sich für ihn bei Octavian, so daß dem Sosius die Todesstrafe erspart geblieben ist. Nicht anders ist es dem

C. Furnius ergangen; sein Sohn sorgte dafür, daß er begnadigt worden ist. Octavian scheint eine hohe Meinung von Furnius gewonnen zu haben, denn er hat ihn unter die Consulare des Jahres 29 eingereiht.

Und wo, so fragen wir, sind die anderen Freunde des Antonius geblieben? Antonius hatte sie vor den Proskriptionen gerettet; dies gilt zum Beispiel für die drei Männer mit Namen Appuleius, C. Coponius und Sergius. Man hört von ihnen nichts mehr, ebensowenig wie von L. Cassius Longinus, dem Bruder des prominenten Caesarmörders C. Cassius. Longinus war auf Grund der Lex Pedia verurteilt worden, aber Antonius hatte dafür gesorgt, daß er im Jahre 41 begnadigt wurde. Und dann gab es noch eine ganze Schar von Männern, die nach dem Sturz des Sex. Pompeius zu Antonius übergegangen waren, unter ihnen Q. Minucius Thermus, Sentius Saturninus Vetulo, Q. Nasidienus und L. Scribonius Libo, der Schwiegervater des Sex. Pompeius und Bruder der Scribonia, der zweiten Gattin des Octavian.

Es wäre nicht richtig, das Verhalten der Freunde des Antonius zu tadeln. Denn sie alle befanden sich in einer Zwangslage, manche von ihnen sogar zu wiederholten Malen, und wenn sie die Partei des Antonius wählten, so taten sie dies aus verschiedenen Motiven, vor allem aber um der Selbsterhaltung willen. Einige von ihnen haben in der Schlacht bei Actium in der Flotte des Antonius ihren Mann gestanden, andere sind mit ihm nach Ägypten gefahren und haben dort den Untergang gefunden. Wer keinen einflußreichen Fürsprecher fand, war verloren, und der junge Caesar hat sich nicht gescheut, die Gegner einem bitteren Tod auszuliefern, wie dies beispielsweise für Canidius Crassus überliefert ist (s. S. 257). Nicht anders erging es dem Turullius. Und der Dichter Cassius Parmensis fiel in Athen der Rache Octavians zum Opfer, er war angeblich der letzte der noch lebenden Caesarmörder. Der Horazkommentator Porphyrio (wahrscheinlich aus dem 3. Jh. n. Chr.) schreibt, der von Octavian gesandte Varius (wohl ein Centurio) habe ihn beim Studieren angetroffen. Als er Cassius getötet hatte, habe Varius einen Schrank voll Bücher mitgenommen. Cassius hatte freilich den jungen Caesar durch eine Flugschrift im Dienst der Propaganda des Antonius schwer gereizt. Die Schicksale dieser Männer zeigen, daß es sich hier um einen typischen Bürgerkrieg handelt, bei dem die Unterlegenen im allgemeinen auf Pardon nicht rechnen konnten.

Das Reich, das Antonius im Orient errichtet hatte, reichte von der Adria bis zum Euphrat. Es umfaßte zahlreiche Völker mit griechischen, kleinasiatischen und semitischen Sprachen; die Länder waren durch den großen

Pompeius neu organisiert worden. Als Antonius im Jahr 41 seinen Fuß auf den Boden Kleinasiens setzte, da waren hier die Folgen der Herrschaft der Caesarmörder noch keineswegs überwunden. Wie diese so brauchte auch Antonius Geld, und zwar viel Geld. Aber es war nicht leicht zu beschaffen. Denn nach Caesars Tod war die römische Verwaltung in Kleinasien und Syrien ins Wanken geraten, und als im Jahr 41/40 die Parther zu einer großen Offensive ansetzten, da war zunächst niemand vorhanden, der ihnen energisch Widerstand entgegensetzen konnte: Antonius hatte sich nach Alexandrien begeben, und die Kontingente der römischen Hilfsvölker waren den Parthern in keiner Weise gewachsen. Erst mit der Entsendung des Ventidius Bassus verlief sich die Flut wieder, und Antonius konnte einen neuen Anfang in der Organisation der Länder zwischen dem Ägäischen Meer und dem Euphrat machen.

Betrachtet man die Vasallen des Antonius in chronologischer Reihenfolge, so ergibt sich, daß der Idumäer *Herodes,* seit dem Jahre 40 König von Iudäa, zu den ersten gehörte, die Anschluß an Antonius gesucht und gefunden haben. Die Idumäer waren keine Juden, sie hatten vielmehr erst spät und nur gezwungen die jüdische Religion angenommen, so daß immer eine gewisse Spannung zwischen ihnen und den Juden zurückgeblieben ist. Das Königshaus der Juden war das hasmonäische. Herodes war der Sohn des Antipatros, der Majordomus des Hasmonäers Hyrkanos II. gewesen war. Herodes' Mutter war eine Tochter eines begüterten Nabatäerscheichs, sie hieß Kypros. Unter fünf Geschwistern war Herodes das zweitälteste Kind. In seiner Jugend hatte er ein sehr wechselvolles Geschick gehabt, aber immer hatte er sich als ein treuer Freund der Römer bewährt, zuerst im Gefolge der Caesarianer, dann als Anhänger des Caesarmörders C. Cassius. Nach Philippi setzte er, wie so viele andere, auf die Karte des Antonius. Schon im Jahr 41 hat dieser den damals etwa Zweiunddreißigjährigen zum Tetrarchen von Galiläa bestellt, aber hier war seines Bleibens nicht lange, denn wenige Monate später kamen die Reiterscharen der Parther und zwangen den mit Rom verbündeten Herodes zur Flucht (40 v. Chr.). Er mußte Jerusalem verlassen und suchte zunächst in der Festung Masada am Toten Meer seine Zuflucht. Von hier aus ging die Flucht weiter zu den Nabatäern und sogar bis nach Ägypten. Aber gerade das kritische Jahr 40 v. Chr. sah seine Erhebung zum König der Juden durch den römischen Senat, auch Samaria wurde an das jüdische Reich zurückgegeben. Aber Herodes hatte in Antigonos, dem Sohn des Hasmonäers Aristobul II., einen entschlossenen Gegner, der das dynastische Recht auf seiner Seite hatte, und so ist es kein Wunder, wenn Herodes mit diesem längere Zeit um die Herrschaft im Lande ringen mußte. Es dauerte bis zum Jahr 37, bis Herodes die Hauptstadt Jerusalem endlich erobern konnte. Es hatte einer längeren Belagerung bedurft. Während Herodes den ihm von Hause aus feindlichen jüdischen Adel dezimieren ließ, befahl Antonius die Hinrichtung des Antigonos, der in Gefangenschaft geraten war. Damit schied der letzte Hasmonäerkönig aus dem Leben (37 v. Chr.), die Bahn für Herodes war endgültig frei. Die nun folgenden Jahre sind gekennzeichnet durch eine Schaukelpolitik des Antonius zwischen Herodes und Kleopatra. Und Herodes hat es hinnehmen müssen, daß der Triumvir der ägyptischen Königin fruchtbare Gebiete Palästinas, vor allem in der Gegend von Jericho, zum Geschenk gemacht hat. Herodes aber hatte immer noch einen Rivalen: dies war Aristobul, der Sohn des Alexander, Enkel Aristobuls II., gleichzeitig der Bruder von Herodes' Frau Mariamne. Diesen jungen Mann hatte Herodes, um die andere Partei zufriedenzustellen, zum Hohenpriester eingesetzt, aber seine Popularität wurde dem jungen Prinzen zum Verderben. Herodes hat ihn beim Baden in Jericho ertränken lassen (entweder im Jahr 36 oder im folgenden Jahr). Obwohl Herodes in ganz heuchlerischer Weise tiefe Trauer zeigte, hat die Mutter des Toten, Alexandra, dafür gesorgt, daß sich Herodes in Laodikeia vor Antonius verantworten mußte (35 oder 34 v. Chr.). Aber es geschah ihm nichts, denn Antonius war sich dessen bewußt, wie wichtig Herodes als Vasallenfürst war; er konnte auf ihn, zumal nach dem verunglückten Partherfeldzug des Jahres 36, nicht ohne weiteres verzichten. Im übrigen hat Herodes durch seine geschickte Verhandlungstaktik und durch Überreichung von prächtigen Geschenken dazu beigetragen, daß das Gewitter an ihm vorüberzog. Herodes durfte wieder in sein Reich zurückkehren – aber die Welt hatte sich inzwischen verändert: Herodes hatte mit Aufständen in seinem Lande und außerhalb der Landesgrenzen mit den Nabatäern zu kämpfen. Als die Schlacht bei Actium geschlagen war, ging Herodes auf die Seite Octavians über. Im Frühjahr 30 erschien Herodes vor Octavian in Rhodos, der Sieger erkannte ihn daraufhin als König der Juden an. Unter der Herrschaft Octavians hat er noch 26 Jahre lang in Judäa regiert, bis zum Jahre 4 v. Chr., seinem Todesjahr. Er war 69 Jahre alt geworden.

Wenn auch Herodes für Antonius ein wertvoller Bundesgenosse und Vasall gewesen war, so hatte doch niemals ein engeres persönliches Freundschaftsverhältnis zwischen den beiden bestanden, kein Wunder, wenn man weiß, daß Herodes zu Kleopatra immer auf gespanntem Fuß gestanden hat. Beide stritten um wertvolle Gebiete Palästinas, und es wurde dem Antonius nicht leicht gemacht, hier einen gerechten Ausgleich der Interessen herbeizuführen. Aber in *einem* Punkt hat Antonius dem Herodes in ganz entscheidender Weise Hilfe geleistet: in der Beseitigung des letzten Hasmonäerkönigs Antigonos, der mehr gezwungen als aus freien Stücken auf die Karte der Parther gesetzt hatte. Aber dies konnte ihm Antonius nicht verzeihen, denn es mußte das vornehmste Anliegen des Triumvirn sein, die Grenzen des römischen Imperiums gegen die Parther im Osten zu sichern. Anderseits hat natürlich Herodes in seinem Leben alles getan, um sich das Wohlwollen des römischen Machthabers zu sichern. Und dies umso mehr, als ihm die ablehnende Haltung der jüdischen Oberschicht gegen seine Person durchaus bekannt war. Im Gegensatz zu den Mitgliedern des Hasmonäerhauses haftete an Herodes der Makel der Unebenbürtigkeit. Diese Tatsache hat ihm in seinem Leben – eigentlich noch bis zu der Ermordung des jungen Aristobul – viel zu schaffen gemacht. Im ganzen aber kann man der maßvollen und vernünftigen Politik des Antonius gegenüber dem Idumäer die Anerkennung nicht versagen; es ist dem Antonius gelungen, die Verhältnisse im Reich der Juden zu stabilisieren und dadurch der Expansion der Parther einen Riegel vorzuschieben.

Neben Herodes war der Herrscher von Chalkis namens *Lysanias* der wichtigste Vasall des Antonius in Syrien. Lysanias war der Fürst der Ituräer, eines arabischen Beduinenstammes, der sich im Gebiet des Libanon und Antilibanon und in der zwischen den beiden Gebirgen liegenden fruchtbaren Massyas-Ebene niedergelassen hatte. Es ist dies die Gegend zwischen den Orten Laodicea ad Libanum bis hin nach Chalkis, dem modernen Andschar südlich von Baalbek. Hier hatte ein Mann namens Ptolemaios, Sohn des Mennaios, regiert; er hatte nach dem Westen, zum Meere hin, aber auch nach dem Osten, in Richtung auf Damaskos, ausgegriffen und war im Süden bis zu den Jordanquellen vorgedrungen. Ptolemaios hatte Alexandra, eine Tochtes des Hasmonäers Aristobul II., geheiratet und war dadurch in verwandtschaftlichen Kontakt mit dem Hasmonäerhause gekommen. Während des Parthereinfalles im Jahr 41/40 ist Ptolemaios gestorben, sein Sohn Lysanias nannte sich fortan „König der Ituräer", aber die ägyptische Königin Kleopatra hatte ihre Augen auf das reiche Fürstentum im Libanongebiet gerichtet. Sie vermochte Antonius dazu zu bestimmen, ihr einen Teil des Landes zu schenken. Für Lysanias nahm die Intervention des Antonius ein schlimmes Ende, er starb den Tod unter dem Beil des Henkers im Jahre 37/6, nachdem er etwa drei Jahre lang das Land regiert hatte. Wenn Antonius hier den Forderungen Kleopatras

Gehör geschenkt hat, so muß man bedenken, daß der Römer die Hilfe der Königin wegen des damals bevorstehenden Partherfeldzuges bitter nötig hatte. Zu entschuldigen ist hier nichts, und man kann nur sagen: Wo die Macht ist, da ist auch das Recht. Einen Nachfolger scheint Lysanias nicht erhalten zu haben, das Fürstentum löste sich vielmehr in seine Bestandteile auf, von denen das Gebiet um Abila das wichtigste gewesen ist[6]. Ob Antonius in diesem Fall eine glückliche Hand bewiesen hat, ist letzten Endes zweifelhaft – aber hier standen ihm, wie so oft in jener Zeit, die Liebe zu Kleopatra und die materielle Abhängigkeit von der ägyptischen Königin im Wege.

Eine ganz besonders wichtige Position am mittleren Euphrat hatte ein anderer Vasallenfürst inne, *Antiochos I. von Kommagene.* Dieser König, ein Abkömmling der Achämeniden und der Seleukiden, war der Schwiegervater des parthischen Großkönigs Orodes. Antiochos residierte in der hochgelegenen Stadt Samosata am rechten Euphratufer. Von Samosata führte eine wichtige Handelsstraße über den Euphratstrom nach Edessa und Nisibis. Antiochos I. hatte sich nach einer längeren Belagerung in seiner Hauptstadt durch Ventidius Bassus und Antonius zu einer Kapitulation verstehen müssen, der Triumvir hatte ihn im Besitz seiner Herrschaft belassen (S. 181), wahrscheinlich, weil er keinen Besseren an seine Stelle zu setzen hatte. Auf jeden Fall war Antiochos I. dem Antonius so wichtig, daß er ihm sogar einen Thronprätendenten namens Alexander vom Halse schaffte –eine Gewalttat des Antonius, über deren Zweckmäßigkeit man geteilter Meinung sein wird.

Antiochos I. hat sich auf dem Berge Nemrud Dagh ein Grabmal mit einer pompösen Inschrift in griechischer Sprache errichten lassen. Die Inschrift ist als ein hervorragendes Denkmal des asianischen Stils weithin bekannt. Antiochos dürfte mehrere Jahrzehnte, vielleicht schon vom Jahr 69 v. Chr. an, regiert haben. Antonius war offenbar froh, in diesem König einen zuverlässigen Bundesgenossen an der Euphratgrenze zu besitzen. Die Vasallentreue des Antiochos ist jedoch, solange Antonius lebte, niemals auf eine Probe gestellt worden, weil sich die Parther ruhig verhalten haben, nachdem der Partherfeldzug des Jahres 36 mit einem Mißerfolg für Antonius geendet hatte. Es mag noch hinzugefügt werden, daß im Jahre 1953 in Arsameia am Nymphaios eine umfangreiche Inschrift gefunden worden ist, die den Kult des Mithradates Kallinikos, des Vaters des Antiochos I., zum Gegenstand hat. Ebenso wie die berühmte Inschrift vom Nemrud Dagh ist sie in Griechisch geschrieben, ein bedeutendes Dokument des Herrscherkults in dem vorderasiatischen Königreich[7]. In der Inschrift von Arsameia nennt sich Antiochos I. Theos, Dikaios, Epiphanes, Philoromaios und Philhellen. In der Politik war er ein Freund und Vasall der Römer, in der Kultur neigte er zum Hellenentum, das in seinem Lande feste Wurzeln geschlagen hatte.

Und wie stand es mit den Vasallen des Antonius in Kleinasien? Während die Ränder Anatoliens von römischen Provinzen eingenommen wurden *(Bithynia et Pontus, Asia, Cilicia)*[8], war das zentrale Kleinasien mitsamt den Landschaften im Osten eine Domäne der Vasallenfürsten, sie alle bemühten sich um das Wohlwollen des Antonius, des Repräsentanten des *populus Romanus*. Es handelt sich bei diesen Staaten vor allem um Kappadokien, das durch seine Grenzlage am oberen Euphrat von besonderer Bedeutung für die Reichsverteidigung war, ferner um den Länderkomplex, der von Galatien, Lykaonien und Pamphylien gebildet wurde, sowie um die Landschaft Pontus am Schwarzen Meer. Dies war nicht mehr das alte Königreich Pontus, wie es unter seinem großen Herrscher Mithradates VI. Eupator existiert hatte; das Königreich hatte schon Pompeius erheblich reduziert, aber das Land war immer noch durch seine Lage als Grenzlandschaft zu Armenien von großer Bedeutung. Schließlich wären noch die Landschaften Pisidien, im Südosten an die römische Provinz Asia angrenzend, dazu noch das zwischen Bithynien und dem Königreich Pontus eingeklemmte Paphlagonien, früher ein Zankapfel der beiden angrenzenden Reiche, zu nennen.

In Kappadokien hatte Antonius einen Fürsten namens Archelaos Sisinnes auf den Thron gesetzt, wahrscheinlich im Jahr 37/6. In dem Lande hatten vorher Abkömmlinge einer einheimischen Dynastie mit Namen Ariobarzanes regiert, der erste war vom römischen Senat, der zweite war von Pompeius zum König bestellt worden, Ariobarzanes III. hatte durch C. Cassius sein Leben verloren (42 v. Chr.). An seiner Statt bestieg mit Ariarathes das Haupt der romfeindlichen Partei den Thron. Bereits im Jahr 41 hatte Antonius seine Gunst einem Mann namens Sisinnes zugewandt, der aber keinerlei Ansprüche auf Kappadokien besaß. So berichtet es jedenfalls Strabon, der es wissen mußte, da er aus dem benachbarten Pontus stammte. Erst nach den Vereinbarungen von Tarent oder spätestens ein Jahr danach, 36 v. Chr., wurde Sisinnes – die Quellen nennen ihn in der Regel Archelaos Sisinnes – zum König von Kappadokien gekrönt. Antonius handelte hier nach seinen eigenen Interessen, denn die Ariarathiden hatten sich den Römern gegenüber feindlich erwiesen. Antonius zog es daher vor, einen Adligen auf den Thron zu setzen, der nicht ohne Rückhalt an Rom regieren konnte. Die antiken Quellen wollen wissen, es sei die

Liebe des Antonius zu Glaphyra, der Mutter des Sisinnes, gewesen, die den Triumvirn zu diesem Entschluß veranlaßt hätte. Von Glaphyra heißt es, sie sei früher die Geliebte des Priesters Archelaos von Komana gewesen, sie hatte also eine Vergangenheit, und natürlich haben sich die Gerüchtemacher in Rom diese Dinge nicht entgehen lassen. Aber es besteht nicht die geringste Möglichkeit, die Gerüchte auf ihren Wahrheitsgehalt zu überprüfen. Und das ganze ordinäre Epigramm Martials (XI 20) geht ohne Zweifel auf die octavianische Propaganda zurück. Wie dem nun auch sein mag – dem Archelaos Sisinnes war eine lange Regierung beschieden, er nahm an dem Feldzug des Antonius gegen Octavian teil, wechselte im letzten Augenblick und gerade noch rechtzeitig die Partei, so daß ihn Octavian im Besitz von Kappadokien belassen hat. Erst im Jahre 17 n. Chr. ist er unter der Regierung des Kaisers Tiberius in Rom verstorben. Man muß auch hier dem Antonius das Zeugnis ausstellen, daß er in der Bestellung des Archelaos Sisinnes eine vorzügliche Wahl getroffen hatte, denn der Herrscher von Kappadokien ist stets ein Freund der Römer geblieben.

Nicht weniger bemerkenswert ist die Figur eines anderen Vasallen des Antonius in Anatolien, es ist *Amyntas.* Dieser hat seit dem Jahre 37/6 durch Antonius die Herrschaft nicht nur über Galatien und Pisidien, sondern auch noch über Lykaonien und Pamphylien erlangt. In seinem Leben hat sich Amyntas mehrfach vor schwierige Entscheidungen gestellt gesehen, wir werden darauf noch zurückkommen. Er war offenbar vornehmer Herkunft, entweder ein Galater oder ein Makedone. Von seinem Vater hatte er die Herrschaft über ein Gebiet in Pisidien geerbt, das sich bis in den Taurus erstreckte. Der Vater dürfte hier ein Dynast gewesen sein, an denen in Kleinasien niemals Mangel gewesen ist. Amyntas war Geheimschreiber des Galaterfürsten Deiotarus, dessen Streitmacht er im Heere des Cassius auf das Schlachtfeld von Philippi geführt hat. Hier aber benützte er die Gelegenheit, auf die Seite des Antonius überzuwechseln. Dieser aber lohnte ihm seine Tat, indem er ihm Pisidien zuschanzte, woran Amyntas aber wenig Freude hatte, da die Landschaft als Schlupfwinkel zahlreicher Räuberbanden bekannt und verrufen war. Unter den Fahnen des Antonius kämpfte Amyntas mit seinem Kontingent gegen Sex. Pompeius in Kleinasien; er hatte einen wesentlichen Anteil daran, daß dieser schließlich zur Strecke gebracht werden konnte (35 v. Chr.). Zum König von Galatien und der angrenzenden Gebiete bestellt, war Amyntas eine Stütze der römischen Herrschaft. Ebenso wie sein Nachbar Archelaos ist er vor der Schlacht bei Actium zu Octavian übergegangen. Damit hatte er seine Herrschaft gesichert, er hat noch bis zum Jahr 25 v. Chr. regiert.

Und nun noch zum *Pontus!* Hier regierten in der Zeit des Antonius nacheinander zwei Herrscher, der eine war *Darius*, der andere *Polemon*. In dem ehemaligen Königreich Pontus hatte seinerzeit Pompeius eine neue Ordnung konstituiert, sie beruhte auf der Zuteilung des flachen Landes zu den Städten und sollte auf diese Weise der Urbanisierung der Region Vorschub leisten. Doch stieß der Versuch des Pompeius auf allerlei Hindernisse, vor allem ließen sich die Feudalherren des Landes nicht ohne weiteres verdrängen. Kennzeichnend für den Pontus sind auch nach der Neuordnung die territorialen Herren gewesen, unter denen sich auch Priester befunden haben. Der mächtigste unter ihnen war der Hohepriester von Komana. Mit dieser Struktur des Landes konnten die Römer wenig anfangen, und so hat Antonius das Durcheinander im Lande dadurch beendet, daß er wieder ein Königreich Pontus geschaffen hat. Zu seinem König wurde im Jahr 39 Darius eingesetzt, der Sohn des Pharnakes und Enkel des Mithradates VI. Eupator. Antonius hat dem Königreich Pontus auch Landschaften zugeschlagen, die bisher unter der römischen Provinzialverwaltung gestanden hatten. (Dabei handelt es sich wahrscheinlich um Teile der römischen Provinz *Bithynia et Pontus*.) Doch die Herrschaft des Darius dauerte nur kurze Zeit. Im Jahre 37 ernannte Antonius an seiner Statt Polemon zum König von Pontus. Dieser war ein Sohn des Zenon von Laodikeia am Lykos, ein Grieche aus Lykaonien. Polemon hatte sich beim Einfall der Parther in Kleinasien im Jahre 41/40 ausgezeichnet, Antonius hat ihn deswegen schon im Jahr 39 zum Herrscher über einen Teil Kilikiens (wahrscheinlich handelt es sich um das Rauhe Kilikien) und den südlichen Teil Lykaoniens mit der Stadt Ikonion eingesetzt. Aber seines Wirkens war in diesem Gebiet nur kurze Zeit; im Jahre 37/36 erscheint Polemon bereits als Herrscher des Pontus, in einer sehr wichtigen und verantwortungsvollen Stellung. Auf dem Partherfeldzug des Jahres 36 befand er sich im Heere des Antonius, geriet aber bei der Katastrophe des Oppius in parthische Gefangenschaft, aus der er jedoch bald wieder gegen Zahlung eines Lösegeldes entlassen wurde. Antonius aber wußte, was er an dem tüchtigen Griechen besaß, denn im Jahre 34/33 übertrug er ihm zusätzlich noch die Herrschaft über Kleinarmenien. Bei dem Feldzug des Antonius gegen Octavian verblieb Polemon im Lande, vielleicht war ihm die Grenzwacht im Osten übertragen worden. Aber auch die Niederlage seines Herrn bei Actium vermochte ihm nichts anzuhaben, denn Octavian, der an seine Stelle keinen Besseren zu setzen wußte, bestätigte ihn im Besitz seines Königreiches. Allerdings mußte er ein paar Jahre später auf Kleinarmenien verzichten. Dafür wurde ihm später die

Herrschaft über das jenseits des Schwarzen Meeres gelegene Bosporanische Reich übertragen. Polemon heiratete die Königin Dynamis, um seine Herrschaft auf der anderen Seite des Meeres zu legitimieren. Aber die Gatten trennten sich wieder, und Polemon heiratete Pythodoris, eine Tochtes des Pythodoros von Tralleis (in Karien) und der Antonia, die von manchen für eine Tochter des Triumvirn Antonius gehalten wird, was aber zum mindesten zweifelhaft ist. Aus dieser Ehe sind drei Kinder hervorgegangen, zwei Söhne und eine Tochter. Auf einem Feldzug im Kubangebiet geriet Polemon in die Gefangenschaft der Aspurger und wurde von diesen umgebracht (8/7 v. Chr.). Das aber ist das traurige Ende eines Fürsten, der in seinem ganzen früheren Leben immer vom Glück begünstigt worden war.

Von seinen Kindern wurde Zenon König von Armenien, der zweite Sohn, dessen Name nicht überliefert ist, regierte zusammen mit seiner Mutter Pythodoris über das Königreich Pontus. Die Tochter Antonia Tryphaina heiratete den König Kotys von Thrakien.

Polemon war eine hervorragende Persönlichkeit; sowohl in der Verwaltung wie in der Diplomatie hat er sich durch Intelligenz und Initiative ausgezeichnet, allein in seinen kriegerischen Unternehmungen ist er nicht glücklich gewesen. Man muß wiederum dem Antonius bescheinigen, daß er in Polemon eine ganz vorzügliche Wahl getroffen hatte. Dabei ist noch hervorzuheben, daß die Tüchtigkeit des Polemon, nicht seine Herkunft, für Antonius entscheidend gewesen ist.

Über die Reorganisation Kleinasiens durch Antonius hat seinerzeit Gardthausen[9] ein sehr negatives Urteil gefällt. Er schreibt: „Die Reorganisation Kleinasiens durch Antonius hatte während des Einfalls der Parther ihre Probe schlecht bestanden, und was später an ihre Stelle trat, stand an Willkürlichkeit hinter den ersten Versuchen kaum zurück. Die buntscheckige Staatenbildung ohne natürliche Grenzen, die heterogene Bevölkerung ohne kriegerische Tüchtigkeit und das Überwiegen persönlicher Rücksichten ohne höhere Gesichtspunkte machten die Vasallenstaaten Kleinasiens zu einem bequemen Versuchsfeld für die leichtfertigen Experimente des Triumvirn."

Diesem Urteil muß mit aller Entschiedenheit widersprochen werden. Antonius hat aus der Situation, die er in Anatolien vorfand, das Beste gemacht, was aus ihr zu machen war, und in der Wahl der maßgebenden Persönlichkeiten, der Vasallenfürsten, hat er eine ausgesprochen glückliche Hand bewiesen. Wenn Octavian die Neuordnung des Antonius im wesentlichen hat bestehen lassen, so zeugt dies von ihrer Qualität, er hatte nichts Besseres an ihre Stelle zu setzen. Es ist freilich wahr: Antonius hat sich in Kleinasien wenig Zeit gelassen, seine Pläne wiesen ihn in eine andere Richtung, nach Ägypten und dann nach Parthien. Aber immerhin hat das von Antonius errichtete System in Kleinasien das geleistet, was man von ihm billigerweise erwarten konnte, nicht mehr, aber auch nicht weniger. Wenn Antonius gelegentlich in sehr willkürlicher Weise seine Günstlinge bevorzugt und bereichert hat, indem er sie zu Tyrannen über einzelne Städte einsetzte oder ihnen Gelegenheit gab, sich durch die Eintreibung von Steuern zu bereichern[10], so sind diese Fälle als Ausnahmen von der Regel zu betrachten. Wie immer, so war Antonius auch in Kleinasien in kleinen Dingen großzügig, in Angelegenheiten von grundsätzlicher Bedeutung, vor allem wenn es um die Reichsverteidigung ging, hat er vorausschauend Bemerkenswertes geleistet. Auch die Tyrannen, wie der Philologe Nikias von Kos oder der Galater Adiatorix in Herakleia[11] – sie alle waren von Antonius abhängig, und der Triumvir durfte mit ihrer Treue rechnen. Wenn die antike Überlieferung über die Günstlinge des Antonius wenig Schmeichelhaftes zu berichten weiß, so braucht dies angesichts der Propaganda des octavianischen Lagers niemanden zu verwundern.

Vierzehntes Kapitel

Heer und Flotte des Antonius

Das Leben des Antonius hat sich zu einem großen Teil im Feldlager inmitten seiner Soldaten vollzogen. Unter Gabinius war er in Ägypten, unter Caesar in Gallien, nach dessen Tod hat er die Strapazen mit seinen Soldaten im Mutinensischen Krieg und in den Schlachten bei Philippi geteilt. Die Jahre von 41 bis 37 bezeichnen im ganzen eine Ruhepause, wenn man von dem Eingreifen des Antonius in Kommagene im Jahre 38 absieht, aber im Jahre 36 begann der Partherfeldzug, es folgte die Auseinandersetzung mit Sex. Pompeius (an der aber Antonius selbst nicht teilgenommen hat), dann kamen die Vorbereitungen für den Krieg gegen Octavian. Sie warfen schon im Jahre 34 ihre Schatten voraus. Aber selbst mit der Schlacht bei Actium (2. September 31) waren die kriegerischen Ereignisse nicht beendet, Antonius hat versucht, die Invasion des Jungen Caesar in Ägypten abzuwehren, er war aber dazu nicht mehr imstande und endete in den Armen Kleopatras, nachdem er sich selbst die tödliche Wunde beigebracht hatte. Es ist das Leben eines Soldaten, das an unseren Augen vorüberzieht.

Anfang Juni 44 hatte ihm der Senat in Rom die Provinz *Macedonia* übertragen mitsamt den dort stehenden Legionen, die für den Partherkrieg Caesars bereitgestellt worden waren, Antonius hat die Provinz dann mit *Gallia Cisalpina* vertauscht (S. o. S. 88). Schon unmittelbar nach Caesars Tod war es ihm gelungen, um seine Person eine Schutztruppe aus freiwillig weiterdienenden Legionären zu versammeln. Diese Truppe ist der Kern seines Heeres. Als Heerführer hat Antonius Weltgeschichte gemacht, und insbesondere seine Orientpolitik seit Philippi wäre ohne ein ihm treu ergebenes Heer gar nicht möglich gewesen. Antonius ist sich seiner Verpflichtungen gegenüber seinen Soldaten zu allen Zeiten bewußt gewesen, er wußte, daß er sich auf sie verlassen konnte, und nichts hat ihn tiefer getroffen als die Tatsache, daß schon vor der Schlacht bei Actium so manche seiner Anhänger zum Gegner übergegangen sind. In der Verteilung der Kriegsbeute war Antonius nicht kleinlich, seine Unterführer und seine Soldaten haben reichen Anteil an ihr bekommen, und man braucht sich nicht zu wundern, wenn durch die Großzügigkeit des Antonius seine Popularität noch gestiegen ist. Allein der steigende Einfluß der ägyptischen Königin Kleopatra hat allmählich einen Keil zwischen Antonius und seine Soldaten getrieben, und ohne die Bindung an Kleopatra wäre es nicht möglich gewesen, daß Antonius sein unbesiegtes Landheer bei Actium einfach preisgegeben hätte.

Das Heer des Antonius ist nicht zu verstehen ohne das Heer Caesars. Als dieser ermordet wurde, am 15. März 44, belief sich die Zahl der caesarischen Legionen auf nahezu vierzig; von diesen hatte Caesar insgesamt sechzehn für den Feldzug gegen Daker und Parther in Aussicht genommen. Ob man sie alle hierzu, insbesondere für den Dakerkrieg, benötigt hätte[1], ist eine andere Frage, die hier auf sich beruhen bleiben mag. Vierzig Legionen, das sind etwa 250000 bis 300000 Mann, alles Kombattanten und dazu noch ein riesiges Heeresgefolge, das man wohl fast ebenso hoch beziffern muß. Eine solche Heeresmasse hatte das Imperium Romanum vor Caesar nicht gekannt. In den Legionen Caesars befanden sich neben den Italikern, die immer noch den Kern bildeten, auch zahlreiche Nichtrömer, vor allem Gallier, Germanen, Spanier und andere Fremde. Berühmt war die *legio V Alaudae,* die fast ganz aus Galliern bestand. Doch muß man hinzufügen, daß die Fremden, wenn sie in die Legionen eingestellt wurden (und nicht in die *auxilia*) grundsätzlich vor ihrem Diensteintritt das römische Bürgerrecht erhalten haben. Denn die Zahl der waffenfähigen römischen Bürger reichte schon unter Caesar nicht mehr aus, um die notwendige Zahl von Rekruten für die Legionen zur Verfügung zu stellen.

Wer über ein so gewaltiges Heer gebot, der konnte es sich ohne weiteres erlauben, aus eigener Machtvollkommenheit Anordnungen zu treffen, ohne sich um den Senat und das Volk von Rom zu kümmern. In der Tat ist dies schon unter Caesar mehrfach geschehen. Der Zorn der auf diese und andere Weise entmachteten Nobiles ist ein wichtiger Grund für die Ermordung des Diktators gewesen, der sich mit seinen Soldaten enger verbunden fühlte als mit seinen in mancher Beziehung ultrakonservativen Standesgenossen.

Nach Caesars Ermordung wimmelte es in Italien von Veteranen, sie alle lebten in ständiger Angst, das ihnen zur Zivilversorgung zugewiesene Land wieder zu verlieren, sie suchten nach einem neuen Feldherrn und Patronus, der ihnen den Besitz endgültig sicherte, nachdem dieser ihnen von Caesar zugesprochen worden war.

Antonius waren die Probleme der Veteranenversorgung zur Genüge bekannt. Niemand kannte die Schwierigkeiten besser als er, der zu den hervorragendsten Mitarbeitern des toten Diktators gehört hatte. Auch wenn er es gewollt hätte, hätte er diese Probleme nicht einfach ignorieren können. Und als Consul mußte er versuchen, die Dinge wieder in den Griff zu bekommen. Aber gerade dies war mit großen Schwierigkeiten verbunden. Denn Caesar hatte nicht Antonius, sondern Octavian, seinen Großneffen, zum Haupterben seines Vermögens eingesetzt. Aber Antonius konnte diesem jungen Mann die Veteranen Caesars nicht ohne weiteres überlassen, sonst wäre er politisch ein toter Mann gewesen und aus dem Spiel der Kräfte ausgeschieden. Es galt vielmehr, die ehemaligen Soldaten Caesars in möglichst großem Umfang zu gewinnen und in Italien eine eigene Streitmacht aufzustellen, mit der Antonius seinem Konkurrenten Octavian, aber auch seinen anderen Gegnern, die Stirn bieten konnte. Diesen Plan hat Antonius in ganz konsequenter Weise durchgeführt. Aus kleinen Anfängen hat er schließlich ein großes Heer gebildet, und als es in den Endkampf gegen Octavian ging, im Jahre 31, da hatte Antonius nicht weniger als dreißig Legionen um seine Fahnen versammelt.

Um aber diese dreißig Legionen aufstellen zu könnnen, hatte Antonius einen langen und beschwerlichen Weg zurücklegen müssen. Die Anfänge der Heeresbildung waren außerordentlich bescheiden gewesen, im Mai 44, wenige Wochen nach Caesars Tod, hatte er nur eine Leibwache um seine Person versammeln können. Die Angehörigen waren *evocati;* es sind dies aus dem Dienst entlassene Veteranen, die sich freiwillig zum Weiterdienen oder zum Neueintritt in das Heer verpflichtet hatten. Appian gibt ihre Stärke mit 6000 Mann an, eine Zahl, die aber in der neueren Forschung, wohl mit Recht, als zu hoch gegriffen bezeichnet wird.[2] Es ist überflüssig hinzuzufügen, daß die Anwerbung dieser Männer durch den regierenden Consul Antonius ungesetzlich war – aber was hätte er denn sonst tun sollen? Ohne eine ihm ergebene Truppe wäre Antonius in Rom und in Italien allen Zufälligkeiten der politischen Entwicklung preisgegeben gewesen, und wenn auch Cicero, nicht nur aus verfassungsrechtlichen Gründen, hierüber seinen Unmut geäußert hat, so konnte er an dem Zustand doch nichts ändern. Zu dieser vergrößerten Leibwache kam im Lauf des Sommers 44 die *legio V Alaudae,* ursprünglich aus Männern der Gallia Narbonensis von Caesar gebildet, sie mag sich noch in Italien befunden haben, anscheinend war sie für den Daker- und Partherkrieg Caesars vorgesehen gewesen, als Caesars Ermordung die weitere Entwicklung jäh abgeschnitten hat. Natürlich hat Antonius die Gelegenheit sich nicht entgehen lassen, die Legion für sich zu gewinnen, unter den Offizieren werden sich manche seiner früheren Waffengefährten befunden haben.

Dies aber waren nur die allerersten Anfänge. Einen größeren Umfang erhielt das Heer des Antonius erst durch die in Makedonien stehenden Legionen. Insgesamt waren es sechs, von denen Antonius fünf, sein Kollege im Consulat, Dolabella, eine Legion mit Beschlag belegte. Als Antonius den Provinztausch durchgesetzt hatte, ließ er vier Legionen nach Italien übersetzen, aber zwei davon machte ihm Octavian abspenstig, so daß nur die Legionen mit den Nummern II und XXXV auf der Seite des Antonius verblieben. Beide, das muß zu ihrer Ehre gesagt sein, haben sich in den Kämpfen um Mutina im Frühjahr 43 aufs Höchste ausgezeichnet. Daß diese beiden Legionen aus ehemaligen Truppenteilen des Pompeius Magnus bestanden hätten, ist zwar von Alfred von Domaszewski behauptet worden, dies ist aber ganz unwahrscheinlich.[3] Im Mutinensischen Krieg hat Antonius drei neue Legionen aufgestellt. Damit erhöht sich die Gesamtzahl auf sechs. (Die neuen Legionen hatten natürlich zunächst keinen sehr großen Kampfwert.) Zu diesen stießen Anfang Mai 43 noch drei Legionen des Ventidius Bassus aus Picenum mit den Nummern VII, VIII und IX. Erst durch diese Truppenteile erhielt das stark dezimierte Heer des Antonius wieder eine gewisse Konsistenz, und erst mit Hilfe dieser Legionen war es dem Antonius möglich, die Soldaten des Lepidus in Südgallien auf seine Seite herüberzuziehen. Lepidus kommandierte nicht weniger als sieben Legionen, sie hatten den Kern des caesarischen Heeres gebildet und besaßen einen sehr hohen Kampfwert – so ist es kein Wunder, wenn der Übertritt der Legionen des Lepidus einen Wendepunkt in der Geschichte des Antonius markiert. Es dauerte nicht lange, und das Heer in Südgallien erhielt weiteren Zuzug: zuerst durch zwei Legionen des Asinius Pollio, des Statthalters des Jenseitigen Spanien (Hispania Ulterior) – eine Legion hatte in Spanien verbleiben müssen –, und dann kam noch Munatius Plancus, der Statthalter der Gallia Comata, er brachte drei Legionen mit, zwei weitere übergab er dem Lepidus. Rechnet man zusammen, so kommt man für Antonius auf die Zahl von 14 Legionen, doch ist von ihnen nicht bekannt, ob sie alle voll aufgefüllt waren. Nach dem Untergang des Decimus Brutus schlugen sich von seinem Heer vier Legionen auf die Seite des Antonius, sechs haben sich dem Octavian angeschlossen, sie alle jedoch von sehr geringem Gefechtswert. Schon Decimus Brutus hatte mit ihnen sehr wenig anfangen können. Im übrigen wird man im Sommer des Jahres 43 mit zahlreichen Veränderungen und Verschiebungen innerhalb der Legionsverbände rechnen müssen; es mag auch sein, daß die eine oder andere Legion aufgelöst und ihr Bestand einer dritten zugeteilt worden ist. Doch in den Quellen steht nichts davon.

Vor dem Beginn der kriegerischen Auseinandersetzung mit den Caesarmördern Brutus und Cassius beziffert Appian die Heere auf insgesamt 43 Legionen. Sie verteilten sich folgendermaßen: elf Legionen standen unter dem unmittelbaren Befehl des Antonius, drei unter Asinius Pollio, fünf unter Munatius Plancus, sieben gehörten dem Lepidus, die restlichen siebzehn dienten unter den Feldzeichen Octavians. Da man aber die Legionen des Asinius Pollio und des Munatius Plancus getrost der Streitmacht des Antonius zurechnen darf, so ergibt sich eine Zahl von insgesamt 19 Legionen für Antonius, denen 17 des Octavian und sieben des Lepidus gegenüberstanden. Vor dem Beginn des griechischen Feldzuges war Antonius der mächtigste Heerführer im gesamten Orbis Romanus, niemand konnte es mit ihm aufnehmen, auch der Junge Caesar nicht, der es immerhin auf eine sehr beträchtliche Streitmacht gebracht hatte.

Was es bedeutete, diese gewaltigen Heeresmassen, insgesamt weit über 200000 Mann[4], zu organisieren, verpflegen und auszurüsten, davon kann man sich heute nur schwer einen zutreffenden Begriff machen. Allein die Marschbewegungen der großen Massenheere stellten ungewöhnlich schwierige Probleme, und man kann es den von den Durchmärschen betroffenen Bewohnern der Städte und Dörfer wirklich nicht verdenken, wenn sie in laute Klagen ausbrachen, aber Not kennt kein Gebot, und die Soldaten nahmen alles, was sie brauchen konnten, die Zivilbevölkerung sah sich in den Stand von Lieferanten und Quartiergebern herabgedrückt, sie hatten viel Ungemach zu erdulden, und atmeten erst auf, nachdem die Masse der Heere der Triumvirn die Fahrt über die Adria nach Griechenland angetreten hatte.

Das innere Gefüge der Legionen war in dauernder Veränderung begriffen, die Altgedienten schieden aus, ständig wurden neue Rekruten eingestellt, ganze Dörfer und Städte entvölkerten sich, überall sah man Kommandos, die Zugtiere, Pferde und Material requirierten, man konnte nicht genug Fahrzeuge zusammenbringen, um die Ausrüstung und das Gepäck zu transportieren. Der Bevölkerung nützten die Beschwerden nichts, die sie bei den amtlichen Stellen vorbrachten, denn Mars regierte die Stunde, und es blieb den Menschen Italiens nur die Hoffnung, daß sich das Gewitter bald nach dem Osten verziehen würde. Alles atmete auf, als sich die Heeresmassen aus dem Raum von Brundisium zu Schiff nach Epirus in Bewegung setzten, um in Griechenland den Kampf gegen Brutus und Cassius aufzunehmen.

Im Oktober des Jahres 42 standen sich auf den weiten Feldern bei Philippi nicht weniger als neunzehn Legionen auf jeder Seite gegenüber.

Die Truppenteile der Triumvirn waren gut aufgefüllt, die der Caesarmörder waren nicht ganz komplett. Auf der Seite der ersteren kamen noch 13000 Reiter hinzu. Nach der gewonnenen Schlacht haben die Triumvirn einem großen Teil des Heeres den Abschied gegeben, sie brauchten die Truppen nicht mehr, nur elf Legionen behielten sie unter den Waffen, darunter natürlich auch manche Soldaten aus dem Heer der ehemaligen Gegner. Von diesen elf Legionen nahm Antonius sechs für sich in Anspruch, von Octavian lieh er sich zwei weitere Legionen, einen Teil seiner Truppen stellte er dem Censorinus, seinem Unterfeldherrn, für Makedonien, zur Verfügung.[5] Dieser hatte einige Kämpfe mit den Nachbarvölkern auszutragen, am 1. Januar 39 feierte er in Rom einen Triumph über Makedonien. Man wundert sich, daß dem Censorinus nicht weniger als sechs Legionen unterstellt worden sind, eine verhältnismäßig hohe Zahl, die zeigt, daß in und um Makedonien die Ordnung noch nicht wiederhergestellt war. Zwei weitere Legionen erhielt Decidius Saxa in Syrien, sie sind mit ihm im Kampf gegen die Parther zugrunde gegangen, auch die Feldzeichen wurden von dem Gegner erbeutet. Schließlich wäre noch zu erwähnen, daß von den ehemaligen Soldaten des C. Cassius, des Caesarmörders, eine große Zahl auf die Seite des Q. Labienus, des Imperator Parthicus, übergegangen war. Die Schuld am Untergang des Decidius Saxa fällt, wie wir glauben, dem Antonius zur Last (s. S. 257).

Während der große römische Feldherr den ersten Winter an der Seite der Königin Kleopatra in Alexandrien verbrachte (41–40 v. Chr.), da brannte in Italien die Flamme des Perusinischen Krieges. Die Truppenmacht der Parteigänger des L. Antonius war beträchtlich: es waren insgesamt nicht weniger als 13 Legionen, sie gehorchten dem Ventidius, Asinius Pollio und Munatius Plancus. Dazu kamen aber noch elf Legionen unter Fufius Calenus in Gallien! Die Truppenmasse scheint so groß, daß gelegentlich die Vermutung geäußert worden ist, die Heere in Italien und Gallien seien, wenigstens teilweise, miteinander identisch gewesen. Dies ist aber angesichts der ganz eindeutigen Aussage Appians (B.C.V 51,213) nicht aufrecht zu erhalten. Aber 24 Legionen hätten doch eigentlich genügen müssen, um mit dem Gegner fertig zu werden, aber dies ist, wie bekannt, nicht eingetroffen, weil die Führer der Legionen es nicht wagten, die Sache bis zum Äußersten zu treiben, sie haben vielmehr eine betonte Zurückhaltung an den Tag gelegt, so daß L. Antonius in Perusia sich allein gelassen sah.

Die Veränderungen auf italischem Boden nach dem Ende des *bellum Perusinum* waren sehr schwerwiegend. Ein Teil der Truppen des Asinius Pollio ging zu Agrippa über, die restlichen traten in den Dienst des

Ventidius Bassus. Und was das Schlimmste war für Marcus Antonius: Octavian konnte sich in den Besitz der Legionen des Fufius Calenus in Gallien setzen; damit aber waren nicht weniger als elf Legionen für Antonius verloren.

Bei den Verhandlungen von Brundisium im Jahre 40 wurde ausgemacht, daß Antonius von Octavian fünf Legionen zurückerhalten sollte, vier weitere blieb ihm Octavian schuldig. Mit diesen vier Legionen beschäftigten sich die späteren Verhandlungen von Tarent im Jahre 37. Antonius hat sie übrigens niemals wiedergesehen.

Nach diesen letzten Vereinbarungen ergab sich für das Heer des Antonius folgendes Bild: Antonius verfügte nunmehr über sechzehn Legionen, dazu noch über zwei weitere, die er dem Cn. Domitius Ahenobarbus, dem Statthalter der Provinz Bithynien, übergeben hatte. Nach W. W. Tarn wären elf davon ehemalige Truppen des Ventidius Bassus und des Asinius Pollio gewesen, fünf weitere stammten aus dem Heer des Calenus, von den restlichen vier Legionen verlautet nichts mehr. Wohl aber verfügte Antonius noch über sechs weitere Legionen, die er in Makedonien zusammengezogen hatte. Alles in allem standen am Ende des Jahres 37 nicht weniger als 22 Legionen (dazu noch die zwei des Domitius) unter den Fahnen des Antonius. Rechnet man den mittleren Bestand einer Legion auf etwa 5 000 Mann, so ergibt sich eine Zahl von 110000 Mann, wozu aber noch einige Zehntausende hinzuzurechnen sind, die auf die Hilfstruppen *(auxilia)* entfallen.

Dann aber kam der Partherfeldzug des Jahres 36. Er brachte dem Antonius schwere Verluste. Zwei Legionen wurden so gut wie ganz aufgerieben, und die Verluste des ganzen Heeres betrugen nicht weniger als 37% der Kombattanten. Dies aber wären mehr als 20000 Mann, denn mit 60000 Mann Infanterie hatte Antonius das Unternehmen begonnen. Wenn man aber weiß, daß gerade die Reiterei sehr schwere Verluste zu beklagen hatte – sie büßte von ihren 10000 Mann nicht weniger als 4000 ein –, so ergibt sich ein Verlust von insgesamt 23500 Mann. Er setzte sich nach Tarn folgendermaßen zusammen: 7500 Mann (zwei untergegangene Legionen), 12000 Mann (Verluste der übrigen 14 Legionen) und 4000 Reiter. Das bedeutet, daß Antonius ungefähr ein Drittel seines Heeres eingebüßt hatte, denn er war mit 70000 Mann in den Krieg gegen die Parther eingetreten.

Wie stand es nun um das Heer des Antonius, als er sich zum Endkampf gegen seinen Rivalen Octavian rüstete? Er besaß insgesamt dreißig Legionen; dabei ist zu bemerken, daß Antonius im Jahr 35 drei von Sex. Pompeius in Kleinasien übernommen hatte. Fünf weitere hatte er neu ausgehoben (dies ist jedenfalls die wahrscheinlichste Version). Von den dreißig Legionen wurden neunzehn nach Griechenland in Marsch gesetzt, und zwar zum größten Teil Veteranen. Von den restlichen elf Legionen verblieben vier in der Cyrenaica. Sie sollten das Land gegen eine Invasion von Westen her sichern und standen unter dem Befehl des Pinarius Scarpus. Wo die übrigen sieben sich befanden – nach Tarn in Alexandrien, Syrien und Makedonien –, ist im einzelnen nicht bekannt. Aus der Übersicht ergibt sich die interessante Tatsache, daß Antonius mehr als ein Drittel seines Feldheeres *nicht* mit nach Hellas genommen hatte. Während Plutarch die bei Actium eingesetzen Landtruppen auf 100000 Mann beziffert (Leb.d.Ant.61), kommt Tarn nur auf 75000 Mann. Dies mag hier auf sich beruhen bleiben, vielleicht ist die von Plutarch angenommene Zahl nur die Sollziffer, man wird natürlich mit Marschverlusten, in der letzten Phase des Kampfes auch mit Überläufern, rechnen müssen. Octavian verfügte bei Actium über 80000 Mann, dazu noch über 12000 Reiter.

W. W. Tarn hat gemeint, die Truppen des Antonius, soweit sie in den Legionen standen, seien bei Actium Italiker gewesen, natürlich mit Ausnahme der Reiterei, die traditionsgemäß von den Bundesgenossen gestellt wurde. Nach Tarn seien die einzigen Griechen und Asiaten im Heer und in der Flotte des Antonius etwa 4000 Reiter und eine Anzahl von Ruderern auf den Kriegsschiffen gewesen. Aber diese Behauptung trifft nicht zu, sie muß richtiggestellt werden. Es kann nämlich gar kein Zweifel darüber bestehen, daß sich Antonius bei der Rekrutierung seiner Soldaten, je weniger er auf die italischen Rekruten zurückgreifen konnte, desto mehr auf die Bevölkerung der östlichen Teile seines Reiches gestützt hat. Schon vor nahezu fünfzig Jahren hat Otto Cuntz in einem Aufsatz, den Tarn leider übersehen hat, nachgewiesen, daß zahlreiche Männer griechischer, kleinasiatischer, aber auch ägyptischer Abkunft Eingang in die Legionen des Antonius gefunden haben[6]. Man findet im Heer Männer aus Lykaonien, aus dem Pontus, aus Pisidien, Galatien, aus der Milyas (einer an Karien angrenzenden Landschaft), aus Kilikien und aus anderen Landschaften Kleinasiens. Natürlich haben diese Soldaten beim Eintritt in das Heer das römische Bürgerrecht erhalten. Sie waren *de iure* nichts anderes als die übrigen *cives Romani.* Diesen Grundsatz hat auch Antonius nicht angetastet. Auch wird man voraussetzen dürfen, daß diese Männer die lateinische Sprache wenigstens soweit beherrschten, daß ihnen die militärische Kommandosprache geläufig war. Bemerkenswert ist nun die Tatsache, daß eine Reihe von Männern Namen führen, die ohne Zweifel auf Unterführer des Antonius zurückgehen. So begegnet man etwa einem

Cn. Domitius aus dem galatischen Pessinus, einem C. Longinus aus Amblada in Pisidien, einem Sex. Munatius aus Galatien, einem M. Sosius aus Sebastopolis (wahrscheinlich dem pontischen), einem M. Titius aus Isinda in Pisidien. Es ist bekannt, daß der Nichtbürger (Peregrine), wenn ihm das römische Bürgerrecht verliehen wurde, den Gentilnamen des Mannes annahm, der sich um seine Aufnahme in die römische Civität verdient gemacht hatte, und zwar trug der Neubürger das Gentilnomen seines *patronus* als eigentliches *nomen.*

Wir kennen die Männer gut, nach denen sich diese Legionäre benannt haben: es sind dies Cn. Domitius Ahenobarbus, der Statthalter von Bithynien und Pontus, L. Cassius Longinus, der von Antonius in Gnaden angenommene Bruder des bekannten Caesarmörders, L. Munatius Plancus, unter Antonius Statthalter zuerst von Asia, dann von Syrien, und M. Titius, der seinerzeit das Kommando in Kleinasien gegen Sex. Pompeius geführt hat. Wenn man bedenkt, daß es sich nur um ein paar rein zufällig erhaltene inschriftliche Zeugnisse handelt, und zwar nicht mehr als etwa zwei Dutzend, so wird man ermessen können, daß die Zahl der Nichtrömer in den Legionen in Wirklichkeit gar nicht so gering gewesen sein mag. Wir werden vielleicht sogar mit einigen Tausend Fremden rechnen müssen. Doch wird man die Frage aufwerfen: Waren denn diese Männer wirklich eine Stütze für Antonius? Konnte er sich im Ernstfall auf sie verlassen? Oder waren sie nur dazu bestimmt, die Lücken in der Rekrutierung zu füllen, die durch den Ausfall des italischen Nachersatzes entstanden waren? Aber auch sie hatten den Fahneneid auf Antonius abgelegt, doch fühlten sie sich sicher nicht als Vorkämpfer der römischen Zivilisation, im Gegenteil, sie blieben immer ihrem eigenen Volkstum verbunden, und in der Regel haben sie nach Ablauf der Dienstzeit einheimische Frauen geheiratet, nachdem sie vorher mit ihnen im Concubinat gelebt hatten. Und Antonius? Er befand sich in den entscheidenden Jahren zwischen 35 und 31 in einer Zwangslage, die er nicht anders zu bewältigen vermochte, als daß er den Ersatz für seine Legionen der Schicht der Einheimischen entnahm. Aber an diesen Soldaten griechischer oder kleinasiatischer Herkunft lag es nicht, wenn die Schlacht bei Actium dem Antonius verloren ging. Diese Männer wären ihrem Feldherrn bis ans Ende der Welt gefolgt, er aber zog es vor, mit Kleopatra nach Ägypten zu fliehen, um hier ein neues Heer aus dem Boden zu stampfen. Aber dies haben die Verhältnisse nicht mehr zugelassen. Antonius hat seine Kriege zu Lande geführt, mit einer Ausnahme, den Krieg gegen Octavian, der in der Seeschlacht bei Actium entschieden worden ist. Bei der Flottenrüstung des Antonius ist zu berücksichtigen, daß er an dem Entscheidungskampf gegen Sex. Pompeius (Seeschlacht bei Naulochos, 36 v. Chr.) persönlich nicht beteiligt gewesen ist. Er hat aber dem Octavian für den Seekrieg Schiffe zur Verfügung gestellt, die er entbehren konnte. Anderseits hat Antonius an der Flotte der ägyptischen Königin, an ihren Kriegsschiffen und Lastschiffen, eine wertvolle Hilfe besessen. Aber zunächst hatte er sich selbst helfen müssen, denn seine Lage war nach Philippi (42 v. Chr.) zur See alles andere als hoffnungsvoll. Er mußte mitansehen, wie sich die Republikaner auf ihren Schiffen zu einem Teil in Sicherheit bringen konnten, ohne daß es dem Antonius gelungen wäre, sie daran zu hindern. Mit Recht hat Johannes Kromayer gesagt: „Der Herr des seemächtigen Ostens gebot sozusagen über keine Schiffe.“[7] In diesem Dilemma gab es nur einen einzigen Weg, auf dem Antonius dem Mangel abhelfen konnte: er mußte versuchen, soviel Schiffe auf Kiel zu legen, wie es ihm nur möglich war. Natürlich nahm der Schiffsbau einige Zeit in Anspruch, aber schon im Jahre 40 v. Chr. verfügte Antonius über nicht weniger als 200 Kriegsschiffe. Dazu kam dann noch die Flotte des Cn. Domitius Ahenobarbus, der sich dem Antonius zur Verfügung gestellt hatte. Dies aber waren mehr als 70 Kriegsschiffe, so daß Antonius bei der Landung im Raum von Brundisium über insgesamt 300 Kriegsschiffe verfügte. Für seine Operationen im Osten waren sie entbehrlich und wenn man davon hört, dem Antonius habe der Unterhalt der Flotte geradezu Kopfzerbrechen gemacht (App.B.C.V 93,389), so trifft dies sicher das Richtige, zumal wenn man in Betracht zieht, daß Antonius mit den Rüstungen für den Partherkrieg bereits begonnen hatte. So mag es ihm geradezu willkommen gewesen sein, die Bitte des Octavian zu erfüllen und ihm für seine Seeoperationen gegen Sex. Pompeius einen beträchtlichen Teil seiner Kriegsflotte, angeblich 130 Schiffe, zur Verfügung zu stellen. Dies war nämlich im Vertrag von Tarent (37 v. Chr.) ausgemacht worden.

Die weitere Entwicklung der Flotte des Antonius ist nicht in allen Einzelheiten zu durchschauen, zumal die Quellen in Bezug auf die Zahlenangaben nicht übereinstimmen. Auszugehen ist hier von den übrigen 170 Schiffen, außerdem schickte ihm Octavian 70 Schiffe zurück, dies mag der Rest des ihm geliehenen Geschwaders gewesen sein. Die Gesamtzahl von 240 Schiffen war natürlich viel zu gering, als sich der Krieg gegen Octavian am Horizont abzuzeichnen begann. Noch einmal setzte Antonius einen Flottenbau riesigen Umfangs ins Werk; er hat sich in dem Zeitraum vom Frühjahr 35 bis zum Herbst des Jahres 31 vollzogen. Mindestens viereinhalb Jahre hatte Antonius Zeit, um seine Kriegsflotte auf einen respektablen Stand zu bringen. Besonders angetan hatten es ihm die großen Schiffstypen; so hat er zahlreiche Mehrdecker bauen lassen, die Typen reichten von der Hexere (Schiff mit sechs Ruderdecks) bis zur Dekere (mit zehn Ruderdecks). Vor der Seeschlacht bei Actium verfügte Antonius über insgesamt 500 Kriegsschiffe, dies die Höchstzahl, die er jemals erreicht hat. Diese Zahl, von Plutarch (Leb.d.Ant. 61) angegeben, scheint richtig zu sein. Dabei muß man aber berücksichtigen, daß Antonius von dieser großen Zahl einen Teil wegen Mangels an Ruderern vor der Schlacht verbrannt hat, dazu kamen noch die Verluste in der Seeschlacht. Diese beiden Verlustposten sind sehr schwer zu bestimmen, die Quellen geben keine Möglichkeit, die Verluste zahlenmäßig zu überprüfen. Schließlich wäre noch hinzuzufügen, daß auch Octavian im letzten Krieg gegen Antonius über ungefähr 500 bis 600 Schiffe, zumeist kleinere Einheiten, verfügt hat, von denen bei Actium 400 eingesetzt worden sind.

Und was lehren die Zahlen? Sie zeigen, daß sich Antonius als der Herr des Orients seit dem Jahr 35 v. Chr., vor allem mit Unterstützung Kleopatras, eine so große Flotte geschaffen hat, daß er dem potentiellen Gegner, Octavian, ohne weiteres gewachsen war. Aber wieder hatte er, wie beim Partherfeldzug, in seiner Berechnung einen entscheidenden Fehler gemacht. Die Erfahrungen, die Octavian in der Seeschlacht bei Naulochos in den sizilischen Gewässern gemacht hatte, verleiteten Antonius dazu, vor allem große Schiffstypen zu bevorzugen. Diese aber haben sich in dem Sund von Actium nicht bewährt. Sie waren nicht imstande, sich der konzentrischen Angriffe der leichten Schiffstypen Octavians zu erwehren, weil es ihnen an Wendigkeit und Beweglichkeit fehlte. Es bliebe noch zu vermuten, daß Antonius mit seinen ‚Dreadnoughts' an eine Phase des Seekriegs wieder anknüpfen wollte, die längst der Vergangenheit angehörte. Die Zeit, in der sich Großkampfschiffe mit mehreren Ruderdecks von Bord zu Bord mit großen Ballisten bekämpften, gehörte der Vergangenheit an. Und wenn es Kleopatra gewesen sein sollte, die ihren Gemahl dazu ermuntert hat, so hatte sie die Entwicklung ignoriert und auf die falsche Karte gesetzt. Die Seestrategie hatte nämlich inzwischen große Fortschritte gemacht, die hochbordigen Schiffe des Antonius schreckten M. Vipsanius Agrippa nicht, dieser hat sie auf der Gegenseite geradezu begrüßt, denn er wußte, wie er mit ihnen fertig werden konnte. Es gibt kein Geheimnis der Schlacht bei Actium, die Flucht der Königin Kleopatra war geplant, und der Ausgang der Schlacht war nicht mehr zweifelhaft, als Agrippa der Schiffskolosse seines Gegners Antonius vor seiner Front ansichtig wurde.

Bei den Rüstungen des Antonius zu Wasser und zu Lande sind zwei Gesichtspunkte zu beachten. Für den Partherfeldzug des Jahres 36 hat er ein großes Landheer, insgesamt 16 Legionen mit den üblichen Hilfstruppen, aufgeboten, für den Krieg gegen Octavian nicht nur eine sehr bedeutende Flotte, sondern auch ein großes Landheer von etwa 100000 Mann. Es wäre verkehrt, anzunehmen, daß Antonius mit unzureichender Rüstung in die beiden Kriege eingetreten ist. Im Gegenteil, was er aufbieten konnte, hatte er mobil gemacht, das eine Mal sechzehn, das andere Mal neunzehn Legionen, mit diesen Zahlen hatte er seine Möglichkeiten ausgeschöpft: mehr als diese gewaltigen Truppenmassen vermochten die Länder nicht zu ernähren. Nicht nur Armenien, sondern auch Hellas ist bis an die äußerste Grenze des Zulässigen ausgesogen worden, und die organisatorischen Leistungen des Generalstabs des Antonius sind hier wie dort über alles Lob erhaben, sie stellen den Stabsoffizieren und der Intendantur des Antonius ein hervorragendes Zeugnis aus. Wenn beide Feldzüge in so eklatanter Weise mißglückt sind, so wäre darauf zu antworten: Beim Partherfeldzug fehlte es dem Antonius an einem klaren Ziel, er hatte zudem keine Vorstellung von den ungeheuren Schwierigkeiten in Media Atropatene, und außerdem hatte Antonius das Zeitproblem in sträflicher Weise vernachlässigt. Bei Actium standen einem Erfolg der unzweckmäßige Flottenbau und die Abhängigkeit des Antonius von der ägyptischen Königin im Wege.

Fünfzehntes Kapitel

Propaganda und Apotheose

Die Politik des Antonius wäre nicht möglich gewesen ohne eine wirksame Propaganda, die der Triumvir, ebenso wie seine Gegner, in zielbewußter Weise eingesetzt hat. Antonius hat es verstanden, nicht nur seine Soldaten und seine Untertanen, sondern auch die andere Seite durch die Erzeugnisse seiner Propaganda zu beeindrucken. Eine ganze Flugschriftenliteratur befand sich im Entstehen, von der aber nur ein paar Bruchstücke auf unsere Zeit gekommen sind. Doch selbst diese wenigen Fragmente genügen, um zu zeigen, in welcher Weise Antonius aus seiner Propaganda Kapital geschlagen hat. Solange er sich auf dem Siegespfad befand, hatte es Antonius leicht: man liebte ihn, und man glaubte ihm, und nur wenigen ist es in den Sinn gekommen, seine Flugschriften auf ihren Wahrheitsgehalt zu überprüfen. Seine Erfolge haben nicht nur viele Lobredner gefunden, manche seiner Anhänger sahen in Antonius sogar einen Übermenschen, sie stellten ihn an die Seite der unsterblichen Götter. Um so tiefer war der Sturz, der ihm am Ende seines Lebens beschieden war. Solange Antonius jedoch auf der Menschheit Höhen wandelte, fand er viele Männer des Geistes, die ihm ihre Feder zur Verfügung stellten. Von ihnen sei hier nur ein einziger Name genannt, Cassius von Parma, der nach der Schlacht bei Actium in Athen ein sehr trauriges Ende gefunden hat (s. S. 264). Zu den Flugschriften kommt dann noch eine mehr oder weniger auffällige Propaganda auf den Münzen, die sich in den Münzporträts und in den Münzlegenden niedergeschlagen hat. So hat sich Antonius nicht gescheut, Münzen prägen zu lassen, die seinen eigenen Kopf auf der Vorderseite, auf der Rückseite die Büste der Kleopatra mit dem Vordersteven eines Schiffes und der Legende *Cleopatrae Reginae Regum Filiorum Regum* („der Kleopatra, der Königin der Könige, der Söhne, der Könige“) zeigen – aber die Münzpropaganda brauchte Zeit, um die Menschen anzusprechen, die Flugschriften waren schneller und wohl auch wirksamer.

Die erste Periode der Propaganda des Antonius fällt in die Zeit unmittelbar nach Caesars Tod, vor allem in die Zeit des Mutinensischen Krieges. Die Propaganda diente im wesentlichen dem Zweck, den Rivalen Octavian zu diskreditieren. Geboren war die Aktion aus dem Streit um das Erbe Caesars, des toten Diktators, das Antonius dem „Knaben" Octavian nicht gönnte, obwohl das Testament diesen zum Haupterben bestimmt hatte. Außer Cassius von Parma sind es vor allem Aquilius Niger und Iulius Saturninus gewesen, die für Antonius in der Öffentlichkeit eingetreten sind. Auch L. Antonius, der Bruder des Marcus, wird hier zu nennen sein, obwohl seine Angriffe gegen Octavian mehr seinen eigenen Absichten als denen des Bruders dienen sollten. Von diesen Schriften ist manches in die Werke der späteren Geschichtsschreiber, des Tacitus und des Sueton, aber auch in die Schriften des Philosophen Seneca eingegangen. Die Anschuldigungen gegen Octavian beginnen gewissermaßen mit der Veröffentlichung des caesarischen Testaments. Antonius nämlich erdreistete sich, zu behaupten, er habe dem jungen Mann die Bahn offengehalten, denn er habe es verhindert, daß der tote Diktator zum Tyrannen erklärt wurde. Erst dadurch sei es dem Octavian möglich gewesen, das Erbe anzutreten, ein Tyrann hätte rechtlich keinen Nachfolger bestimmen können[1]. Diese Bemerkung war juristisch zutreffend, aber natürlich hatte Antonius gar nicht daran gedacht, sich auch nur im geringsten für Octavian einzusetzen. Es waren ganz andere Gründe gewesen, die ihn dazu bestimmt hatten, die Anordnungen des toten Diktators für Rechtens erklären zu lassen (s. o. S. 89).

Ein anderer Punkt der Propaganda des Antonius war die Behauptung, Octavian habe ihm nach dem Leben getrachtet. Die Sache ist im übrigen nie aufgeklärt worden, und man hat sich mit Recht immer wieder gefragt, ob man die Anschuldigungen des Antonius in den Bereich der Phantasie verweisen muß. Bei Plutarch kann man lesen (Leb. d. Ant. 16, 3–4), Antonius habe einen Traum gehabt, in dem ein Blitz seine rechte Hand getroffen habe. Das war natürlich ein Hinweis auf das Attentat, jedenfalls nach Ansicht des Antonius und seiner Freunde. Es ist nun geradezu erstaunlich, daß nicht nur Cicero, sondern auch Seneca und Sueton von der Wahrheit der Anschuldigungen des Antonius überzeugt gewesen sind! Dennoch ist es ganz unwahrscheinlich, daß Octavian einen Anschlag gegen das Leben seines Rivalen geplant oder sogar durchzuführen versucht hat. Antonius saß in jenen Tagen viel zu fest im Sattel. Aber all diese Anschuldigungen, auch die des L. Antonius gegen Octavian wegen seiner Beziehungen zu seinem Großoheim C. Iulius Caesar, waren nur ein Vorgeplänkel, in der Folgezeit hat es noch sehr viel massivere Vorwürfe von der Seite des M. Antonius gegeben. Insbesondere in den Jahren, da die Entscheidung heranreifte, in der Zeit von 33 bis 31 v. Chr., haben beide,

Antonius ebensowenig wie sein Antipode Octavian, kein Blatt vor den Mund genommen, sie scheuten sich nicht, den Gegner in aller Öffentlichkeit zu beleidigen. Die römischen Bürger auf beiden Seiten kamen aus dem Staunen nicht mehr heraus, sie lauschten voll Begierde den Verlautbarungen der Triumvirn, die vor dem Privatleben des Gegners nicht mehr Halt machten. Die Verquickung von politischen und privaten Anschuldigungen ist nicht nur aus dem Altertum bekannt. Es ist dies ein sehr wirksames Mittel, um den Gegner vor aller Welt herabzusetzen.

Mit Recht hat man gesagt[2], daß die Angriffe des Antonius gegen den Charakter Octavians wohlbekannten Vorbildern folgen; hier wären etwa die Reden Ciceros gegen Catilina oder gegen Piso zu nennen, vor allem aber seine Philippischen Reden, in denen der große Redner seinem Haß gegen Antonius freien Lauf gelassen hat (s. u. S. 300ff.). Antonius aber nahm die Herkunft seines Gegners aufs Korn und glaubte, ein paar dunkle Punkte im Leben der Vorfahren Octavians entdeckt zu haben. So behauptete er, der Urgroßvater *(proavus)* sei ein Freigelassener gewesen, von Beruf Seiler, aus dem unteritalischen Thurii, und deswegen sei Octavian in seinen jungen Jahren *Thurinus* genannt worden. Von dem Großvater behauptete Antonius, er habe zu der nicht sehr angesehenen Zunft der Geldwechsler gehört, und das gleiche, nicht sehr rühmliche Gewerbe habe auch Octavians Vater ausgeübt. Aber dies war ein Anwurf, der leicht zu widerlegen war: denn es war nur zu gut bekannt, daß C. Octavius, der leibliche Vater Octavians, ein wohlhabender römischer Ritter gewesen war, der es immerhin bis zur Prätur gebracht hatte.

Schon im Jahr 43 hatte ein Spottvers die Runde gemacht, in dem C. Octavius, der Vater, als *argentarius* (Geldwechsler), Octavian aber als *Corinthiarius,* d.h. als Liebhaber kostbarer Gefäße, bezeichnet worden war: *Pater argentarius, ego Corinthiarius.* Dies stand auf einer Statue des Octavian zu lesen, für jedermann sichtbar. Und der Verfasser? Manches spricht dafür, daß auch hier Cassius aus Parma am Werk gewesen ist, der sich auf diese Dinge vortrefflich verstand. Auch an der Familie der Atia, der Mutter Octavians, fand Antonius einiges auszusetzen. Einer ihrer Vorfahren (von Antonius als *proavus* bezeichnet) habe in Aricia ein Salbengeschäft und eine Stampfmühle betrieben. Dies aber regte Cassius von Parma zu einem nicht sehr vornehmen Witz an, in dem davon die Rede war, daß der Vater Octavius aus der Mühle von Aricia das Muttermehl genommen habe, um daraus einen Mutterkuchen, nämlich Octavian, zu bilden (Suet. Aug. 4, 2).

Die Ereignisse des Mutinensischen Krieges spiegeln sich wider in der

Behauptung, Octavian habe das Leben des schwer verwundeten Pansa dadurch verkürzt, daß er ihm durch den Arzt Glyko Gift verabreichen ließ – eine vollkommen grundlose Behauptung, die aber dank der Propaganda des Antonius ihren Weg in die antike Geschichtsschreibung gefunden hat. Sueton nennt als Urheber Aquilius Niger, der zu den Parteigängern des Antonius gehört hat (Suet. Aug. 11). Die Anschuldigung des Aquilius hat sich sogar in den Annalen des Tacitus niedergeschlagen (I 10, 1).

Sehr massive Vorwürfe richtete die Propaganda des Antonius gegen den Charakter Octavians. Ihm wird zu verschiedenen Malen persönliche Feigheit vor dem Feind vorgeworfen. Dies bezog sich insbesondere auf sein Verhalten in der Schlacht bei Philippi und in der Seeschlacht bei Naulochos. Die Vorwürfe lassen sich im einzelnen nicht nachprüfen, aber sie haben immerhin auf den Angegriffenen einen so tiefen Eindruck gemacht, daß er es für richtig hielt, sich mit einer Gegenschrift zur Wehr zu setzen. Er beschuldigte Antonius, daß er über den Durst zu trinken pflege. Daran war etwas Wahres, denn wenn etwas sicher ist, so ist es die Tatsache, daß Antonius sich beim Pokulieren keinen Zwang aufzuerlegen pflegte. Gegen Octavian hat sich Antonius mit einer eigenen Schrift mit dem Titel ‚Über seine eigene Trunkenheit' *(De sua ebrietate)* zur Wehr gesetzt. Sie ist kurz vor der Schlacht bei Actium erschienen[3]. Für Leser in Rom bestimmt, enthielt sie scharfe Invectiven gegen Octavian. Ob es *diese* Schrift gewesen ist, in der zu lesen stand, Octavian habe auf einem Bankett mit seinen Freunden die altrömische Religion verhöhnt, ist nicht sicher. Gewisse Indizien, die O. Immisch vorgebracht hat[4], weisen eher auf eine Datierung in das Jahr 40 v. Chr., in dem in Rom eine Hungersnot herrschte. Antonius hat hier dem Octavian vorgeworfen, man habe ein Lectisternium, eine Bewirtung der Götter, abgehalten, wobei Octavian die Rolle des Phoebus Apollo, seine Freunde die Rollen von sechs Göttern und sechs Göttinnen übernommen hätten. Die wahren Götter hätten daraufhin voll Empörung die Erde verlassen, und Juppiter sei von seinem goldenen Thron herabgestiegen. – Es mag sein, daß man hierin einen Gegenstoß des Antonius sehen darf, der sich gegen die Behauptung der anderen Seite zur Wehr setzte, er habe sich mit Dionysos-Osiris gleichgesetzt. Ob Octavian es wirklich gewagt hat, die Göttergestalt des Phoebus Apollo in dieser Weise zu profanieren, ist allerdings eine ganz andere Frage, und mit vollem Recht sind namhafte Forscher wie M. P. Charlesworth und A. D. Nock hier zu einem negativen Ergebnis gekommen. Aber wie dem auch sein mag – Antonius hatte sein Ziel erreicht, und Octavian sah sich in die Verteidigung gedrängt.

In eine spätere Zeit, in das Jahr 33 v. Chr., gehört der vielsagende Brief, den Antonius als Entgegnung auf ein Schreiben Octavians verfaßt hat. Der Brief Octavians, der Antonius auf seinem Partherfeldzug erreichte, enthielt offenbar Vorwürfe wegen der Verbindung des Antonius mit Kleopatra und wegen der Zurücksetzung der Octavia. Antonius reagierte darauf in einer Weise, die weder freundlich noch geradezu feindlich genannt werden konnte. Er schrieb dem Rivalen: „Was hat dich so verändert? Weil ich mit der Königin verkehre? Sie ist ja meine Frau. Habe ich das jetzt angefangen oder schon vor neun Jahren? Verkehrst denn du allein mit der Drusilla? Möge es dir wohl ergehen, damit du, wenn du diesen Brief liest, nicht mit Tertulla, Terentilla oder Rufilla oder Salvia Titisenia oder mit allen verkehrst![5]" An Deutlichkeit ließ die Antwort wahrscheinlich nichts zu wünschen übrig, sie paßt dazu, daß Antonius sich auch sonst nicht gescheut hat, dem Gegner Vorwürfe wegen seiner Beziehungen zu Frauen zu machen. Auf Einzelheiten einzugehen, verlohnt sich nicht, aber natürlich hat die überstürzte Heirat Octavians und der Livia Drusilla manchen Anlaß zu Gerede gegeben, Octavian hat sich schweren Vorwürfen ausgesetzt gesehen, aber darauf kommt es hier nicht an, wichtig ist vielmehr, daß die Propaganda des Antonius noch einen anderen wunden Punkt des Gegners aufs Korn genommen hat. Und zwar ging es um Iulia, die Tochter des Octavian und der Scribonia. Zuerst habe Octavian den Sohn des Antonius als Gatten für Iulia in Aussicht genommen (der Text spricht geradezu von einer Verlobung der beiden), dann aber habe er sich um Cotiso, den König der Geten, als Gatten für Iulia bemüht, während er selbst um die Tochter des Königs als Gemahlin geworben habe[6]. Was ist daran wahr? Es mag sein, daß Octavian eine Verbindung seiner Tochter – sie war noch ein kleines Kind – mit dem Sohn des Antonius, den man Antyllos nannte, für vorteilhaft gehalten hat, vielleicht zu der Zeit, als man den Vertrag von Tarent (37 v. Chr.) paraphiert hat. Das wäre das Höchste, was man auf Grund dieser Angaben erschließen könnte. Der Rest ist reine Phantasie, wahrscheinlich herausgesponnen aus den Kontakten, die Octavian bei seinen illyrischen Feldzügen mit dem König der Daker aufgenommen hat, und zwar in den Jahren 35 oder 34 v. Chr. Die Anschuldigungen des Antonius mußten kein gutes Licht auf seinen Gegner werfen, da dieser längst mit Livia verheiratet war – denn Octavian wurde hier die Absicht unterstellt, er habe sich um die Verbindung mit einer fremden Fürstentochter bemüht, und wenn dies den Tatsachen entsprach, so hatte er doch nicht den geringsten Grund, dem Antonius seine Ehe mit Kleopatra vorzuhalten! Man mag die Anschuldigung des Antonius eine Schutzbehauptung nennen, er sah sich moralisch in die Verteidigung gedrängt und antwortete mit einem wirksamen Gegenstoß, der den Gegner ins Unrecht setzte. Wer war in Rom imstande, die Behauptung auf ihren Wahrheitsgehalt zu überprüfen?

Octavian und seine Freunde mögen über diese Anschuldigung gelächelt haben, das Lachen ist ihnen aber vergangen, als Antonius noch gröberes Geschütz auffuhr und die Behauptung in die Welt setzte, der Diktator Caesar habe zu seinen Lebzeiten Kaisarion, den Sohn der Kleopatra, als seinen eigenen Sohn anerkannt. Und Antonius fügte sogar noch hinzu, daß die Freunde Caesars, insbesondere C. Matius und C. Oppius, dies genau wüßten[7]. Damit aber wurde Octavian als Erbe Caesars diskreditiert, es wurde der Welt verkündet, daß ein Rivale existiere, der genau das gleiche Recht auf die Nachfolge des toten Diktators besitze!

Es ist möglich, daß die Erklärung des Antonius in ursächlichem Zusammenhang mit den Alexandrinischen Schenkungen des Jahres 34 steht, bei denen neben Kleopatra auch Kaisarion zum „König der Könige" proklamiert worden war. Das mag richtig sein – aber die Geschichte ist trotzdem erfunden, und außerdem kann keine Rede davon sein, daß Antonius, wie man bei Sueton nachlesen kann, dies dem Senat in Rom verkündet habe *(senatui adfirmavit)*. Richtig ist vielmehr, daß Antonius ein Schreiben an den Senat abgefaßt hatte, aber die regierenden Consuln des Jahres 32, seine Freunde C. Sosius und Cn. Domitius Ahenobarbus, haben es nicht gewagt, den Inhalt dem Senat bekanntzugeben, da sie mit Recht eine negative Wirkung in Rom befürchteten. Aber die Behauptung des Antonius über Kaisarion war trotzdem ein schwerer Schlag für Octavian, dem Antonius jetzt einen sehr ernsthaften Konkurrenten präsentierte. Für die Nachfolge in Rom wäre er jedoch kaum in Betracht gekommen, seine Anerkennung als König von Ägypten und als Nachfolger Kleopatras stand dagegen außer jedem Zweifel. Dennoch hat Antonius mit diesem Propagandamanöver wenig Glück gehabt; es war nicht so, wie er es darzustellen beliebte, daß die Freunde Caesars seine Aussagen bestätigten, im Gegenteil, C. Oppius soll sogar eine Flugschrift verfaßt haben, in der zu lesen stand, daß der nicht der Sohn Caesars sei, von dem es Kleopatra behauptete[8]. Antonius war nicht der Mann, der die Anschuldigungen und Vorwürfe des Octavian tatenlos hingenommen hätte. Er zahlte sie seinem Rivalen mit gleicher Münze heim – so warf er dem Octavian die übereilte Hochzeit mit Livia vor (sie wurde im Frühjahr 38 v. Chr. gefeiert), und nicht nur dies: Antonius behauptete: Octavian habe eine Frau hohen Standes aus einer Gesellschaft ihres eigenen Mannes in ein Nebengemach (oder sogar in das Schlafgemach) geführt. Als sie wieder in der Gesellschaft erschien, seien ihre Augen gerötet, ihre Frisur sei in Unordnung gewesen. Und von seiner früheren Gattin Scribonia habe sich Octavian getrennt, weil diese an dem zu großen Einfluß der Geliebten, eben der Livia, Anstoß genommen und hierüber ihrem Schmerz Ausdruck verliehen habe. Den Freunden habe Octavian den Auftrag erteilt, für ihn Frauen und junge Mädchen in paradiesischer Nacktheit in Augenschein zu nehmen, so als ob sie der Sklavenhändler Toranius zum Verkauf anbiete.

Niemand wird verkennen, daß es sich hier um Klatschgeschichten handelt, wie sie in einer antiken Großstadt zu allen Zeiten im Umlauf gewesen sind. Daß Antonius seine Zuflucht zu ihnen genommen hat, wirft wahrlich kein gutes Licht auf seinen Charakter. Man vermißt hier seine gewohnte Noblesse, und zu erklären sind die wenig vornehmen Anschuldigungen nur aus der hektischen Situation der heraufziehenden kriegerischen Auseinandersetzung. Zwischen dem öffentlichen Leben und dem Privatleben der führenden Persönlichkeiten pflegte man keinen Unterschied zu machen, und selbst wenn von den Anwürfen nur ein geringer Bruchteil der Wahrheit entsprach oder dieser auch nur halbwegs nahe kam, so wußte Antonius ebenso gut wie sein Gegner, daß immer etwas hängen bleibt. Und darauf kam es den beiden Konkurrenten an. Die Öffentlichkeit blieb im übrigen ziemlich ungerührt, man war derlei Dinge längst gewohnt und pflegte sie nicht auf die Goldwaage zu legen. Auch der Historiker tut gut daran, sich von ihnen nicht beeindrucken zu lassen.

Für die Geschichte der antiken Propaganda sind diese Behauptungen dagegen keineswegs wertlos. Mit Recht aber hat ein so hervorragender Kenner des Prinzipats wie M. P. Charlesworth gesagt, daß man den Einfluß und die Wirkung dieser Propaganda nicht unterschätzen dürfe. Man brauche sich daher nicht zu wundern, wenn diese Erzeugnisse die Niederlage und den Tod des Antonius um viele Jahre überlebt haben. So zeige etwa, sagt Charlesworth, die *Epistula ad Octavianum,* die unter den pseudociceronischen Schriften figuriert – in Wirklichkeit ist sie ein rhetorisches Erzeugnis der Kaiserzeit – ein ganz negatives Bild Octavians, während Antonius in den höchsten Tönen gelobt wird, denn die Schrift charakterisiert ihn als einen *vir animi maximi,* d.h. als einen Mann von höchstem Mut (oder Geist). Die Schmähungen des Antonius sind nicht spurlos untergegangen, manche Feinde Octavians haben sich ihrer bedient, und dadurch sind sie in die antike Überlieferung gekommen.

Das Ganze wird man als ein trübes Kapitel aus der Geschichte des Machtkampfes der beiden Triumvirn bezeichnen müssen, und der unparteiische Historiker wird zugeben, daß hier die Menschlichkeit *(humanitas)* eine schwere Niederlage erlitten hat. Aber daran hat keiner der Beteiligten auch nur einen einzigen Gedanken verschwendet, beiden ging es nur darum, die Zeitgenossen zu Zeugen für ihren Rechtsstandpunkt anzurufen.

Mit der Propaganda in Verbindung steht die *Apotheose,* die Vergöttlichung. Sie hat gleichfalls in dem geistigen Kampf der Triumvirn eine bedeutende Rolle gespielt. Die Apotheose stammt aus der Welt des Griechentums, sie beginnt mit der Person des Spartaners Lysander, des Siegers über Athen am Ende des Peloponnesischen Krieges, dem man gottgleiche Ehren in Samos erwiesen hat. Sie reicht über Philipp II., seinen Sohn Alexander und die Diadochen, vor allem Demetrios Poliorketes, bis in die hellenistische Zeit. Für die Untertanen waren die Ptolemäer auf dem Thron in Alexandrien schon zu ihren Lebzeiten Götter, ihnen wurden göttliche Ehren dargebracht; ähnlich steht es mit den Seleukiden. Auch in ihrem Reich blühte der Herrscherkult, vor allem seit Antiochos III. (223–187 v.Chr.), aber auch unter seinen Nachfolgern. Durch ihr Auftreten in Hellas und im Osten, in Kleinasien, sind die Römer mit dem hellenistischen Herrscherkult in Kontakt gekommen. Es sei hier etwa an die göttlichen Ehren erinnert, die dem römischen Feldherrn T. Quinctius Flamininus in Griechenland erwiesen worden sind. Für die Griechen waren die großen Römer, Gestalten wie Sulla, Pompeius und Caesar, schon zu ihren Lebzeiten in die Welt der Götter aufgerückt, und man braucht sich deswegen nicht zu wundern, wenn die Hellenen des Mutterlandes und Kleinasiens den Sieger von Philippi wie einen Gott verehrt haben.

Ein Großteil dieser Ehren ist zweifellos von den Griechen an Antonius herangetragen worden, in ihnen manifestiert sich der Glaube der Griechen an Menschen, die Übermenschliches geleistet haben. Die Ehren kamen dem Charakter des Triumvirn sehr entgegen; hatte er doch selbst die Legende von seiner göttlichen Abkunft von Herakles propagieren lassen. Sein Auftreten in Ephesos im Jahre 41 trägt den Charakter eines dionysischen Festes. Bei seinem Einzug in die Stadt feierte man Antonius mit lauten Zurufen als Dionysos, die Straßen waren von schwärmenden Menschen gefüllt, sie hatten die Attribute des Dionysos angelegt, überall waren Thyrsosstäbe zu sehen, überall ertönte Flöten- und Harfenmusik (s. o. S. 159). Die dionysische Szene in Ephesos ist umso bemerkenswerter, weil sie noch vor dem ersten Zusammentreffen des Antonius und der Kleopatra stattgefunden hat. Warum aber wollte Antonius sich gerade mit Dionysos identifizieren? Es liegt hier zweifellos der Versuch vor, die Dionysos-Alexander-Legende wieder zu beleben, denn auch von Alexander berichtete eine spätere Überlieferung, daß er in der Gestalt des Gottes Dionysos den spektakulären Zug nach Indien unternommen habe. Auch dem Antonius hat, wie so vielen anderen, die Gestalt des sieghaften Makedonenkönigs vor der Seele gestanden. Und als er in den Bannkreis der Kleopatra geraten war und gelernt hatte, in ihren Kategorien zu denken, verschmolz der Mythos von Dionysos-Alexander mit den politischen Aspirationen der Ptolemäer; denn auch einige Vorfahren Kleopatras hatten ein enges Verhältnis zu dem Gott Dionysos besessen, zuletzt noch ihr Vater, der 12. Ptolemäer, der sich offiziell Ptolemaios Neos Dionysos genannt hatte (80–51 v. Chr.).

Die Nachahmung Alexanders durch Antonius ließe sich durch mehrere Beispiele belegen. So hat Antonius zweifellos großen Wert darauf gelegt, als ein neuer Alexander abgebildet zu werden, und noch heute existieren Statuen, die ihn als bewußten Nachahmer der Alexandergestalt zeigen[9]. In der Tat konnte für Antonius nichts näher liegen, als sich im Osten mit diesem Welteroberer zu identifizieren. Beide, Alexander ebenso wie Antonius, fühlten sich als die Bringer eines neuen Zeitalters der Menschheit, und als solche sind sie auch von den Zeitgenossen verstanden worden. Bei der Zusammenkunft des Antonius und der Kleopatra in Tarsos im Herbst des Jahres 41 ging in der Stadt das Gerücht um, Aphrodite sei gekommen, um mit Dionysos ein Fest zu feiern. Und etwa zwei Jahre später, als Antonius mit seiner Gattin Octavia in Athen zu Gast weilte, soll der Triumvir den Menschen seiner Umgebung geradezu befohlen haben, ihn als Neos Dionysos („der Neue Dionysos") anzureden (Cass. Dio XLVIII 39, 2).

Wenn man Seneca Rhetor Glauben schenken darf (Suas. I 6–7), so hätte Antonius unter der Gestalt des Neos Dionysos die Göttin Athene geheiratet und eine Mitgift von nicht weniger als 1 000 Talenten von den Athenern verlangt. Die Mitgift wäre natürlich als eine verhüllte Kontribution zu betrachten. Einer der Athener habe damals ihm gegenüber darauf hingewiesen, daß Zeus die Semele ohne Mitgift geheiratet habe, aber Antonius habe von seiner Forderung keinen Abstand genommen, das Beispiel aus der Mythologie machte anscheinend keinen Eindruck auf ihn. Darauf seien in Athen zahlreiche Plakate an den Mauern angebracht worden, einige sogar unter den Augen des Antonius, aber dieser habe sich nicht darum gekümmert, obwohl die Maueranschläge Beleidigungen des Triumvirn enthalten hätten. Ob aber diese Erzählung Senecas von der heiligen Hochzeit des Antonius und der Athene der Wahrheit entspricht, ist immerhin zweifelhaft. So hält beispielsweise A. D. Nock die Geschichte für eine Erfindung der octavianischen Propaganda, und in der Tat wird man sich fragen müssen, ob Antonius es gewagt haben könnte, in Anwesenheit seiner Gattin Octavia eine heilige Hochzeit mit der Stadtgöttin zu feiern. Anderseits kann aber kein Zweifel darüber bestehen, daß Antonius sich auch in Athen als Neos Dionysos verehren ließ. Dies zeigt eine Epheben-Inschrift, in der von panathenäischen Festspielen für Antonius, den Gott Neos Dionysos, die Rede ist[10]. Diese vielberufene Inschrift dürfte frühestens aus dem Herbst des Jahres 39 stammen. Bemerkenswert ist immerhin, daß man dem Triumvirn zu Ehren in Athen ein Fest unter dem Namen der ‚Antonien' gefeiert hat.

All diese Dinge bekamen ein anderes Gesicht, nachdem sich Antonius mit der ägyptischen Königin in einer förmlichen Ehe verbunden hatte, d.h. noch im Jahre 37 v.Chr. In Alexandrien gab sich Antonius jetzt in aller Öffentlichkeit als Dionysos und Osiris aus, und bei Velleius Paterculus (II 82, 4) kann man nachlesen, er sei mit einem safranfarbigen, goldbestickten Gewand, mit dem Thyrsosstab in der Hand, mit hohen Kothurnen an den Füßen, durch die Stadt gefahren. Er war gekleidet, wie man sich die Götter vorzustellen pflegte, und wenn er sich mit den Göttern Dionysos und Osiris gleichsetzte, so war dies keine Spielerei, sondern sein voller Ernst. Die Königin aber sekundierte ihm, indem sie als die ‚Neue Isis' in der Öffentlichkeit erschien. Diese Dinge sind so gut bezeugt, daß sie dem Zweifel keinen Raum lassen, und wenn Antonius die beiden Zwillinge, die ihm Kleopatra schon im Jahre 40 geboren hatte, Alexander Helios und Kleopatra Selene nennen ließ, so ist die kosmische Bedeutung der Namensgebung hier klar ersichtlich: im Hintergrund steht der Gedanke, daß den Ptolemäersprößlingen die Weltherrschaft bestimmt sei. Und in dem Alexandernamen ist wiederum die Nachahmung Alexanders d.Gr. nicht zu übersehen.

Die Anknüpfung an vorderasiatische Motive zeigt die Löwendarstellung auf einem Aureus des Antonius. Die Münze befand sich in der Bibliothèque Nationale in Paris und wurde schon im Jahre 1831 entwendet, aber sie ist durch Umzeichnungen bekannt, und an ihrer Echtheit kann kein Zweifel bestehen. Die Vorderseite zeigt Marcus Antonius stehend in hellenistischer Herrscherpose, der linke Fuß steht auf einem Schiffsbug. Auf der Rückseite befindet sich ein Löwe, der ein Messer (oder einen Dolch) in seiner rechten Vorderpranke hält, über ihm ist ein Stern mit acht Zacken abgebildet[11]. Es ist dies ein Zodiakallöwe, wie er sich auf den

Münzen des pontischen Königs Mithradates Eupator findet, auch am Grabmal und auf den Münzen des Königs Antiochos I. von Kommagene ist ein derartiger Löwe zu finden. Und, was hier vor allem in Betracht kommt: auf dem Siegelring des Pompeius Magnus war ein Löwe mit einem Messer abgebildet[12]. Das Messer ist ein sogenanntes Paranatellon (Begleitgestirn) zum Sternbild des Löwen. Möglicherweise soll hier eine ganz bestimmte astronomische Konstellation wiedergegeben werden, vielleicht die Geburts- oder die Konzeptionskonstellation des Antonius. Dabei ist nicht zu übersehen, daß für Antonius, den Abkömmling des Herakles, eine Beziehung zum Löwen nahe gelegen hat, da dieses Tier als Begleiter des Herakles erscheint. Doch ist an der Darstellung auf der Münze aus Paris noch manches unklar, da es an entsprechendem Parallelmaterial fehlt.

Wenn etwas sicher ist, so ist es die Tatsache, daß Antonius seine Apotheose ganz bewußt ins Werk gesetzt hat. Vor allem seine Zusammenkunft mit Kleopatra im Jahre 41 und sein Aufenthalt in Athen im Jahre 39/38 sind sehr wichtige Stationen auf dem Weg zur Vergöttlichung gewesen. Dazu kommt noch, daß Antonius von Natur aus zu Übertreibungen neigte, und die Frage, ob er sich wirklich für den Gott Dionysos – in der Gestalt des Neos Dionysos – gehalten hat, scheint daher gar nicht so abwegig, sie ist wahrscheinlich mit Ja zu beantworten. Insbesondere die überschwenglichen Ehrungen durch die Hellenen waren ihm zu Kopf gestiegen, er nahm sie als den ihm geschuldeten Tribut entgegen und versuchte, sie durch sein extravagantes Verhalten noch zu steigern. War er nicht der Herrscher des ganzen Orients? War er nicht der große Patronus der Ptolemäerkönigin, der Bringer eines neuen Zeitalters, das sich in den kosmischen Namen seiner Zwillinge Alexander Helios und Kleopatra Selene symbolisierte? Wo lagen die Grenzen, denen er zustrebte? War er nicht längst zu den Göttern aufgestiegen?

Nach dem Zeugnis des Rhetors Florus aus dem 2. Jh. n. Chr. (II 21, 3) habe Antonius in Ägypten das Purpurgewand, geschmückt mit überdimensionalen Gemmen, getragen, ob auch das Diadem, scheint zweifelhaft, da die einschlägige Stelle des Florus nicht in Ordnung ist. Es ist aber nicht gerade wahrscheinlich, daß er in Ägypten auch das unverkennbare Zeichen der hellenistischen Königswürde angelegt hat, hier mußte ihn allein schon die Erinnerung an die Lupercalien in Rom schrecken, an denen er Caesar das Diadem angeboten hatte. Antonius wußte genau, daß er kein Herrscher von Gottes Gnaden war, dieses Bewußtsein hat ihn davon abgehalten, auch die letzten Schranken zu überschreiten. Er begnügte sich mit seiner Rolle als Herrscher und Patronus, und in dieser Eigenschaft hatte er im Orient niemanden neben sich, alle Völker zwischen der Adria und dem Euphrat lagen ihm zu Füßen.

Das Auftreten des Antonius im Osten, wenn auch ohne den Schmuck des Diadems, entspricht seinen Herrschaftsaspirationen, die er seit Philippi ganz unverhüllt zur Schau getragen hat. Hier bedarf es nicht der Aufzählung von Beispielen seiner Willkür, die er im Orient im Bewußtsein seiner Herrscherwürde gegeben hat. Er hat es nicht einmal für notwendig gehalten, den Senat in Rom oder Octavian zu fragen oder auch nur zu benachrichtigen, wenn es darum ging, Könige einzusetzen oder sie ihrer Würde zu entkleiden. Als Triumvir und Repräsentant des römischen Volkes glaubte er, hierfür die Legitimation zu besitzen, die Allgewalt im Orient hat er sich von niemandem streitig machen lassen. Für die Jahre 41 bis 31 v. Chr. kann man getrost von einer unumschränkten Herrschaft des Antonius im Orient sprechen, ein ganzes Dezennium war er ein ungekrönter König, und man braucht sich nicht zu wundern, wenn diese Zeit in seinem Charakter und in seinem Verhalten gegenüber den Untertanen unverkennbare Spuren hinterlassen hat. Das große Vorbild war hier Alexander der Große, dieser aber wies ihn auf den Weg zur Weltherrschaft, und wenn es Antonius gelungen wäre, die Parther entscheidend zu besiegen, so hätte ihn niemand mehr daran hindern können, als ein neuer Alexander bis zu den Grenzen Indiens vorzudringen. Dies aber hat ihm das Schicksal versagt, vielleicht zum Glück für die abendländische Menschheit. Denn man muß sich doch wohl fragen, ob das von ihm geplante orientalische Reich lebensfähig gewesen wäre. Seine Oberschicht hätte aus Römern und aus den führenden Klassen der Orientalen bestanden, die Mittelschicht und vor allem die Unterschicht aber aus Völkern aller Rassen und Sprachen, angefangen mit den Griechen über die Kleinasiaten, die Völker Syriens und Palästinas bis hin zu den Ägyptern und den Bewohnern der Cyrenaica. Zur Führung hätten die wenigen Römer schwerlich ausgereicht, Antonius hätte auf die führenden Kreise der Einheimischen zurückgreifen müssen, so wie es einst Alexander nach der Eroberung des Perserreiches gemacht hatte. Aber mit den Bestrebungen des Antonius kreuzten sich die Pläne Kleopatras. Was sie wollte, war ein erneuertes Großreich unter ptolemäischer Führung. War aber dies mit dem Konzept des Antonius zu vereinbaren? Die Alexandrinischen Schenkungen des Jahres 34 zeigen, wohin der Weg führte: zu einer Herrschaft Kleopatras und ihrer Kinder über die östliche Welt, Antonius hatte sich dabei die Rolle des Patronus vorbehalten, er stand gewissermaßen über der Ptolemäerfamilie, so wie die Ptolemäer in früherer Zeit in Alexander nicht nur ihren mythischen Ahnherrn, sondern auch ihren Patronus verehrt hatten. Niemand kann sagen, ob sich Antonius eines Tages doch noch die Würde eines Königs von Gottes Gnaden beigelegt hätte, vor allen Dingen dann, wenn er als überlegener Sieger die Bucht von Actium hätte verlassen können. Aber es scheint wenig sinnvoll, sich hier in Spekulationen zu verlieren. Solange Antonius in Octavian einen machtvollen Gegner besaß, hat er es jedenfalls nicht gewagt, er hätte auch in den Augen aller aufrechten Römer sein Gesicht verloren. Das Schicksal des toten Caesar war ihm eine unmißverständliche Warnung.

Die Schlacht bei Philippi im Herbst des Jahres 42 bezeichnet den Höhepunkt im Leben des Antonius, der mißglückte Partherfeldzug des Jahres 36 den beginnenden Niedergang, die Schlacht bei Actium am 2. September 31 nebst ihren Folgen das Ende. Es kann keinen Zweifel darüber geben: Antonius ist an den Parthern und an Octavian gescheitert, sein Andenken wurde verfemt und schließlich vergessen. Daran vermögen die wenigen Bruchstücke aus seinen Schmähschriften, die in der Überlieferung erhalten geblieben sind, nichts zu ändern. Das Prinzipat des Augustus aber konnte erst errichtet werden, nachdem der Rivale von der Weltenbühne abgetreten war. Antonius ist in dem Zweikampf mit Octavian, dem späteren Augustus, unterlegen. Und die Herrscher des Orients bemühten sich um die Wette, ihren Frieden mit dem Sieger zu machen. Und dieser hat dem Orient, vor allem auch dank seiner sehr vorsichtigen Politik gegenüber den Parthern, eine lange Zeit des Friedens beschert, sie dauerte – wenn man von dem Ereignis des Judenaufstandes in der Zeit zwischen 66 und 70 absieht – bis in die Regierung des Kaisers Traian (98–117). Erst dieser hat den Kampf mit den Parthern erneuert, ohne ihn jedoch zu einem glücklichen Ende führen zu können.

Anhang

Kurze Übersicht über die Quellen zum Leben des Antonius

Beim Abschluß der Darstellung des Lebens des Antonius scheint es angebracht, einen Blick auf die Quellen zu werfen. Am wichtigsten wäre, wie immer, das authentische Material, das aus der Hand des Antonius selber stammt. Leider ist dies weder umfangreich noch ergiebig, es ist im ganzen eine Enttäuschung. In der literarischen Überlieferung sind nur fünf Briefe des Antonius auf unsere Zeit gekommen, drei davon stehen in der Sammlung der Briefe Ciceros Ad Atticum, die beiden anderen kann man in den ‚Philippischen Reden' Ciceros nachlesen; sie sind deswegen aufschlußreich, weil der eine Brief ein Schreiben des Antonius an Hirtius und Octavian darstellt, die damals auf der Seite des Senats standen, wohin sie ihrer Herkunft nach nicht gehörten, eine Tatsache, die ihnen Antonius – von seinem Standpunkt aus mit Recht – zum Vorwurf gemacht hat[1]. Urkundlich sind weitere drei Schreiben des Antonius erhalten, davon zwei auf Stein und das dritte auf einem Papyrus. Bei den Inschriften handelt es sich erstens um einen Brief des Antonius an die Bürger von Plarasa und Aphrodisias in Karien, der in die Zeit zwischen 39 und 35 v. Chr. gehört[2]. Er ist ein Begleitschreiben des Antonius zu einer Verfügung des Diktators C. Iulius Caesar, der dem Demos von Plarasa und Aphrodisias die Eleutherie (Freiheit) und Atelie (Steuerfreiheit) verliehen hatte. Die zweite Urkunde ist ein stark beschädigtes Fragment aus den Ausgrabungen von Ephesos, das die göttlichen Ehren Caesars betrifft. Es stammt mit Wahrscheinlichkeit aus dem Jahr 41 v. Chr., aus der Zeit des Aufenthalts des Antonius in Ephesos[3]. Die dritte Urkunde, ein Papyrusblatt, ist an das Koinon von Asia gerichtet (33/2 v. Chr.). In ihm verleiht Antonius der Vereinigung der Hieroniken (Sieger in den heiligen Spielen) und der Stephaniten (Kranzträger) wichtige Privilegien und Immunitäten[4]. Das Schreiben ist ein Zeichen der Großzügigkeit, die Antonius des öfteren gegenüber Athleten und Schauspielern bewiesen hat.

Das Bild des Antonius in der Antike, aber auch in den modernen Geschichtswerken, wird wesentlich durch die Philippischen Reden *(ora-*

tiones Philippicae) geprägt, die Cicero in der Zeit vom September 44 bis zum April des Jahres 43 v. Chr. gehalten hat, die Mehrzahl vor dem Senat (S), einige aber auch vor dem Volk. Man bezeichnet diese letzteren als *contiones* (C). Zum Titel sei bemerkt, daß Cicero ihn zunächst nur im Scherz gebraucht hat. Erst als M. Brutus den Titel aufgegriffen hatte, ist er in die Literatur eingegangen. Die Philippischen Reden sollten ein Gegenstück sein zu den Reden des Demosthenes gegen König Philipp II. von Makedonien.

Die Reden sind Zeugnisse des vulkanischen Temperaments des großen Redners, dem im politischen Kampf um die Erhaltung der *res publica,* je länger desto mehr, jegliches Augenmaß verloren gegangen ist. Seine Angriffe auf den Gegner lassen jede Kompromißbereitschaft vermissen, sie sind maßlos übertrieben, niemand darf sie ohne historische Kritik verwerten. Ciceros Haß ist durch die politischen Ereignisse, insbesondere durch den Mutinensischen Krieg, immer stärker angefacht worden. Aber für die Beurteilung der politischen Lage innerhalb und außerhalb von Rom bieten die Reden doch so manche Einzelheiten, auch solche, die aus anderen Quellen nicht bekannt sind. Ciceros Absicht war es, den Gegner politisch und moralisch zu vernichten; was er wollte, war die *hostis*-Erklärung des Antonius. Als er diese schließlich nach großen Mühen und nach Überwindung beträchtlicher Widerstände im Senat erreicht hatte – am 26. April 43 v. Chr. –, da hatte sich die allgemeine Lage so sehr gewandelt, daß sich die stärkste Waffe des Senats als stumpf und unwirksam erwies.

Zur Übersicht sollen nun die einzelnen Reden in aller Kürze vorgeführt werden[5].

Die *erste Rede* (S) vom 2. September 44 ist ein Appell an die Consuln M. Antonius und Dolabella, zu einem gesetzmäßigen Verhalten zurückzukehren. Dabei fehlt es nicht an lobenden Worten für den abwesenden Antonius. Doch die Mahnungen Ciceros, der sich hier noch als sehr gemäßigt zeigt, verhallen ungehört, weil niemand unter den anwesenden Consularen ihm an die Seite zu treten wagt. Antonius hatte im Senat zahlreiche Freunde und Anhänger.

Die *zweite Rede* (S) ist ein Manuskript, das Cicero aufgesetzt hat. Den Entwurf hat Cicero etwa Mitte Oktober 44 seinem Freund Atticus zugänglich gemacht. Sie stellt eine Erwiderung auf die Rede des Antonius vom 19. September dar, in der dieser dem (abwesenden) Cicero die Freundschaft aufgekündigt hatte. Zu einer Veröffentlichung der Rede ist es zu Lebzeiten Ciceros aus guten Gründen nicht gekommen. In dem Entwurf bricht Cicero alle Brücken zu Antonius ab. Der Redner sagt ihm sogar den Tod des Tyrannen voraus, außerdem spart er nicht mit Vorwürfen der persönlichen Feigheit, die er gegen seinen Gegner richtet. Aber diese Rede ist, wie gesagt, nicht in die Öffentlichkeit gekommen, Cicero hätte es auch schwerlich wagen können, sie in Rom zu publizieren.

In der *dritten Rede* (S), die auf einer Senatssitzung am 20. Dezember 44 gehalten worden ist, bezeichnet Cicero den Marsch des Antonius nach Gallia Cisalpina als den Beginn des Bürgerkriegs. Die von Antonius am 28. November veranlaßte Verlosung der Provinzen wird durch einen Antrag Ciceros, den sich der Senat zu eigen macht, außer Kraft gesetzt, die Consulare und die anderen Statthalter sollen ihre Provinzen bis auf weiteres behalten. Im übrigen ist die Rede ein Plaidoyer für Octavian, den jungen Caesar, in dem Cicero den Retter des Vaterlandes sieht. Die revolutionären Maßnahmen des jungen Mannes werden auf Ciceros Antrag gebilligt, dies soll auch für die illegalen Werbungen gelten, mit denen sich der junge Caesar ein Heer gesammelt hatte.

Die *vierte Rede* (C) stammt vom gleichen Tage. In ihr spiegelt Cicero dem Volk vor, daß Antonius praktisch zum *hostis* erklärt worden sei, was aber den Tatsachen keineswegs entspricht. Außerdem sagt er den baldigen Zusammenbruch des Gegners voraus.

Die *fünfte Rede* (S) wurde am Tage des Antritts der neuen Consuln, des Hirtius und Pansa, am 1. Januar 43, gehalten. Wieder wirft Cicero dem Antonius Rechtsbrüche vor. Der Redner stellt den Antrag, der Senat möge den Kriegszustand erklären und eine Reihe von Ehrenbeschlüssen vornehmen, unter anderem für M. Aemilius Lepidus. Mit seinem Hauptantrag kam Cicero nicht durch, dagegen wurden die Ehrenbeschlüsse am folgenden Tage angenommen. Im übrigen zeigt die Rede eine massive Kriegshetze, die kaum noch zu überbieten ist.

Die *sechste Rede* (C) vom 4. Januar 43 benutzt Cicero, um das Volk gegen den Senat einzunehmen, mit dessen Verhalten Cicero sehr unzufrieden ist. Im übrigen setzt Cicero auf die Einigkeit der Stände *(concordia ordinum)*.

Die *siebente Rede* (S), gehalten in der zweiten Januarhälfte 43, ist eine Kundgebung gegen den faulen Frieden. Cicero fordert noch einmal die Kriegserklärung gegen Antonius. Seine Polemik richtet sich gegen die Consulare, die immer noch zu Antonius neigen.

Die *achte Rede* (S) vom 3. Februar 43 beleuchtet das Ringen um die Erklärung des Kriegszustandes (am 2. Februar war der *tumultus*, was ungefähr soviel bedeutet wie „Landfriedensbruch", festgestellt worden). Auch mit dem Vorgehen der an D. Brutus geschickten Gesandtschaft war der Redner nicht zufrieden. Antonius hatte sie nicht in das belagerte Mutina hineingelassen, sondern sie hatte von ihm Vermittlungsvorschläge mitgebracht. Ciceros Antrag auf Kriegsbeschluß und *hostis*-Erklärung des Antonius wurde vom Consul Pansa nicht zur Abstimmung zugelassen.

Die *neunte Rede* (S), vielleicht vom 4. Februar 43, enthält einen Antrag Ciceros auf Ehrung des auf der Gesandtschaftsreise zu Antonius verstorbenen Servius Sulpicius. Der Redner legt diesen Tod kurzerhand dem Antonius zur Last, eine ganz bodenlose Behauptung, die nur aus der politischen Hektik verständlich wird.

Die *zehnte Rede* (S), gehalten etwa Mitte Februar 43, zeigt eine veränderte militärische Situation. Cicero hatte erfahren, daß M. Brutus Makedonien und Illyrien in seine Gewalt gebracht hatte und daß er seine Truppen und Provinzen dem Senat zur Verfügung stelle. Cicero beantragt daraufhin, man möge M. Brutus im Besitz des Heeres und der Provinzen belassen. Dies aber bedeutete, daß C. Antonius, der Bruder des Marcus, die Provinz Macedonia verlor. Der Senat stimmt zu.

Die *elfte Rede* (S) von Ende Februar 43 ist ein Plaidoyer für C. Cassius, den der Senat als Proçonsul von Syrien anerkennen solle. Dazu sei ihm ein umfassendes *Imperium maius* über den Osten zu verleihen. Die Rede bringt eine bis in Einzelheiten gehende Schilderung der Ermordung des Trebonius in Ephesos durch Dolabella. Der Senat beschloß daraufhin den Krieg gegen Dolabella. Aufschlußreich ist die Aufzählung von Freunden und Parteigängern des Antonius (c. 10–14).

Die *zwölfte Rede* (S) ist einige Tage später, noch gegen Ende des Februar 43, gehalten worden. Sie ist gegen die Aufnahme von Verhandlungen mit Antonius gerichtet. Sie waren von Piso und Calenus angebahnt worden, Cicero aber weigert sich, an einer Gesandtschaft zu Antonius teilzunehmen. Sie kam auch nicht zustande, weil der Senat auf sie verzichtete.

Die *dreizehnte Rede* (S) vom 20. März 43 ist die *sententia* Ciceros, die er in der Sitzung dieses Tages geäußert hatte. Sie ist eine Antwort auf ein Sendschreiben des Antonius, in dem dieser betont hatte, er stehe als Caesarianer im Kampf mit der pompejanischen Partei. Sehr schlimm aber war es, daß M. Aemilius Lepidus sich für den Frieden erklärt hatte. Er stand damit praktisch auf der Seite des Antonius. Cicero aber kann sich nicht enthalten, dem Antonius noch einmal ein ausführliches Sündenregister vorzutragen (c. 17–21).

Die *vierzehnte und letzte Rede* (S) vom 21. April 43 ist eine Mahnung an den Senat und insbesondere an die führenden Männer in der hohen Körperschaft, den Krieg fortzuführen, der trotz des Sieges vom 15. April nicht beendet sei. Cicero beantragte ein Dankfest *(supplicatio)* von 50 Tagen, dazu die Errichtung eines Denkmals für die Gefallenen und Belohnungen für die siegreichen Truppen; der Senat folgt seinem Antrag. –

Im Altertum sind die Philippischen Reden eifrig in den Rhetorenschulen gelesen worden, sogar der Grieche Plutarch von Chäronea, der, wie er selbst bekennt, erst in vorgerücktem Alter sich die Kenntnis des Lateinischen angeeignet hat, verrät Spuren ihrer Lektüre, sie müssen ihm bekannt gewesen sein. In der Neuzeit bilden die Reden eine Grundlage für eine Beurteilung des Marcus Antonius – man wird daher eine objektive Würdigung in den neueren Geschichtswerken (mit der Ausnahme der Arbeiten von Johannes Kromayer und von Ronald Syme) schwerlich erwarten dürfen.

Plutarch (46–127 n. Chr.) hat eine Biographie des Antonius geschrieben, sie ist in seinen Parallel-Viten mit der Lebensbeschreibung des Demetrios Poliorketes (337–283 v. Chr.) zusammengestellt. Was den beiden, Antonius und Demetrios, gemeinsam ist und was sie trennt, hat Plutarch noch in einem eigenen Vergleich, einer *Synkrisis,* im einzelnen hervorgehoben. Aber gerade mit dieser *Synkrisis* wird der Historiker nicht viel anfangen können, da sich Plutarch nicht die geringste Mühe gegeben hat, die Motive des Antonius zu verstehen. Für Plutarch ist Antonius ein Verschwender und Weiberknecht; seine positiven Eigenschaften werden zwar nicht verschwiegen, aber doch zu wenig gewürdigt, so daß das Porträt des Antonius im ganzen zu dunkel und zu negativ ausgefallen ist. Es kann, abgesehen von den historischen Einzelheiten, die wertvoll sind, dem Historiker nicht als Leitfaden dienen.

Welche Quellen liegen der Plutarch-Vita zugrunde? Die Frage ist insofern nicht leicht zu beantworten, als Plutarch selbst in Quellenzitaten außerordentlich sparsam ist, eine Eigenschaft, die er mit den meisten antiken Schriftstellern teilt. Sicher ist nur das folgende: Für den Partherfeldzug des Jahres 36 stützt sich Plutarch auf die Darstellung des Q. Dellius, und für die letzten Ereignisse in Alexandrien vor dem Tod des Antonius und der Kleopatra ist das Werk des Olympos, des Leibarztes der Kleopatra, benutzt, daneben aber auch noch andere Quellen, die teilweise aus der Familientradition Plutarchs stammen. Im ganzen wird man für diese beiden Zeitabschnitte von einer quellenmäßig durchaus gesicherten Grundlage sprechen können. Daß sich gelegentlich Reflexe der Antoniusfeindlichen Überlieferung auch bei Plutarch niedergeschlagen haben, ist nicht zu leugnen. Der Gesamtüberlieferung aber hat Plutarch den Stempel seines Geistes aufgedrückt.

Doch der Historiker ist – zum Glück – nicht auf Plutarch allein angewiesen. In zusammenhängender Darstellung haben sowohl *Appian* wie auch *Cassius Dio* die Zeit der ausgehenden römischen Republik in ihren Geschichtswerken beschrieben. Beide waren, ebenso wie Plutarch, Griechen. Appian war Bürger der Stadt Alexandrien, er hat es durch die Fürsprache einflußreicher Freunde immerhin bis zum *advocatus fisci* gebracht, am Ende seines Lebens ist ihm sogar der Titel *procurator* verliehen worden. Er dürfte um das Jahr 90 n. Chr. geboren sein, zur Zeit des Kaisers Antoninus Pius stand er jedenfalls in hohem Greisenalter, sein Geschichtswerk dürfte er spätestens um 160 n. Chr. vollendet haben. Seine ‚Römische Geschichte' *(Romaïke historia)* ist ein großes Werk von insgesamt 24 Büchern; erfreulicherweise sind die fünf Bücher der Bürgerkriege *(Emphylia)* erhalten. Sie umfassen die Zeit von den Gracchen bis zum Jahre 35 v. Chr. Der Endpunkt ist der Untergang des Sex. Pompeius in Kleinasien. Für das Leben des Antonius findet sich viel Material in den Büchern II bis V. Das zweite Buch beginnt mit der Darstellung des ereignisreichen Jahres 63 v. Chr., das bekanntlich die Catilinarische Verschwörung und das Consulat Ciceros gesehen hat. Und Appians Glaubwürdigkeit? Sie ist die seiner Quellen, und mit ihrer Nennung beginnt ein Problem, das bis auf den heutigen Tag noch keine befriedigende Lösung gefunden hat. Zu den von Appian zitierten Quellen gehören die Autobiographie des Augustus und die Memoiren des M. Valerius Messalla, eines Zeitgenossen der Triumvirn.

Aber damit ist das Problem nicht gelöst. Namhafte Historiker wie Ernst Kornemann, Arthur Rosenberg, in unseren Tagen auch Emilio Gabba, haben geglaubt, den Grundstock der Darstellung Appians für die Zeit von 60 v. Chr. auf Asinius Pollio zurückführen zu können. Asinius Pollio, ein überzeugter Republikaner, der seine Gesinnung auch in der Zeit des Prinzipats nicht verleugnet hat, wurde im Jahre 76 v. Chr. geboren, im Jahre 40 gelangte er in der üblichen Ämterlaufbahn zum Consulat, auch ein Triumph (über die illyrischen Parthiner) ist ihm im Jahre 39 gewährt worden. Pollio starb im Jahre 4 n. Chr., er hat die Zeit des Augustus noch zu einem guten Teil miterlebt. Aber die Benutzung Pollios durch Appian läßt sich mit zwingenden Gründen nicht erweisen, wir können sie nur vermuten, es ist jedoch zuzugeben, daß für die Hypothese eine gewisse Wahrscheinlichkeit besteht. Im übrigen könnte ihn Appian durch das Medium eines (uns unbekannten) griechischen Historikers benutzt haben, aber diese Zwischenquelle ist nicht mehr faßbar. Jedoch muß wohl gesagt werden, daß Appian über ausgezeichnete Informationen verfügt, woher er sie auch immer genommen haben mag. Dazu kommt eine Darstellung, die es an den Höhepunkten an historischer Dramatik nicht fehlen läßt, wie z.B. bei der Schilderung der Proskriptionen der Triumvirn. Jede Darstellung der ereignisreichen Jahre von 44 bis 35 v.Chr. beruht weithin auf Appian, aber nicht in allen Punkten verdient der Grieche unser Vertrauen, denn es kann als ein gesichertes Ergebnis der Quellenforschung gelten, daß hier ein tendenziös arbeitender Historiker am Werk war, dem es nicht darauf ankam, zeitliche und sachliche Verschiebungen vorzunehmen, vor allem zugunsten der Caesarmörder Brutus und Cassius. Appian hat diese Angaben unbesehen übernommen (vgl. Ed. Schwartz, RE II Sp. 229ff. s.v. Appianus). Es gibt aber auch Abschnitte, die als Apologie des Antonius geschrieben sind.

Etwas anders steht es mit den einschlägigen Partien aus dem großen Geschichtswerk des *Cassius Dio Cocceianus.* Sein Leben gehört etwa in die Zeit zwischen 155 und 235 n.Chr., der Höhepunkt war sein 2. Consulat im Jahre 229, zusammen mit dem Kaiser Severus Alexander. Cassius Dio, ein Grieche aus vornehmer Familie in Nikomedien, hatte sich vor allem Livius als Vorbild genommen. Seine ‚Römische Geschichte' *(Romaïke historia)* sollte für den griechischen Osten die gleiche Funktion erfüllen wie das lateinische Geschichtswerk des Livius für den Westen des Imperiums.

Cassius Dio war ein unbedingter Anhänger der absoluten Monarchie, von Demokratie und Volksherrschaft wollte er nichts wissen. Diese Einstellung hat auch seinem Geschichtswerk den Stempel aufgedrückt, und man wird daher von Cassius Dio eine unparteiische Darstellung des Ausgangs der römischen Republik nicht erwarten können. Er ist eben mit seinem Herzen auf der Seite der Monarchie. Seine Darstellung der entscheidungsreichen Jahre von 60 bis 30 v.Chr. spiegelt diese Grundauffassung an vielen Stellen wider, der Verfasser sympathisiert natürlich mit Octavian; man braucht sich daher nicht zu wundern, wenn dem Antonius keine volle Gerechtigkeit zuteil wird. Sachlich ist das Werk von großem Wert, ganz besonders die Schilderung der Schlacht bei Actium und der darauffolgenden Ereignisse bis zum Tod des Antonius und der Kleopatra. Im übrigen hat sich Cassius Dio bemüht, Octavian zu entlasten und die Schuld an den Proskriptionen im wesentlichen dem Antonius und Lepidus zuzuschieben.

Nicht anders verhält sich *Velleius Paterculus,* ein Zeitgenosse und blinder Bewunderer des Kaisers Tiberius. Seine ‚Römische Geschichte' ist ganz im Sinne des Augustus geschrieben, für Antonius hat der Verfasser nichts übrig. Er folgt im Gegenteil an manchen Stellen der octavianischen Propaganda und muß mit Kritik gelesen werden.

Schlußwort

Das Leben des Antonius, das die Zeit von 83 bis 30 v. Chr. umspannt, fällt in eine bewegte Periode der römischen Geschichte. An den Entscheidungen vom Jahre 44 an ist Antonius selbst maßgebend beteiligt gewesen. Mit der Beseitigung der alten *res publica Romana* und der Errichtung des Triumvirats am Ende des ereignisreichen Jahres 43 hat Antonius die Entwicklung des römischen Staatswesens in ganz neue Bahnen gelenkt, durch den Sieg über die Republikaner auf den Feldern bei Philippi hat er das Zeitalter des Caesarismus eröffnet, das in das römische Kaisertum hinüberführt. Durch seine Verbindung mit der ägyptischen Königin Kleopatra war er zum Herrscher des Vorderen Orients aufgestiegen, in seinem Wirken vereinigte er das römische Erbe mit dem hellenistischen, das letzten Endes auf Alexander den Großen zurückgeht. Aber das Gebäude, das Antonius im Osten errichtete, erwies sich auf Sand gebaut, der Sieg des Octavian und seines großen Helfers Agrippa am 2. September 31 v. Chr. bei Actium bezeichnet den Zusammenbruch der Orientpolitik des Triumvirn.

Mit seinen Plänen ist Antonius letztlich gescheitert, die Kräfte und Hilfsmittel, die ihm der Orient zur Verfügung stellte, erwiesen sich als unzureichend, nicht nur im Partherfeldzug des Jahres 36, sondern auch im Kampf mit Octavian, den Antonius zu seinem Schaden nicht für voll genommen hat. Dies zeigt insbesondere die Propaganda, die Antonius gegen Octavian eingesetzt hat: sie war nicht immer wirksam, und vor allem hat sie die römischen Bürger im Westen des Reiches nicht von dem besseren Recht des Antonius überzeugen können. Ohne Zweifel ist Antonius nach dem Diktator Caesar der bedeutendste Feldherr gewesen, und der Sieg bei Philippi bezeichnet den Höhepunkt seines Lebens. Aber dem Antonius fehlte etwas Wesentliches, was sein Gegner, der junge Caesar, in hohem Maße besessen hat: ihm fehlte das Gefühl für die Einzigartigkeit des echten Römertums; zu dessen Erneuerung hat er nichts beigetragen, er dachte vielmehr in unrömischen Kategorien, durch die große Zahl seiner Untertanen im Vorderen Orient versuchte er zu ersetzen, was ihnen an Qualität fehlte. Vielleicht hat Antonius das Gefühl gehabt, daß das Römertum allein nicht mehr fähig sei, die Welt zu regieren und daß man deswegen nach neuen Möglichkeiten suchen müsse. Aber durch die Bindung an Kleopatra, deren materielle Hilfe er nicht entbehren konnte, geriet er in eine gefährliche Entwicklung, die letzten Endes zu seinem Untergang geführt hat.

Im ganzen ist die Geschichte des Antonius ein Beweis für das Wort, daß es nur *einen* Nachfolger des Diktators Caesar geben könne, Antonius aber hatte auf den Orient gesetzt, das Spiel ging verloren. Die Idee des Römertums erwies sich als stärker gegenüber der Konzeption eines römisch-orientalischen Weltreiches, Rom war stärker als Alexandrien, und der Sieg Octavians bei Actium war kein Zufall, er war vielmehr das Ergebnis einer präzisen vorausschauenden Planung, ihr hatte Antonius nichts Vergleichbares entgegenzusetzen.

Wer sich in die Biographie des Antonius aus der Feder des Griechen Plutarch versenkt, wird die Bedeutung des Triumvirn schwerlich ermessen können. Aber man muß auf die Taten des Antonius sehen, sie reihen ihn in die Zahl der großen Feldherren und Strategen des Altertums ein; wenn er auch Hannibal, Scipio Africanus und Caesar, sein großes Vorbild, nicht erreicht hat, so sind seine Leistungen als Feldherr doch sehr bemerkenswert. In seinem Leben hat auch das Dämonische des öfteren eine Rolle gespielt, diese Eigenschaft hat ihn zu Taten geführt, die schon seine Zeitgenossen aufs äußerste befremdeten. So galt ihm das Leben seiner Mitmenschen wenig, doch auch in dieser Einstellung war Antonius nur ein Kind seiner Zeit, hier galt die Macht alles, das Recht wenig und die öffentliche Moral so gut wie nichts. Man wird dies bedauern, aber diese Haltung entspricht dem Geist jener Zeit, dessen Erbarmungslosigkeit sich beispielsweise in den blutigen Proskriptionen offenbart. Über die öffentliche Meinung war Antonius erhaben; dies zeigen seine Beziehungen zu den Frauen, vor allem auch die Doppelehe, die den römischen Zeitgenossen ein Ärgernis gewesen ist. Aber Antonius war als Mensch nicht ohne Qualitäten, am höchsten stand ihm die Freundschaft. Im Kreise seiner Freunde und in der Mitte seiner Soldaten hat er das höchste Glück empfunden, mit ihnen hat er den Überfluß und den Mangel geteilt, und er wußte genau, daß er sich auch in harten Zeiten auf ihre Treue verlassen konnte. Ihm flogen die Herzen seiner Krieger entgegen, sie waren stolz, unter seinen Feldzeichen zu dienen, und es war ein schwerer Entschluß für ihn, als er seine Legionen bei Actium im Stich lassen mußte, weil es die allgemeine Lage erforderte. Auch in wichtigen anderen Entscheidungen seines Lebens blieb ihm keine Wahl, dies aber hatte sich daraus ergeben, daß er sich nach Philippi für den Orient entschieden hatte. Die Konsequenzen erwiesen sich als ganz unübersehbar, vor allem seitdem Kleopatra in sein Leben getreten war (im Jahr 41 v. Chr.). Der Herrscher des Vorderen Orients war nun nicht mehr allein Herr seiner Entschlüsse, seit dem unglücklichen Partherfeldzug des Jahres 36 hatte er überhaupt keine andere Wahl mehr, wenn er sich nicht aufgeben und der Gnade seines Rivalen Octavian ausliefern wollte. Von irgendeiner moralischen Schuld wird man hier nicht sprechen, eher von einem Verhängnis *(fatum)*, das sein weiteres Schicksal bestimmt hat. Es gab für Antonius keinen Weg zurück, und die Straße führte geradewegs in den Untergang.

Antonius ist jedoch alles andere als eine tragische Figur. Er war ein Mann, der ein hohes Spiel gewagt und verloren hat, teils durch äußeren Zwang, teils aber auch durch eigene Entscheidung. Er war zu der Menschheit Höhen emporgestiegen, um so tiefer war der Sturz, den er nach Actium getan hat.

Octavian, der Sieger, ließ den Namen des Antonius aus den Fasten entfernen, aber dennoch sind ein paar Erinnerungen an den Triumvirn geblieben. So führte ein Dorf in Lydien auch weiterhin seinen Namen, ebenso wie eine Phyle in Prusias ad Hypium und in Ephesus[1] – aber dies ändert wenig an der Tatsache, daß sein Name verfemt war, man sprach nicht mehr über den in der Schlacht bei Actium Unterlegenen. In der römischen Kaiserzeit hatte man keinen Grund, die Einstellung zu ändern, allein der bizarre und gewalttätige Prinzeps Gaius (Caligula), der sowohl der Urenkel des Augustus wie auch des Antonius gewesen ist, fühlte sich veranlaßt, für das Andenken seines Ahnherrn etwas zu tun: er beging in feierlicher Form den Jahrestag der Schlacht bei Actium, den 2. September. Und sein Nachfolger Claudius, der sich gern historischen Erinnerungen hingab, ließ den Geburtstag seines Vaters Drusus feiern, weil er zugleich der Geburtstag des Antonius war (Sueton, Gaius 23, 1). Dies wird man als eine kapriziöse Laune des Prinzeps betrachten, von irgendwelchen Nachwirkungen hört man nichts mehr. Überhaupt hat sich für das Schicksal des Antonius niemand ernstlich interessiert, natürlich spielt er in den zahlreichen Kleopatra-Dramen eine Rolle, aber erst das Genie Shakespeares hat die Gestalt des Antonius wieder ins Leben zurückgerufen. Shakespeare hat sich in seinem Drama ‚Antonius und Kleopatra‘ im wesentlichen an Plutarch gehalten, der ihm in einer lateinischen Übersetzung zugänglich gewesen ist, er hat jedoch manche Szene um der dramatischen Wirkung willen verändert und neu gestaltet. Im ganzen ist Antonius bei Shakespeare mit großer Sympathie gezeichnet, manche negativen Züge, die Plutarch geschildert hat, sind hier unterdrückt, und zwar mit voller Absicht. So erscheint Antonius als ein Held ohne Fehl und Tadel. Seine Schwächen dienen nur dem Zweck, ihn noch sympathischer und liebenswerter zu machen. Shakespeares Antonius weckt Rührung und Teilnahme; daß der Held seinen Untergang letzten Endes selbst verschuldet hat, davon findet man in dem Drama keine Spur. Jeder wird die hohe dramatische Kunst des großen Briten bewundern – aber historisch ist der von ihm gezeichnete Antonius nicht[2]. Es gibt aber noch einen anderen Antonius, gleichfalls von Shakespeare, es ist dies der Antonius in dem Drama ‚Julius Caesar'. Hier spielt er aber nur eine Nebenrolle, und seine Rhetorik am Scheiterhaufen des Diktators und angesichts des toten Gegners M. Brutus vermag die Überzeugungskraft, die von seiner Figur in ‚Antonius und Kleopatra' ausgeht, nicht zu erreichen.

In der modernen Geschichtsschreibung war dem Antonius wenig Glück beschieden. So hat sich Mommsen gar keine Mühe gegeben, seine Antipathie gegen Antonius zu verhehlen; man mag dies in der Darstellung des 5. Bandes seiner ‚Römischen Geschichte' (besonders S. 360ff.) nachlesen. Noch weniger ist dem Antonius ein Historiker wie Victor Gardthausen gewogen. In seiner Augustus-Biographie fällt alles Licht auf den strahlenden Helden, während sein Gegenspieler Antonius im Schatten stehen muß. Nach Gardthausens Auffassung (I S. 426) sei Antonius weder ein wirklicher Feldherr noch ein Staatsmann gewesen, ein Urteil, das im ersten Teil sicherlich verfehlt ist, während es im zweiten Teil der Diskussion unterliegt. Die Natur, so schreibt Gardthausen, habe Antonius zum Deuteragonisten bestimmt, nur der Zufall und das Unglück hätten ihn zum Protagonisten gemacht (I S. 430). Mit vollem Recht hat am Ende des vergangenen Jahrhunderts Johannes Kromayer gegen diese Beurteilung des Antonius Einspruch erhoben, seine Untersuchungen haben den Weg frei gemacht für ein vorurteilsfreies Bild des Triumvirn. Aber dennoch kann man nicht sagen, daß mit Kromayers Forschungen eine grundsätzliche Wende eingetreten ist, man hat sich von dem negativen Bild nur schwer lösen können. So spricht Ernst Kornemann in seiner ‚Römischen Geschichte' (II^6 [1970] S. 102) zwar von der hohen Feldherrnkunst des Antonius, aber im gleichen Atemzug meint Kornemann, daß Antonius „völlig sein nationales Gesicht" verloren habe, wobei er auf den Triumph in Alexandrien verweist. Aber das ist eben nicht die ganze Wahrheit, sondern nur die halbe, denn Antonius hat niemals aufgehört, ein Römer zu sein, auch nicht in den Armen der Königin Kleopatra. Nicht viel anders als Kornemann urteilt Hermann Dessau[3], auch bei ihm erscheint Antonius als ein Despot – von Kromayer, den er zitiert, hat Dessau nichts gelernt.

Aber Antonius war mehr als nur eine Randfigur der Geschichte. Mit seinem Sieg bei Philippi hat er die Grundlage zum Kaisertum gelegt, er hat den Orient für das Imperium Romanum zurückgewonnen, er hat in ihm über zehn Jahre lang als ungekrönter König regiert. Die Idee eines römisch-orientalischen Reiches ist zwar in den Gewässern von Actium versunken, aber seine Leistung als Feldherr und Organisator bleibt bestehen. Sie war nicht ohne eine gewisse Tragik. Denn allein Antonius hat die Auflösung der römischen Herrschaft im Osten verhindert, aber gerade dies hat dazu geführt, daß er seine Interessen im Westen des Reiches nicht in entsprechender Weise wahrgenommen hat (H. Buchheim). Dadurch hat er ganz gegen seinen Willen den Aufstieg des jungen Caesar in Italien gefördert, der sich hier frei entfalten konnte, ohne auf die Verhältnisse im Orient Rücksicht nehmen zu müssen. So betrachtet, hat Antonius dem Rivalen den Weg auf den Gipfel freigegeben. Dieser aber hat es ihm schlecht gelohnt, indem er Antonius als Verräter an der römischen Nation bezeichnet hat. Das aber war Antonius nicht, er war, alles in allem, ein echter Römer, und als Römer ist er mutig in den Tod gegangen, als ihm das Schicksal keine andere Wahl mehr ließ.

Zeittafel

83 (14. Januar)	Antonius geboren
(Frühjahr)	Rückkehr Sullas nach Italien
82 (Ende)	Sulla *dictator legibus scribundis et rei publicae constituendae*
79	Abdankung Sullas († 78)
74	außerordentliches Kommando für den Prätor M. Antonius (Vater), †72/71
70	Consulat des Pompeius und Crassus: Abschaffung der sullanischen Verfassung
63	Cicero und M. Antonius (Hybrida) Consuln. (November/Dezember): Die Catilinarische Verschwörung. Hinrichtung des P. Cornelius Lentulus Sura (Stiefvater des Antonius)
58	A. Gabinius Consul. Er erhält Cilicia als Provinz, das er mit Syria vertauscht. Antonius in Griechenland
57–56	Antonius in Syrien und Palästina
55–54 (Frühjahr)	Aufenthalt in Ägypten
54 (Sommer) bis 53 (Ende)	Antonius bei Caesar in Gallien
53 (Ende)	Reise zu den Quästorwahlen nach Rom
52–51	Wieder in Gallien (Belagerung von Alesia)
50 (10. Dezember)	Antritt des Volkstribunats. Antonius Augur
49 (11. Januar)	Antonius trifft mit Caesar zusammen, der in der Nacht vom 10. zum 11. den Rubico überschritten hat
49 (April)	Antonius Proprätor
48 (Frühjahr)	Teilnahme an den Kämpfen im Raum von Dyrrhachium gegen Pompeius
48 (9. August)	Antonius in der Schlacht bei Pharsalus
48 (Herbst) bis 47	*Magister equitum* in Rom und Italien
44	(1. Januar): Antritt des Consulats zusammen mit Caesar. (15. Februar): Lupercalienfest. (15. März): Caesars Ermordung

44 (28. November)	Abreise in die Gallia Cisalpina
44 (Dezember) bis 43 (April)	Mutinensischer Krieg
43 (29. Mai)	Vereinigung der Heere des Antonius und des Lepidus in der Narbonensis
43 (27. November)	Lex Titia: Antonius mit dem jungen Caesar und Lepidus *triumvir rei publicae constituendae*
42 (Oktober)	Die beiden Schlachten bei Philippi, die zweite, entscheidende am 23. Oktober
42/41 (Winter)	Antonius in Athen und Griechenland
41 (Herbst)	Treffen mit Kleopatra VII. in Tarsos
40 (Herbst)	Antonius trifft mit dem jungen Caesar in *Brundisium* zusammen. Geburt der Zwillinge Alexander Helios und Kleopatra Selene von Kleopatra. Vermählung des Antonius mit Octavia
39	Vertrag von *Misenum* mit Sex. Pompeius. Geburt der Antonia Maior
39/38 (Winter)	Antonius mit Octavia in Athen
37 (Herbst)	Vertrag mit dem jungen Caesar in *Tarent*
37 (Herbst)	Eheschließung des Antonius und der Kleopatra
36	Partherfeldzug des Antonius. Antonia Minor und Ptolemaios Philadelphos geboren
35	Hinrichtung des Sex. Pompeius in Milet
34	Antonius zieht nach Armenien. Triumph in Alexandrien. Die alexandrinischen Schenkungen
34 (1. Januar)	Antonius Consul II (nur einen einzigen Tag, von L. Sempronius Atratinus abgelöst)
31 (1. Januar)	Antonius Consul III (jedoch abgesetzt und durch M. Valerius Messalla Corvinus ersetzt)
31 (2. September)	Schlacht bei Actium
30 (1. August)	Antonius stirbt in Alexandrien

Stammtafel des M. Antonius

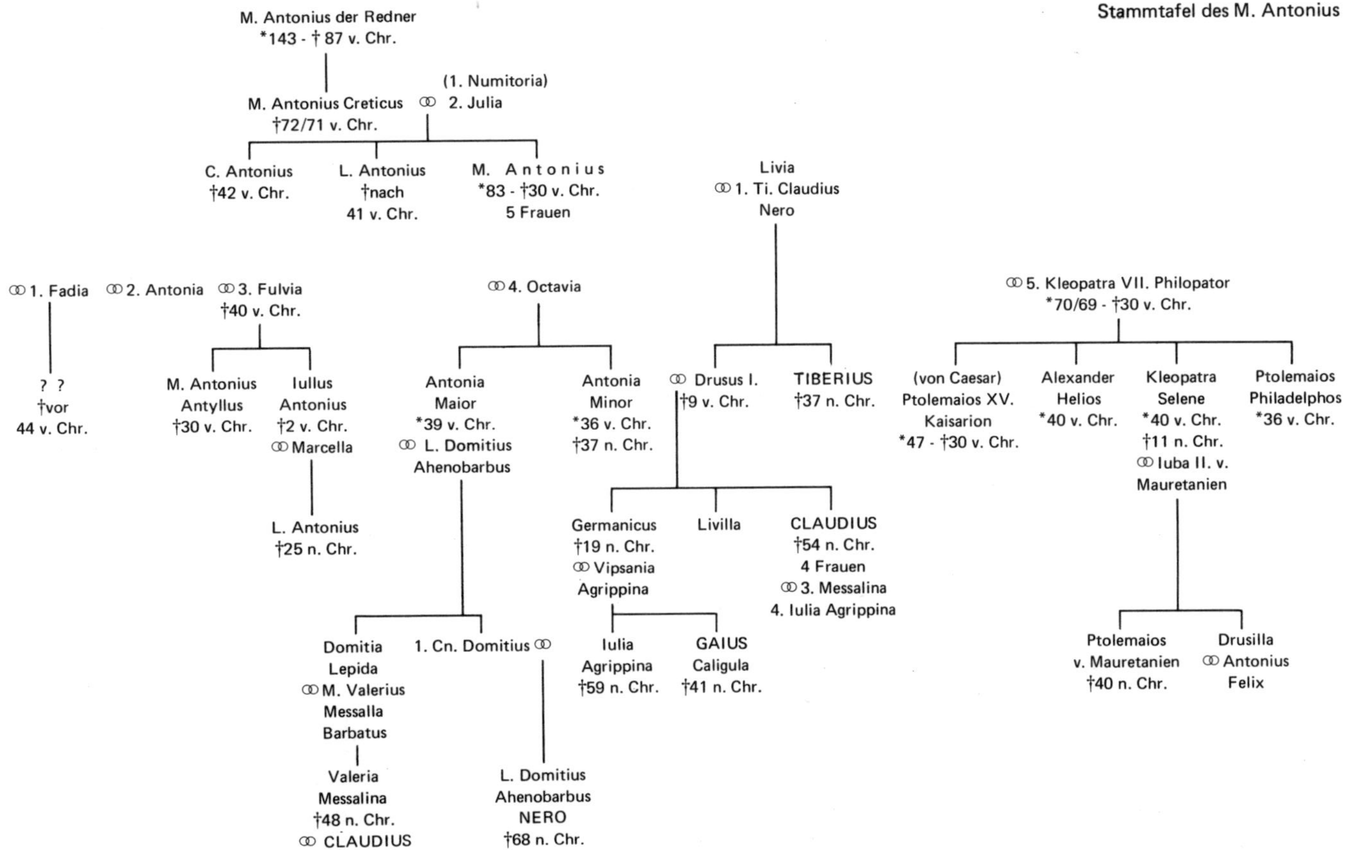

Anmerkungen

Vorwort

1. Arthur Weigall, Marc Antoine, sa vie et son temps. Traduction par Maurice Gerin, Paris 1933, Payot.
2. Jack Lindsay, Marc Antony, his World and his Contemporaries, New York 1937, E. P. Dutton & Company.

1. Antonius, seine Vorfahren und seine Familie

1. Das ältere Material bei V. Gardthausen, Augustus u. seine Zeit II, 1 (1891) S. 5 A. 22; weiteres bei M. Caspari, Num. Chronicle, 4. Serie, Bd. 11 (1911) S. 104–105.
2. Siehe zu ihr Ch. L. Babcock, The early career of Fulvia, Am. Journ. of Philology 86 (1965) S. 1–32.

3. Antonius, der Freund Caesars

1. Zur Datierung siehe die Dissertation meines Schülers A. Chr. Müller, Untersuchungen zu Caesars italischem Feldzug, München 1972, S. 7ff. Die anderen Datierungen, insbesondere die von M. Binder (15. Januar) können hierdurch als erledigt gelten.
2. Italienischer Name: San Giovanni di Medua.
3. Siehe zu diesen Ereignissen K. Kraft, Der goldene Kranz Caesars und die Entlarvung des „Tyrannen“, Jahrbuch für Numismatik u. Geldgeschichte 3–4 (1952–53) S. 53ff., vor allem in Auseinandersetzung mit dem Aufsatz von Ernst Hohl, Klio 34 (1942) S. 94ff. – Wenn übrigens Kraft meint (S. 56), eine zwielichtige Rolle des Antonius sei bei dem Angebot des Diadems nicht auszuschließen, so hat er die Psychologie der Szene nicht durchschaut. Antonius hatte mit einem Scheitern *überhaupt nicht gerechnet,* und wenn das Volk nicht in entgegengesetzter Weise reagiert hätte, so hätte Caesar mit dem Diadem und als König der Römer das Forum verlassen.

4. Die Iden des März 44 v. Chr.

1 Siehe hierzu F. Münzer, Römische Adelsparteien u. Adelsfamilien (1920) S. 337.
2. *Idus* bedeutet wahrscheinlich „die Vollmondsnächte“. Nach Macrobius stammt das Wort aus dem Etruskischen, was aber nicht gesichert scheint. Siehe G. Wissowa, Religion und Kultus der Römer² (1912, Neudr. 1971) S. 114.

3. Er war der Sohn der Atia und des C. Octavius. Atia war die Tochter der jüngeren Lieblingsschwester Caesars mit Namen Iulia.
4. Sueton, Div. Iul. 84, 2. Dazu R. Helm, RE XVIII (1942) Sp. 2162f. – Die Tragödie behandelte den Streit zwischen Aias und Ulixes (Odysseus), aus dem der letztere als Sieger hervorging, worauf sich Aias das Leben nahm. Vorbild des Pacuvius war wohl Aischylos' *Hoplōn krisis.*
5. Wenn Andreas Alföldi meint, Appian habe in seiner Darstellung stark übertrieben, Antonius habe sich vielmehr in seiner Leichenrede eine ganz ungewöhnliche Mäßigung auferlegt (Studien über Caesars Monarchie, Lund 1953, S. 55ff.), so gibt es für diese Behauptung keine Quellengrundlage. Auch die beiläufige Bemerkung Ciceros in seiner I. Philippica (13, 31–32) ist kein Beweis, weil hier die Rede des Antonius gar nicht genannt wird.

5. Der Consul Antonius bis zum Ausbruch des Mutinensischen Krieges

1. Wilh. Simshäuser, Iuridici und Munizipalgerichtsbarkeit in Italien, München 1973.
2. Siehe dazu Ursula Ehrenwirth, Kritisch-chronologische Untersuchungen für die Zeit vom 1. Juni bis zum 9. Oktober 44, Diss. München 1971, S. 28ff., auch zur Datierung.
3. Vell. Paterc., Hist. Rom. II 62, 3 gibt den Wortlaut des Edikts.
4. Über die Provinzverteilung vom 28. November 44 siehe W. Sternkopf, Hermes 47 (1912) S. 385ff.; H. Bengtson, Kleine Schriften (1974) S. 485ff.

6. Die Kämpfe um Mutina (Modena)

1. Die Route hat Th. Mommsen festgestellt, CIL V 2 S. 828; 850.
2. Siehe D. van Berchem, Mélanges Carcopino (1966) S. 945.

7. Die Beschlüsse von Bononia und die Proskriptionen

1. Mommsen, Römisches Staatsrecht II, 1 S. 736.
2. Siehe H. Bengtson, Zu den Proskriptionen der Triumvirn, SB München 1972, Heft 3, S. 10–11.
3. Nach der Konjektur von Samuel Musgrave sei hier vielmehr zu lesen: „ihn durch Geld zu unterstützen".
4. Plutarch, Leben des Antonius c. 49, 1.
5. Th. V. Buttrey Jr., The Triumviral Portrait Gold of the Quattuorviri Monetales of 42 B. C. (Numismatic Notes and Monographs No. 137), New York 1956.

9. Antonius im Vorderen Orient

1. E. Gabba, Sulle colonie triumvirali di Antonio in Italia, La Parola del Passato, fasc. 28 (1953) S. 101–110.
2. In dem Sammelband „Aus Roms Zeitwende" (Das Erbe der Alten, Heft 20), Leipzig 1931, S. 18.
3. Charidotes, der Freudenspender, Meilichios, der Wohltätige.
4. Dazu Dorothea Michel, Alexander als Vorbild für Pompeius, Caesar und Marcus Antonius, Coll. Latomus, Vol. 94, Brüssel 1967.
5. So H. Buchheim, Die Orientpolitik des Triumvirn M. Antonius, Abh. Heidelberger Akad., Phil.-hist. Kl. 1960, 3. Abh., S. 12–13.
6. Dies ist die Übersetzung des griechischen Wortes *haplotes*, „Einfachheit".
7. Diese Zahlen bei Appian, B. C. V 95, 396; anders Plutarch, Leb. d. Ant. 35, 4. Danach habe Octavian dem Antonius versprochen, ihm zwei Legionen für den Partherkrieg zu geben. Auch die 1000 Legionäre für Octavia finden sich nur bei Plutarch. Siehe hierzu W. W. Tarn, Cl. Quart. 26 (1932) S. 77; H. Bengtson, Zum Partherfeldzug des Antonius (1974) S. 18.
8. M. Antonius Antyllus und Iullus Antonius.

10. Der Partherkrieg des Jahres 36 v. Chr.

1. J. Kromayer, Hermes 31 (1896) S. 70–104; Antike Schlachtfelder, Röm. Abt. IV S. 121 ff. (nebst Karte, Blatt 24, 7). Vgl. H. Bengtson, Zum Partherfeldzug des Antonius (1974) S. 3.
2. Kleopatra hat die Bedeutung der Schenkung dadurch unterstrichen, daß sie mit dem Jahre 37/6 eine neue Zählung ihrer Regierungsjahre begonnen hat (16. = 1. Jahr).
3. K. Kraft, Hermes 95 (1967) S. 469 ff. Vgl. dazu H. Bengtson, Herrschergestalten des Hellenismus (1975) S. 300.
4. Siehe H. Bengtson, Zum Partherfeldzug des Antonius (1974) S. 36 ff.

11. Vor dem Sturm: Das Quinquennium von 36 bis 32 v. Chr.

1. H. Bengtson, Zum Partherfeldzug des Antonius (1974) S. 43.
2. Cass. Dio XLIX 41; etwas anders Plut. Ant. 54.
3. Zur Ehescheidung in Rom siehe vor allem Max Kaser, Das römische Privatrecht I (1971) S. 325 ff.

12. Actium und das Ende

1. J. Kromayer, Der Feldzug von Actium und der sogenannte Verrat der Cleopatra, Hermes 34 (1899) S. 1–54.
2. W. W. Tarn, The Battle of Actium, JRS 21 (1931), S. 173 ff.

3. J. Kromayer, Actium. Ein Epilog, Hermes 68 (1933) S. 361–383. Gegen Tarn auch G. W. Richardson, JRS 27 (1937) S. 153–164.
4. So auch J. Kromayer, Hermes 34 (1899) S. 4.
5. Leb. d. Ant. c. 62 (Ende) und 63.
6. J. Kromayer, Hermes 68 (1933) S. 368f.
7. Griechisch: *ouk agathon polykaisarie,* nach Homer, Ilias II 204: *ouk agathon polykoiranie:* „Nicht gut ist eine Herrschaft vieler".
8. Hermes 33 (1898) S. 68f.

13. Freunde und Vasallen

1. E. Kornemann, Römische Geschichte II' [1970] S. 180.
2. Cicero, Ad familiares X 21, 4. Siehe zu diesem Brief W. Sternkopf, Hermes 45 (1910) S. 272ff.
3. F. Münzer, RE XVI (1933) Sp. 551.
4. Vgl. Anna Elisabeth Glauning, Die Anhängerschaft des Antonius und des Octavian, Diss. Leipzig 1936, S. 22–23.
5. Siehe A. E. Glauning a.a.O. S. 24 A. 78.
6. Vgl. hierzu RE IX (1916) Sp. 2379–2380.
7. Erstausgabe der Inschrift von F. K. Dörner, Arsameia am Nymphaios. Die Ausgrabungen im Hierothesion des Mithradates Kallinikos von 1953–1956, Berlin 1964, S. 36ff.
8. Cilicia wurde zusammen mit Syria verwaltet, vgl. L. Ganter, Die Provinzialverwaltung der Triumvirn, Diss. Straßburg 1892, S. 40ff.
9. V. Gardthausen, Augustus und seine Zeit I, 1 (1891) S. 243–244.
10. Einige Beispiele bringt V. Gardthausen a.a.O. I, 1 (1891) S. 183.
11. Das Material bei H. Berve, Die Tyrannis bei den Griechen I (1967) S. 437ff.

14. Heer und Flotte des Antonius

1. Siehe H. Bengtson, Zum Partherfeldzug des Antonius, SB München 1974, Heft 1, S. 6.
2. Helga Botermann, Die Soldaten und die römische Politik in der Zeit von Caesars Tod bis zur Begründung des 2. Triumvirats, München 1965, S. 181.
3. Helga Botermann, a. e.a.O.
4. Dazu kamen dann noch die Hilfstruppen und das Heeresgefolge.
5. Vgl. hierzu W. W. Tarn, Antony's Legions, Class. Quarterly 26 (1932) S. 75–81, besonders S. 77.
6. Otto Cuntz, Legionäre des Antonius und des Augustus aus dem Orient, Österr. Jahreshefte 25 (1929) S. 70–81.
7. J. Kromayer, Die Entwicklung der römischen Flotte vom Seeräuberkrieg des Pompeius bis zur Schlacht bei Actium, Philologus 56 (1897) S. 426–492, das Zitat S. 446.

15. Propaganda und Apotheose

1. Appian B. C. III 18, 68.
2. M. P. Charlesworth, Class. Quarterly 26 (1932) S. 172.
3. K. Scott, Octavian's Propaganda and Antony's *De sua ebrietate,* Class. Phil. 34 (1929) S. 133ff.
4. O. Immisch, Zum antiken Herrscherkult, in: Aus Roms Zeitwende (Leipzig 1931) S. 28.
5. Sueton. Aug. 69, 2.
6. Sueton. Aug. 63.
7. Sueton. Div. Iul. 52, 2.
8. Sueton. a.a.O.
9. Dorothea Michel, a.a.O. S. 101ff.
10. IG II² 1043, 22ff.
11. Dorothea Michel, a.a.O., Tafel XXXII 6.
12. Plutarch, Leb. d. Pompeius 80, 5.

Anhang

1. Die Briefe des Antonius: Cicero, Ad Att. X 8 A; X 10, 2; XIV 13 A; Or. Phil. VIII 8, 25; XIII 10, 22ff. (an Hirtius und Octavian). Grundlegend hierzu Aemilius Schelle, De M. Antonii triumviri quae supersunt epistulis. Particula prior. Programm der Realschule II. Ordnung mit Progymnasium zu Frankenberg i.S. (1883). Die Particula posterior ist nicht mehr erschienen.
2. Dittenberger, Orientis Graeci Inscriptiones selectae II (Lipsiae 1905) Nr. 453–455.
3. Inschrift, veröff. von J. Keil, Forschungen aus Ephesos IV 3 (1951) S. 280f. Nr. 24, dazu S. Weinstock, Divus Julius (1971) S. 402.
4. C. G. Brandis, Hermes 32 (1897) S. 509ff.; dazu L. Robert, Hellenica 7 (1941) S. 122.
5. Eine gute Übersicht findet sich bei M. Schanz u. C. Hosius, Gesch. d. römischen Literatur I⁴ (1927) S. 441–443.

Schlußwort

1. Siehe hierzu W. W. Tarn, The Cambridge Ancient History X (1934, Neudr. 1952) S. 112.
2. F. Adler, Das Verhältnis von Shakespeare's ‚Antony and Cleopatra' zu Plutarch's Biographie des Antonius, Inaug.-Diss. der Univ. Halle-Wittenberg, Halle a.d.S. 1895; auch im Shakespeare-Jahrbuch 31 (1895) S. 263–317. Wertvoll ist auch Wilh. Urban, Die dämonische Persönlichkeit des Antonius in Shakespeare's ‚Antony and Cleopatra', Diss. Marburg a.d.L. 1939, und Werner von Koppenfels über die Römerdramen, im „Shakespeare-Handbuch", hg. von Ina Schabert, Stuttgart 1972, besonders S. 527ff. (über ‚Antony and Cleopatra').
3. H. Dessau, Geschichte der röm. Kaiserzeit I (1924) S. 6f.

Register

Aufgenommen sind nur die wichtigeren Eigennamen und Sachbegriffe.
Abkürzungen: A. = Antonius; cos. (suff.) = consul (suffectus); Fl. = Fluß; Kg. = König; S. = Sohn; Schl. = Schlacht; T. = Tochter; tr. pl. = tribunus plebis (Volkstribun).